김종균 교수의 프라하 체류기

숨겨진 계절

김 종 균

새 미

머리말

하루하루의 삶은 결코 무의미할 수 없다. 이 세상에서 살아 있다는 것만큼 값진 것은 없다. 한 인간의 삶이 이와 같을진대 어찌 기록이 없겠는가. 나는 1954년 17살 때 혼자 서울에 와서 학교를 다니게 되면서부터 처음으로 일기와 금전출납부를 쓰기 시작했다. 일기와 금전출납부를 쓴다는 것은 내가 죽지 않고 이 세상에 살아 있다는 증거다. 이 일은 아마도 내가 죽는 그날까지 계속될 것이다. 지금 궤짝에는 33권의 일기장이 담겨 있다.

나는 습관대로 프라하에 가 있는 동안 하루도 빼놓지 않고 일기와 금전출납부를 썼다. 그것을 정리한 것이 이 책이다. 이는 숨김없는 나의 생활이다. 내게는 삶의 양보다 삶의 질이 더 소중했다. 나는 삶의 질을 문화와 교양에서 느끼었다. 21세기는 문화와 교양의 세계다.

프라하에 있으면서 나는 그들의 문화와 교양을 보았다. 그들의 문화와 교양은 예술을 통해 이룩된 것이기에 매우 아름다웠다. 예술을 통해 인간이 되는 길을 나는 여기서 배웠다. 교양과 문화야말로 인간의 질적 삶을 보장해 주는 근본임을 깨달은 것이다. 체코는 자연보다 문화가 더 아름다운 나라다. 체코는 작지만 도시가 아름다운 나라다. 도시의 아름다움은 인간의 아름다움이 아니겠는가.

삶의 예술화, 이것은 결코 허황된 구호가 아니다. 우리의 삶이 곧 예술일 수 있기 때문이다. 예술은 결코 삶을 떠나서 존재하는 것이 아니다. 나의 삶이 곧 예술이요, 나의 일기가 곧 예술이요, 나의 금전 출납부가 곧 예술일 수 있다. 생명은 그만큼 아름답고 귀한 것이다.

나의 프라하 시절은 확실히 내 일생에서 보면 숨겨진 계절이었다. 나는 1993년 2월부터 2년여를 체코 프라하에서 살았다. 그후 1997년 겨울을 프라하에서 보냈다. 나는 또 프라하에 갈 것이다. 나는 올해 갑년을 맞았다. 나를 아는 모든 이들에게 나의 프라하 생활을 들려주고 싶었다. 사실은 나는 프라하에서 돌아와 그때의 생활을 엮어 곧 출판을 하고 싶었으나 망설여졌다. 다른 분들의 이야기가 들어 있기 때문이다. 그러나 다 덮어두고 오늘 책을 내는 것은 내가 회갑이 되었기 때문이다. 잘못이 있다면 용서하시기 바란다. 끝으로 <회갑기념 논총 간행위원> 여러분과 정찬용 사장님께 진심으로 감사한다.

1998년 11월 23일 낙여재에서

김 종 균 씀

차 례

Ⅲ. 홈식은 나를 울리고

Ⅳ. 까렐대학에서

V. 아홉 마리의 비둘기

VI. 프라하의 밝음과 어둠

Ⅶ. 프라하 산책

Ⅷ. 프라하에서 만난 사람들

Ⅸ. 프라하의 한국인들

Ⅹ. 여행일지

XI. 프라하 시편

Ⅰ. 프라하 사람들

1. 완벽한 중세 도시 프라하

나는 체코의 프라하에서 2년여를 보내는 동안 많은 것을 보고 배웠다. 내가 체코에 간 것은 그들이 자유화된 지 3년째 되는 해였다. 하지만 프라하에는 나의 생각을 뛰어 넘는 놀라움이 있었다. 그것은 그들의 교양과 문화였다. 인간이 만들어낸 최고의 가치를 이들은 깊숙이 간직하고 있었다. 그들이 가지고 있는 아름다운 공원과 건축 또한 우리가 흉내낼 수 없는 고귀한 것이었다.

프라하는 13세기 로마황제 까렐 Ⅳ세에 의해 창건된 이래 한번도 훼손된 일이 없는 완벽한 중세 도시다. 그들은 이 문화유산을 지키기 위해 온갖 노력을 다 했다. 전쟁 때는 목숨을 걸고 프라하를 지키었다. 프라하에서는 한번도 시가전을 치른 일이 없다. 유네스코 지정 황금도시인 프라하는 오늘날 관광도시로 각광을 받고 있다. 프라하의 상주인구는 100만도 안 되지만 1년 내내 50만이 넘는 관광객으로 붐빈다.

로댕이 북쪽의 로마라고 일컬은 이래 프라하는 100개의 첨탑도시,

작은 로마, 도시의 어머니로 불리었으며, 오늘날은 유럽에서 가장 아름다운 중세 도시로 손꼽히고 있다. 나는 아침밥만 먹으면 할 일 없는 늙은이처럼 프라하 거리를 헤매었다. 보면 볼수록 더 보고 싶은 그림이나, 들으면 들을수록 더 듣고 싶은 음악처럼 프라하는 보면 볼수록 더 보고 싶은 도시다. 프라하 사람들의 생활은 예술 그 자체다. 프라하는 완전한 하나의 조각 예술도시다. 따라서 그 속에서 사는 사람들 자체가 예술품의 일부다. 밤이면 매일 오페라가 상연되고, 여러 고색 창연한 옛 교회에서는 콘서트가 열렸다. 낮에는 곳곳의 화랑에서 작품전이 열리고, 봄부터 가을까지 10개가 넘는 국립 박물관과 미술관에서는 특별행사가 치러졌다. 하지만 프라하는 늘 조용하고 평화로웠다.

프라하 사람들은 겨울에 더 아름다워 보였다. 따듯한 봄보다 이들은 추운 겨울을 더 좋아하는 것 같았다. 긴 오버코트자락을 끌며 깊숙이 모자를 눌러 쓴 채 이들은 좁고 긴 중세의 돌포장길을 재빠르게 걸어서는 어디론가 갔다. 이들은 걸음이 매우 빠르다. 프라하 사람들은 묵중한 문을 늘 닫고 지냈다. 이 육중한 나무문을 열고 들어가 보면 언제나 따듯하고 아늑한 공간이 있었다. 이들의 건축은 벽두께가 60cm가 넘었고, 창은 모두 이중으로 되어 있었으며, 중세의 벽화나 조각이 새겨져 있었다.

내가 살고 있던 대학 기숙사 앞에는 아름다운 옛마을과 숲이 있었다. 아침이면 수많은 비둘기 떼가 창공을 날았고, 까치가 창가에 날아와 까르르 까르르 울었다. 때로는 토끼와 꿩도 보였고, 비둘기들은 구구구 구슬프게 소릴 내 울었다. 그런 가운데 봄이면 우리가 흔히 볼 수 있는 민들레, 개나리, 아카시아꽃도 함빡 피었다. 새벽이면 밝은 수탉 울음도 들려왔고, 이따금씩 컹컹 개 짖는 소리도 들렸다. 한마디로 평화로운 마을이요 숲이었다.

내가 만난 프라하 사람들은 낮은 목소리로 말했다. 이들은 지나가다가도 길을 물으면 친절히 자세하게 가르쳐주었고, 자기가 잘 모르면 옆에 사람에게 묻거나 자기 가방에서 지도를 꺼내 보고는 손수 데려다 주기도 했다. 결코 바쁘다고 손짓하며 부지런히 자기 가던 길을 가는 사람은 없었다. 프라하의 유럽 관광객들은 이곳에 와서 1주일씩 묵으며 곳곳을 지도 1장 펴들고 찾아다니었다. 이들은 짧은 기간에 여러 도시를 재빨리 돌아다니지 않았다. 저들은 여유 있게 즐기며 관광을 했다.

프라하에는 아름다운 공원이 많았다. 어떤 공원에는 분수가 음악에 따라 솟고 흩어지고 했다. 늘 깨끗하게 닦이어 있는 벤치에는 노인들이 앉아 햇볕을 쬐며 책을 읽었다. 이들의 독서는 장소와 때를 가리지 않았다. 지하철, 전차, 버스, 기차, 병원 복도, 은행 창구 등 어디에서나 저들의 독서 광경을 볼 수 있었다.

프라하 사람들은 매우 검소하고 부지런했다. 이들은 아침 6시면 출근을 했다. 음식은 남기는 법이 없었고, 한꺼번에 식품을 많이 사는 사람도 없었다. 오이 2개, 토마토 1개, 빵 3개 식으로 이들은 식품을 샀다. 모든 물건은 정찰제여서 에누리나 덤이 없었으며, 물건 값은 4,990원 식으로 되어 있다. 식당의 모든 음식은 무게가 표시되어 있었고, 식품은 정확히 달아 팔았다. 이만큼 이들 사회는 모든 것이 합리적이고, 교양적이었다.

프라하의 여자들은 매우 콧대가 세었다. 그들의 속담에 "남자는 머리요, 여자는 목이다."라는 말이 있듯이 이곳 여인들은 남자를 움직였다. 여인들은 그만큼 생활력이 있었고, 유능했으며, 예뻤다. 병원, 학교는 물론 경찰서, 보험사, 무역회사 등에도 사무원들은 모두 여자들이 많았다. 이들은 동등한 교양 수준을 지니고 있었다. 어느 직업에 종사하느냐는 문제가 되지 않았다. 그만큼 이들 사회에는 교양의 평준화, 가치의 분배화가 이루어져 있었다.

프라하 사람들은 권력과 돈과 명예를 혼자 다 갖는 이른바 가치의 독점화을 죄악시했다. 교수면 명예로 만족했고, 정치가면 권력으로 만족했으며, 부자면 돈으로 만족했다. 하기 때문에 모든 사람들이 각자 자기 만족 속에서 살아가고 있었다. 의사나 교수의 월급이 300달러를 넘지 않았지만 불평하는 사람을 본 일이 없었다. 그걸 가지고 어떻게 사느냐고 물으면 그들은 살 수 있다고 대답할 뿐이었다. 이들은 돈이 많고 적음이나 지위의 고하로 사람을 평가하지 않았다. 그보다는 그 사람의 교양과 문화를 더 중요시했다. 이들은 무엇을 하는 사람이냐 보다는 어떤 사람이냐에 더 비중을 두었다. 이들은 돈이나 권력보다 더 귀한 것이 있다는 것을 알고 있었다. 그것은 교양과 문화였다.

이들은 애인을 만나러가거나 남의 집을 방문할 때 꽃 한 송이면 되었고, 초대받아 갈 때는 포도주 1병이면 족하였다. 결코 축의금을 내거나 받는 일이 없었다. 나는 프라하에 있는 동안 내내 "인간은 문화를 창조하지만 문화는 인간을 만든다."는 생각을 했다. 그만큼 이들의 문화와 교양은 그 수준이 높았다. 프라하의 문화는 오늘날의 프라하인을 만들어 놓았다.

오늘날 우리의 사회가 저속화되면 저속화 될수록 높은 문화와 교양은 그만큼 돋보일 뿐이다. 문화와 교양은 결코 돈으로 살 수 없는 것이다. 우리가 돈의 노예로 있는 한 인륜은 타락하고, 문화창조는 기대할 수 없으며, 교양사회는 그만큼 우리에게서 점점 더 멀어져 갈 것이다.

2. 체코인들의 혀와 손

체코인들에게 제일 발달되어 있는 것은 혀와 손이었다. 이들은 어느 나랏말이라도 쉽게 배우고, 무엇이나 만들고 고칠 줄 알았다. 대학 교수는 보통 5개 국어를 능통하게 구사했으며, 대학생들 또한 보통 3개 국어를 능히 했다. 특히 일반인들도 거의 2개 국어를 할 줄 알았다.

이들이 이렇게 외국어를 하는 것은 그들의 생존과 직결되어 있었다. 히틀러 통치하에서나 스탈린 공산사회 시대에 독어나 노어를 못하면 죽은 목숨과 같았다. 이때 살아남을 수 있는 사람은 기술자와 독어나 노어를 할 줄 아는 사람들이었다. 따라서 저들에게는 기술과 외국어 학습은 필수적이었다. 자기가 좋은 기술을 가지고 있거나 외국어 특히 독어나 노어를 능숙하게 구사한다는 것은 곧 자신의 생명을 부지하는 일일뿐만 아니라 생활을 영위할 수 있는 최대의 방법이었다. 노년층은 남녀를 불문하고 독어를 다 잘 했으며, 중년층이 모두 노어를 할 줄 알듯이 청년들은 영어를 열심히 배우고 있었다. 이들은 국민학교에서부터 이제는 노어 대신 영어를 가르침은 물론 이밖에 5개 외국어를 선택과목으로 학습시키고 있었다. 내가 가르치던 학생 중에는 영어, 독어, 노어를 잘 하는 학생이 많았다.

내가 아는 92세의 할머니는 밤색 오버코트에 하얀 실모자를 쓰고 엷은 미소를 늘 지었다. 그 할머니는 혼자 노인 아파트에 살고 있었다. 한번 나는 우정 그 할머니의 아파트를 찾아가 보았다. 가는귀가 약간 먹은 그 할머니는 자기 말만 영어로 계속했다. 그 할머니는 독어와 불어도 할 줄 알았다. 이들의 다외국어 구사능력은 이들의 문화수준을 그만큼 높여주었을 뿐만 아니라 그들을 교양인으로 만들었다.

이들은 매우 현실적이어서 어느 한 이데올로기에 얽매이지 않았다. 나는 이같은 체코인의 일면을 이 할머니에게서도 발견할 수 있었다. 노인 아파트에는 위락시설은 물론 부속병원이 있어 간호원이 늘 할머니의 건강을 돌보아주었다.

대부분의 체코인 집이 그렇듯이 이 할머니의 방도 빈틈없이 무엇으로인가 꽉 채워져 있는 느낌이 들었다. 매우 검소한 가운데 복장과 장식품이 조화로웠다. 이들은 작고 보잘 것 없는 것들도 장식품으로 잘 이용했다. 체코인들은 생활공간을 최대한으로 활용했기 때문에 허술한 구석은 좀처럼 보이지 않았다. 할머니는 방에서도 하얀 실 모자와 긴 커피색 오버코트를 입고 있었다.

체코인들은 외국어 못지 않게 기술을 소중히 여겼다. 특히 히틀러 통치하에서의 총기류 제작기술이나 공산주의시대에 전차기술을 보유한 기술노동자들은 특등 대우를 받았다고 한다. 그뿐만 아니라 공산사회 때 기술노동자들은 사회의 주역으로서 국가발전에 크게 이바지하기도 했다. 당시 공산국가 중 체코가 가장 잘 사는 나라가 되었던 것도 이들의 기계기술 때문이었다. 체코는 특히 기계기술 숙련공이 많았다. 이들 고급 기술노동력은 국가 경제발전의 원동력이었다. 이들의 경제체제는 노동협동조합체제이었지만 자유화 사회체제로 전환되면서는 자유사회 경영체제와 사회주의 경영체제를 수용코자 했다. 이들은 외국자본의 유치와 아울러 합작 경영체제 즉 주식회사 경영형태로의 전환을 서두르고 있었다. 따라서 이들도 상품의 경쟁력을 제고하는 한편 서비스 산업의 중요성을 점점 알게 되었다.

하지만 당시는 공산사회 때 양산된 단순 육체노동자들의 문제가 후유증으로 남아 있었다. 노동예찬과 노동자 제일주의 구호에 매료된 많은 일반 노동자들은 아직도 공산당 시절을 잊지 못한 채 미몽에서 깨어나지 못하고 있는 듯했다. 이들 막노동자들은 몸에 꼭끼는 푸른 노동복을 자랑스럽게 입고 고급상가나 화려한 빌딩가를 활보하고 있었다. 이들은 마치 국민학생이 만점의 시험지를 들고 집으로 돌아오는 모습이었다. 배꼽이 다 나오는 흙 묻은 노동복 차림의 이들은 빌딩 수리작업이 한창인 프라하 중심 시가지에서 먼지를 뒤집어쓰고 일하고 있었다.

당시 내 보기에는 이같은 노동자들의 문제가 매우 심각해 보였다. 왜냐하면 산업자본주의 시대에서의 노동개념과 공산사회에서의 노동개념은 전혀 달랐기 때문이다. 인간의 노동가치가 감소된 반면 인간의 기술가치는 상대적으로 증대되었기 때문이다. 적어도 오늘날에 이르러서는 노동은 인간의 몫이 아니게 되었다. 인간이 했던 모든 노동은 전부 기계가 맡아 하고, 인간은 즉 과거의 노동자는 기계를 부리면 된다. 이제 인간의 노동은 오직 기술개발에 있을 뿐이다. 하지만 이들은 아직도 노동자 천국을 꿈꾸고 있는 것은 혹시 아닌지 의심스러웠다.

체코를 여행하다 보면 끝없이 넓은 공동농장에서 기계로 씨 뿌리고 거둬드리는 장면을 자주 볼 수 있었다. 밭에서 일하는 사람은 전혀 볼 수 없었다. 이들은 이만큼 농업의 기계화가 이루어졌다. 농업인구의 극소화로 농업의 기계화가 극대화 된 것이다. 공산사회 때 만들어진 유실수농장은 그대로 방치되어 있었다. 내가 있던 기숙사 근처에도 5만여 평이 넘는 체리 밭과 2만평이 넘어 보이는 밀밭이 있었지만 아무도 가꾸는 사람이 없었다. 밀밭은 기계로 씨 뿌린 후 한번도 가꾼 일 없이 내버려두었다가 가을에 기계로 거둬들였지만 체리는 딸 사람이 없었다.

공산사회 40년동안 체코인들은 공산주의를 한 것이 아니었다. 물론 공산주의 이데올로기적 가치관을 배제할 수는 없었겠지만 현실적으로는 그같은 이데올로기의 구현보다는 자신들의 국가부강과 개인적 삶의 풍요를 보다 더 중요시했던 것같다. 한마디로 이들은 공산주의를 이용하여 당시 낙후된 사회적 환경과 경제적 수준을 끌어올려 사회적 평등을 실현하여 복지사회를 이룩해 보려했다. 이와 같은 목적은 어느 정도 달성되었다. 적어도 1960년대까지는 공산주의 방법이 민중의 의식주를 최소한도 해결해 주는 최선의 방법이었다. 하지만 이후 대중들의 확대되는 제반욕구를 채워주기에는 공산주의체제에 한계가 있었다. 이를 인식한 체코인들은 공산주의의 개혁 내지 사회주의의 수용을 도모하려 했으나 소련에 의해 묵살되었다. 하지만 체코인들은 소련의 붕괴와 때를 같이 해 어느 나라보다도 먼저 공산주의로부터 벗어나 자유사회로 전환했다.

체코는 도시와 지방의 생활 격차가 없었다. 그만큼 이들은 정치, 경제, 문화면에서 평등화되어 있었다. 이 나라에는 우리가 흔히 볼 수 있는 빈민가가 없었다. 이들에게는 허술한 슬레트 지붕의 무허가 판잣집도 없었다. 이들의 주거환경은 고급스러웠다. 빈민들이라 해도 모두 아파트 생활을 했다. 다만 좁고 밀집된 생활공간이었을 뿐이다. 당시 이들의 의식주정책은 공산주의 시대 그대로여서 모든 아파트는 임대료가 저렴하고 주식대 역시 아주 쌌다. 26평 아파트 임대료는 한 달에 50,000원 정도이고, 보통 우리 나라 돈으로 1,000원이면 배불리 먹을 수 있었으며, 생맥주 500cc 한잔에 250원이었다. 시골집들도 모두 우리 나라 고급주택에 해당되리만큼 단단히 아름답게 지어졌고, 넓고 컸으며, 집집마다 정원이 있었다. 도시인들이 지방 어디에고 작은 별장과 농장을 가지고 있었듯이 시골 사람들은 모두 차를 한두 대씩 가지고 있었다. 이들 집에는 완벽한 도구실이 갖추어져 있어 10여년이 넘은 승용차나 트랙터도 자기들이 스스로 수리하여 운행했다.

여름 휴가철에는 길가에서 차를 고치고 있는 사람들을 많이 볼 수 있었다. 체코인들의 혀는 그들의 교양과 문화를 이루었고, 그들의 손은 그들의 삶을 풍요롭게 해주었다. 체코인들의 혀와 손은 체코인들의 시대 적응력의 대명사였다. 이들의 현실적인 시대 적응력은 그만큼 뛰어났다.

3. 클라리넷 부는 노동자

프라하 사람들은 결코 어느 특정 이데올로기에 자신의 목숨을 거는 것같지 않았다. 이들은 어느 나라와도 목숨을 건 처절한 전쟁을 하지 않았다. 프라하 사람들은 협상의 명수다. 히틀러가 쳐들어왔을 때도 그랬고, 스탈린이 쳐내려왔을 때도 국익을 도모하는 협상을 했다. 이들은 생명과 문화의 보존을 무엇보다도 중요하게 생각했다. 저들은 살아 있으면 언제고 독립할 수 있으며, 문화를 보존하면 언제고 살아남을 수 있다고 믿었는지도 모른다. 오늘날 프라하가 관광도시로 각광을 받아 관광 수입원이 된 것도 중세 도시의 원형을 그대로 보존하고 있기 때문이다. 이들이 폴란드인들처럼 침략자들에 끝까지 항쟁을 해 프라하에서 치열한 시가전을 치렀다면 오늘날의 와르샤바처럼 되었을 것이다. 하지만 프라하 사람들은 승산 없는 싸움을 하지 않았기 때문에 문화유산뿐만 아니라 그들의 생명과 문화를 고스란히 지킬 수 있었다.

내가 프라하에 2년여 있는 동안 싸우는 사람을 단 한번 보았다. 봄철 주말 야외기차에서 중년의 남자와 청년이 서로 밀며 당기며 언성을 높여 차안에서 싸웠다. 그러나 이들은 몇 정거장을 지나자 어느 결에 화해를 했는지 서로 낮은 목소리로 이야기를 하고 있었다.

나는 프라하에 있는 동안 이데올로기형 인간과 문화형 인간을 아울러 생각해 보았다. 이데올로기가 앞서는 생활과 문화와 교양이 앞서는 생활의 차이는 무엇인가. 우리는 오랫동안 이데올로기적 생활에 젖어 있었기 때문에 이에서 벗어나기가 여간 어려운 일이 아니었다. 특히 우리들은 유교적 생활관이나 종교적 도그마, 반공적 사고방식 등등 자신도 모르게 강제로 주입된 기존 이데올로기의 옷을 두껍게 입고 있었다. 하지만 나는 프라하에 있는 동안 나도 모르게 이데올로기의 옷을 벗어버려야겠다는 생각을 자주 하였다. 한마디로 나의 어리석음과 촌스러움을 깨달은 것이다.

내가 만났던 빠뜨론이라는 체코인은 중장비 운전기사였지만 이제는 정년퇴직을 하고 노인 아파트에 살고 있었다. 내가 그에게 차가 있느냐고 물으니 그는 엄지와 둘째손가락을 비비며 돈이 없어 못 샀다는 표정을 지었다. 이들은 돈을 말할 때 우리처럼 동그라미를 지어 보이지 않고 두 손가락을 비비었다. 그러면 집에 무엇이 있느냐고 내가 재차 묻자 그는 클라리넷이 있다고 했다. 나는 농담 삼아 미국 대통령 클린턴도 클라리넷을 불더니 대통령이 되었는데 당신도 한번 대통령에 출마해 보는 것이 어떻겠느냐고 했더니 그는 빙그레 웃었다.

한 독일계 체코인은 60이 넘은 노인이었는데 자기는 집에 검은 피아노 한대밖에 없다며 자랑스럽게 내게 말했다. 함께 있던 여교수 미리암은 내가 귀국한다니까 바이올린을 선물로 주었다. 이들은 이렇게 예술을 생활화했다. 예술이야말로 인간을 인간답게 하는 최상의 방법이었다.

4. 이데올로기보다는 문화를

사회집단에 있어서 사상·행동이나 생활방법을 근본적으로 제약하고 있는 관념·신조의 체계 혹은 역사적 입장을 반영한 사상·의식의 체계를 이데올로기라고 한다면 세계의 과정 속에서 자기자신을 변증법적으로 전개하는 정신적 절대적 실체를 이념이라고 할 수 있을 것이다. 한마디로 사상적 철학적 종교적 세계인식 또는 인간관을 이념 혹은 이데올로기라고 부른다면 창조적 현실적 생활적 세계인식 또는 인간관을 문화 혹은 예술이라고 말할 수 있을 것이다.

세계의 표현이 문화요, 예술이라면 그 실체는 곧 이념 또는 이데올로기일 수도 있다. 따라서 이 두 가치의 세계를 아우른 세계인식 내지 인간관으로 리얼리즘을 생각할 수 있다. 오늘날 우리에게 가장 바람직한 인간형은 리얼리즘형이 아닐까 한다.

인간은 현실과 이상을 떠나서 존재할 수 없다. 더욱 생활이 없으면 인생 자체가 없는 것이고 인간이 없으면 이념도 이데올로기도 문화도 예술도 있을 수 없다. 함에도 불구하고 우리는 이같은 가치의 세계를 이원적으로 인식해 왔다. 따라서 이념이나 이데올로기의 표현체로 문화와 예술을 생각하게 되었다.

하지만 오늘에는 문화와 교양이 보다 인간의 행복과 사회의 평화를 이루는 실체로 인식되고 있다. 인간이나 예술이 결코 이데올로기의 시녀일 수만은 없다는 생각이다. 지난 인류 역사가 이데올로기의 대립 투쟁사였다면 미래 역사의 주체는 인간 실체인 문화와 교양이 될 것이다. 오늘날에 이르러서는 싸움이나 투쟁보다는 화합과 공존의 평화사회의 가치인식이 보다 보편화되어 있기 때문이다.

예술의 세계에는 싸움이 없다. 음이나 색이나 언어는 서로 조화를 이뤄야 작품이 될 수 있다. 큰 소리, 작은 소리, 피아노소리, 바이올린소리, 피리소리, 가야금소리, 북소리, 빨강, 파랑, 노랑, 까망 등 모든 소리와 색들이 어울려 한편의 음악과 그림을 이루 듯이 예술 작품세계에는 결코 가치의 독점이 있을 수 없다. 우리말에도 "예술은 국경이 없다"는 말이 있다. 특히 음악은 방송매체를 통해 한시도 쉬지 않고 전 세계에 울려 퍼지고 있다.

우리는 이제 이데올로기의 누더기 옷을 과감하게 벗어버리고 문화교양의 새 옷을 입어야 할 때가 되었다. 다시 말하면 우리 모두 리얼리즘형의 인간이 되어야 할 때가 된 것이다. 리얼리즘의 인간형은 결코 역사적 삶을 저버리지 않을 뿐만 아니라 교양인으로서 부단히 현실에 도전함은 물론 오늘의 삶에 누구보다도 충실할 수 있는 인간이다.

그 당시 독일 사회에 괴테나 실러가 없었다면 오늘의 독일적 교양은 없었을 것이다. 특히 괴테의 교양소설과 실러의 희곡 그리고 많은 음악가와 미술가들의 문화예술은 독일국민들의 교양과 문화를 그만큼 끌어올렸다. 오늘날 우리 사회에 절실히 요청되는 것은 돈이나 권력이 아니라 교양과 문화다. 국민들에게 아름답고 진실 되고 착하고 성스러운 것이 무엇인가를 보여주고 느끼게 하는 것이 무엇보다도 시급한 때가 아닌가 한다.

한 인간의 성장과정을 훈련 · 교육 · 수양의 3단계로 볼 때 우리 국민 대부분은 훈련과 교육에는 충실하나 마지막 단계 자기수양은 아주 소홀히 하는 경우가 많다. 자기수양 단계를 소홀히 하면 문화창조나 교양사회를 이룰 수 없을 뿐만 아니라 리얼리즘형의 인간으로 성장할 수도 없다. 자기수양의 수단과 방법으로 가장 효과적인 것이 예술이다. 아름다움을 느낄 줄 알자면 아름다움 속에 있어야 한다. 악기를 연주해보거나, 그림을 그려보거나, 시를 써보거나 하는 창조적

행위를 통해 심신을 수양하는 것이 최대의 자기수양 방법일 수 있다. 이같은 예술행위는 스스로 자신이 문화창조의 주체임을 깨닫게 할 뿐만 아니라 자기가 인간임을 자각할 수 있게 해준다.

오늘날의 우리 사회가 저속한 일면을 드러내고 패륜적 행위가 만연하는 대부분의 원인은 자기수양 단계를 소홀히 하는 사람들이 많기 때문이다. 군부통치 30년간 우리 사회는 가치의 분배가 전혀 이루어지지 않았다. 1인 또는 몇몇 소수인의 가치독점은 많은 사람들이 상대적으로 빈곤감을 느끼게 했다.

한 사람이 권력, 금력, 명예를 독점하는 사회는 결코 자유민주사회일 수 없다. 불행히도 우리는 가치를 독점한 사람들이 너무나 많다. 이것은 특히 정치의 후진성 때문이다. 하기 때문에 수준 높은 문화와 교양으로서 정치적 이데올로기를 극복하지 않으면 안 된다. 이를 문화적 이데올로기라 해도 좋을 것이다. 교양과 문화는 모든 이데올로기를 창조할 수 있을 뿐만 아니라 극복할 수도 있다.

나는 프라하에 있는 동안 이들의 생활과 문화와 교양을 보았다. 프라하 사람들은 멋있게 옷을 입고 조용조용히 이야기하며, 상점 앞에 줄을 서서 순서를 기다리고 있었다. 프라하의 중심가인 바츨라프 광장과 후스 광장은 늘 많은 관광객으로 봄비는 가운데 비둘기 떼가 창공을 날고 있었다. 아름드리 고목이 무성한 홀로쇼비제 공원에는 노인들이 벤치에 앉아 햇볕을 쬐며 일간 드네스를 보거나 스메따나를 듣거나 『슈베이끄의 병사』를 읽고 있었다.

날이 저물면 이들은 육중한 문을 열쇠로 열고 들어가 이중창가에 놓인 붉은 꽃의 화분에 물을 주고 따끈한 커피를 마시며 볼륨 낮게 TV를 틀고 하루의 이야기를 했다. 600년의 전통과 역사를 자랑하는 촬스대학의 도서관 창문은 새벽까지 불이 꺼질 줄 몰랐다. 아침이면 블따바강 언덕 위에 있는 흐라드차니성에 환한 햇살이 비치었다.

Ⅱ. 북쪽의 로마

1. 서울에서 프라하까지

프라하는 우리에게 <프라하의 봄>으로 널리 알려진 체코공화국의 수도다. 내가 동유럽에서 가장 먼저 공산사회의 질곡에서 벗어난 체코에 간 것은 그들이 자유사회를 되찾은 지 3년째 되는 해인 1993년 봄이었다.

나는 프라하로 가기 위해서 2월 11일 아침 9시 서울 정릉집을 나섰다. 아침에 일어나 보니 나의 장도를 축복이나 해주듯 자국눈이 하얗게 내려 있었다. 간밤에 나 몰래 눈이 왔던 것이다. 20여년 살아오는 집을 모처럼 오래 비우게 되었다. 나는 집을 나설 때도 즐거운 여행기분이었다. 이때만 해도 나는 이별이란 감정을 전혀 느끼지 못했다. 그보다는 오히려 밤중에 내린 눈으로 찻길이 미끄러울 것만 걱정하고 길을 재촉하였을 뿐이다.

나는 반생을 함께 살아온 늙은 아내, 아들 홍태, 큰며느리, 큰손자 수리, 딸 혜련, 외손자 보리와 이별을 해야 했다. 출국할 때 갑자기 외손자 보리가 "할아버지"를 외치며 나를 따라 나왔다. 외손자 보리의 울음 섞인 외침을 듣는 순간 나는 가족들과의 이별을 비로소 느꼈었다. 그제야 내 눈에도 눈물이 어리었다. 외손자 보리가 울면서 "할아버지"를 외치는 그 순간 그 한 마디가 나를 이별의 슬픔의 늪으로 떨어뜨리고 말았다. 이제까지 나는 어느 누구와도 슬픈 이별을 해 본적이 없었다. 그러나 가족들하고 막상 헤어질 때 더욱 외손자의 울음 섞인 외침에 나는 이별의 슬픔을 느끼었다.

외손자 보리는 7살이었다. 그 동안 내가 데리고 키워 왔다. 그만큼 정이 들어 있었던가보다. 보리는 주먹으로 눈물을 닦으며 제 어미의 손을 뿌리치고 내게로 달려들었다. 어린 마음에도 내가 어디로 멀리 떠나는 것을 알았던 모양이다. 내가 친손자 수리의 손을 잡았을 때 그 애를 안고 있던 큰며느리의 눈에도 눈물이 돌아 있었다. 이별은 이렇게 우리를 슬프게 했다.

김포 공항 청사를 나와 에어 프랑스에 오르니 전혀 딴 세상이 되었다. 아직 한국을 떠나지도 않았는데 나는 타국을 느껴야 했다. 기내의 프랑스어 방송은 이국정감을 더욱 자아냈다. 내가 탄 비행기는 12시 20분 김포 공항을 출발해 동해와 시베리아 하늘을 거쳐 한번도 쉬지 않고 15시간을 날아 파리 샤를르 드골 공항에 무사히 도착했다. 파리 하늘이 보일 때 나는 실로 감격스러웠다. 인류문화의 진수를 본다는 느낌으로 가슴이 벅찼다. 나는 늘 유럽을 동경해 왔던 터였다. 일생에 한번 꼭 유럽에 가 보리라고 별러 오던 그 꿈이 이제 막 실현되는 것같았다.

내가 파리를 처음 본 것은 어둠이 내리기 시작하는 때였다. 그러나 파리 공항은 대낮같이 밝았다. 전혀 낯선 곳의 나그네가 된 나는 천애고아가 된 느낌이었다. 나는 파리 공항 제2터미널로 가서 2시간 정도 기다려 프라하행 비행기를 타야만 했다. 파리 공항 대기실은 향수내로 가득차 있었다. 비행기 안에서 보았던 많은 한국인들은 모두 어디로 갔는 지 한 사람도 보이지 않았다. 한국어 역시 한마디도 들려오지 않았다. 나와 동행한 둘째아들 형태는 장터의 촌닭처럼 겁먹은 얼굴로 여기저기를 두리번거렸다. 그 애는 외국여행이 처음이었다.

이미 파리 공항도 어두워지기 시작했다. 나는 7시 10분 프라하행 비행기를 탔다. 비행기는 서울서 타고 온 것과는 달리 비좁고 낡았다. 출발하자마자 비행기는 안개 속을 헤매었다. 기류가 좋지 않았던지 몇 차례 내려앉고 올라솟고 하더니 언제쯤인가 제길을 찾아 들어 수평을 유지했다. 그러나 우리가 탄 비행기는 예정 시간보다 늦게 10시 30분쯤 프라하 공항이 아닌 브르노 공항에 내렸다. 브르노 공항은 프라하에서 300여리 떨어져 있었다.

나의 입국수속은 간단히 끝났다. 내가 내린 공항은 조그맣고 초라해 마치 간이역 같았다. 날씨는 매우 찼다. 출구를 나오니 2대의 버스가 대기하고 있었다. 그러나 나를 기다리기로 되어 있는 부젝 교수의 얼굴은 보이지 않았다. 나는 이 버스들이 공항 연결 버스인 줄만 알았다. 나는 두 번째 버스에 올랐다. 내가 탄 버스는 어디론가 생각보다 멀리 갔다. "어떻게 하나" 겁이 났다. 그러나 나는 이 버스의 종점에서 부젝 교수가 틀림없이 나를 기다릴 것이라고 생각했다.

내가 탄 버스는 가다가 4번이나 고장이 났다. 운전사는 푸른 노동복 차림이었는데 그것마저 몸에 작고 낡아 매우 추워 보였으나 혼자서 차를 세워 놓고 엔진을 보며 물통으로 물을 길어다 붓기도 하고 어떤 때는 차바퀴 밑으로 들어가 눈투성이가 되어 나오기도 하면서 밤안개 속을 계속 달리었다.

그러나 시간은 이미 밤 12시가 넘었다. 나는 다시 초조해 지지 않을 수 없었다. 여러 가지 생각이 또 들기 시작했다. 차안에는 독일,

불란서, 일본 사람 등 30여명이 타고 있으나 모두 불안한 눈빛이었다. 하지만 그들은 이내 잠이 들었는 지 차안은 쥐죽은듯이 조용했다.

새벽 2시 30분이 되었다. 얼마쯤 오니 많은 사람들이 한꺼번에 내렸다. 나도 따라 내리었다. 나는 여기가 종점인 줄만 알았다. 여기도 부젝 교수는 없었다. 알고 보니 여기는 프라하 시내의 한 호텔 앞이었다. 이제서 나는 프라하에 도착한 것이다.

2. 프라하의 새벽 하늘

희미한 가로등만이 내 모습을 비춰주었다. 지나가는 순찰차의 경찰관에게 내가 촬스대학 기숙사를 물으니 택시를 타라고 했다. 물론 나는 기숙사 주소도 모른다. 오직 부젝 교수를 프라하 공항에서 만나 그의 안내를 받을 심산으로 아무 것도 모른 채 여기에 왔다. 그러나 그를 못 만났으니 이 일을 어찌하면 좋은가. 한마디로 큰 낭패가 아닐 수 없었다.

길가에 빈 택시가 있기에 다가가서 길을 물으니 그는 전혀 알지 못했다. 그러나, 젊은 택시 운전사는 우리를 태워 가지고 이곳저곳으로 다니었다. 하지만 그는 끝내 촬스대학 기숙사는 찾지 못하고 유럽학생 기숙사 앞에 나를 내려놓았다. 들어가 보니 기숙사는 기숙사였다. 그러나 그들은 부젝 교수를 전혀 알지 못했다. 알고 보니 촬스대학 기숙사는 한둘이 아니었다. 20여군데나 된다는 것이었다. 한국처럼 교내에 별채로 한두 동 있는 것이 아니라 여러 곳에 여러 채의 기숙사가 있어 기숙사 이름을 모르면 찾지 못한다는 것을 나는 나중에서야 알았다.

새벽 3시가 되었다. 듣도 보도 못한 이곳에 와서 나는 온 밤을 헤매고 있었다. 울고 싶도록 답답했다. 한국 대사관으로 전화를 해보았다. 나의 딱한 사정을 이야기했더니 퉁명스런 잠결의 목소리로 자기도 부임한 지가 1주일밖에 안 돼 전혀 모른단다. 젊은 택시 운전사도 자기는 더 이상 어찌할 수 없으니 택시비를 내란다. 얼마냐니까 그는 메타를 가리켰다. 보니 100얼마였다. 10달러를 주니 거슬러 줄 듯 자기 포켓을 뒤지더니 젊은 택시 운전사는 그냥 받아 가지고 가버렸다. 프라하의 밤을 헤맨 우리는 어쩔 수 없이 새벽을 맞이하지 않을 수 없게 되었다. 프라하의 밤은 이렇게 우리를 겁나게 했다.

유럽 기숙사에서 일하는 젊은이가 다른 택시를 전화로 불러주었다. 나는 또 다른 40대의 건장한 택시 운전사를 만나 촬스대학 정문 앞으로 갔다. 그는 내려서 벨을 누르고 고함을 치고 했으나 아무런 기척이 없자 나를 데리고 어느 호텔로 들어갔다. 거기는 영어를 하는 사람이 있다는 것이었다. 나는 호텔에서 다시 부젝 교수 댁으로 전화를 걸었다. 통화가 되었다.

나는 부젝 교수의 목소리를 듣자 살았다 싶었다. 얼마나 기쁘고 반가운지 내 눈에는 눈물이 핑 돌았다. 부젝 교수도 놀라는 목소리였다. 그는 프라하 공항에서 나를 내내 기다리다 이제 막 돌아왔다는 것이다. 이미 4시가 넘은 이 시각까지 나를 기다린 그에게 고마움에 앞서 죽고 싶도록 미안했다. 내가 잘못해 부젝 교수를 고생시킨 것을 생각하면 지금도 미안한 감을 떨쳐버릴 수가 없다. 나중에 안 일이지만 부젝 교수는 학장 차를 빌려 운전사와 함께 자기 제자 또마쉬 빨라띠균까지 차를 가지고 나오게 하여 저녁 8시부터 새벽 3시까지 나를 기다렸다.

내가 브르노에 내린 것을 부젝 교수는 앞의 버스차장에게서 확인을 하고는 내내 나를 눈이 빠지게 기다렸지만 다음 버스로 온다는 사람이 그 버스가 프라하 공항에 도착할 때 보이지 않자 그는 크게 당황하여 우리가 내렸을 만한 지점에 와서 호텔을 헤매다 내가 전화하기 직전에 막 집에 돌아 왔다는 것이다. 나는 아울러 부젝 교수와 운전사, 그리고 또마쉬군에게 미안한 감을 갖지 않을 수 없었다. 실로 그들에게 감사한다.

부젝 교수는 택시 운전사에게 내가 묵을 기숙사의 주소를 가르쳐 주었다. 내게는 내일 아침 10시쯤 오겠다고 했다. 운전사도 이제는 알겠다는 듯이 휑하니 달려갔다. 눈이 허옇게 깔린 들판이 나오고 고속도로 같은 길을 지나 가로등이 밝은 길로 내가 탄 차가 접어들자 어둠속에 여러 채의 아파트가 보였다. 그는 차를 세우고 나를 차안에 앉혀 놓은 채 한 건물 안으로 들어갔다. 그는 돌아와 내가 찾는 촬스대학 기숙사가 바로 여기니 내리라는 것이었다. 나는 밤을 헤맨 끝에 새벽녘에야 겨우 내가 있을 방을 찾아 들 수 있었다.

내가 처음 체코어를 들은 것은 운전사로부터였다. 그는 내가 하는 말을 듣고는 번번이 "노오, 노오" 했다. 그러면서 그는 고개를 끄덕였다. 나중에 안 것이지만 "노오"라는 체코어는 영어의 "아니라"는 뜻의 "노오"와는 정반대의 뜻이었다. 그러니 얼마나 우스운가. 한쪽에서는 그렇다 하고 한쪽에서는 안 그렇다로 알아듣고 있으니 말이다. 이 또한 얼마나 답답한 노릇인가. 이렇게 정반대의 입장에서 나의 프라하 생활은 시작되었다. 이를 한마디로 문화의 차이라 해야 옳을까. 실로 그 차이는 충격적으로 컸다.

생각해 보면 지금도 아찔하다. 그 날밤 택시 요금이 30달라나 들었지만 결코 아깝지 않았다. 이는 내가 프라하에 와서 처음 쓴 돈이었다. 나쁜 사람을 만나지 않은 것만으로도 천만다행이었다. 그날의 일들이 내게 얼마나 잘못된 일이었던지 모른다. 다시는 그런 일이 있어서는 안 되겠다 싶다. 이상기류와 짙은 안개로 비행기가 엉뚱한 곳에 착륙한 탓으로 일어난 일이긴 했어도 나의 무지가 더 큰 원인이었다. 나의 프라하의 첫날은 이렇게 새벽을 헤매는 일로부터 시작되었다. 내가 부끄러움 없이 이 일들을 고백할 수 있는 것은 너무나 당황했던 일이기에 결코 잊을 수가 없어서다.

새벽녘까지 접수실에 앉아 억센 독일어의 엑센트로 우리를 맞던 할머니의 인상은 지금도 잊혀지지 않는다. 그 할머니는 우리를 기다렸다는 듯이 반기며 짐을 함께 들어다 주었고 방까지 안내해 주었다. 이 할머니는 "카페 카페" 하며 나의 동정을 살폈다. 나는 이 밤중에 왠 카펜가 싶었다. 하지만 그 할머니가 주방에서 차 주전자를 들고 나오는 것을 보고서야 나는 아아 차를 안 마시겠느냐란 말인 것을 알아 차렸다.

프라하에 대해 아무 것도 모르는 나를 위해 부젝 교수는 아침 일찍 기숙사로 왔다. 그날 따라 날씨는 몹시 차고 눈바람까지 불었다. 그는 빵과 우유를 아침 식사로 가져 왔고, 물을 끓여 따뜻한 차를 만들어 주었다. 그는 검은 가죽잠바를 입고 긴 가죽신을 신었으나 추워 보였다.

우리는 2달만의 만남이었다. 어제의 악몽 같은 일을 생각하면 당장 서울로 돌아가고 싶었지만 그를 보는 순간 나의 불안한 마음은 싹가셨다. 이어서 그는 함께 나와 지하철을 타고 촬스대학까지 갔다. 부젝 교수는 그날 하루를 꼬박 나를 위해 보냈다. 이로부터 부젝 교수는 내 프라하 생활의 대부가 되었다. 그가 내게 아침을 차려 주고, 길을 가르쳐 주고, 식당을 일러주었을 때 비로소 프라하의 새벽 하늘이 내 눈에 들어오기 시작했다.

3. 북쪽의 로마

프라하는 중유럽의 로마라고 불리어질 만큼 매우 아름다운 도시다. 고색 창연한 중세의 건물들은 지어진 이래 한번도 헐어진 적이 없을 정도로 완전하게 보전되어 있었다.

프라하는 로마 황제 까렐(Karel Ⅳ)에 의해 건설되었다. 까렐 황제를 영어로는 촬스(Charles) 황제라고 불렀다. 프라하에는 중유럽에서 가장 먼저 설립된 까렐대학(1348), 유럽에서 가장 오래된 유태교 성당(1270), 중등 음악학교(1811), 세계에서 가장 큰 스트라호프 경기장이 있었다. 첨탑의 도시로 불리어지듯 100여개의 뾰족탑이 하늘 높이 솟아 있었을 뿐만 아니라 아름다운 블따바(Vltava)강과 잘 어울리는 유럽에서 가장 오래된 돌다리 까를루브 모스뜨(Karluv Most)가 있었다. 그 다리 입구와 출구에 세워진 탑문과 돌다리 난간의 십이 사도 성상은 200여년에 걸쳐 만들어졌다.

프라하의 중심지는 바츨라프(Vaclavske) 광장과 얀 후스(Jan Hus) 광장이다. 많은 관광객이 이 광장으로 몰려들었다. 아름다운 중세의 돌포장길은 사람들의 발길에 닳고닳아 반들반들 윤기가 났다. 특히 후스 광장에 있는 구시청사 천문시계탑은 매 시간마다 은은한 종소리와 함께 두개의 창문이 열리면서 십이 사도의 인형이 각기 성구를 들고 나와 관객에게 인사를 하고는 차례로 사라졌다. 이 한가지 광경을 보기 위해서만도 이 도시로 사람들은 모여들었다. 이들의 정신적 지도자요, 최초의 종교 개혁자인 후스의 동상을 중심으로 이루어진 이 광장은 관광객으로 사시사철 붐비었고, 비둘기 떼들이 늘 창공을 맴돌며 날았다.

블따바강 왼쪽 기슭 흐라드차니(Hradcanske) 언덕 위에 세워진 프라하성은 정치의 중심지다. 이 도시에서는 한번도 시가전을 치른 적이 없었다. 그만큼 이들은 프라하를 아끼어 왔다. 흐라드차니라는 말은 문지방이란 말로 옛날 프라하는 3왕이 다스리고 있었는데 지금 구시가로 불리는 스타레 미에스토(Stare Miesto) 지역의 여왕이 어느 날 밤 꿈을 꾸었는데 한 천사가 나타나 강을 건너 언덕을 오르면 한 목수가 집을 다 짓고 문지방을 만들고 있을 터인데 그 문지방 너머에 왕궁을 지으라고 해서 지은 왕궁이 흐라드차니성이라 한다. 왕궁은 현재 대통령궁으로 쓰이고 있지만 그 안에는 3개의 박물관과 페터 대성당 그리고 옛날 연금술사의 집이 있던 작은 골목이 있는데 지금은 기념품 가게들이 들어서 있었다. 촬스대학 철학부 현관 앞에서 마주 보이는 이 왕궁은 사시사철 관광객으로 붐비었다.

성안에는 유럽 미술관, 고대문화 박물관, 종교 박물관이 있었다. 유럽 미술관에는 피카소의 작품이 10여점 있으며, 고대 박물관에서는 체코의 고대문화 예술품을 한눈에 볼 수 있었다. 석기, 토기, 철기, 목기의 유품들이 잘 보관되어 있었다. 종교관은 주로 성화가 전시되어 있다. 프라하에는 국립 박물관만 9개가 있었다. 나는 이들 박물관을 거의 다 보았다. 여기저기 흩어져 있었기 때문에 여러 날에 걸쳐 두고두고 보아야 했다. 바츨라프 광장에 있는 국립 박물관은 이들의 자연사 박물관으로 많은 표본(생물)들과 돌 등 정성 들여 모은 진귀한 것들이 실로 많았다.

흐라드차니 언덕에서는 프라하 전 시가를 한눈에 내려다볼 수 있었다. 프라하의 도시 분위기는 중세의 고색 창연한 건축물이 그대로 보존되어 있어 웅장하고 묵중했다. 건물마다 인물이나 동물 또는 꽃이 조각되어 있었고, 뾰족탑이 솟아 있어 도시가 온통 예술품의 진열장 같았다. 인물은 보통 예수의 초상화나 그의 사도상이 많았으나 그

건물과 관련된 이의 흉상이 현관이나 벽 앞면에 붙어 있었으며, 동물로는 두껍이, 뱀, 돼지, 사슴, 호랑이, 노루, 사자, 곰, 닭, 개구리 등이 새겨져 있었다. 나는 그것이 재미있어 보여 눈에 띄는 대로 사진을 찍었다. 지붕은 모두 붉은 오지기와였고, 벽은 대부분 흰 벽이 많았지만 세멘트색 그대로인 건물도 많아 도시 분위기는 좀 어두운 편이었다. 하지만 주택은 독일처럼 모두 흰 벽이 많다. 나는 붉은 기와에 흰 벽의 주택이 좋아 보였다.

프라하의 옛 건축은 내부가 아주 현란했다. 특히 교회와 음악당 또는 은행은 중세의 벽화와 조각으로 장식되어 있었다. 특히 내가 거래하던 체코 국민은행인 체스까 스뽀지뗄나(Ceska Sporitelna) 본점은 유명한 화가의 벽화와 조각으로 장식되어 있어 많은 관광객들이 드나들었다. 천장은 돔으로 되어 있었는데 유리벽화였고, 사면 벽에는 인물조각상이 양쪽에 남녀 5쌍씩 있었다. 또 하나의 은행도 퍽 웅장하고 화려했는데 여기는 특히 장식품이 옛스러웠다. 한 크리스털 상점은 가게라기보다 궁중 내의 장식장처럼 화려했다. 나는 이 모든 것이 아주 좋아 보여 볼일 없이도 여기를 자주 드나들었다. 한마디로 나는 이것들이 부러웠다.

프라하도 11월 중순이 넘으면 크리스마스 장식으로 거리와 상가가 매우 현란했다. 특히 촬스대학 거리의 상점들은 아름다운 크리스마스 트리를 해 놓았고, 거리 위는 아치형의 형광등과 전나무가지로 장식된 상징물이 걸려 있었다. 강의 중 눈을 돌려 밖을 보니 건너편 학교 벽에 주목가지가 매달려 있었다. 그날 강의를 마치고 나오는데 상가쪽 문 앞에도 주목가지가 깔려 있었다. 후스 광장에는 5m가 넘는 주목을 베어다 광장 동쪽에 세우고 오색 테이프로 장식을 해 놓았다. 주목은 귀신을 쫓는 나무라 하여 일본에서는 집의 대들보에는 반드시 주목을 얹었다. 그리고 많은 집에서는 정원에 한두 그루의 주목을 심기도 했다. 한데 체코인들도 주목을 크리스마스 연말 때 많이 쓰고 있었다.

프라하의 11월은 주목으로부터 시작되었다. 나도 주목가지를 얻어다 기숙사 내 방문 위에 꽂아 놓았다. 거리의 여인들도 주목가지를 한 손에 들고 다니는 이들이 많이 눈에 띄었다. 이때 한 체코인의 집에 가보니 그 집에는 여기저기 주목이 예쁘게 꽂혀 있었다. 나는 나름대로 11월에 등장하는 주목을 생각해 보았지만 이들의 주목에 대한 생각은 어떤 것인지 알지 못한다. 이들은 아기자기하게 집안을 장식하길 좋아했다. 비록 그것들이 값비싼 것은 아니었지만 저들은 정성껏 보기 좋게 꾸며 놓았다. 어떤 집은 빈 맥주깡통을 헬 수 없이 많이 모아 쌓아 놓았는데 그것만으로도 좋은 장식품이 되었다. 그만큼 이들은 예술감각이 뛰어났다.

나를 놀라게 한 고색 창연한 중세의 건물들은 그 동안 공산치하 때 방치되어 있었기 때문에 엉망으로 되어 있었다. 그러나 요즈음 옛 주인이 되찾아 수리하는 건물이 많이 눈에 띄었다. 프라하는 유럽의 전형적인 중세풍 도시였다. 거리를 다니다보면 곧잘 길을 잃고 헤맨다. 그러나 막다른 골목은 거의 없었다. 어떤 길이고 어디론가 연결되어 있었다. 골목마다 돌포장이 되어 있어 구두에 흙이 묻지 않았고, 상점마다 특색이 있어 구경거리가 많았다. 여기서는 같은 쇼윈도는 하나도 볼 수 없었다. 아주 외따라 장사가 안 될 것같은 호젓한 골목에도 유명한 악기점, 양복점, 고서점, 화랑, 음식점 등이 있었다. 그만큼 이들 상점은 유명했다.

체코인들은 걸음이 빨랐지만 어디서나 차례를 지켰고, 줄을 서 있으면서도 책이나 신문을 보았다. 한번은 달걀을 사려고 나갔더니 두 상점에서 똑같이 계란을 팔고 있었다. 그런데 한쪽은 문밖까지 긴 줄이 뻗쳐 있었고, 다른 한쪽은 별로 사람이 없었다. 알고 보니 줄이 긴 쪽이 1꼬룬이 더 쌌다. 한 할머니는 줄을 오랫동안 서서 겨우 계란 2개를 사 가지고 갔다. 그들은 이렇게 물건을 적게 샀다. 이들은 이만큼 절약하며 경제적으로 살았다.

체코인들은 계산하길 좋아했다. 모든 상품 값은 석자리나 넉자리 값으로 되어 있었다. 거의 물건 값은 199꼬룬 또는 2,999꼬룬 식으로 되어 있었고, 어떤 것은 15.50꼬룬 또는 34.20꼬룬 식으로 되어 있었다. 말하자면 !,000원짜린데 나는 10원을 덜 받아 990원에 판다는 식이었다. 따라서 이들은 덤도, 에누리도, 떨이도 없었다. 계산도 정확해 총 물건 값이 1,567.40꼬룬이면 이 금액을 고대로 다 정확히 받았다. 처음에는 야박하고 얄미운 생각까지 들었다. 하지만 겪어보니 그것이 퍽 내게는 편했다.

4. 공원문화와 작은 모임

프라하의 지하철은 빠르고 편했다. 프라하에는 지하철이 3개 노선이 있었는데 A선은 1960년대 스탈린의 선물이라며 소련에서 놓아주었다. 그후 이들은 1970년대에 가장 깊은 B선과 가장 긴 C선을 만들었다. 지하철은 길어야 40분이면 종점에 이르렀다. A선은 블따바강 밑을 뚫어 만들었다. 역마다 화려한 유리장식을 해 놓았으며, 에스컬레이터는 길고 높아 현기증이 날 지경이었다. 모스크바와 레닌 그라드의 지하철과 똑같은 분위기였다. 그러나 러시아의 지하철 분위기는 매우 살벌하고 먼지가 많이 날 뿐만 아니라 낡아서 위험했다. 레닌 그라드의 지하철은 이중문으로 되어 있어 더 무서웠다. 하지만 프라하의 지하철 분위기는 매우 밝고 온화했다.

나는 내내 지하철을 타고 다녔다. 지하철을 타거나 내릴 때 아무도 지켜보지 않았다. 모두 그냥 타고 그냥 내렸다. 나는 한동안 이것이 참으로 신기했다. 표를 사고 출찰구의 검표원의 눈치를 보며 지내던 것이 엊그젠데 여기 와서 보니 어느 누구하나 이래라 저래라 하는 사람이 없이 모두 자기자신이 알아서 척척하는 것이 참으로 놀라웠다. 이것을 보고 나는 아아 이것이 진정한 자율이구나 싶었다. 시민의 자율능력, 이것이 결국 민주주의의 기초인 것을 새삼 깨달았다. 이들은 우리가 생각하는 공산국가가 아니었다. 사회주의의 장점을 최대한으로 살린 자유민주주의 국가였다. 이들의 높은 문화와 교양은 결코 우리가 생각하는 공산주의를 용납할 수 없었다.

만약 서울서 이렇게 한다면 지하철공사는 한 달도 못 가서 문을 닫지 않을까 싶었다. 그만큼 우리는 아직도 남의 감시가 있어야 하는 타율성에 젖어 있는 것은 아닐까. 전철 승차권은 4꼬른이었으니까 한화로는 120원 정도였다. 승차권은 지하철 입구 잡화점에서 팔았다. 출찰구에는 검표기가 2개 있는데 승객이 승차권을 넣으면 찰깍하고 소리가 나며 일자와 시각이 찍혀 나왔다. 승객은 이 표를 자기 포켓에 넣고 지하철을 타면 되었다. 내릴 때도 아무도 보자는 사람이 없었다. 괜히 표를 샀다는 생각이 문득 들 때도 있었다. 마치 손해 보았다는 느낌이 들었다. 표를 샀으면 표를 보자고 하는 사람도 있고 거기에 도장을 찍어도 주고 나갈 때 또 그 표를 받는 사람이 있어야 하는데 아무도 없으니 우리에게는 아주 싱거운 일이었다. 그러나 표를 사지 않고 지하철을 탔다가 사복의 검표원에게 적발되면 400꼬른의 벌금을 내야 한다.

체코에서는 벌금이 무거웠다. 교통법 위반으로 내는 벌금은 보통

500꼬른이었다. 나는 진입 금지 구역에 들어갔다가 벌금 500꼬른을 낸 일이 있었고, 주차위반으로 800꼬른, 속도위반으로 1,500꼬른을 내기도 했다. 벌금에도 에누리나 덤은 없었다. 경찰관은 무표정하게 벌금을 요구했고, 그것도 그 자리에서 현금으로 내야했다. 이들에게는 변명이 통하지 않았다. 규칙을 어겼으면 벌금을 내면 그만이었다. 이들은 사정이 없었다. 나는 여기 살면서 교통법 위반으로 거의 3,000꼬른의 벌금을 냈다. 약 9만원의 벌금을 낸 셈이다. 벌금을 낸 날은 그 돈이 무척 아까웠으나 그후에는 조심하게 되어 그만큼 벌금의 효과는 컸다.

출찰구의 검표원은 철도역에도 없었다. 누구나 그냥 기차가 서는 홈까지 들어갔고, 표를 사지 않은 채 차를 탈 수 있었다. 차안에서도 그들은 승차권을 팔았다. 독일 기차도 마찬 가지었다. 나는 미쳐 표를 사지 못했으나 그냥 타라고 해서 얼결에 탔더니 달리는 기차 안에서 승무원이 친절하게 승차권을 끊어주었다. 그뿐만 아니라 여기의 기차 승차권은 유효기간이 2개월이었다. 자기가 필요할 때 언제고 사용하면 되었다. 모든 것이 개인의 편의 위주로 되어 있었다. 여기와서 내가 처음 느낀 것 중의 하나가 이같은 시민의 자율능력과 시민 중심의 행정이었다.

이와 같은 시민의 자율능력은 바로 저들의 교양과 문화의 수준을 말해주는 것이었다. 버스, 기차, 전철, 지하철, 공원 그 어디를 가 보아도 늙은이나 젊은이나 여자나 남자나 모두 책이나 신문 잡지를 읽고 있었다. 유럽 각 도시에는 잘 다듬어진 공원과 숲이 많았다. 이들의 독서는 장소와 때를 가리지 않았다. 그만큼 그들의 독서환경은 좋았다. 공원에는 어디나 앉을 수 있는 벤치가 마련되어 있었고, 깨끗이 닦이어 있었으며, 정리되어 있었다. 한마디로 유럽 문화는 공원

문화라고 부를 만큼 공원은 생활공간이었다. 이같은 이들의 공원생활이 나는 실로 부러웠다.

흐라드차니성 밑에는 조용하고 아늑한 유서 깊은 공원이 있었다. 나는 자주 이 공원을 찾아갔다. 이곳은 관광의 명소인 까렐 돌다리 가까이 있었다. 그리 크지 않은 성밑 공원에는 이름 모를 고목과 사과나무, 배나무가 있었으며, 파랗게 잔디가 깔려 있었고, 가느란 분수가 여름이면 솟았으며, 때로는 알 수 없는 꽃향기가 벤치에 눠 낮잠자는 내 코를 스쳐갔다. 공원에는 늘 할머니, 할아버지 몇몇이 벤치에 앉아 햇볕을 쬐며, 신문이나 책을 보고 있었다. 이 성밑 공원은 내 고달픈 영혼을 달래주던 안식처였다.

공원과 유럽 문화를 떼어놓고 생각할 수 없듯이 살롱과 지하철 또한 유럽 문화의 표본이었다. 내가 본 유럽 사람들의 모임은 크지 않았다. 결혼식장도 그랬고, 강연회장도 그랬으며, 음악회나 극장도 그랬다. 모두 진실되고 실속 있어 보였다. 이들은 부담 없이 자율적으로 모이고 흩어졌다. 나는 작은 모임이 참으로 좋게 느껴졌다. 진정으로 관심있는 사람들만이 부담없이 모이는 이 작은 모임은 아름다워 보였다. 나는 이들의 결혼식 광경도 보았다. 축하객 20명도 안 되었지만 신랑과 신부는 만족해 보였고, 더욱 행복감에 넘쳐 있는 모습이었다. 이들은 꽃으로 축하인사를 했고, 가슴을 서로 대는 인사로 서로의 우정과 축복을 대신했다. 우리의 것과는 퍽 대조적이었다. 유럽의 작은 모임은 한마디로 아름다웠다.

인권이 최대한으로 존중되는 이들 모임은 언제나 자유스러웠으며, 품위 있었고, 소박했다. 물론 풍성하게 먹는 경우도 있지만 이들의 음식은 매우 간단하고 양이 적었다. 거의 뷔페식이어서 각자 자신의 양과 입맛에 따라 먹었기 때문에 남기는 일은 거의 없었다. 촬스대학

교수식당은 큰 사랑방 만했다. 한 20여명 앉아 점심을 먹을 수 있었다. 그러나 저들은 좁다고 불평하는 일 없이 많은 교수들이 자연스럽게 교대로 앉아 점심을 먹었다. 어떤 때는 배식기를 들고 서 있어야 했지만 어느 결에 빈자리가 많이 생기곤 했다. 이들은 접시바닥의 국물까지 빵으로 문질러 먹었다. 나는 이것이 가난하게 보이지 않았다. 오히려 위대해 보였다. 저들은 결코 가난하지 않았다. 다만 검소했을 뿐이다.

지하철이나 전차, 버스 안에서도 나는 이들의 아름다움을 많이 발견했다. 노인들은 경로증을 가지고 다녔다. 이들은 말하자면 만원 버스나 지하철에서 앉을 권리가 주워져 있었다. 젊은이들은 노인들에게 거리낌없이 자리를 양보했다. 결코 자리 양보에 인색하지 않았다. 노인이 옆에 서 있는데 눈을 감고 자는 척하는 것을 본 일이 없다. 한번은 이런 것을 보았다. 전차 안에 선 사람이 비교적 많았다. 한 할머니가 선 사람들을 비집고 들어가더니 자리에 앉아 있는 한 젊은이의 등을 두드리며 예의 경로증을 내보였다. 젊은이는 두말 없이 큰 잘못이나 한 듯이 자리에서 벌떡 일어났다. 내 보기에 그 젊은이는 미처 할머니를 못 본 것같다. 또 한번은 지하철에서였다. 그날 나는 아내하고 둘이 있었는데 나보다 나이가 많아 보이는 한 노인이 자리에서 일어나며 자꾸 앉으라는 것이다. 다음 정거장에서 내린다며 내가 사양을 하니 그래도 앉으라며 내 손을 끌었다. 그래서 앉아 갔지만 그는 내가 내리고도 더 갔다.

젊은이들은 빈자리가 있어도 좀처럼 앉아 가지를 않았다. 서서 신문이나 잡지나 책을 보면서도 재빠르게 노인을 제치고 가서 앉지를 않았다. 이들에게는 전차나 지하철이나 버스 안도 자신의 인격 공간이었다. 자신의 교양과 문화가 고스란히 살아 있는 그런 삶의 터전이었다.

5. 자동차 여행

나는 체코 전국 관광지를 자가용으로 여행하였다. 체독(Cedok: 체코 관광공사)에서 발행한 전국 유명 관광지 안내책자를 이용해 처음에는 프라하에서 멀리 떨어진 곳을 다녔으나 나중에는 프라하에서 100Km 전후의 곳을 다녔다. 그 당시 한국 사람으로 나만큼 체코의 관광지를 찾아다닌 사람은 없었다. 그 책자에는 프라하를 포함해 20개의 명소가 그림과 함께 영어로 소개되어 있었다. 나는 이 관광지를 다 다녔을 뿐만 아니라 나의 제자가 사는 마을도 가 보았다.

체코에는 좋은 관광 명소가 많았다. 하지만 관광사업이 발달되지 않아 관광객에게 불편한 점이 많았다. 관광지도 주말이면 모두 문을 닫았다. 다만 관광소만 문을 열어 놓았기 때문에 유명한 관광지도 관광객들만 서성일 뿐 매우 한산했다. 프라하 역시 관광객이 늘 붐비었지만 주말이면 모든 상점, 심지어는 백화점들도 문을 닫고 영업을 하지 않았다. 나는 이것이 몹시 안타까웠다. 외국의 관광객에게 많은 물건을 팔자면 그들이 가장 붐비는 주말에 장사를 해야 할 것 같은데 이와는 반대로 이들은 모두 상점문을 굳게 닫고 쉬었다.

이들은 상업 정신이 전혀 없었다. 평상시에도 오후 6시면 문을 닫았을 뿐만 아니라 1분만 늦어도 물건을 팔지 않았다. 이같은 몰상업 정신은 산업경쟁사회로의 발전을 저해하는 큰 암적 요소였다. 이들은 물건이 귀했던 공산사회의 타성에 젖어 있었다. 물건만 있으면 언제든지 팔 수 있다는 생각을 하고 있는 것같았다.

체코는 전 국도가 95% 포장되어 있어 자동차 여행은 아주 편리했다. 고속도로는 프라하에서 브라띠슬라바까지 가는 것 하나밖에 없었지만 대부분의 국도는 일직선으로 되어 있어 모든 차들이 시속 120Km 이상 달리었다. 그뿐만 아니라 모든 국도는 전 유럽으로 이어져 있었다. 유럽의 모든 차들은 그 나라 국명의 약자를 따 윗면에 붙이고 다녔다. 예를 들면 독일은 D, 프랑스는 F, 체코는 Cz로 표시했다.

당시 나는 체코 운전면허증을 취득한 지가 얼마 안 돼 운전연습삼아 형태를 옆자리에 앉혀 놓고 운전을 많이 했다. 체코는 숲과 호수가 많았지만 남서쪽으로 가면 산과 고개도 제법 있었다. 울창한 나무숲으로 뚫린 터널같은 길이 무려 어느 곳은 12Km나 되었다. 울창한 숲은 여름에는 아주 시원하고 푸르러 좋았고, 겨울에는 설경 또한 볼만했다. 그해 가을은 유난히 단풍이 잘 들어 설악산 단풍 같았다.

체코 사람들은 운전을 잘 했다. 내가 물론 초보자여서 그렇겠지만 뒤에 많은 차가 밀려 있다가도 어느 결엔가 모두 내 앞에 달리고 내 뒤에는 차 한대도 없었다. 그렇지만 나도 시속 120Km로 달리고 있었다. 여기는 길에 차가 많지 않았기 때문에 운전하기는 좋았지만 그 대신 속도를 내 달리는 차가 많아 그만큼 위험했다. 그러나 이들은 규칙을 엄격하게 잘 지켜 자기만 정확하게 운전을 하면 별로 사고 나는 일은 없었다. 이들은 헌 차를 스스로 수리하여 가지고 운행하는 경우가 많아 길가에 세워 놓고 한 시간이고 두 시간이고 그 더운 여름이나 몹시 추운 겨울에도 엔진을 고치고 있는 사람이 많았다.

체코에는 자동차 회사가 쉬꼬다(Skoda) 하나밖에 없었다. 쉬꼬다 자동차회사는 1859년 발드슈테인 백장이 설립한 이래 기사 에밀 쉬꼬다가 발전시켜 1895년에는 유럽 굴지의 자동차 회사가 되었다. 공산사회 때는 탱크, 트럭, 군용차 생산에 주력했다. 쉬꼬다의 상표 "날

개 달린 화살"은 그 명성이 높았다. 하지만 이들은 고급 승용차 개발에 힘쓰지 않았다. 쉬꼬다의 고유 차형은 파보리뜨(Favorit)였는데 한국의 포니 유형이었다. 그러나 엔진은 성능이 좋고, 견고하며, 수명이 길어 알아주었다. 당시 쉬꼬다는 폭스바겐(Volkswagen)과 합작하여 새로운 고급 승용차의 모형을 개발 중이었다. 이들은 독점 기업이기도 했으나 독일의 폭스바겐 그룹임을 대대적으로 선전하고 있었다. 하지만 그때 체코에는 쉬꼬다 구형 고물 차들이 아직도 많았다. 저들은 못쓰게 된 차라도 스스로 고칠 수 없을 때까지 고쳐 몇 년이고 타고 다녔다.

그들은 새 차거나 헌 차거나 간에 모두 차를 한두 대씩은 가지고 있었다. 여름이면 체코인들은 가족과 함께 피서를 가서 한 달씩 보내었고, 겨울이면 가족들과 함께 스키를 타러 가서 1주일씩 지내기도 했다. 저들은 대부분 어딘가에 별장을 가지고 있었다. 우리가 생각하는 호화 별장이 아니라 말하자면 농장 비슷했으나 집은 그림처럼 아름다웠다. 거기서 그들은 채소나 과수를 가꾸는 일을 했다. 여름이면 저들은 남녀노소를 불구하고 모두 팬티 바람이었다. 특히 할머니들은 늙은 몸을 들어내놓고 정원 일을 했는데 아주 보기가 흉했다. 이들 집들은 울타리가 낮은 향나무로 대부분 되어 있거나 목철책으로 되어 있어 집안이 환하게 다 들여다보였다. 이들은 정원을 잘 가꾸었다. 우리가 보기에는 잔디도 아닌데 이 잡풀을 자주 깎아 주었다.

그러니까 이들의 주말은 글자 그대로 완전한 휴식이었다. 휴식 뒤에는 이들의 노동량은 배가했고, 월요일부터 금요일 오전까지는 열심히 일할 수 있었다. 노는 건지 일하는 건지 알 수 없는 그런 일이 아니라 철저한 시간관리 밑에 일을 했다. 그리고는 주말에는 피곤하지 않는 휴식을 했다. 나도 1박 2일의 체코 남부지방의 왕복 7백여리의 여행을 해본 일이 있었지만 별로 피곤함을 느끼지 못했다.

여름 고속도로에는 가족을 태운 차들이 대부분이었다. 나는 그해 여름 아내, 아들, 외손자, 딸을 태우고 저들과 같이 고속도로를 달리었다. 프라하에서 부다페스트까지 가는 날은 12시간을 계속 달리기도 했다. 주유소에서는 자기 자신이 휘발유를 넣어야 했고, 계량기에 따라 돈을 내야 했다. 휘발유 값은 서울과 같았다. 25리터에 500꼬룬이었으니까 15,000원 정도 했다. 이거면 300Km는 달리었다. 그해 여름 나는 4달 사이에 12,000Km를 달렸으나 차는 한번도 고장 나지 않았다.

한번은 나도 우리 식으로 파리를 거쳐 런던을 여행하려고 여러 여행사에 알아보았으나 관광 버스여행은 모두 파리행 6박 7일, 런던행 7박 8일로 되어 있었다. 그러니까 나같이 여행하려는 관광객은 파리에 갔다가 프라하로 돌아와서 다시 런던으로 가야 했다. 그래서 할 수 없이 체코 국영 여행사인 체독을 통해 먼저 파리를 6월 2일부터 6일까지 5박 6일로 다녀오고, 그후 7월 23부터 30일까지 7박 8일로 런던을 다녀오는 방법을 취했다.

이들은 우리 같이 연결식 여행을 하지 않았다. 이것은 유럽 전체가 그러했다. 심지어는 체독에서 계획했던 파리, 런던 연결 여행이 신청자가 없어 취소되었다. 이들은 1년 전에 모든 여행 계획표를 작성해 놓고 있었다. 작은 여행사는 1년에 런던 여행자를 한번밖에 모집하지 않았다. 파리행은 그래도 비교적 많이 있었다. 이들의 여행일정에 맞추자면 우리의 생활 방식으로는 매우 힘들었다. 우리는 무엇이고 즉흥적으로 하는 버릇이 있는데 이들에게는 그런 경우가 거의 없었다. 따라서 무엇이고 대부분 예약을 해야 했다. 저들은 예약이 생활화되어 있었다.

저들은 지하철을 탈 때 남녀노소할 것 없이 매점에서 신문이나 잡지를 한두 권씩 샀다. 더욱 나달나달한 코트를 입은 파파노인이 어두운 눈에 지하철에서 책을 읽고 있는 모습을 나는 많이 보았다.

나는 체코에 있는 동안 북부 지방의 끝인 유태인의 학살장 테레진, 남부 지방의 끝인 유네스코 지정 황금도시 끄름노브. 서부 지방의 끝인 휴양 도시 마리안스께 나즈네와 체코에서 가장 아름다운 고도 까르로비 바리, 동부 지방의 끝인 체코에서 3번째로 큰 도시 흐라데스 끄랄로베도 갔었다.

체코의 4대 도시는 프라하, 브르노, 흐라데스 끄랄로베, 플젠 등이었다. 체코가 슬로바키아와 한 나라이었을 때는 지금 슬로바키아의 수도인 브라띠슬라바가 두 번째로 큰 도시였다. 이렇게 나는 체코의 많은 곳을 쉴새 없이 쏘다니었을 뿐만 아니라 독일, 오스트리아, 헝가리, 폴란드, 이탈리아, 스위스, 프랑스 파리 등을 자동차로 여행했다. 로마까지 다녀오는데는 7,000km로 12일이나 걸렸다.

Ⅲ. 홈식은 나를 울리고

1. 월화 109호실에서

프라하 제4지구 호돕(Hodov)에는 5동의 기숙사가 있었다. 여기의 기숙사들은 모두 체코의 강 이름을 따 이름을 붙였다. 제일 먼저 지은 월화(Volha)는 러시아의 작은 강 이름을 딴 것이라 한다. 월화는 내가 처음 들었던 촬스대학 기숙사였다. 이로부터 차례로 사자바(Sazava), 블따바, 오따바(Otava), 블란이세(Blanice)가 있었다. 이 건물들은 나란히 지어져 있어 기숙사군을 이루고 있었다. 기숙사는 각동마다 12층이었고, 공산사회 때 지어졌다.

학생들은 각 나라에서 왔다. 마치 인종 전시장과 같았다. 특히 비동맹국으로 불리는 제3세계의 학생들이 많았다. 그들은 주로 아프리카에서 왔는데 영어와 체코어를 잘 했다. 그밖에 간혹 동양계 학생들도 눈에 띄었으나 이들은 대부분 중국과 베트남에서 온 학생들이었다.

체코의 기숙사은 한국처럼 남녀의 기숙사가 따로 있지 않았다. 학생들은 남녀가 방을 따로 쓰기도 하고 같이 쓰기도 했다. 그들은 자라면서 자유롭게 남녀교제를 했기 때문에 그만큼 자율력도 컸던 것 같다. 학교에는 운동장이 없었지만 기숙사에는 축구, 야구, 정구, 농구장이 잘 갖추어져 있었다. 이들은 봄부터 초겨울까지 남녀 구별 없이 운동을 즐겨했다.

대학 기숙사는 교외에 있지 않았다. 하지만 넓은 숲과 푸른 들이 있어서인지 이른 아침에는 잿빛 토끼들이 풀밭을 즐겁게 뛰어다녔고, 어떤 때는 암수의 꿩이 풀밭을 기기도 했다. 처음에 이것을 본 나는 신기해 한동안 바라보았다. 매일 아침저녁으로는 비둘기와 까마귀, 까치가 날았다. 봄에는 한 떼의 꿩아 병아리가 숲 속에 보여 나를 또 한번 크게 놀라게 했다. 이들은 고의로 짐승을 잡거나 죽이지 않았다. 개와 고양이를 특히 귀여워해 늘 데리고 다니었다. 아침이면 온갖 새소리와 함께 수탉 울음이 청아하게 앞 숲속 마을에서 들려왔다. 서울서는 전혀 듣도 보도 못했던 일이었다. 우선 나는 이런 것들이 신기할 정도로 좋았다.

월화 기숙사의 내 방은 2층 끝방이었다. 이 방까지 가자면 금고 철문을 열고 들어가는 기분이 들 정도로 이중의 육중한 철문을 3번이나 열고 들어가야만 했다. 그만큼 이 건물의 분위기는 내게 생소한 느낌을 주었고, 아주 삼엄하기까지 했다. 그러나 방은 아늑하고 깨끗했다. 내가 든 방은 109호실이었다. 방은 동남간이었고, 창문은 크고 밝았다. 건물 앞에는 차도가 있었는데 이 길은 숲마을로 이어져 있었다. 길 건너편에는 건축 공사장 창고였는데 매우 살벌했다. 벌여진 철판, 망가진 차, 쓰러진 판잣집, 여기저기 놓인 철근과 널빤지 등등 어수선하기 짝이 없었다. 창문은 밀폐되어 있었고, 복도는 매우 좁았으며, 양편으로 방이 마주 보고 있었다. 여름에는 몹시 더울 것같았다. 그러나 나는 다행히 여기서 한여름을 나지 않았다.

이 건물은 매우 음침하고 폐쇄적인 분위기를 자아냈지만 기숙사로서는 그런 대로 괜찮았다. 제일로 조용하고 실내가 따뜻해서 내의 바람으로 지낼 수 있었고, 물과 전기를 마음대로 쓸 수 있었으며, 아침저녁으로 샤워도 할 수 있어 추위에 떨며 움츠리고 지내지 않아도 되었다.

기숙사 생활을 하면서 처음에 내게 생소했던 일 중의 하나는 열쇠 관리였다. 출입문은 열고 들어오기만 하면 저절로 문이 잠기었다. 열쇠를 안 가지고 있으면 아무 일도 할 수가 없었다. 방마다, 집마다, 심지어는 아파트 현관문 열쇠도 식구마다 따로 가지고 있었다. 나도 여기 와서 여러 개의 열쇠를 받았다. 나는 기숙사 방 열쇠 3개, 학교 연구실 열쇠가 2개, 자동차 열쇠 2개 이렇게 7개의 열쇠를 고리에 꿰어 가지고 다녀야 했다. 나의 체코 생활은 이렇게 열쇠로부터 시작되었다. 알고 보니 이런 현상은 체코뿐만 아니라 유럽 전체가 그랬다.

처음에는 귀찮고, 자꾸 잊어버려 크게 불편했지만 습관이 되니 안전감이 있어 좋았다. 열쇠도 복사할 수 있는 것이 있고, 복사할 수 없는 것이 있었다. 번호가 있는 열쇠는 복사가 법으로 금지되어 있었다. 이들은 문이 잠겨 있으면 강제로 열려하지 않았다. 그만큼 열쇠 문화가 확립되어 있었다. 그뿐만 아니라 열쇠와 자물쇠가 잘 만들어져 있어 그 열쇠가 아니면 절대로 문을 열 수 없었다. 돌아올 때 하나씩 다 빼주고 나니 내 열쇠 고리에는 구두주걱 하나가 남아 있었을 뿐이다.

그 다음은 전화가 크게 불편했다. 서울로 전화할 때도 공중전화를 사용해야 했고, 전화가 걸려올 때는 수위실까지 나가거나 전달을 받고 나서 공중전화를 이용해야 했다. 나는 월화에서 1달쯤 지내고는 부젝 교수의 주선으로 전화가 있는 블란이세 102호 방으로 옮겨갔다.

2. 홈식은 나를 울리고

월화에 있는 동안 제일 힘들었던 일은 홈식(home sick)이었다. 나는 여러 날 집을 떠나 살아 본 적이 별로 없었다. 더욱 외국생활은 이번이 처음이었다. 나는 생각보다 의외로 외로움을 많이 탔다. 하루, 이틀, 사흘을 지나니 나도 모르게 갑자기 눈물이 두 눈에서 흘렀다. 그리고는 가슴이 답답하고 흐느껴졌다. 그렇게 누굴 못살게 그리운 것도 아닌데 견딜 수 없이 슬퍼지고 울음이 느껴지며, 몸을 어찌할 수가 없었다. 참다못해 나는 현관 수위실로 내려가 서울로 전화를 걸었다.

현관 데스크에는 아르바이트 여학생이 앉아 있었다. 서울은 곧 연결되었다. 마침 잠결의 아내 목소리가 들려 왔다. 나는 한마디의 말도 하지 못한 채 울음이 터졌다. 여기는 오후 2시었지만 서울은 밤 10시쯤 되는 시각이었다. 서울하고 여기의 시차는 8시간이었다. 여학생에게 부끄러운 생각이 들어 나는 외면을 하고 말았다. 말 한마디도 못하고 전화는 끝났지만 이렇게 전화라도 걸고 외마디 소리지만 아내의 목소리를 듣고 나니 좀 진정이 되었다.

전화를 걸고 나서 나는 집으로 긴긴 편지를 썼다. 이날의 일기에는 다음과 같이 적혀 있었다.

1993년 2월 16일. 화요일. 흐림

아침에 비로소 5일만에 태양을 보았다. 그것도 아침해가 떠오를 때뿐이었다. 그리고 나서는 해는 온 종일 구름에 가려 있었다. 아침 내내 나는 홈식에 시달렸다. 아침해를 보는 순간부터 나는 집이 그리워졌다. 이같은 감정은 당해보지 않은 사람은 설명할 수도 표현할 수도 없을 것같았다. 우리는 동물에 지나지 않는 것인가. 이것을 극복하는 것이 인간일 것이다. 저 어린 학생들도 집을 떠나 여기 와서 저렇게 굳굳하게 지내는데 나는 이 나이에 이게 뭐냐. 나는 아들 앞에 또 저들에게 부끄러운 생각이 들었다. 그러나 그것은 이론일 뿐이었다. 홈식은 아주 유치한 본능적인 감정 같았으나 매우 참기 어려운 것이었다. 나는 견디다 못해 서울로 전화를 걸었다.

그 다음날 나는 학교에 가서 부젝 교수를 만나 홈식 때문에 몹시 괴롭다고 했더니 그는 근심스러운 얼굴로 나를 쳐다보았다. 나는 말을 해 놓기는 했지만 그에게 미안했다. 그래서 좀 있으면 날 것이라고 말했다. 그후 나는 끌로슬로바 선생을 만나서도 어린애처럼 집이 그리워 못 있겠다고 말한 적이 있었다.

무엇을 그리워한다는 것은 아름다운 것이었다. 사랑의 아름다움도 결국 그리움에 있을 것이다. 그렇게 본다면 인간의 귀소(歸巢)본능치고는 너무나 아름다운 감정이 향수겠지만 이것이 지나쳐 이성으로 통제가 안 되면 이것도 병인 것이다. 나는 말하자면 향수병에 걸려 있었다. 나는 향수병임을 자각하고는 이를 스스로 떨쳐버리기 위해 노력했다. 전화를 걸고 싶으면 전화요금은 생각하지 않고 서울로 언제고 전화를 걸었다. 쓰고 싶을 때 언제고 긴긴 편지를 집으로 쓰기도 하고, 친구들에게 엽서를 보내기도 했다.

나는 틈만 있으면 프라하 중심가로 나가 어디고 돌아 다녔다. 이렇게 한 보름지내니 향수병도 달아났다. 그리고 방도 옮기게 되어 모든 것이 새로워졌다. 이때쯤에는 프라하에 와 있는 한국인도 거의 다 만나 본 때여서 외로움도 많이 덜리었다.

식사는 주로 내가 만들어 먹었다. 처음에는 식당을 이용할 양으로 아무런 준비도 없이 왔지만 막상 이곳 사정을 보니 도저히 3끼 식사를 식당에서 할 수 없었다. 우선 구내에 식당도 없었고, 있었다해도 식권을 예매해야 했으며, 정해진 시간 이외에는 식사를 할 수도 없었다. 식권을 샀다해도 이용에 아주 불편했다. 언제나 내가 먹고 싶을 때 가서 먹을 수는 없었다.

나는 식사를 내 손으로 해 먹기로 작정하고 비상식으로 가지고 온 미역, 멸치, 북어, 다시마 등으로 국을 끓이고 김을 구워 먹었다. 처음에는 베개만큼씩 큰 호밀식빵을 주로 썰어 먹었으나 쌀이 있다는 것을 안 후로는 주로 아침저녁으로는 밥을 지어먹었다. 내가 밥을 지어먹기는 프라하에 와서 1주일 후의 일이었다. 나는 등산할 때 해 먹던 솜씨로 파, 마늘, 감자를 넣고 주로 맑은국을 끓였다. 빵 값은 매우 쌌다. 아이 머리통 만한 것이 12꼬른이었으니 우리 돈으로 360원이었다. 이거 하나면 둘이서 이틀은 먹을 수 있었다.

기숙사에서 버스를 타고 2정거장을 가면 지하철역 호돕이 있는데 그곳에는 프라하에서 제일 큰 슈퍼마켓이 있었다. 이 가게의 이름은 십(SYP)이였다. 스페인 사람이 경영한다고 해서 주로 스페인상이라고 불렀다. 이곳은 식품잡화상이었지만 없는 것이 없을 정도로 여러가지 물건이 많았다. 나는 줄곧 이곳에서 식품을 샀다. 이 상점은 우리가 생각하는 그런 가게가 아니라 시장이었다.

이 근처가 호돕의 중심지였다. 우체국, 경찰서, 병원, 보험회사 등도 모두 여기 있었다. 대형 주차장은 늘 시장보러온 차들로 만원이었다. 이 지역은 프라하의 남쪽으로 브르노로 통하는 고속도로도 지나갔다. 말하자면 서울의 영등포와 같은 지역이었다. 여기는 아름다운 옛마을이 많았다.

3. 서민시장 풍경

프라하에는 서울의 동대문시장이나 남대문시장 같은 개념의 시장은 딱 한곳밖에 없었다. 당시 프라하에는 큰 노점시장은 없었다. 노점시장은 블따브스까(Vltavska) 전철역 근처에 있었는데 큰 황소의 조각상이 정문 양쪽에 우뚝 서 있었다. 주로 서민들이 이 시장을 드나들었다. 그래서 나는 이 시장을 서민시장이라 불렀다. 아침 6시면 이들은 시장에 나왔다. 그만큼 체코 사람들은 부지런했다. 이들은 오후 3시면 거의 철시하였다. 서민시장에는 노점 옷가게가 많았는데 주로 중국인과 베트남인들이 자기 나라 옷을 가져다 싸게 팔았다. 대형 신발 가게에는 각 나라의 신발이 다 있었다. 하지만 한국제는 한 켤레도 없었다. 삼성 냉장고, 금성 오디오, 현대 자동차, 대우 TV 등은 가끔 볼 수 있었지만 일반적인 잡화는 전혀 눈에 띄지 않았다. 나는 이 시장이 흥미 있어 여러 번 갔었지만 물건은 별로 사지 않았다.

서민시장에서도 물건마다 정가를 붙어 놓고 팔았다. 덤이나 에누리 같은 것은 전혀 없었다. 식품류는 모두 저울로 달아 팔았다. 손님에게 작은 봉투를 주어 그 자신이 물건을 골라 넣게 하고는 그 무게를 저울로 달아 값을 불렀다. 그 무게도 영점이하까지 표시되어 있었고, 가격도 영점이하의 돈을 내야 했다. 결코 덜 받거나 더 받는 일은 없었다. 그만큼 이들은 정확했다.

그해 12월 초 나는 김장 배추를 좀 싸게 살까하고 서민시장으로 갔었다. 날씨가 매우 추웠었다. 나는 배추를 골라 담았다. 배추는 43.21Kg이었는데 한 30포기 되었나싶다. 이것은 두 배추 상인의 것을 합친 것이었다. 이들은 우리가 한꺼번에 많이 사니까 좋아했지만 값은 한푼도 깎아주지 않았다. 그날 나는 배추 1Kg당 14꼬른씩 계산해

604.94꼬른을 냈다.

체코 화폐는 꼬른(Korun)이었는데 이를 약해 보통 Kc로 표시했다. 한국 원화와의 교환 비율은 1Kc에 약 30원이었다. 한국 돈은 이곳에서 전혀 교환되지 않았다. 달러로 환산한 비율이 대충 그랬다. 비교적 경제는 안정되어 있었으나 월급에 비해 물가는 연 5퍼센트씩 올랐다. 공산사회 시대에 비해 물가가 너무 비싸다며 저들은 울상을 지었다.

대학 교수들의 월급이 우리와는 비교도 안 될 정도로 낮았다. 당시 정교수인 나의 월급이 7,920꼬른이었으니 우리 돈으로는 24만원도 안 되었다. 나는 이 금액에서 세금, 보험금 등 1,820꼬른을 제하고 매달 6,100꼬른을 받았다. 기숙사비가 전혀 없었기에 이 돈이면 한 달을 충분히 살 수 있었다. 기숙사에서는 외국인 교수에게 전기료, 수도료, 개스료, 관리비를 포함한 일체의 기숙사비를 받지 않았다.

체코인들은 상품을 판 후에는 잘 바꿔주지 않았다. 따라서 물건을 사려면 사전에 그 상품에 대해 잘 알아보고 결정을 해야 했다. 여기 와서 나는 몇 번 그런 일을 당했다. 한번은 백화점에서 지우개를 샀는데 너무 비싸 자세히 보니 제도용 지우개였다. 그래서 노트용 지우개로 바꾸려 했으나 바꿔주지 않았다. 핑계는 이미 계산기에 계산이 되었기 때문에 물려줄 수 없다는 것이었다. 그 물건 값에 해당하는 다른 물건을 가져가란다. 할 수 없이 나는 그 돈으로 딱풀 2통을 샀다.

나는 3일에 1번쯤은 스페인상에 들러 식품을 샀다. 내가 주로 사는 것은 고추, 배추, 무, 상추, 마늘, 파 등 채소류와 사과, 귤, 포도 등 과일류와 오징어, 장어, 가자미, 낙지, 아지, 홍어 등 생선류였다. 쇠고기, 돼지고기, 닭고기 등은 값이 쌌으나 야채나 생선은 비쌌다. 바다가 없는 나라이어서 그런지 해산물이 귀했다. 수입상품은 비싼 편이었다. 체코의 농산물은 주로 감자와 밀이었다. 쌀은 모두 수입품이었는데 1Kg, 0.5Kg씩 포장되어 있었다. 우리 같이 한말이나 한 가마씩 파는 경우는 없었다. 나는 주로 쌀밥을 먹었기 때문에 한 가마를 사고 싶었지만 사지 못하고 과자곽처럼 예쁘게 포장된 1Kg들이 수입쌀을 사다 먹었다. 나는 쌀곽과 우유곽을 버리지 않고 마루 한쪽 벽에 쌓아 놓았다. 올 때쯤에는 빈곽이 그 벽 천장까지 찼었다. 아내는 쓸데없이 곽을 모아 놓는다며 성화였지만 나는 하나도 버리지 않고 모아두었다.

내가 한번에 사는 식품 대는 약 500꼬른에서 600꼬른 정도였다. 맥주와 우유는 보통 1리터에 12꼬른 정도였으나 그 맛과 질은 최상이었다. 나는 줄곧 맥주와 우유를 마셨다. 쇠고기는 1Kg당 100꼬른이었으니 한화로는 3,000원 정도였다. 이곳에 와서는 돈 단위가 낮아져 10꼬른, 50꼬른, 100꼬른으로 불리어졌고 제일 큰 단위가 1,000꼬른이었다. 매일 10,000원 단위로만 부르다가 갑자기 10꼬른, 1,500꼬른 하니 처음에는 좀 이상했으나 단위가 낮아 계산하기 좋았고, 돈 가치가 있어 보였다. 이 상점에도 감시원은 없었다. 다만 상품을 안내하는 직원들이 진한 커피색 유니폼을 입고 서 있었다.

다 사용한 끌개는 일정한 장소로 가져가 열쇠를 넣으면 먼저 넣었던 동전 5꼬른이 되나왔다. 이 제도는 잘 운영되었다. 저들은 결코 아무데나 끌개를 놓아두지 않았다.

체코인들은 귤 1개, 사과 1개, 빵 2개 등 물건을 적게 샀다. 따라서 물건을 담는 봉투도 모두 작았다. 그러나 동양계 사람들은 물건을 많이씩 사는 편이었다. 한 할머니는 끌개 안에 요구르트 작은 것 1개, 긴 팔뚝만한 빵 1개, 치즈 1개를 담아 가지고 많은 사람들이 줄 서 있는 틈에 끼어 마냥 계산을 기다리고 있었다. 하지만 그 할머니의 표정은 매우 밝았다. 얼른 보면 저들의 짓이 몹시 좀스럽고 가난스러워 보였지만 물건 살 때의 이들의 표정은 매우 행복해 보였다. 여기서는 흥정이라는 것이 없었기 때문에 나는 물건 사기가 매우 편했다.

저들은 세련되게 옷을 입었다. 특히 30-40대 여인들의 복장은 아주 조화로웠고 편해 보였다. 그렇다고 그 옷이 결코 비싼 것이냐 하면 그렇지 않았다. 이들은 거의 자신들이 옷을 만들어 입는다고 했다.

4. 꼬뜨바 백화점에서

프라하에서의 우리네 식으로 살자면 두 사람의 1개월 최저 생활비는 1만꼬른 즉 350달러 정도 들었다. 이 금액은 주거비, 문화비, 의복비, 여행비가 포함되어 있지 않은 것이다. 그러나 저들은 매우 여유있게 살아가고 있었다. 그것은 그들의 생활이 돈으로 계산되지 않기 때문이었다.

기숙사에는 접시가 대, 중, 소 각각 6개씩 있었고, 알미륨 수저, 유리 그릇 등 부엌 용기가 최소한 갖추어 있었으나 주발, 대접 등은 없었다. 나는 프라하에 와서 물건 사는 법부터 배워야 했다. 처음에는 날만 새면 프라하 중심가로 나갔다. 그리고는 무턱대고 아무데나 돌아다니고 아무데나 들어갔다. 주로 드나들기 쉬운 백화점을 많이 드나들었다.

여기는 전기가 모두 220볼트였기 때문에 한국에서 가져온 전열기구는 쓸 수가 없었다. 나는 컴퓨터를 가지고 갔었는데 연결 부분이 전혀 맞지 않아 사용을 못했다. 나중에 여러 곳에 수소문해 겨우 이를 교체해 사용할 수 있었다. 이일도 거의 1달 후에서야 가능했다.

프린터가 고장이나 수선하는데 또 거의 1달이 걸렸다. 이곳은 월요일부터 금요일까지만 일하고 모든 곳이 토요일과 일요일에는 쉬기 때문에 처음에는 매우 불편했다. 이들은 물건을 파는데 별로 신경을 쓰는 것같지 않았다. 물건 가진 자가 우리와는 반대로 왕이었다.

나는 가능하면 물건을 안 사려고 했다. 나중에 가지고 갈 일이 걱정되어서였다. 그러나 먹는 것은 아끼지 않았다. 비교적 식품 값은 쌌지만 그것도 수입품은 비쌌다. 하지만 나는 비누, 치약, 칫솔 등은 줄곧 영국제를 썼다. 체코제를 사서 쓰려 했지만 이런 종류의 물건은 품질이 낮았다. 아직 이들은 상품의 경쟁력 같은 것은 생각지 않았다. 자기네 식으로 물건을 만들었고, 그것으로 만족하는 것같았다. 그들은 무엇이고 실용적인 것에 힘 써 조그만 것에도 세심해 액세서리, 유리제품, 구두, 목공예품 등은 특색 있는 것을 많이 만들었다. 특히 크리스털은 세계적인 상품이었다. 하지만 일용 소모품에는 좋은 것이 별로 없었다.

나는 쇠고기, 우유, 생선, 과일을 매일 먹다시피 했지만 살은 찌지 않았다. 외국에서의 생활은 그만큼 긴장감이 있었다. 서울에서는 줄곧 낮은 책상을 썼기 때문에 늘 책상다리를 하고 앉아 있었으나 여기 와서는 줄곧 높은 책상에 앉아 주로 컴퓨터로 글을 썼다. 그래서 그랬던지 우연히 그해 가을 병원에서 퇴원한 후 책상다리를 하고 앉으려니 다리가 굽혀지지 않았다. 또 팔과 어깨를 펴 보아도 제대로 펴지지 않았다. 나는 몹시 당황했다. 그러고 보니 그 동안 나는 아무런 운동도 하지 안 했었다.

그후 형태를 따라 요가 중 3가지 폼을 익혀 아침저녁으로 했더니 몸이 많이 부드러워졌다. 병원에 있을 때 몸무게를 달아보니 70Kg이었다. 서울서는 늘 75Kg이었었다. 이만큼 내 몸은 나도 모르는 사이에 많이 축이 났던 것이다. 이것도 말하자면 외국에서의 정신적인 스트레스 탓이었을 것이다. 나는 비교적 여러 가지 면에서 만족하며 지냈지만 내심은 결코 그렇지 않았던가 싶다. 이만큼 외국생활은 내게 힘들었다.

5. 블란이세 102호실

나는 3월 29일 월화 109호실에서 블란이세 102호실로 옮겼다. 블란이세는 5개의 기숙사 중에서 맨 동쪽에 있었다. 블란이세는 꾼나띠세(Kunatice)에 있었다. 이 방은 월화의 109호보다는 밝은 분위기였다. 창문도 마음대로 열 수 있었고, 출입문에도 유리가 달려 있었으며, 방에는 전화가 있었다. 이리로 방을 옮기니 마치 감금생활에서 풀려난 느낌이었다. 전화란 것이 묘해서 막상 있어도 사실 1주일 내내 한 번도 안 쓴다해도 밖과 연결된 기분이지만 없어 놓고 보면 절해고도에 유폐된 느낌이 들 정도로 단절감을 갖게 했다.

이 방은 기숙사에서 제일 좋은 방이라고 관리인은 말했다. 그래서 그런지 먼저 방보다는 모든 것이 순해 보였다. 전체는 15평도 채 안 돼 보이지만 부엌도 있고, 전기스토브가 4개나 있었으며, 욕실도 따로 있었다. 방은 2개였는데 A방에는 2개의 침대, 옷장, 책상과 걸상이 있었으며, B방은 응접실로 되어 있어 소파, TV, 진열장과 책장 등이 있었다. 마루에는 큰 몸거울이 하나 걸려 있었고, 광으로 쓸 수 있는 장과 옷을 걸 수 있는 장이 각각 2개씩 있었다. 천장까지 층장으로 되어 있어 최대한으로 건축공간을 생활공간으로 이용케 되어 있었다. 전등은 모두 백열구였고, 마루 벽은 온통 빨간 벽지로 되어 있었다. 빨간 벽지는 처음 무척 거부감이 갔지만 지나고 보니 괜찮았다.

나는 기숙사 생활이 처음이었다. 서울서도 내내 단독주택에서만 살아 왔기 때문에 아파트 생활도 해본 적이 없었다. 그런데 여기 와서 학생들 틈에서 살아가자니 모든 것이 어색하고 불편했다. 하지만 이내 익숙하게 되자 저들과의 만남이 오히려 내게 많은 즐거움을 주었다. 12층이나 되는 기숙사에 출입문은 하나밖에 없었다. 아침 등교 시간에는 많은 학생들이 현관에 모여들었다. 이들은 생김새도 다르고, 입고 있는 옷도 달랐고, 말도 서로 달랐지만 저들은 쉴 사이 없이 알아들을 수 없는 말을 저희들끼리 지껄였다.

나는 겨우내 추위를 탔다. 서울서는 무겁고 투박하다고 20년전 맞춰 놓고는 입지도 않던 긴 검은 오버를 여기 와서는 겨우 내내 입었다. 이 오버는 그만큼 구식이었지만 여기 와 입으니 그런 대로 썩 잘 어울리었다. 서울에 있을 때 내가 프라하의 추위가 어떻냐고 부젝 교수에게 물었더니 그는 서울보다는 좀 춥다고 말했다. 이 말을 듣고 나는 묵고 철지난 이 오버를 장롱에서 꺼내 입고 오기는 했지만 여기 와서 이렇게 요긴하게 입으리라고는 미쳐 생각지 못했다.

기숙사의 학생들은 거의 등가방을 메고 다녔다. 저들은 말과 발이 매우 빨랐다. 빵과 사과를 손에 들고 다니며 통째로 먹기도 했다. 그만큼 그들은 부지런히 공부했다. 쓰던 물건도 게시판에 작은 종이로 내용을 써 붙여 팔고는 했다. 학생들은 비싼 옷은 아니지만 춥지 않게 입었다. 이들은 가죽장화를 거의 신고 있었는데 내 보기에는 신발에 많은 신경을 쓰는 것같았다. 이들은 걸음걸이가 몹시 빨랐다. 나도 빠른 편이었지만 저들을 따라갈 수 없었다.

특히 여자들의 걸음걸이는 빠를 뿐만 아니라 예뻤다. 여학생들은 긴 오버코트를 치렁치렁 입었으며, 머플러를 목에 둘렀고, 대부분 모자를 썼다. 그들은 눈길에서도 어깨를 딱 펴고 팔랑팔랑 빨리 걸었다. 한 여학생은 금발에 긴 검은 오버코트를 입고, 빨간 베레모 차림이었는데 그렇게 예뻐보일 수가 없었다. 프라하의 젊은 여자들은 정말 모두 예뻐보였다.

남학생들도 대부분 서울에서는 볼 수도 없는 발등을 덮을 만치 긴 오버를 많이 입고 다녔다. 학생들의 옷은 헌옷처럼 구질구질해 보였지만 썩 잘 어울렸다. 저들은 그렇게 추위를 타는 것 같지 않았다. 청바지에 검은 가죽잠바 하나로 겨울을 나는 학생이 많았다. 이에 비해 동양계 학생들이나 아프리카의 흑인 학생들은 옷은 새 것 같은데 어딘가 어색하고 초라해 보였다. 더욱 중국, 베트남 학생들은 퍽 왜소해 보였다. 그러나 그들은 영악했다.

나는 이들의 모습을 보고 이내 나 자신을 보는 듯했다. 나는 다행히 저들만큼 키(178Cm)가 컸고, 걸음이 빨랐기 때문에 육체면에서는 별로 열등감을 느끼지 않았다. 그러나 나는 교양과 문화면에서 더욱 도시의 건축과 예술에 있어서는 저들을 많이 부러워했다. 서울에 이런 건축예술품이 하나라도 있었으면 한 적이 한두 번이 아니었다.

학생들은 밤늦게까지 돌아다녔으며, 남녀구별 없이 담배를 많이 피웠고, 키스를 아무데서나 했다. 흑인 남학생과 백인 여학생이 동거를 하는 지 기숙사 4층 창가에서 한낮 많은 학생이 몰려다니는데 영화의 한 장면처럼 열렬히 키스하는 것을 보았을 때 나는 매우 불쾌했다. 그러나 지하철 에스카레이터에서, 만원의 지하철 안에서 젊은 남녀가 서슴없이 부둥껴안고 입을 깊이 맞추는 것을 자주 보게 되자 어느 정도 무감각해졌지만 내 보기에는 그들의 행동은 일종의 변태 성욕자들의 짓 같았다. 매우 불결해 보이기까지 했다.

나의 기숙사 생활은 별로 불편함이 없었다. 나는 드나들 때마다 수위들에게 인사를 했다. 그러면 저들은 머리를 반듯이 든 채 "도브리덴"(Dobry den) 하고 외쳤다. 이들은 머리를 숙여 인사하는 법이 없었다. TV에서의 아나운서들도 고개를 든 채 "도브리덴" 또는 "도브리 베체르"(Dobry Vecer) 하고 아침인사나 저녁인사를 했다. 아마도 이들은 머리 숙여 인사하는 것을 우상숭배로 아는 모양이었다. 나는 주로 손을 들어 수위들과 인사를 했다. 이것이 머리 숙여 인사하는 것보다 내게는 더 편했다. 그러나 그후 한 신사와 인사를 나누었는데 그는 쓰고 있던 중절모를 벗고 머리까지 숙여 내게 인사를 했다. 나는 이것이 퍽 좋아 보였다.

기숙사에서는 보름에 한번씩 세탁물을 내주었다. 타월, 베갯잇, 침대시트, 행주, 욕실발판 등을 깨끗하게 빨아 주었고, 어떤 때는 화장지와 작은 비누도 주었다. 그리고 이틀에 한번씩 청소를 해주었다. 이 일은 주로 한 할머니가 했는데 한번은 그 할머니의 눈이 온통 붓고 벌겋기에 내가 안약을 두어 번 발라주었더니 눈병이 나았다. 그후 이 할머니는 내 일이라면 무엇이고 도와주려고 애썼다. 나는 이 할머니에게 여름에는 나일론 스타킹을, 겨울에는 검정색 양말을 주기도 했다. 한번은 그를 버스 정류장에서 만났는데 실내에서와는 달리 매우 우아해 보였다. 그는 나를 보고는 반가운 듯 무어라고 말을 붙였다. 이들은 비록 물질적으로는 가난해 보였으나 정신적으로는 결코 가난하게 살지 않았다. 나는 내내 이 할머니의 도움을 받았다. 귀국할 때 나는 내가 입고 다니던 검은 오버를 그에게 벗어 주었다.

6. 옛마을의 수탉 울음

내 방은 정남이었다. 햇볕이 방 가운데까지 겨우 내내 들었다. 창밖에는 정구장, 야구장, 축구장이 있었고, 2만평이 넘을 듯한 밀밭이 있었다. 그 밀밭 너머는 아름다운 숲마을이었다. 아침이면 닭 울음소리가 들려 왔고, 이따금씩 낮에는 꿩 소리와 개 짖는 소리가 들렸다. 앙상한 나뭇가지 사이로 붉은 기와 지붕이 보였고, 저녁이면 굴뚝에서 연기가 피어났다. 여기서는 아직 석탄을 많이 땠기 때문에 매캐한 매연 내가 났지만 저녁 마을에 이는 연기가 나는 좋았다. 사람이 사는 마을 같아 보였다. 아침저녁으로 밥짓는 연기를 보며 자란 내 눈에는 그 연기가 인정 있고 따듯해 보였다. 한마디로 나는 이 마을이 좋았다.

이 마을의 이름은 꾼라띠세였다. 별장 지대이기도 했다. 봄이면 여러 가지 꽃들이 아름답게 피었고, 고목에는 나뭇잎이 무성했으며, 정원의 잔디와 사과나무는 푸르렀다. 마을집 창마다 빨간 꽃 화분이 놓여 있었고, 하얗고 투명한 천의 커튼이 언제나 쳐 있었다. 마을은 늘 조용한 가운데 활기 차 보였다. 작은 집, 큰 집들이 있었지만 보통 2백여 평은 넘었고, 다 자가용이 있었으며, 개를 길렀다. 담은 낮고 안이 들여다보이는 향나무 울타리지만 문은 자물쇠로 채여 있었다.

이 마을에는 작은 동산이 있었는데 곧은 전나무가 무성하게 자라고 골짜기에는 샘물이 흘러 호수로 들어갔다. 호수 물은 여름 내내 넘쳐흘렀고 아이들은 발가숭이가 되어 숨바꼭질을 했다. 마을 앞의 작은 호수는 봄부터 늦가을까지 일광욕하는 사람들로 붐비었다. 이들은 개를 끌고 나와 산책하기를 좋아했다. 나는 틈만 있으면 호수로 갔다. 그러나 저들처럼 발가벗은 채로 일광욕을 할 수는 없었다. 저들은 남녀노소 없이 팬티바람으로 일광욕을 즐겼다. 많은 중년 남자들은 알몸으로 호수가의 숲에서 일광욕을 했다. 호수의 이름은 호르노믈린스끼 리브(Hornomlynsky Ryb)였다. 호수는 숲과 마을로 둘러싸였으나 비교적 깨끗해 수영하는 사람이 많았다. 그들은 개를 끌고 물 속으로 들어가 함께 헤엄을 쳤다. 매우 불결해 보였다. 하지만 저들은 조금도 괘념치 않았다.

한 여름이었다. 햇볕에 그을려서 그런지 좀 살빛이 탄 처녀가 있었다. 그는 늘 그 자리에서 개와 함께 목욕을 했다. 내가 "아호이"하고 부르니까 그 처녀는 웃어 주었다. 그러면서 휘파람을 부니 그의 개가 그와 함께 물 속으로 첨벙 뛰어들어 호수 가운데로 들어갔다. 나는 그가 벗어 놓는 옷가지를 보며 내가 즐겨 늘 찾아갔던 마을 생맥주 집으로 갔다.

생맥주 500cc 1잔에 한화로 약 200원이었다. 맥주 맛은 참 좋았다. 마을 생맥주집은 늘 왁자지껄 했다. 여기서는 안주를 놓고 맥주를 마시지 않았다. 맥주 한잔 놓고 마냥 이야기를 했다. 이 집 뜰에 사과꽃이 한창 피어 있던 때였다. 울 너머 옆집 아주머니가 줄이 휘도록 흰 빨래를 널어놓고 내 맥주 마시는 모습을 보고는 웃기에 "도브리덴" 하고 내가 외치듯 인사를 하니 그도 "도브리덴" 하며 물 묻은 손을 앞치마에 닦았다. 그때 그의 얼굴에서 나는 서울에 있는 아내의 얼굴을 보았다.

7. 두 장의 연하장

나는 프라하의 풍경이 담긴 그림엽서 30여장을 사서 일일이 간단한 사연을 써넣어 서울 친지들에게 보냈다. 하지만 저들은 회답을 보내 오지 않았다. 내가 그때 엽서를 보낸 이들은 선배, 동료, 동기동창, 직장동료들이었다. 이들의 이름을 여기에 일일이 밝히지는 않겠지만 나는 그들이 그래도 제일 그리워서 엽서를 보냈을 것이다. 그러나 나는 나의 주소를 그들에게 알리지 않았다. 답장을 기대하지 않았기 때문이다.

그러나, 그해 연말에 나는 몇 분이 보내 준 귀한 연하장을 받았다. 동료 교수 남성우 박사와 김형필 시인은 남보다 일찍 연하장을 보내 주었다. 이때 나는 일일이 편지를 쓸 수 없어 이틀 전에 이미 <보고 싶은 한국어과 가족에게>라는 제하에 동료교수와 강사제위 및 제자들에게 몰미뤄 연하장 겸 연말 인사편지를 써 부치었던 터였다. 남 박사는 "회신은 연하장으로 대신하겠습니다. 새해에는 더욱 건강하시기를 기원합니다."라고 했고, 김 시인은 "김 선생, 보고 싶구려. 이국 땅에서, 잘 지내고 계시겠죠. 어느 새 1년이 갑니다. 모든 것이 그냥 그대로입니다. 내내."라고 했다. 시인과 국어학자의 연하장은 이렇게 달랐다. 하나는 서운할 정도로 간결명확했고, 다른 하나는 정겨웠다. 두분께 이 자리를 빌어 감사한다.

이화여대 사학과 강철구 박사는 붉은 바탕에 금박의 난이 그려진 연하장을 보내 주었다. 평소 무뚝뚝한 말씨와는 달리 자상한 면이 있었다. 그는 "내년 여름쯤 그쪽에 갈 수 있을 것 같기도 합니다만."이라며 여운을 남기었다. 나는 진정 강 교수가 내년 여름에 와 주었으면 했다.

나는 중국인 문삼립 교수와 서종재 교수에게서 이색적인 연하장을 받기도 했다. 이들은 중국에서 올 때 연하장을 준비해 가지고 왔는지 중국 연하장을 내게 주었다. 문 교수의 것은 복(福)자와 희(囍)자가 새겨진 비단 조각의 연하장이었고, 서 교수의 것은 우리 것과 비슷한 것이었다. 서 교수의 연하장은 그림은 신선도였으며, 글은 "공하신희(恭賀新禧)"와 "폭죽성중영신춘 화개대길첨재원(爆竹聲中迎新春 花開大吉添財源)"이라는 한문이 인쇄되어 있었다. 그밖에 몇몇 분의 것이 더 있었다. 이분들께 역시 이 자리를 빌어 감사의 뜻을 전한다.

나는 주로 서울에 있는 내 큰아들과 큰며느리에게 편지를 자주 썼다. 그것도 모두 컴퓨터로 썼기 때문에 지금까지 그 원문이 그대로 보존되어 있다. 컴퓨터는 그런 점에서도 아주 편리했다. 지금 그 편지들을 읽어보면 그때의 정경이 또렷이 떠오른다. 처음에는 외로움을 호소하거나 인편이 있으니 무엇을 보내달라는 것이었고, 아내가 온 후부터는 서울 일에 관한 지시였다. 그 다음 해에는 언제 가니 무엇을 어떻게 해 노라는 것들이었다. 나는 프라하에 와서 처음에는 그래도 전화를 자주 했으나 이곳 전화요금이 배로 오른 다음부터는 주로 편지를 했다. 편지를 상당히 길게 썼다. 보통 200자 원고지 15장 정도였다. 그렇게 되면 컴퓨터 용지 A4 앞뒤에 꽉 찼다.

그래도 처음부터 내게 전화를 해준 사람은 늘 가까이 지내던 장병두 교수였다. 이는 술이 취해 서울 시간으로 밤 12시쯤 된 시각에 내게 전화를 했다. 장 교수는 나와 일이 있으나 없으나 틈만 있으면 자주 만나던 터였는데 내가 없어 허전했었던지 자주 전화를 했다.

8. 두 여학생의 엽서

형태에게는 2명의 여제자들이 엽서를 자주 보내왔다. 그것도 깨알만한 글씨로 이것저것 자기 일을 썼는데 아직 고등학생이라 그런지 성숙치는 못했으나 귀엽고 순진했다. 한 여학생은 고3이었는데 선생님 없는 세상은 살고 싶지 않다느니 등 엉뚱하게 굴었다. 그래서 나는 형태 대신 긴 편지를 써 보내 그 여학생을 위로해 주었다.

다른 또 한 여학생은 글을 잘 썼다. 그는 학생답게 백일장에 나갔었다느니 영어경시대회에 나가 장려상을 탔다느니 아버지하고 노래

방엘 갔었는데 자기는 재미가 없었다느니 등등 주로 자기 이야기를 써 보냈다. 이 여학생 역시 멀리 가 계신 선생님이 미워 죽겠다느니 새해 새벽 자기도 모르게 울었다느니 하는 사연을 어떤 때는 한꺼번에 6장의 엽서에 써 보내 오기도 했다. 이 여학생은 고3이 되면서는 자기 나이가 20이 되었다며 이제 저도 어린애가 아니라면서 자신의 성숙함을 은근히 내 비치기도 했다. 그러면서 그는 그러나 선생님은 지금 그대로 있었으면 좋겠다고도 했다.

나는 아들에게 온 편지지만 형태와 함께 이들의 편지를 읽는 것이 재미있었다. 형태는 내가 병상에 있을 때 이 여학생이 보낸 설악산의 절경이 담긴 6장의 엽서를 가지고 와 읽어 주었다. 이 일로 우리는 병실에서 단란한 시간을 보낼 수 있었다.

한번은 전화를 걸고 싶다기에 직통 전화번호를 엽서에 적어 보냈더니 그 엽서를 받자마자 그 여학생은 전화를 했던지 엽서를 보낸지 닷새 되는 날 그는 전화를 해 왔다. 그 전화는 울먹이며 말 한마디 못하고 끊어졌다. 그래도 서운했던지 또 곧 그는 전화를 걸었다. 아마도 그의 한달 치 용돈이 국제전화 요금으로 다 날아갔으리라. 형태는 아무 생각 없이 반가운 마음으로 크게 말했더니 그는 "선생님 너무 크게 말씀 안 하셔도 돼요."라며 겨우 한마디하더라는 것이다. 나는 이같은 그의 감정을 무엇이라 불러야 할지 몰랐다. 다만 나는 이 자리를 빌어 이 두 여학생에게 감사하고 싶을 따름이다.

Ⅳ. 까렐대학에서

1. 600년 전통의 까렐대학

나는 까렐대학 철학부 극동학 강좌 한국학과에서 한국어와 한국문학을 강의했다. 이 대학의 정식 명칭은 까렐대학(Karelova)이었지만 촬스대학(Charles)으로 더 많이 알려져 있었다. 촬스대학은 1342년 촬스 황제에 의해 창립되었다. 이 대학의 신학과, 의학과, 언어학과, 법학과는 세계적으로 명성이 높았다. 그 가운데서도 언어학과는 프라그학파를 이룰 정도로 이름이 세계에 널리 알려져 있었다. 내가 명문 까렐대학의 정교수로 임명된 것은 1993년 2월 15일이었다.

이 일은 한국학술진흥재단의 지원으로 이루어졌다. 재단에서는 매달 1,500달러의 생활비를 보조해 주었다. 촬스대학 교수 월급은 300달러 정도였다. 나는 촬스대학에서의 한국학강의를 위해 한국외국어대학교를 2년간 공무휴직했다. 내가 촬스대학에서 강의를 할 수 있도록 주선해 준 이는 까렐대학 한국학 강좌장 부젝 박사였다. 그는 2년 동안 한국외국어대학교에서 체코학을 강의했을 뿐만 아니라 한국어와 한국학에 매우 정통했다. 부젝 교수는 촬스대학 극동연구소 부소장이었고, 한체친선협회장이었으며, 유럽한국학회 부회장이었다. 그는 『한국설화집』을 불어로 출판하기도 했고, 최초로 한국어의 체코어 교과서를 만들었다. 부젝 교수는 환갑 나이이었지만 한체 양국의 국익증진을 위해 의욕적으로 일했다.

까렐대학은 600년이나 된 유서 깊은 대학으로 동유럽의 학문과 예술의 중심이었다. 까렐대학 건물은 프라하 시내 여러 곳에 흩어져 있었다. 나는 주로 철학부 건물과 대학본부 건물을 드나들었다. 철학부 즉 문과대학은 후스 광장 북쪽 블따바강 가에 있었다. 이 건물 현관 앞에서 프라하성을 바라볼 수 있었다. 봄에 꽃이 한창 필 때 이쪽에서 바라보는 프라하성은 매우 아름다웠다. 큰 길 건너에는 화려한 프라하 음악관이 있었고, 그 옆에는 민속 박물관이 있었다. 여기서 조금 떨어진 곳에는 법과대학과 의과대학이 있었다. 이렇게 보면 프라하는 대학도시와도 같았다.

한국학과가 있는 대학본부는 다른 유럽의 대학들처럼 프라하의 중심지인 바츨라프 광장 앞 젤레뜨나(Celetna 20) 가장 번화한 상점가 사이 극장 곁에 있었다. 대학의 정문은 두개가 있었는데 하나는 상가 쪽에 있었고, 다른 하나는 유명한 모차르트 극장 쪽에 있었다. 이 극장에서 모차르트는 <돈 죠바니>를 직접 초연했다. 나는 아침 출근 때는 정문을 이용했고, 퇴근 때는 주로 상가 쪽의 묵중한 나무문을 이용했다. 많은 학생이 드나드는 이 두 문은 큰 건물의 현관문과 같았다. 사람이 밀고 들어오면 문은 저절로 닫치었다.

극장 쪽으로 난 정문은 노란 철문이 이중으로 되어 있었고 그 앞에는 작은 정원이 있었으며, 여름에는 분수에서 물이 가늘게 솟아올랐다. 그 위 벽에는 희랍 문자로 UNIVIRIIYAE CARCLINA라고 철인되어 있었다. 늦가을까지 이 작은 정원에는 붉은 꽃들이 피어 있었다. 그 정문 현관에는 이 학교 설립자인 까렐 황제의 동상이 있었고, 그 옆에는 웅장하고 화려한 학위식 때만 문을 여는 강당이 있었다. 작은 정원을 지나면 길이 되는데 그 앞에 또 하나의 문이 있었다. 문 옆에는 두개의 돌사자가 앞발을 올리고 있는 석상이 있었고 물이 흐르는 작은 분수대도 있어 지나는 사람들이 학교 정문을 바라보며 쉴 수 있게 되어 있었다. 그 옆의 아래층에서는 늘 신진 작가들의 작품 전이 있었다. 이 현관에는 언제나 할머니 수위가 앉아 있었다.

상가쪽의 정문은 높이가 4m 정도의 큰 나무문이었는데 그 문짝은 반들반들하게 손때가 묻어 있었다. 나는 그 문을 잡아당겨 열고 나와 후스 광장 쪽으로 걸어가길 좋아했다. 특히 저녁 때 이곳 상가는 더 화려했다. 후스 광장은 언제나 사람들로 붐볐지만 특히 여름에는 광장 가득히 걸상을 내 놓고 그 좋은 생맥주를 마시는 사람들로 가득 찼다. 이 정문 현관에는 이 대학의 역사를 한 눈에 볼 수 있는 전광판 사진이 벽에 붙어 있었다. 여기는 언제나 할아버지 수위가 앉아 있었다.

나의 프라하 생활은 처음부터 끝까지 말하자면 학교생활이었다. 이 대학에는 노교수가 많았다. 그들이 들고 다니는 가방은 대개 가죽이었는데 낡아 빛이 바래고 손잡이가 닳아 끊어질 지경이었다. 노인들은 그렇다 치고 어떤 젊은 여대생은 대를 물려 쓰는 가방인지 아니면 국민학교 때부터 쓰던 가방인지 정말 거지를 줘도 안 가져 갈 그런 가방을 들고 다니었다. 나는 왠지 이들의 이런 것이 싫지 않았다. 오히려 번쩍이는 가방을 들고 다니는 내 자신이 촌스러워 보였다. 노교수들은 언제나 자상하게 학생들을 개별적으로 만나 가르쳤다. 이들은 한꺼번에 여러 사람을 상대하지 않았다. 한 학생과의 이야기가 끝나야 다른 학생과 이야기를 시작했다. 어린애도 이들은 인격적으로 대했다. 저들의 의견을 언제나 존중했고, 저들은 교수의 말이면 절대 복종했다. 그만큼 이들은 신뢰와 존경 속에서 말없이 학업에 정진했다. 나는 이같은 학교 분위기가 좋았다.

촬스대학은 한마디로 전통과 현실이 공존하고 있는 가운데 창조적인 학풍을 지니고 있었다. 600년의 역사를 가지고 있으면서도 언제나 새로워지려고 애쓰고 있었다. 건물은 비록 예전 그대로지만 이들의 살아가는 방법은 현대적이었다. 그렇다고 저들의 전통적인 학풍을 결코 버리거나 경시하지 않았다. 이들은 장엄한 학위식을 갖지만 입학식은 없었다. 학위식도 작고 오래된 방에서 관계자들만이 참석한 가운데 치러졌는데 장엄한 분위기는 대성당에서의 미사와 같았다.

2. 까렐대학 교수들

나의 촬스대학에서의 실제적인 강의는 1993년 2월 21일부터 시작되었다. 나는 10여일의 준비 기간을 가졌었다. 그간 부젝 교수는 나에게 이 대학 보직교수들을 소개해 주었다.

부학장 블해르(Frantisek Vrhel)는 민속학 강좌장 겸 국제담당 부학장이었다. 그는 청바지를 즐겨 입었지만 철학부 학장이 되면서부터는 청바지를 입지 않았다. 블해르 학장은 세계민속에 깊은 관심을 가지고 있었는데 그 중에서도 인도, 아랍, 중국 쪽에 더 관심이 있는 듯했다. 그의 방에는 대형 전 나체 여인 사진이 아주 적나라하게 걸려 있어 나의 눈길을 끌었다. 그는 부젝 교수와는 아주 친분이 두터웠다. 그가 맡아보는 일이 국제문제이었기 때문에 교환교수 문제도 그의 소관이었다. 블해르 학장은 그후 한국문제 모임에도 몇 번 참석했다. 그는 그만큼 부젝 교수와 함께 한국에 대해 호의적이었다.

블해르는 영어를 능숙하게 했을 뿐만 아니라 아주 소탈해 누구와도 쉽게 친하는 성격이었다. 그는 내가 형태를 촬스대학 언어학과 대학원 석사과정에 입학시키려하자 깊은 관심을 가지고 도와주었다. 그 당시 서로 학제가 달라 학력 인정에 논란이 많았다. 이들은 자기네 기준으로 학생들을 입학시키려 했기 때문에 한국에서 4년제 대학이나 대학원 1년을 마친 학생도 저들은 그 학력을 인정하지 않고 저학년에 편입시키려 하였다. 이에 한국 유학생들은 불평이 많았다. 이 문제를 잠정적이지만 블해르 학장은 한국대사관측과 협의해 해결해 주었다. 즉 한국 4년제 대학을 졸업한 학생은 여기 4학년에 편입할 수 있다는 원칙을 마련했다. 그러나 편입학 여부는 학과장의 재량으로 되어 있었다. 이 정도로 그는 한국학생들과 한국에 대해 매우 우호적이었다. 이렇게 되기까지는 물론 부젝 교수의 역할이 컸다.

촬스대학 부총장 로이다(Lojda)는 의학박사였는데 몸집이 매우 뚱뚱했다. 그는 학사담당 부총장으로 교내 일을 총괄했다. 나는 형태의 문제로 영어과 부강좌장 이인드라(Jindra) 박사도 만났다. 그는 형태보고 영어과 강좌 중에 미국인 교수의 강의를 우선 들어보라고 했다. 그도 턱수염을 탐스럽게 길렀는데 퍽 보기 좋았다.

나와 직접관계 있는 분은 극동학 강좌장 끄랄(Kral) 박사였다. 그는 67세의 노교수로서 중국철학이 전공이었는데 특히 노장철학의 권위자였다. 끄랄 교수는 중국학, 일본학, 한국학, 몽골학, 베트남학의 강좌를 총괄하는 일을 맡아보았다. 그는 수염을 허옇게 기른 시골 할아버지와도 같은 소탈한 인상을 주었다. 그는 체코어로 「노자」와 「장자」를 번역하기도 했고, 중국민화도 많이 소장하고 있었으며, 북경과 대만을 자주 다니었다. 그해 연말 나는 한국불화의 연하장에 중국식대로 "폭죽성중영신춘 개화대길첨재원"이라고 인사말을 써 보냈다.

그는 한동안 도쿄에 갔을 때 다리를 삐어서 학교에 나오지 못해 부강좌장으로 있는 부젝 교수가 그의 일을 대행하기도 했다. 당시 극동학강좌는 극동문제연구소로 개편되면서 그 규모를 확장하고 연구소장에 끄랄 박사, 부소장에 부젝 교수가 임명되었다.

나는 한방에서 지낼 동료 교수들과도 인사를 나누었다. 한국학과 여교수 마르따, 몽골학 교수 죽대리와 알래나, 베트남학과 교수 비엔과도 이때 처음으로 인사를 했다. 이들 학과는 사무실을 함께 쓰고 있었다. 중국학과와 일본학과가 이만한 방을 하나씩 차지하고 있는 것과는 퍽 대조적이었다.

한국학과 사무실은 부젝 교수가 통괄했다. 이날 부젝 교수는 내게 열쇠 2개를 주었다. 한국학과 사무실에 들어가자면 두개의 문을 통과해야 했다. 큰 복도에서 205호실 문의 벨을 누르거나 열쇠로 열어야 했다. 문은 늘 잠겨 있었다. 문을 열고 들어가면 어두운 복도가 나오는데 그 복도 양쪽으로 중국학과와 일본학과 사무실 겸 교실이 있었다. 한국학과 사무실은 그 복도 막다른 문을 열고 들어가야 했다. 따라서 이 방에 들어가려면 2개의 열쇠로 문을 2번 열어야 했다.

한국학과 사무실에는 창문이 남쪽으로 하나밖에 없었다. 하기 때문에 전등불을 켜지 않으면 어두웠다. 하지만 저들은 비가 오는 날이나 저녁때가 아니면 좀처럼 전등불을 켜지 않았다. 이 방의 크기는 대충 10평 정도였는데 3면이 천장까지 책장으로 채워져 있었다. 방 가운데는 긴 책상이 놓여 있어 거기서 강의도 하고, 학과 교수회의도 했으며, 회식을 하기도 했다. 창가로 부젝 교수의 책상을 중심으로 몽골학과 교수와 베트남학과 교수의 책상이 놓여 있었다.

책상 하나를 가지고 3명의 교수가 서랍을 나눠 공동으로 사용했다. 그러나 이에 비해 걸상은 많았다. 책장는 모두 나무문으로 닫혀 있어 책은 보이지 않았다. 책장문은 열쇠가 있어야 열 수 있었다. 이 열쇠는 마르따 교수가 보관하고 있었다. 창가에는 실내식물 화분이 3개 놓여 있었는데 화초는 싱싱하게 잘 자랐다. 화분들은 화초에 비해 작아서 뿌리가 밖으로 뻗어 나왔다. 이 화분 관리도 마르따 교수가 했다.

몽골학과 몽골인 죽대리 교수는 나와 동갑내기였는데 얼굴은 우리와 똑같았으나 말은 한마디도 통하지 않았다. 그는 체코에 온지 3년째나 되었지만 영어나 체코어는 한마디도 하지 못했다. 두 딸을 데리고 부인과 함께 와 있는 그는 매우 점잖고 온순했다. 서로 말만 통했다면 나는 많은 말을 그와 했었을 것이다. 그러나 나는 그와 한번도 정다운 대화를 나누지 못했다. 그는 빛바랜 낡은 중절모를 늘 썼으며, 시장바구니 같은 회색 천으로 된 가방을 들고 다녔다.

몽골학과 알래나(Alrena) 여교수는 가는 몸매에 매력적인 눈매의 여교수였다. 내가 그를 처음 보았을 때 그는 검은 원피스를 입고 있었는데 늘 잔잔한 웃음을 띠고 있었다. 그후 내내 보이지 않기에 마르따 교수에게 그의 안부를 물었더니 병이 나 집에서 쉰다고 했다. 그는 2학기 10월이 되어서야 학교에 나왔다. 여름에 몽골에 다녀왔다며 몽골에서 찍은 사진을 내게 보여주었다.

알래나는 사진도 잘 찍는 듯했다. 몽골의 산하가 선명했고, 초원의 집들과 몽골인의 모습이 또렷했다. 내가 사진기술이 대단하다니까 그는 말없이 예쁘게 웃어주었다. 그해 나는 매주 화요일 그를 볼 수 있었다. 그를 볼 때마다 나는 진정으로 여인의 아름다움을 느끼었다. 한없이 바라보고 싶었으나 그럴 수는 없었다. 알래나는 말하자면 내가 좋아하는 여인상이었다.

비엔과 나는 강의 요일이 같아 자주 만났다. 비엔은 작은 키에 얼굴은 검은 편이었지만 까만 눈동자가 소녀처럼 맑았다. 그는 체코에 귀화한 베트남인으로 그의 남편은 하벨 대통령 비서였다. 비엔은 하노이에서 태어났으나 체코에 와 촬스대학을 나왔고, 그때 지금 남편과 사귀어 결혼해 두 아이의 엄마가 되었다.

그러나 나는 처음에 그를 이 방의 사환인 줄 알았다. 그는 그처럼 왜소했고, 어려보였다. 한번은 그가 병이 났었다. 입술이 타고 얼굴에는 기운이 하나도 없어 보였다. 나는 안돼 보여 어디가 아프냐니까 말없이 이마만 찡그렸다. 만사가 귀찮았던 모양이다. 그러나 그는 그날도 4명의 학생을 놓고 열심히 강의를 했다. 그들은 교실이 없어 학과 사무실에서 강의를 했다.

3. 극동학 강좌 한국학과

촬스대학의 극동학 강좌는 중국학이 중심이었다. 극동학 강좌에서 사용하는 방은 모두 6개였는데 강좌장실, 부속실이 있었고, 중국학과에서 2개의 방을 사용했고, 일본어과에서 1개의 방을 사용했으며, 한국학, 몽골학, 베트남학과에서 큰방 1개를 사용했다. 중국학과에는 중국인 교수가 2명 있었으나 일본학과, 한국학과, 몽골학과, 베트남학과에는 각각 1명의 외국인 교수가 있었다. 당시 학생들은 중국학과 15명, 일본학과 20명, 한국학과 7명, 베트남학과 4명, 몽골학과 2명이 있었다.

한국학 강좌장은 부젝 교수였으나 실제적인 일은 마르따 교수가 다 했다. 1993년도 1학기 한국학 교수는 부젝, 마르따, 김종균 등 3명이었으며, 학생은 모두 6명이었다. 3학년 4명, 5학년 2명이 있었지만 5학년생 루찌애와 애바는 서울에서 아직 돌아오지 않아 3학년 4명

또마쉬, 미로슬라브, 블란까, 알즈베따가 있었을 뿐이었다. 나는 처음에는 1주에 6시간을 강의했다. 5월에 5학년생들이 서울서 돌아오면서 「한국문학사」 2시간을 강의해 1주에 8시간이 되었다. 여기서도 실제적인 강의는 5월말이면 끝났다.

3학년들은 이미 전임 권재일, 황종인 교수에게서 한글을 배웠기 때문에 읽고 쓸 줄 알았다. 나는 서울대 언어학연구소에서 문공부 의뢰로 새로 편찬한 「한국어」 1, 2, 3권을 가지고 갔었는데 그 중에서 둘째 권을 가지고 강의했지만 별로 힘들지 않았다. 이 책은 새로운 스타일의 회화가 많아 이를 설명하는데 애를 먹었다. 하지만 학생들은 재미있어 했다. 나는 원래 1학기에 어찌 되었건 교과서 1권을 떼는 습관이 있어 이 책을 부지런히 학생들에게 읽혔더니 너무 진도가 빠르다고 다른 교수들이 말했다. 그러나 나는 이 책 말고도 내 스스로 교재를 만들어 학생들에게 읽혔다. 시험도 2주에 한번씩 보았다. 여기서는 필기시험과 구술시험을 병행했는데 모두 교수의 재량으로 실시하고 평가했다. 시험기간은 6월 한달 동안이었다. 나처럼 학기 중간에 시험을 보는 교수는 없었다.

여기는 10월이 신학기였다. 신입생들의 입학시험은 6월, 졸업시험은 9월, 신입생 입학은 10월에 있었다. 졸업식은 장엄하게 중세의 학위식 그대로 했으나 입학식은 작은 교실에 신입생을 모아 놓고 강좌장이 학사일정과 대학에서의 학업요령을 말하고 전임 교수를 소개하는 것으로 끝났다. 모든 것이 형식이기보다는 실질적인 가운데 매우 자유롭게 진행되었다. 그만큼 이들은 자율적으로 모든 일을 했다.

촬스대학에서는 학과에 따라 격년으로 신입생을 뽑았다. 그해 한국학과의 신입생은 남자 1명, 여자 4명 모두 5명이었다. 고등학교를 졸업하고 곧바로 들어온 학생이 3명이었고, 이미 일본학과와 중국학과를 졸업하고 한국학과에 입학한 여학생이 각각 1명이었다.

이중에 클라라는 큰 딸아이까지 있는 34세의 중년여인이었다. 그는 지방대학에서 일본어를 가르치기도 했고, 서울에 가서 1년동안 한국어를 배우기도 했다. 첫시간에 그는 내게 "안녕하세요."라고 인사말을 했다. 다른 학생은 한마디의 한국어도 못했다.

중국학과를 나온 여학생 마르게따는 둘째 주부터 병이 나서 한 학기 내내 학교에 나오지 안았다. 그는 「한국어」 첫째 권을 복사하라고 주었더니 1학기가 끝날 때까지 책도 가져오지 않았고 나오지도 않았다. 나는 몇 번 다른 학생들에게 마르게따에게 가서 책을 찾아오라고 했지만 집을 모른다고 했다.

남학생 루까쉬는 그때 22살이었다. 그는 멀쑥하니 키가 컸고, 싱겁게 잘 웃었는데 웃을 적마다 벌건 잇몸이 모두 드러나 흉해 보였다. 그러나 강의시간에는 한번도 빠지지 않고 잘 나왔다. 루까쉬는 한국말이 우습다는 듯이 때때로 발음연습을 하면서도 자주 소리내어 웃었다. 이는 어느 결에 3학년 알즈베따를 꾀여내기도 했다. 그는 3학년 미로슬라브와 친구이기도 했으며, 함께 야구선수였다. 그는 이미 기술학교를 졸업하고 한국어학과에 입학해 한국어를 나름대로 열심히 공부했지만 다른 여학생들을 따라가지 못했다.

여학생 스떼빤까는 18살이었다. 그는 상냥하고 귀여웠으며, 검정색 옷을 즐겨 입었다. 그는 영어와 독일어를 잘 했을 뿐만 아니라 한국어도 쉽게 배웠다. 스떼빤까는 나와 함께 공부하는 것이 재미있는 듯이 한 시간 내내 즐거워했다. 그래서 나는 그를 중심으로 저들을 가르쳤다. 스떼빤까는 내가 여행 중 신세를 진 오스트리아의 웨르너 선생에게 쓴 연말 인사편지를 독일어로 번역해 주기도 했다. 그는 망년회 때 검은 원피스를 예쁘게 입고 나와 아리랑을 불렀다. 그후 나는 종강시간에 그에게 신년 선물로 노트 1권을 주었고, 나서미(羅西美)라는 한국식 이름을 지어 주기도 했다.

이 여학생은 깜찍하게도 어느 절에 3학년 또마쉬 호락을 꾀어내 애인으로 삼았다. 이들은 자연스럽게 연애를 했다. 한 학기가 지나 또마쉬가 서울로 유학을 가게 되자 스떼빤까는 그에게 열심히 엽서를 써 보냈다. 내게도 자기들이 또마쉬에게 보내는 편지에 글을 써 주길 바래 몇 줄 써넣어 주었다. 스떼빤까는 또마쉬가 떠나던 날 공항까지 나갔었다. 이들의 연애가 그후 어떻게 성숙했는지는 몰라도 내가 보기에는 잘 어울릴 듯했다. 하지만 또마쉬는 내성적이고 조용한 편이어서 내게 그런 내색을 전혀 보이지 않았다. 하지만 자기네들끼리는 이미 커플로 널리 알려져 있었다.

러시아국적의 알라는 야무지게 생겼는데 한국어 발음이 어려운지 매우 힘들어했다. 하지만 루까쉬, 스떼빤까와 함께 한번도 결석함이 없이 열심히 한국어를 공부했다. 그는 작은 키에 눈동자는 까맸고 눈썹의 숱이 많았다. 나는 그가 체코인인 줄 알았었다. 그러나 그는 자기는 러시아인이며, 모스크바가 고향이라고 내게 말했다. 알라는 내가 그해 여름 러시아 여행 중 신세를 진 러시아 어부에게 쓴 연말 인사편지를 또마쉬가 체코어로 번역한 것을 다시 러시아어로 번역해 주었다. 나는 한국어를 저들에게 가르쳤지만 저들은 보통 3개 국어 이상을 했다.

나는 이들에게 한글을 가르치는 일이 재미있었다. 하지만 기역 니은부터 가르치자니 매우 힘들었다. 쓰기, 발음 익히기만 1달을 했다. 먼저 마르따 교수가 체코어로 그 과 내용을 설명하면 나는 다시 한국어로 이를 반복하는 식으로 가르쳤다. 이 방법은 매우 효과적이었다. 학생들은 내용을 거의 알고 있었기 때문에 나의 발음을 따라 연습하고 일상적인 회화를 익히면 되었다. 이렇게 1학기를 마치니 이들은 제법 인사말을 정확히 할 줄 알아 망년회 때 한국말로 인사를 했고, 한국 유학생들과도 즐겁게 어울리었다. 그날도 스떼빤까는 능숙하게 한국어로 "많이 드세요."라고 말했고, 알라는 "아주 한국말이 어려워요."라고 말하기도 했다. 나는 이들의 한국말을 들으면서 퍽 대견한 생각이 들었다.

까렐대학에서는 6월 한 달이 학생들의 시험기간이었다. 마르따 교수와 함께 담당했던 1학년의 「한국어회화」는 1주일에 걸쳐 구두시험과 필기시험을 치렀다. 한 학생과 교수는 단독으로 만나 구두시험과 필기시험을 보았기 때문에 하루에 2명의 학생밖에 시험을 볼 수 없었다. 교수는 시험이 끝나면 즉석에서 그 학생의 성적을 그가 가지고 있는 학교수첩에 적어 주어야 했다.

나와 마르따 교수는 학생들의 성적을 의논해 결정했다. 이들은 우리처럼 숫자로 성적을 평가하지 않고 썩 잘 했음, 잘했음, 보통임 등으로 성적을 평가했다. 나는 이것이 타당해 보였다. 학생들은 교수가 성적을 그들의 수첩에 적어 주고 사인을 해주면 그것으로 만족했다. 물론 자신이 열심히 하지 않았으면 의례히 다음에 다시 수강할 줄 알았다.

4. 미리암과 바이올린

2학기가 되어서는 한국학과에 여교수 한 분이 전임으로 왔다. 그의 이름은 미리암(Miriam Lowensteinova)이었다. 이는 동방학연구소에서 근무했었는데 예산이 삭감되어 이리로 전근되어 왔다. 여기는 교육부에서 그 산하기관의 인사를 장악하고 있었다.

미리암의 남편은 일간신문 「젊은 전선」의 칼럼이스트이었다. 미리암은 한국어를 잘 하지 못했다. 나보고 처음에는 "안녕히 가거라." 또는 "수염이 턱에 있다."라고도 했고, "언제 왔니"라고도 했으나 점점 나아졌다. 그러나 미리암은 「삼국유사」 번역판을 읽었고, 김수영의 시를 학생들에게 가르쳤다.

미리암은 2월부터 대학원 박사과정에서 또마쉬(Tomas Palaty)와 함께 나의 「한국문학연구」를 들었다. 그때 나는 나의 논문 "신재효의 판소리 <박타령> 연구"와 "고소설 <콩쥐팥쥐전> 연구"를 이들에게 읽히었다. 이 논문은 기존의 작품 해석을 전면으로 부정하고 새로운 의견을 제시한 것이어서 그들에게는 좀 어려웠었겠지만 이들은 열심히 공부했다. 특히 미리암은 한국의 소설과 시에 관심이 있었기 때문에 내 이야기를 흥미롭게 들었다. 인간이란 이렇게 일을 가지고 자연스럽게 접촉하면서 서로를 이해하게 되는가 싶었다. 일이란 그렇게 인간에게 소중한 것이었다.

미리암은 한국말이 서툴렀지만 이해는 빨랐다. 특히 한자용어에 대한 지식은 누구보다도 많았다. 하지만 그를 운용하는데는 서툴러서 말이나 글로 충분히 표현하지는 못했다. 내가 있는 동안 그는 열심히 나에게서 한국어를 배우고자 했지만 강의하랴 학과 일보랴 매우 바빴다. 미리암과 나는 화요일 학부 강의시간이 제일 많았다. 1주일 8시간 중 화요일에 6시간이 들어 있었다. 박사과정 시간을 마치면 오후 6시였다. 그러면 그의 남편은 회사에서 퇴근해 그를 데리러 학교로 왔다. 그의 이름은 이지(Jiri Leschtina)였다.

미리암은 서울에서 3개월 동안 지낸 일도 있었다. 그는 말하자면 학구파였다. 남과의 사귐도 능하지 않아 학과의 여러 여교수들과도 어울리지 않았다. 늘 병약한 가운데 담배만 피웠다. 미리암은 서울에 있을 때 「한국고소설에 나타난 악인형의 성격 연구」라는 논문도 썼고, 불교에 관심이 커 2주동안 대구에 있는 여승방에서 지내기도 했다. 미리암은 나의 불교에 대한 말을 매우 관심 있게 들었다. 특히 불교와 예수교의 근본적인 차이점을 내가 단적으로 지적했을 때 그는 이에 공감하기도 했다.

미리암은 바이올린을 3개 가지고 있었다. 나는 귀국할 무렵 바이올린을 하나 사 가지고 가려고 마르따 교수에게 바이올린에 대해 여러 가지를 묻고는 했다. 그 말을 들은 미리암은 자기 바이올린 1대를 내게 선물로 주었다. 내게는 전혀 의외의 일이어서 새롭게 그를 보게 되었다. 서로 말이 통하지 않아 그렇지 그 역시 정은 있었다.

이날 저녁 나는 미리암이 준 바이올린을 들고 사람들이 붐비는 바츨라프 광장으로 나서니 내가 마치 음악가나 되는 듯했다. 학교 정문을 나서기 전 나는 구내식당에서 맥주 한 병을 마시고 나왔던 터라 기분이 좋았다. 여기 맥주는 이렇게 사람을 즐겁게 만들었다. 전차를 타려고 걸어가는데 한 낯선 중년남자가 내게 다가와 뭐라고 지껄인다. 키는 나보다 작았고, 콧수염을 길렀으며, 잠바차림이었다. 바이올린을 팔지 않겠느냐는 것이었다. 나는 그게 아니라 친구의 선물이라고 했지만 그는 막무가내로 이것을 보여 달라며 길가로 나를 끌었다. 그래서 열어 보여주니 그는 바이올린을 꺼내보고는 실망한 듯 내려놓았다.

그러나 나는 이 바이올린을 바이올린의 대가 바브라(Karel Vavra)에게 가지고 갔다. 그는 공장제품이지만 쓸 만하다며 끊어진 끈을 새로 이어주었다. 나는 사실 그때 바이올린에 대해 전혀 알지 못했다. 다만 프라하에 있던 기념으로 쓸 만한 것을 하나 구하고 싶었을 뿐이었다.

5. 한국식 이름도 지어주고

1994년 1월 4일은 화요일이었다. 화요일은 극동학 강좌 담당교수들이 모두 출근하는 날이다. 이날은 말하자면 새해 시무식과 같은 날이었다. 나는 우정 포도주 한 병을 가지고 가서 부젝 교수와 마르따 교수에게 새해 축배를 들자고 했다. 그와 더불어 한방의 여교수들과도 포도주를 들며 함께 신년을 축하했다. 이날은 몽골인 죽대리 교수 이외는 모두 나왔다. 우리는 가운데 놓인 테이블에 둘러앉아 잠시 새해 덕담을 나누었다.

나는 알래나와 말을 하고 싶었다. 그래서 몽골어로 신년인사는 어떻게 하느냐, 몽골의 술은 어떤 것이 있느냐는 등을 물어보기도 했다. 그는 내 말에 간단히 대답해 주었다. 그때마다 그의 입가에는 엷은 미소가 감돌았다. 나는 무의미하게 다만 그의 맑은 눈을 바라보았다. 그는 완숙한 중년여인이었지만 매우 청순한 면을 지니면서도 애리애리한 여성적 매력이 있었다.

이날 마르따 교수와 부젝 교수는 이탈리아 포도주 한 병과 보라색 양란 꽃다발을 내게 주었다. 한방의 다른 여교수들은 박수를 쳐주었다. 나는 전혀 뜻밖의 일이라 어리둥절했다. 이들은 이렇게 해서 나를 놀라게 했다.

나는 이날 마르따 교수와 미리암 그리고 제자 또마쉬에게 한국식 이름을 지어주었다. 체코인들은 같은 이름이 많았다. 이들은 낳는 날에 이미 이름이 붙어 있었다. 따라서 이들의 이름은 남녀 합하여 365개밖에 없는 셈이었다. 달력이나 수첩에는 요일과 함께 그날의 이름이 씌어 있었다. 하지만 자기가 낳은 날의 이름이 마음에 들지 않으면 다른 날의 이름으로 할 수 있고, 그날의 이름이 여자 이름일 경우에도 다른 날의 이름 중에서 골라 쓸 수는 있지만 전혀 엉뚱한 이름을 지을 수는 없었다. 그래서 이름에도 유행이 있어 어느 시대에는 어느 이름이 많고, 또 다른 시대는 또 다른 이름이 많았다고 한다. 이들은 자기 아버지의 이름과 똑같은 이름이 많았다. 말하자면 1월 4일 태어난 사람은 다이아나(Diana)이며, 5월 24일 태어난 사람은 야나(Jana)가 되는 것이다. 이에 비해 우리의 작명은 매우 복잡한 편이다. 하지만 나는 그런 형식보다는 내가 부르기 편리하도록 하기 위해 이들의 이름을 지어주었다.

그 전날 문득 서랍을 뒤적이다가 친구인 남간 김기혁 화백의 불교설화개인전 초대장 4장을 발견했다. 이 초대장에는 그의 불교화가 겉장에 그려 있어 연하장으로 쓸 수도 있었다. 작년 2월 서울서 올 때 책갈피에 들어 있었던 것을 모르고 그냥 가지고 온 것이었다.

나는 연하장을 구하지 못해 부젝 교수나 마르따 교수에게 연하장을 보내지 못한 터라 새해 첫날 저들을 어떻게 만나나 싶었었다. 그래서 이를 연하장으로 쓰기로 하고 새해 인사말을 써 넣었다. 나는 부젝 교수를 그의 한국식 이름을 따라 겉봉투에 "부(夫) 박사님"이라고 썼다. 이때 나는 문득 마르따 교수에게도 한국식 이름이 있었으면 좋을 것같았다. 그래서 잠시 생각한 끝에 마광옥(馬光玉)이라 지었다. 그래 가지고 이 연하장 겉봉투에 "마(馬) 선생님"이라고 썼다.

나는 이날 마르따 교수을 만나자마자 반갑게 새해인사를 하고 연하장을 주면서 이를 설명해주었더니 그는 만족해했다. 마르따 교수는 내가 주는 카드를 받자 곧 자기도 내게 줄게 있다며 가방에서 작은 종 하나를 꺼내 주었다.

미리암은 그날 따라 내게 자기 집 전화 번호를 가르쳐주며, 일이 있으면 전화를 해 달라고 했다. 이때 나는 그에게 미안한 생각이 들었다. 그래서 나는 그에게 이름을 정확하게 적어 달랬더니 그는 자기 이름을 써주며 성은 독일어로 사자와 돌을 뜻한다고 했다. 나는 그에게도 한국식 이름을 지어 주어야겠다고 생각했다. 그의 성은 로웬스테인이었다. 나는 그의 성에서 노(盧)자를 따오고 미리암에서 미리(美里)를 따다 그 자리에서 한국식 이름을 지어 주었다.

이날 나는 제자 또마쉬의 한국식 이름도 지어주었다. 나는 강의 중에 오늘 두 선생에게 한국식 이름을 지어주었다며 그 이름을 칠판에 썼다. 그때 나는 이 학생들에게도 한국식 이름을 지어 주어야겠다는 생각이 들었다. 그래서 나와 제일 가까이 지내던 또마쉬의 정식 이름을 내 노트에서 찾아보았다. 그는 또마쉬 호락이었다. 그 자리에서 나는 그의 성에서 호자를 따와 그의 한국식 이름을 호우만(扈又滿)이라 지어 주었고, 그후 나는 미로슬라브에게도 박노만(朴魯滿)이라는 한국식 이름을 지어 주었다.

이날은 이렇게 즐겁게 보냈다. 뜻하지 않게 꽃다발과 포도주도 받았고, 포도주를 마시며 동료교수들과 새해를 축하했으며, 가까운 사람들에게 한국식 이름도 지어주었다. 지금도 그때의 정경이 눈에 선하다.

그날 나는 3학년의 1993학년도 강의를 종강했다. 나는 이들에게 새해 선물로 노트를 1권씩 주었다. 이들은 노트도 없는지 가지고 다니지 않았고, 교과서도 학과에서 배부하지 않으면 매주 강의시간 전에 복사해서 썼다. 나는 이것이 참으로 이상했다. 교과서도 부젝 교수가 한국대사관에 의뢰하여 구해다 주었다. 말하자면 이들은 학자금 한푼 없이 공부를 했다. 기숙사비도 거의 없었고, 점심을 기숙사 식당에서 무료로 제공했다.

이들의 1달 생활비는 350꼬른 한화로 10,000원정도였다. 이들은 다음 주에는 스키타러 학교 야영장이 있는 스키장으로 가서 10일을 즐겁게 보내고 온다고 했다. 물론 이 비용도 학교에서 다 내었다. 이것은 연중행사이기도 했다. 학생들의 체력단련을 위한 것이었지만 내게는 부러웠다. 이들은 스키와 수영은 국민학교 때부터 익혀 왔다.

나는 강의를 마치고 이들과 학교정문에서 기념촬영을 했다. 이렇게 나는 1월 4일 한 학기를 마치는 강의를 했는가 하면 새해의 첫강의도 했다. 내게는 매우 의의 있는 한 시간이었다. 또마쉬는 3월부터 서울에 가서 한국어를 6개월 연수하고 여름에나 돌아오게 되어 있었다. 나는 이해 여름 서울로 돌아가야만 했다. 이렇게 되면 오늘이 그와 만나는 마지막 날일 수도 있다. 어느 절에 나는 이들과 이미 정이 들어 있었다.

미로슬라브는 보기에는 좀 거칠어 보였지만 마음은 퍽 착했다. 그는 얼굴에 털이 많았다. 그리고 그는 거의 야구광이 되어 있다시피 했다. 대학의 야구팀의 선수이기도 했던 그는 야구시합이 있으면 결강도 서슴지 않았다. 하지만 한국어를 열심히 공부하려 했다. 그도 서울에 한번 가보는 것이 꿈이었다. 이번에는 못 가지만 다음에는 꼭 갈 것을 기대하기도 했다. 나는 이들과 헤어지는 것이 섭섭해 큰길까지 함께 걸어와 사진을 다시 한번 찍고 손을 들어 흔들면서 작별 인사를 했다.

그후 나는 이들과 함께 찍은 사진을 각각 나눠주었다. 그랬더니 저들은 내게 고마워하며 부활절에는 곱게 물들인 달갈을 주기도 했다. 이렇게 이들은 사소한 일에도 감사할 줄 알았다. 하지만 이들은 한국 학생들처럼 교수에게 선물을 하거나 다정하게 굴지는 않았다. 모든 것이 내 보기에는 현실적이고 사무적인 것같았다. 하지만 이들은 값비싼 것만이 좋은 것이 아니라는 것을 알고 있었다.

프라하 거리에는 꽃가게가 많았다. 이들의 꽃은 대부분 네덜란드 수입품이었다. 하지만 이들이 재배한 꽃도 많았다. 지하철 입구나 가판점에서 파는 꽃은 모두 작은 묶음이었다. 하지만 저들의 물가에 비해서는 비싼 편이었다. 장미나 백합은 한 송이에 30꼬른씩 했다.

그러나 이들은 꽃을 잘 샀다. 점심을 굶으면서도 이들은 꽃을 사가지고 갔다. 특히 축하할 일이 있거나 없거나 남의 집이나 사무실을 방문할 때 의례히 꽃을 가지고 갔다. 그만큼 이들은 꽃의 문화가 생활화되어 있었다. 애인을 만나거나 헤어질 때도 꽃을 주었다. 그만큼 꽃 인심은 좋았다. 따라서 거리에 꽃이 많았다. 생화가 많은 거리는 미인이 없어도 아름답다. 함에도 불구하고 프라하 거리에는 미인도 많고 생화도 많아 더욱 아름답게 느껴졌다. 애인을 찾아가 붉은 장미 한 송이 주면 키스를 몇 번이고 해 주었다. 이들의 선물은 커야 포도주 한 병이 고작이었다.

6. 채색 계란과 부활절

프라하에 있으면서 나는 이들의 풍습 몇 가지를 보았다. 체코인들은 꽃뿐만 아니라 크리스마스 때는 작은 소나무를 거리에 무더기로 쌓놓고 팔았다. 사람들은 그 푸른 소나무와 전나무 가지를 한 묶음씩 사 갔다. 그것을 그들은 악귀를 쫓는다며 문 위에 십자로 매달아 놓거나 문지방 앞에 깔아 놓고 밟고 다녔다. 물론 1m쯤 자란 소나무나 잣나무로 크리스마스 트리를 만들고 10m가 넘는 큰 전나무를 광장에 세워 색등을 달거나 빈 네모진 상자를 달아 불을 밝혀 놓기도 했으며, 골목에는 아치형의 푸른 소나무 문을 만들고 색등을 달아 놓기도 했다. 이것은 문이라기 보다 골목 이쪽과 저쪽을 잇는 구실을 했는데 건물 중간쯤 높이에 여러 개가 있었다. 밤이면 아름다운 색등이 켜지기도 했다.

이들은 부활절에는 달걀에 고운 색칠을 해서 선물로 주었다. 색칠한 계란은 예수의 부활을 상징하기도 하지만 하나의 예술품이었다. 한 할머니는 노점에서 형형색색의 계란을 작은 무덤처럼 쌓놓고 팔았다. 그 모양은 마치 꽃무덤 같았다. 사실 이 계란은 속이 비어 있었다. 관광객들은 사진 찍기에 바빴고, 젊은이들은 자기가 좋아하는 색깔의 계란을 고르느냐고 법석대었다. 이는 일종의 민속품이기도 했다. 그 무늬는 아주 다양하고 정교했다.

처녀가 있는 집에서는 부활절 동안 대문 앞에 예쁜 통을 마련해 놓는다. 그러면 총각들은 남몰래 오색종이 테이프를 꼭지에 잡아맨 긴 버들가지를 자기가 좋아하는 처녀의 집 대문 앞에 마련해 놓은 통에다 꽂아 놓는다. 그 집 처녀는 다음날 아침 통의 버들가지에서 자기가 좋아하는 총각이 보내온 버들가지만 집안으로 가져오고 나머지는 그대로 둔다. 이것은 일종의 청혼형식이었다. 이 풍습은 아직도 시골에는 남아 있었다. 그래서 그런지 이때쯤 되면 시장에서 버들가지에 오색 테이프를 매단 장대를 많이 팔고 있었다. 크리스마스 때 이들은 소나무를 많이 베어 팔듯이 부활절에는 봄 버들가지를 많이 베어 팔았다. 어떤 것은 3m가 넘는 것도 있었다. 꽃과 함께 버들가지는 이들의 사랑을 상징했다.

나는 부활절에 학생들로부터 고운 무늬가 그려진 삶은 계란을 하나씩 받은 일이 있었는데 어찌나 고운지 깨어 먹을 수가 없어 집에 있는 아내에게 가져다주었더니 아내 역시 깨 먹지 못하고 한술 더 떠 서울 갈 때 가져간다며 진열장에 넣어 두었다.

7. 한국학과의 망년회

한국학과에서는 12월 17일 망년회를 가졌다. 이 자리에는 재학생들은 물론 교수·교직원과 함께 한국 유학생들도 참석했다. 이날은 낮부터 비가 오락가락했다. 마침 모임 시간인 오후 3시에는 소나기가 한 줄기 내리기도 했다.

나는 오전 중 4시간 강의를 했고, 아내의 거류증 문제로 외사부에 가 2시간을 보낸 터라 몹시 피곤했다. 외사부라는 곳은 외국인의 거류증, 비자 연장, 범죄 등을 다루는 곳이어서 늘 많은 외국인들로 붐비었다. 특히 중국인과 베트남인이 많았다. 그날도 2시간 이상 줄을 서서 기다렸으나 서류 미비(未備)로 일을 끝내지 못했다. 비자를 연장하려면 은행에 3만꼬른 한국 돈으로 100만원 이상이 예금되어 있어야 했다.

나는 몸과 마음이 매우 피곤해 학과 망년회 모임에 참석할까말까 망설이었다. 비도 오고, 피곤도 하고, 기분도 나빴기 때문이었다. 형태가 차를 가지고 와 함께 타고 집으로 향하다가 보니 비는 그치었고, 차는 길이 막혀 갈 수가 없었다. 나는 다시 마음을 고쳐먹고 모임에 참석하기로 하고 차를 돌려 학교로 갔다.

이미 모일 사람들은 다 모여 있었다. 내가 가르치는 3학년생 또마쉬, 미로슬라브는 반소매 와이셔츠 차림에 나비 넥타이까지 매고 있었고, 여학생 알즈베따와 블란까는 예쁜 체코 옷을 입어 한결 고와 보였다. 1학년생 스떼빤까는 검은 원피스를 발등이 덮이도록 길게 입었고, 러시아인 알라는 동그란 눈을 더 반짝였으며, 멋없는 루까쉬는 여전히 붉은 잇몸을 내 놓고 웃었다. 나이가 34세인 클라라 학생은 큰 딸아이를 데리고 와 음식과 술을 준비했다.

유학생 김은해, 지상훈, 남종우, 서수환, 등은 손님답게 앉아 있었고, 부젝 교수는 이미 취한 얼굴을 하고 반가이 나를 맞았다. 마르따 교수는 그날도 무엇이 그리 바쁜지 한시를 제자리에 앉아 있지 않았다. 2명의 여직원은 포도주 한 병씩 들고 들어와 부젝 교수에게 인사말을 하며 전하고는 자리에 가 앉았다. 우리들은 함께 포도주 잔을 들어 축배를 했다.

학과 사무실은 어둡고 좁았지만 마르따 교수가 주목가지를 꺾어다 화병에 꽂아 놓고 오색 테이프로 감아 놓았기 때문에 망년회 기분이 났다. 체코 학생들은 교수와 한국 학생들에게 작은 선물을 차례로 나눠주었다. 그것도 쓸 만한 것 하나를 주는 것이 아니라 거의 장난감 같은 것을 여러 개 돌아가며 나눠주었다. 나도 이날 학생들이 주는 선물을 여러 개 받았다. 작은 배추 1폭, 작은 풍경화 액자, 장난감 장군상, 작은 병 등이 그것이었다. 하지만 배추를 빼고는 하나도 내게는 쓸모 없는 것이었다. 배추는 싱싱하고 맛나 다음날 아침 쌈을 싸 잘 먹었다. 어느 학생이 가져 왔는지 내게는 좋은 선물이었다. 나는 이날 일생에 처음으로 배추 1폭을 선물로 받아 보았다.

학생들은 향처럼 생긴 가는 막대에 불을 붙여 내게 주었는데 불꽃이 탁탁 튀었다. 새해의 운수대통을 비는 뜻 같았다. 그리고 체코학생들이 자기 집에서 각자 준비해 가져온 과자와 음식을 먹으면서 포도주를 곯여 마시기도 했다. 과자는 너무 달고 다른 음식들도 내 입에는 맞지 않아 나는 주로 포도주를 마시었고, 호도를 까먹었다. 그러는 동안 체코 학생들은 블란까가 켜는 기타 반주에 맞춰 체코민요와 아리랑을 불렀다.

이들의 선물 성격은 한국에서처럼 그 사람에게 필요한 생활용품을 주는 것이 아니었다. 그렇기 때문에 꽃이나 포도주가 선물로 제일 많이 쓰였다. 우리의 눈으로 보면 저들의 선물은 하찮은 것으로 보이게 마련이었다. 음식은 풍성했다기보다 많이 남았다. 나는 과자 한 상자를 또 받았다. 집에 있는 아내에게 주는 저들의 선물이었다. 저들은 오늘 나의 아내가 참석하지 않은 데 대해 진심으로 섭섭해했다. 이들은 이렇게 작은 일도 챙길 줄 알았다.

나는 별로 배불리 먹은 것은 없었지만 포도주에 취해 기분이 좋았고, 그들의 작은 선물들이 정성스럽고 재미있어 마음이 흐뭇했다. 나는 저들이 준 배추 한폭이를 가슴에 안고 비 내리는 바츨라프 광장을 비틀비틀 걸어 집으로 돌아왔다.

Ⅴ. 아홉 마리의 비둘기

1. 나뭇잎은 떨어지고

프라하에는 약국이 많지 않았다. 약국에는 늘 사람들이 많았다. 약국에서는 의사의 처방전이 있어야 약을 내주었다. 때문에 자연히 병이 나면 병원을 먼저 찾아가야 했다. 저들은 대단치 않은 병으로도 병원부터 갔다. 체코인들은 우리처럼 마음대로 약을 사 먹거나 나름대로 사약을 쓰지 않았다. 우리는 중병이 들어서야 병원을 가기 때문에 병도 못 고치고 치료비만 많이 드는 경우가 많은 데 여기서는 그런 경우는 거의 없었다.

저들은 병이 나면 제일 먼저 병원으로 갔다. 의사의 지시대로 약을 먹고 입원을 했다. 그만큼 이들은 병원을 생활화하고 있었다. 저들의 죽음은 병원에 있지 않고 교회에 있었다. 교회는 그만큼 산 사람의 영혼을 구원해 주었고, 죽은 자의 평안을 빌어 주었다. 이같이 이들에게 병원과 교회는 우리의 시장과 학교처럼 생활의 터전이었다.

프라하에는 병원이 많았다. 병원에서는 의사와 간호원이 마치 환자를 기다렸다는 듯 친절히 맞았다. 병원에는 환자들이 많지 않아 기다리는 일도 없었다. 나는 여기 와서 병원에서의 불편은 전혀 느끼지 못했다. 호돕병원은 기숙사 근처에 있었는데 늘 조용했다. 나는 여기서 눈 검사를 해 돋보기를 맞추었는데 무료였다. 의사의 처방전을 가지고 안경점으로 갔더니 안경을 그냥 해 주었다. 너무나 이상해서 그 후 사람들에게 물어 보았더니 첫번에는 무료고 두 번째는 20%를 낸다고 했다. 그러나 수입품일 경우에는 다 내야 했다. 약값도 무료인 약이 있고, 얼마를 내는 약이 있었다. 여기서는 비타민을 먹으려 해도 의사의 처방전이 있어야 했다.

이들은 이렇게 철저하게 의료보험제도가 실시되었다. 내가 3번씩이나 입원을 했고, 수술을 받았지만 의료보험료 이외에는 일전 한푼 들지 않았다. 글자 그대로 무료였다. 하지만 식구마다 의료보험증을 가지고 있어야 했다. 나는 매달 월급에서 의료보험료 1,900꼬룬을 냈다. 이들의 사회복지 시설은 거의 완벽했다. 노인 아파트에는 위락시설뿐만 아니라 병원이 부설되어 있었다.

까를로보 나메스띠(karlovo namesti) 광장 언덕길을 오르면 까렐대학교 의과대학 부속병원이 있었다. 나는 이 병원에 10월 11일 상오 8시에 입원해 19일 상오 10시 퇴원할 때까지 9일 동안 G동 제101호 병실 제3병상에 누워 있었다.

아내와 아들은 걱정스런 표정으로 아침 일찍 나와 함께 집을 나섰다. 저들은 나를 입원시켜 놓고 귀 수술을 하기 위해 기본검사를 다시 했다. 이날 따라 날씨가 매우 화창하여 병원에서 하루를 보내기는 아까웠다.

나는 체코에 오기 전 11월 12일 국립 의료원에서 종합 건강진단을 받았다. 별로 이상이 없었다. 다만 오른쪽 귀가 안들리는 것으로 판단되었다. 그때 젊은 의사가 "선생님 수술을 하면 나을 수 있는데 왜

안 하세요"라고 내게 말했다. 그후 프라하에 와서 운전면허증을 받기 위해 4월 14일 적성검사를 받았다. 역시 오른쪽 귀가 안 들리는 것으로 진단되었다. 그러나 운전에는 별지장이 없다는 것이었다. 그때 체코 의사 역시 간단한 수술로 고칠 수 있다고 말했다.

내 귀앓이는 나도 모르는 어린 나이부터 시작되었다. 어머니는 내 귓병을 고쳐주려고 무진장 애를 쓰셨으나 끝내 고쳐주지 못했다. 내 스스로도 유명하다는 이비인후과 의사를 다 찾아가 보았으나 역시 별 수가 없었다. 그후 나는 일상생활에는 별 지장도 없고 하여 숙명적인 지병으로 알고 별로 신경도 안 쓰고 일생을 살아 왔다.

나는 주위 사람들로부터 체코의 의학 수준이 매우 높다는 말을 들었다. 하루는 문득 의사들의 말이 생각났다. 이번 기회에 한번 귀를 고쳐볼까하는 생각이 들었다. 체코에 왔던 기념으로라도 일생의 고질병을 떨쳐버리고 싶었다. 나는 부젝 교수와 마르따 교수를 만난 자리에서 귀 수술을 받아야겠다고 말했다. 그 자리에서 그들은 그렇게 하라고 했을 뿐만 아니라 마르따 교수는 그 길로 나를 데리고 학교 근처 병원으로 갔다. 그날이 9월 21일이었다. 병원에서는 영국제 액체약을 주면서 대학병원에서의 수술을 주선해 주었다.

이로부터 나의 귓병 수술 일은 시작되었다. 이튿날 국비유학생 김은해와 함께 대학병원을 찾아갔다. 나는 이날 청력검사, 귀검진, X Ray 촬영 등을 했다. 다음날도 김은해가 같이 가 주었다. 검사 결과 수술을 하면 듣기가 훨씬 더 좋아질 수 있다고 의사는 말했다.

나는 이로부터 1주일후 입원했다. 나의 귀 수술은 12일 10시 30분부터 시작되었다. 내가 병상차에 실려 수술실로 들어 갈 때까지 아내는 근심스러운 얼굴로 나를 따라 다녔다. 수술은 거의 3시간동안 진행되었다. 내가 몽혼상태에서 깨어나기는 오후 3시가 넘어서였다. 그 동안의 일을 나는 전혀 알 수가 없다. 깨어보니 형태, 아내, 유학생 김학범과 병실의 환자들의 얼굴이 희미하게 보였다.

이날부터 시작된 9일 간의 프라하 병실 생활은 내게 새로운 체험이었다. 아내는 아침마다 내가 먹을 밥을 해 가지고 왔다. 자기가 남편을 위해 무엇을 할 수 있다는데 큰 보람을 느끼는 것같았다. 그만큼 아내는 내 병구완에 열중했다.

나는 밤새도록 한잠 자지 못하고 드나드는 환자도 보았고, 그의 팔뚝에 주사를 주느냐고 밤잠을 이루지 못하는 어린 간호원도 보았다. 그들 때문에 잠을 설치는 같은 방의 다른 환자들은 싫은 내색은 하지 않았으나 버스럭거리며 쿵쿵 기침을 했다. 밤잠을 설친 그들은 낮잠을 많이 잤다.

나는 정말 하는 일 없이 눠 있자니 따분했다. 카세트로 스메따나, 오페라 아리아 등을 들었으나 그것도 자꾸 들으니 나중에는 귀가 아팠다. 한편 입원할 때 가지고 온 이기영의 소설집 『쥐불』을 읽어보았으나 구질구질한 가난한 사람들의 이야기만 있어 별 흥미를 느끼지 못해 덮어놓았다. 그러고는 나의 수필집 『빈 항아리 속의 진실』을 다시 읽어보았다. 그것이 오히려 나를 감동시켰다. 그리고는 문삼립 교수와의 필담을 음미해 보기도 하고, 환자들의 동정을 살펴보기도 했다.

나는 매일 아침 6시에 일어나 옥상으로 나가 동쪽을 향해 큰절을 세번씩하고 나서는 가벼운 체조를 하였다. 귀와 머리를 온통 붕대로 감은 나의 꼴은 큰 중병 환자 같았으나 나는 아무 탈도 없었다. 옥상은 내 병실 위에 있는 것이 아니라 옆에 있었다. 앞의 더 낮은 건물의 옥상이었다.

말하자면 병실에서도 나는 나의 일상생활을 어김없이 했다. 그러나 집에서의 하루보다는 지루했다. 나는 자주 샤워실에 가서 뜨거운 물로 발을 씻고, 라지에터에 등과 배를 대어 몸을 따듯하게 했다. 그러면 등과 배가 온돌에서의 그것처럼 시원했다. 나는 조용한 욕실을 자주 드나들며 수술 후 몸조리를 했다. 병원의 아침은 부실했다. 빵 2개, 치즈 1개, 베지밀 1컵이 전부였다. 그래서 나는 아내가 가져온 김밥, 김치, 우유, 사과, 호도 등을 병원 식사가 나오기 전에 욕실의 라지에터에 등을 대고 앉아 먼저 먹었다. 병원의 아침 식사는 8시쯤 나왔다.

주방은 나의 병실 맞은편 욕실 옆에 있었다. 주방 아줌마는 눈썹이 매우 짙고 머리가 검었으며, 이목구비가 뚜렷했다. 나이는 한 35-6세쯤인 것 같은데 10살쯤된 사내아이가 있었다. 그의 아들은 책가방을 메고 오후에 와서는 저의 어머니의 일을 거들어 주다가 함께 집으로 돌아갔다. 아이는 낮은 옥상에서 친구들과 뛰어 놀기도 하고, 간호부실에서 심부름도 했다. 나는 이것이 좋아 보였다. 한번은 집으로 전화를 걸려고 간호부실 앞에서 내가 머뭇거리고 있으니까 나보고 그 아이가 들어오란다. 내가 "텔리폰" 하고 말하니까 그 애는 서슴없이 전화기를 집어내게 건네어 주었다. 주방 아줌마와 아들은 내가 먼저 아는 척하고 "도브리덴" 하고 인사를 하면 저들은 신기하다는 듯 웃기만 했다. 저녁이면 나는 복도에 있는 TV를 저들과 함께 보기도 했다. 병실에 눠 있을 때 내 눈에 제일 많이 띄는 것은 창밖에 가로수 잎이었다. 바람에 마구 흔들리는 나뭇잎은 점점 줄어들었다. 낮에는 밝고 고운 햇볕이 내 병상까지 스며들었다. 나는 이 햇볕이 눈물겹도록 고마웠다. 맨발을 뻗어 그 햇볕에 대고 있노라면 살아 있는 기쁨을 느끼었다. 내가 병실에 있는 동안에는 대체로 날씨가 좋았다.

2. 병실 101호 사람들

나같이 공동생활에 익숙하지 못한 사람에게는 병실생활이 매우 어려웠다. 101호 병실에는 7명의 환자가 있었다. 병실은 그런 대로 큰 편이어서 별로 불편한 점은 없었다. 워낙 건물이 육중하고 천장이 높고 창문이 길고 높아서 훨씬 넓어 보였다.

내 왼쪽 병상에는 왕년에 교향악단의 피아니스트였던 71세의 건장한 노인이 누워 있었다. 그는 오른쪽 귀가 안 들려 수술을 했는데 아주 재미있는 사람이었다. 그는 웃옷은 아예 입지도 않았고, 불룩한 배를 항상 자랑이라도 하듯 두들기면서 말했다. 병원에서 내준 환자복은 그의 몸을 반도 감싸지 못했다. 웃옷은 겨우 팔을 낄 뿐이었고, 바지는 배를 가릴 수가 없었다. 이렇게 작은 옷을 그는 불평 없이 걸치고 있었다.

그는 자식 없이 동갑의 아내와 둘이서 사는 독일계 체코인이었다. 집에는 검은 색의 피아노 1대가 있을 뿐임을 입버릇처럼 내게 말하고는 했다. 그는 내가 입원한 지 사흘만에 퇴원했다. 퇴원하는 날 아침 그는 텁수룩한 수염을 자동면도기로 보기 좋게 다듬고 나서 남들이 남긴 소시지를 3개나 먹더니 가방을 챙겨 놓고는 일일이 환자들과 악수를 하고 떠났다.

창가에는 70이 넘은 두 노인이 누워 있었다. 이 노인들은 장기체류 환자인 듯했다. 내 병상 맞은편 창가에 누워 있는 노인은 밤늦게까지 콜록이며 기침을 했고, 앓는 소리를 냈다. 이 노인을 찾아오는 사람은 오직 그의 손자인 듯한 중학생이 하나 있었을 뿐이었다. 그 학생은 늘 모자를 쓰고 가방을 멘 채 노인을 찾아 왔다. 그는 노인이 묻는 말에 또박또박 어린 목소리로 대답을 했다. 그러면 노인은 눈을 감은 채 으응 웅얼거리며 또 무어라고 묻고는 했다. 어린 손자가 돌아가면 노인은 병상에 앉아 창밖을 한동안 내다보았다.

내 오른쪽 병상 창가에 눠 있는 노인은 잘 먹지도 못했을 뿐만 아니라 걷지도 못했다. 그는 맞은편의 노인보다는 나이가 젊어 보였지만 병은 더 깊은 듯했다. 그러나 그는 밤을 새워가며 책을 읽었다. 그의 사물함에는 7, 8권의 책이 늘 놓여 있었다. 하루는 건장한 30대의 남자가 왔다. 그는 그 노인의 아들 같았다. 그는 가지고 온 가방을 열더니 주섬주섬 여러 권의 책을 노인 앞에 꺼내 놓았다. 그리고는 사물함에 놓여 있는 책을 그의 가방에 주섬주섬 넣었다. 그들은 별 말도 없이 우두하니 앉아 있더니 노인이 뭐라고 하니까 아들인 듯한 이는 가버렸다. 그날 밤도 노인은 밤을 새워 새로 가져온 책을 읽었다. 그 바람에 나는 잠을 설칠 수밖에 없었다.

내 맞은편 병상에는 미남형의 30대 젊은이가 눠 있었다. 그는 붕대로 목을 감고 있었는데 영어를 곧잘 했다. 하루는 젊은 아내가 아들과 딸을 데리고 왔다. 아내는 키가 크고 눈이 맑았다. 부인은 큼지막한 시장가방같은 것을 들고 왔었는데 거기서 먹을 것을 이것저것 꺼내 놓았다. 그것은 주로 마실 수 있는 주스 종류였다. 내외는 밖의 옥상으로 올라가 있다가 돌아와 나란히 병상에 앉아 있었다. 아이들은 병원이 눈에 선지 별로 떠들지도 않고, 장난도 하지 않았다. 그후 그는 이틀 있다가 퇴원했다.

환자가 바뀔 때마다 방 분위기는 전혀 달라지곤 했다. 독일계 피아니스트였던 코믹한 노인이 나간 후로는 방 분위기가 착 가라앉았다. 3명의 20대의 젊은이가 똑같이 코 수술을 했다. 그들은 코가 커서 콧병이 많은 지 아니면 이비인후과여서 코 환자가 모여서 그런지 코 환자가 많았다. 코 환자는 코믹했다. 마치 희극배우 같았다. 이들은 대롱 같은 것이 코 안에서 삐죽이 밖으로 나와 있었다. 나는 이것이 처음에는 어찌나 우스웠던 지 모른다. 그런데 셋이서 한꺼번에 그러고 들어 왔으니 얼마나 우스웠겠는가.

나는 미국 이민 2세 토마스 지(Thomas Chee)라는 25세의 청년을 만났다. 그는 자기가 영어를 가르치고 있는 체코 학생 밀로스 호작(Milos Hozak)이 콧병으로 입원하여 병문안을 온 것이었다. 내가 동양 사람인걸 알고 그는 내게 다가와 자기 아버지는 코리언이라고 했다. 의외의 말에 나는 호기심이 나서 그와 가까이 하여 이야길 했다.

한국인 2세 토마스 지의 아버지 지헌익은 사업가였는데 한창 나이인 43세에 심장병으로 1981년 갑자기 사망했다. 할아버지 지태식은 은행가로 지금 샌프란시스코에 살고 있는데 86세였다. 그의 모친은 미국인으로 여교사였다. 토마스 지는 한국말을 전혀 하지 못했지만 그의 큰형은 인천에서 자라 한국말도 할 줄 알고 한국에 대해서도 많이 알고 있었다. 토마스 지는 샌프란시스코대학 사학과 재학생으로 나폴레옹 이후의 유럽현대사를 연구키 위해 체코에 와 있었다. 그는 아르바이트로 학원에서 영어를 가르쳐 한 달에 4,000꼬룬을 벌었다. 토마스 지는 전혀 한국인을 닮아 있지 않았다. 그는 완전한 미국인이었다. 물론 그의 국적도 미국이지만 생김새도 그랬고, 그의 몸짓과 사고방식도 그랬다. 그렇다면 지(池)씨다운 점 즉 한국인 지태식의 손자로서의 형질을 어디서 찾을 것인가. 나는 토마스 지를 보았을 때 약간의 비애감을 느끼었다.

나는 토마스 지와 이야기하면서 지난여름 러시아 여행 때 만난 독일 이민 2세 이씨의 남매가 생각났다. 이들도 한국어를 한마디도 못했다. 하지만 이들 남매의 모습은 토마스 지와는 달리 한국인과 똑같았다. 나는 그들과 함께 12일간 러시아 여행을 했다. 이씨는 함부르크에 살고 있었다. 그는 독일 전기회사에 근무하면서 집도 장만했고, 상점도 하나 가지고 있는 중산층이었다. 부인은 간호원 생활을 그만 두고 상점 일을 보았으나 그것도 그만 둔 채 아이들 교육에 전념하고 있었다. 그들은 맞벌이를 하지 않아도 살만큼 재산을 모았다. 그의 단독주택은 300평이 넘고 사과나무 정원에는 잔디가 곱게 자랐다.

그는 한국이 싫어 떠나 온 것이 아니었다. 여러 형제에 먹고 살 수가 없어 독일광부 모집에 응모하여 젊은 나이에 독일에 왔다. 부인 역시 마찬가지였다. 그런 저런 이유로 그들은 한국을 잊고 싶었다. 그래서 저들은 의식적으로 아이들에게 한국어를 애써 가르치지 않았다. 그러나 지금 와서야 저들은 독일서 그 애들이 살자면 한국적인 것이 있는 것이 더 유리함을 깨달았다. 이씨 부부는 한국어를 아이들에게 열심히 가르치지 않은 것을 후회하고 있었다.

3. 멍의 웬산리의 이침(耳針)

나는 병원에서 중국인 의사를 알게 되었다. 나의 담당의사 뻬뜨르 람보섹(Dr. Petr Rambonsek)이 그를 내게 소개했다. 그는 금년 8월 프라하에 왔다. 그의 이름은 문삼립(文三立) 즉 웬산리 (Wen Sanli)였다. 문 교수와 나는 주로 필담을 했다. 그것이 정확했고 빨랐다. 여기서 나는 한문화권의 공통점을 발견할 수 있었다. 그는 중국 강서의학원 제일부속의원 이비인후과 주임 교수였다. 문 교수는 그해 53세로 나보다 연하였다.

문 교수는 해박했을 뿐만 아니라 친절하고 명랑했다. 나는 중국 현실에 대해 또는 중국문학과 역사에 대해 물어 보았다. 특히 중국 시와 시인 그리고 소설에 대해서도 내가 묻기 전에 먼저 그는 말하기도 했다. 내가 중국의 자유화에 대해서 물으니 그는 한마디로 "개혁과 개방을 통해 중국 특유의 사회주의를 이루어 나가려는 것이 현정부의 입장"이라고 했다. 내가 우스개 소리로 등소평(鄧小平)을 한국인들은 "작은 거인"이라고 한다고 했더니 그는 재미있다는 듯 따라 웃었다. 문 교수는 한중우애를 강조하면서 내 노트에다 한중형제(韓中兄弟) 우호공영(友好共榮)이라고 쓰기도 했고, 나를 가리키며 김선생 해내존지기(海內存知己) 천애약균인(天涯若均隣)라 쓰기도 했다. 이어 그는 "한국인이 청진, 산동 지구에 많이 와서 공장을 지었으며, 상해에는 한국어를 배우려는 사람들이 많다."고 했다.

나는 퇴원하는 날 아침 문 교수로부터 서폭 1점을 받았다. 족자형의 이 서폭은 당대의 명필 왕희지의 글씨였다. 시는 백일의산록 황하입해류 욕궁천리목 갱상일층루("白日依山麓 黃河入海流 欲窮千里目 更上一層樓")라는 아주 평범한 오언절구의 서경시였다. 이 시를 읽으면서 나는 그보다 먼저 그에게 고마움을 표할 생각을 하지 못한 것이 부끄러웠다.

나는 퇴원 직전에 머리와 귀에 감았던 붕대를 풀고 마음놓고 목욕을 했다. 그제야 살 것같았다. 그만큼 온 몸이 찌들려 있었다. 나는 몇 가지 소지품을 챙겨 가방에 넣고, 아내가 새로 세탁하여 다려 온 베이지색 파카를 입고 함께 있던 이들에게 이별을 고하고 병실을 나왔다. 내가 병원문을 나올 때까지 문 교수는 내내 나를 지켜봐 주었다.

나는 퇴원 후 첫 금요일 강의를 마치고 병원으로 갔다. 이날은 하루 종일 비가 내렸다. 겨울을 재촉하는 비였다. 문 교수는 나를 기다리는 듯 문밖에 서 있었다. 우리는 반갑게 악수했다. 나는 집에서 가지고 간 홍삼차를 답례로 그에게 건네었다. 그는 감사하며 받았다.

그와 나는 검진이 끝난 다음 담당의사와 함께 진찰실에서 기념촬영을 했다. 그는 작은 키에 둥근 얼굴을 해 가지고 웃으며 사진을 찍었다. 창밖에는 아직도 비가 내리고 있었다.

그후 문 교수는 나와 친구가 되었다. 그때 나는 어깨와 팔이 잘 움직여지지 않았다. 입원하기 전부터 어깨와 팔이 뒷등까지 돌아가지 않아 옷을 벗고 입을 때 몹시 거북했다. 그러나 견딜 만했다. 하지만 퇴원을 하고 나니 더 심해졌다.

내가 필담 중에 "옛 중국의 명의는 편작(翩鵲)이요, 오늘의 편작은 웬산리"라고 농담 삼아 말했더니 그는 기분이 좋았던지 껄껄 소리내어 웃었다. 이어 나는 "요즘 어깨와 팔을 잘 못쓴다"고 말하면서 "침을 한번 맞어 봤으면 좋겠다."고 했다. 나는 문 교수에게 "프라하에 침을 잘 놓는 중국 한의는 혹 없느냐?"고 물었다. 아내는 나보고 침을 맞으라고 늘 말해 왔었다.

문 교수는 내 말을 듣고 나서는 나를 자기 연구실로 데리고 갔다. 그는 주로 여기서 환자를 보는 일보다는 연구에 몰두하는 듯했다. 문 교수는 나를 편안히 앉혀 놓고 나의 오른 쪽 귀에다 은단알로 지압을 해 주었다. 이는 그가 발명한 이침이라는 것이었다. 그러고 났는데 그의 말대로 과연 신기하게 팔과 어깨가 조금 부드러워진 듯했다. 그는 나보고 하루에 3차례씩 내 귀에 붙여 준 은달알을 100번씩 귀가 아프도록 눌러주라고 했다.

나는 귀가 아프도록 생각 나는 대로 귀에 붙여 준 은단알을 두 손끝으로 힘껏 부지런히 눌러대었다. 나중에는 진절머리가 났다. 나는 오른쪽 귀만 지나치게 못살게 구는 것 같아 그 귀가 불쌍하게 생각되기도 했다. 나는 나의 오른쪽 귀의 수난을 덜어주기 위해 은달알을 문 교수의 말을 듣지도 않고 떼어냈다. 팔과 어깨는 별 차도가 없었다.

그리고 나서 1주일이 지났다. 날씨는 눈머금날을 하고 매일 음산했다. 아내는 뽀제브라디 약수를 마신 후 한결 속이 편하다며 그 물을 계속 마시고 싶어했다. 형태가 학교에서 일찍 돌아왔기에 아내의 소원대로 뽀제브라디로 약수물을 뜨러 가려고 기숙사 문을 막 나섰다. 그때 나는 천만 뜻밖에 문 교수를 만났다. 그는 흰 잠바에 희고 얇은 운동화를 신은 채였다. 그는 우정 내게 침을 주기 위해 나를 찾아오는 길이었다.

우리는 다시 방으로 되돌아왔다. 그를 맞아 아내는 홍삼차를 끓이고, 형태는 방안을 정리했다. 문 교수는 앉자마자 침통에서 대중소침 3개를 꺼내 알코올로 닦았다. 문 교수는 내 웃옷을 벗게 하고 귀와 어깨에 침을 꽂았다. 나는 말로만 듣던 침을 처음으로 맞았다. 나는 겁이 났으나 실제로 맞고 보니 별것이 아니었다. 그러나 침의 효과는 생각보다 컸다.

이날 우리는 모처럼 단란한 저녁 한 때를 가졌다. 나는 옆방에 살고 있는 중국인 서 교수를 불러 함께 담론을 했다. 나는 그들에게 서울서 가져온 무궁화향을 한 갑씩 주었더니 저들은 고마워하며 받아가지고 갔다. 이렇게 우리는 형제처럼 사이 좋게 지냈다.

4. 해바라기꽃 그림과 함께

1차 수술 후 내 귀는 깨끗해졌다. 연말부터 나는 술을 많이 마시었다. 담당의사와 이비인후과장은 1달 후 2차 수술을 하자고 했다. 이들은 2차 고막 삽입 수술을 한 후 3차 청각신경수술을 해야 완전히 청력이 회복될 수 있다고 했다. 나는 이때 전혀 새로운 사실을 알고 어찌할 바를 몰랐다.

아내는 나의 2차 수술을 적극 반대했다. 그러나 나는 내심 이미 수술을 받기로 결심했기 때문에 웃고 말았다. 아내의 말마따나 한쪽 귀로 들으면 되었지 늙어 객지에 와서 두번씩 세번씩 수술만 하면 어쩌는가 싶기도 했다. 더욱 50평생 잘 듣고 살아 왔는데 이제 와서 두 귀로 들어 무엇 하려는지 나도 모를 일이었다. 하지만 나는 수술을 받기로 한 이상 개학 전에 빨리 받았음 했다.

1994년 1학기 강의는 2월 21일부터 시작되었다. 병원에서는 나보고 2월 14일 입원해 그 다음날인 2월 15일 오전에 2차 수술을 받으라고 했다. 나는 그렇게 하기로 결정하고 집에 돌아와 로마 여행를 앞당겨 1월 29일 떠나기로 했다.

나는 10박 11일간의 로마 자동차 겨울 여행을 무사히 마치고 2월 8일 프라하에 돌아와 그 이튿날 아침을 굶고 병원에 가서 피검사를 했다. 그리고 월요일인 2월 14일 아침 8시 입원했다. 나는 이날 G동 217호 독방을 배정 받았다.

이 방은 여자 환자들만 있는 3층 복도 맨 끝에 있었다. 길고 큰 창문이 동북쪽으로 하나 있었고, 서쪽 벽에는 해바라기꽃 그림이 액자에 담겨 흰 벽에 걸려 있었다. 병상이 문 쪽에 가로 놓여 있고, 테이블, 의자, 안락의자, 사물함이 각각 1개씩 있었다. 세면대와 옷걸이가 서쪽 벽과 남쪽 벽에 있었으며, 더운 물 찬물이 잘 나왔고, 라지에터는 북쪽 벽 창 밑에 있었는데 어찌나 성능이 좋던지 늘 창문을 반쯤 열어 놓아야 했다. 밤에는 건조해 세면기에 찬물을 가득 받아 놓기도 했다.

나는 방안을 내가 편리하게 쓸 수 있도록 집기를 다시 배치했다. 창가 쪽으로 병상을 옮겨 놓고 동쪽으로 머리를 하고 누워 보니 북쪽 하늘이 파랗게 내다보였다. 앞면에 걸려 있는 해바라기꽃 그림도 보다 선명하게 보였다. 이날부터 나는 이 해바라기꽃을 바라보며 지내게 되었다.

해바라기꽃 그림은 늘 싱싱한 가운데 사람의 마음을 밝게 해주었다. 옛 화병에 꽂혀 있는 네송이의 해바라기꽃은 푸른 하늘빛과 잘 어울려 노란 꽃잎이 천박해 보이지 않았다. 나는 원래 노란 색을 좋아하지 않았기 때문에 해바라기꽃을 별로 좋아하지 않았지만 이 그림의 해바라기꽃은 그렇지 않았다. 이 해바라기꽃은 나를 병문안 온 4명의 친구와도 같았다. 해바라기꽃은 내게 아무 말이 없었지만 나는 그날 많은 말을 이들과 했다. 화병의 무늬나 책상 모서리와도 구도적으로 균형이 맞아 조화를 이루고 있었다. 하지만 대가의 작품 같지는 않았다.

나는 이 해바라기꽃 그림과 함께 1주일을 보내며 큰 위안을 받았다. 혼자 멍하니 앉아 라디오에서 흘러나오는 고전음악을 무한정 들었었다. 하루 종일 라디오를 틀어 놓고 해바라기꽃 그림을 바라보았다. 독방을 쓰게 되니 편하긴 했어도 말벗이 그리웠다. 나는 말보다는 듣는 것과 보는 것으로 만족해야 했다. 그만큼 나는 그때 무척 외로웠었다.

2차 수술 담당의사는 이지 스끄지반(Dr. Jiri Skrivan)이었다. 이는 조금 코믹한 면이 없지 않았다. 나이는 렘보섹과 비슷한 40대였으나 턱수염이 있어서 그런지 좀더 들어 보였다.

간호원들은 모두 4명이었는데 한 간호원은 키가 작고 아주 깜찍했다. 그는 늘 명랑하게 웃으며, 의사와 함께 회진했는데 언제나 의사의 팔에 매달릴 듯이 붙어 다니었다. 이 간호원은 주로 밤근무를 했다. 나는 수술 후 항생제를 하루 6시간마다 4번 먹었는데 밤 12시와 새벽 6시에 먹는 약을 이 간호원이 가져왔다. 좀 나이가 든 간호원은 내가 수술을 받고 몽혼상태에서 3시간만에 깨어날 때 근심스런 얼굴로 나의 눈동자를 바라다보며 자기를 따라 해보라며 나의 뺨과 턱을 그의 손으로 받혀 주기도 했고, 화장실까지 데리고 갔었다.

다른 젊은 간호원은 키가 크고 얼굴에 짙은 화장을 했는데 몸매가 좋았다. 그는 간호 일이 서툰지 별로 하는 일이 없는 듯했다. 하지만 내 머리의 붕대가 풀어져 있으니까 새 것으로 다시 매어 주었다. 한 아주머니 간호원은 좀 뚱뚱한 편이었는데 주로 아침에 병상을 정리했다. 나는 퇴원할 때 이들에게 반도패션 나일론 스타킹을 선물로 주었더니 저들은 매우 고마워했다.

주방에서 일하는 사람은 중년녀와 젊은 여자 둘이었다. 중년녀는 키가 작고 눈동자가 까맣고 이목구비가 뚜렷했다. 그는 주로 주중에 일을 했다. 내가 아침에 만날 때마다 "도브리덴" 하고 인사를 하면 그도 따라 인사를 하며 웃었다.

그들은 직접 내 방에 음식을 날라다 주었다. 아침은 8시에 빵 2개, 치즈 1개, 우유 1컵이었다. 10시 30분쯤 수프 1그릇을 가져왔고, 12시 30분에는 점심으로 고기와 감자 또는 "끄네들리끼"라는 식빵이나 밥에 쇠고기를 주었다. 이들은 점심을 잘 먹었다. 저녁은 5시쯤 아침과 비슷한 내용이 나왔다.

주방의 젊은 여자는 키가 크고 이마가 툭 튀어나왔으며, 눈이 쑥 들어가 얼른 보아서는 매우 험상궂게 생겨 보였지만 자주 보니 개성미가 있어 보여 싫증이 나지 않았다. 그는 아주 수줍음을 타서 내게는 말도 못했다. 처음에는 영어를 못하는 줄 알았는데 마지막 날 내가 퇴원한다니까 그는 내게 영어로 잘 가라고 했고, 귀가 괜찮으냐고 묻기까지 했다. 그러나 간호원들은 영어를 한마디도 하지 못했다. 나는 그를 놓고 엉뚱한 생각을 하기도 했다. 그는 토요일과 일요일 주방에서 일했는데 그 많은 환자들의 식사를 혼자서 다 준비했고, 차를 아주 맛있게 끓였다. 나는 이렇게 질박하면서도 유능한 여자가 좋아 보였다. 이들에게도 나는 나일론 스타킹을 선물로 주었다.

나는 2차 귀수술 후 1주일을 병원에서 지냈다. 여자 환자들은 조용했다. 저녁에는 복도에 놓여 있는 공동 텔레비전을 모여 앉아 시청했지만 이들은 남자들과는 달리 연속 방송극만 끝나면 제각기 자기 방으로 갔다. TV는 내가 있는 방에서 그리 멀지 않은 데 있었지만 별로 시끄럽지 않았다.

여자 환자들은 할머니와 중년녀들이 대부분이었다. 이들은 목병을 많이 앓고 있었다. 한 여인은 내 나이 세였는데 키도 나와 비슷하게 컸다. 여기 여자들은 중년이면 대개 보기 흉할 정도로 뚱뚱해졌다. 그러나 이 여인은 매우 호리호리했다. 늘 나와 자주 만났다. 내가 밥을 다 먹고 빈 그릇을 가지고 나가면 그도 그때 빈 그릇을 가지고 주방 앞에 있는 식기대에 놓려고 나왔고, 어떤 때는 화장실에서 만나기도 했으며, 또 치료를 받으러 같이 가기도 했다. 이상하다 싶게 같은 시간에 같은 일을 하게 되었지만 그나 나나 말 한마디 나누지 않고 1주일을 지냈다.

다른 한 중년녀는 매우 뚱뚱했다. 그는 늘 노란 원피스를 입었는데 어찌나 뚱뚱하던지 살이 옷을 비집고 나오는 듯했다. 층계를 오를 때는 몹시 숨차했으며, 내 옆에 앉아 차례를 기다릴 때 보니 숨 쉴 적마다 젖가슴이 펄럭이곤 했다. 그는 나와 같이 귀를 치료하고 있었다. 이들은 오후가 되면 면회 온 식구들과 만나 복도에 있는 의자에 앉아 정담을 나누었다.

한번은 한 할머니가 귀에 통통할 정도로 붕대를 많이 감고 입은 합죽이가 돼 가지고 외롭게 이들 곁은 절며 걸어갔다. 나는 그 할머니의 외로운 등뒤를 보며 내 방에 들어와 벽의 해바라기꽃 4송이의 그림자를 보았다.

내가 병원에 있는 동안 날씨는 거의 1주일 내내 추웠다. 아내는 내가 러시아에서 사다 준 털모자를 쓰고 늘 저녁에 밥을 가지고 왔다. 그러면 나는 그 밥과 반찬을 냉장고에 넣었다가 아침 6시면 꺼내어 나지에터에 데워 먹었다. 이들은 별로 양념이란 것이 없었다. 하지만 우리 음식은 양념이 많아 그만큼 입맛을 돋구었지만 그 대신 양념 냄새가 멀리 퍼졌다. 늘 먹는 우리는 모르지만 저들같이 음식 냄새를 모르는 이들에게는 몹시 그 양념 냄새가 역겨웠을 것이다. 그러나 이들은 거의 코, 목구멍 환자였기 때문에 별로 냄새에 민감하지 않았던 것같다.

나의 담당의사 스끄지반은 늘 가볍게 웃었다. 그는 아침과 저녁 하루 2번 나를 찾아 왔다. 와서는 간단히 상태가 어떠냐고 묻고 내가 수술한 곳이 아직 덜 아문 것같다면서 다 좋다고 일러주었다. 그는 환자의 마음을 편안하게 해주었다. 스끄지반은 키는 나보다 작았지만 걸음은 더 빨랐다. 그는 나를 언제나 프로페서 김이라 불렀다.

나는 2월 21일 퇴원하는 날 스끄지반에게 홍삼차 한 갑을 주었다. 그는 이미 홍삼의 가치에 대해 잘 알고 있었다. 그만큼 홍삼은 한국의 명품으로 널리 알려져 있었다.

밖에 나오니 귀가 시리다. 머리카락이 엉성해서인지 머리가 선듯선듯 했다. 나는 체코에 있는 동안 내내 중절모를 썼다. 모자를 안 쓰면 머리가 허전했다. 1주만에 밖의 공기를 쐬어서인지 더 머리가 찼다. 퇴원 후 나는 1주일에 2번씩 치료를 받으러 병원에 갔다. 그때 스끄지반은 내게 한국에 전쟁이 날는지도 모른다며 걱정스러운 표정을 지었다. 북한은 1994년 여름 팀 스피리트 합동훈련을 트집잡아 전쟁도발 위협을 해와 국내외가 최고로 긴장되어 있었다.

5. 아카시아 나무를 바라보며

나는 6월 13일 8시에 또 입원했다. 이번은 고막과 청각을 연결하는 작은 연골을 끼워 넣는 3차 수술이었다. 나는 담담한 심정으로 작은 가방에 치약과 칫솔 그리고 일기장과 작은 소니 라디오와 루브르 박물관의 작은 화첩 한 권을 넣어 가지고 아침에 형태와 함께 집을 나섰다. 아내는 나의 잦은 수술에 이제 별로 신경을 쓰지도 않았을 뿐만 아니라 파리 여행 후 심한 감기 몸살을 앓고 있었다.

나는 제103호 병실 제4 병상에 배치되었다. 가뜩이나 13일 입원에 14일 수술이라 날짜가 불길하게 느끼어졌는데 병상까지 4호여서 더 꺼림칙했다. 그러나 다행이 병실이 내가 좋아하는 숫자 3이어서 좀 위안이 되었으나 그것도 0이 없으면 13이었다. 나는 아무 것도 아닌 이런 숫자에도 신경이 씌었다. 병실에는 병상이 모두 4개 있었다. 나의 병상은 나란히 서쪽으로 머릴 하고 놓여 있는 다른 3개의 병상과는 달리 동쪽으로 따로 떨어져 남북으로 놓여 있었다. 남쪽으로는 창문이 2개 있었다. 그중 하나가 나의 병상 앞에 있었다.

나는 이 창문으로 언덕 위에 있는 해묵은 아카시아 나무를 바라볼 수 있었다. 지난 번 병실에서는 방안에 걸려 있는 해바라기꽃 그림을 내내 바라보며 위안을 삼게 되더니 이번에는 이 해묵은 아카시아 나무가 위안거리가 되었다. 5월 한창 아카시아꽃이 피었을 때는 아카시아꽃 향기가 대단했을 것같았다. 이 병실은 2층이었지만 이 아카시아 나무가 언덕 위에 있었기 때문에 병실과는 수평을 이루고 있었다. 그러나 거리는 꽤 떨어져 있어 건너 병동에 상거하여 10여미터가 넘었다.

이 병실에도 그림이 1장 있었다. 푸른 산과 들을 그린 풍경화였으나 좋아 보이지 않았다. 나는 이 그림보다는 창밖에 밑동이 직경 30cm쯤 돼 뵈는 아카시아 나무가 더 좋았다. 나는 이 아카시아 나무를 대충 일기장에 그 생김새를 그리기도 했다. 이 아카시아 나무는 내 고향의 그것과 아주 흡사해 더 친근감을 갖게 했다. 만약에 창이 내가 누워 있는 병상 발치로 없고 또 해묵은 아카시아 나무도 없었다면 나의 10여일간의 병실생활은 더 따분했었을 것이다. 먼저 사람은 창문 쪽으로 머리를 두고 출입문 복도 쪽을 바라보고 있었던지 베개가 창쪽에 있었다. 나는 그 위치를 바꿔 머리맡을 복도 쪽으로 하고 밖을 내다보았다.

이 병실에는 나보다 2주일 먼저 들어와 있던 빠뜨론(Patron Vaclav)이란 이가 있었다. 그는 내가 들어오기 전에는 혼자서 내내 이 방에 있었다고 한다. 그는 내가 무엇 하는 사람인지를 안 다음부터는 더 친절해졌다. 빠뜨론은 프라하에서 50Km쯤 떨어져 있는 베네소브에 살았다. 그는 귀 뒤 부분의 수술 자국을 내게 보여주었다. 수술 자국은 매우 컸다. 그의 나이는 64세였지만 그렇게 나이가 들어 보이지는 않았다. 그는 아무 일도 하지 않고 고향에서 편안히 지낸다고 했다. 차가 있느냐는 나의 물음에 그는 차가 없다고 했다.

이들은 돈을 이야기할 때 우리처럼 엄지와 둘째손가락으로 동그라미를 만들어 보이지 않고 엄지와 둘째손가락 끝을 맞대어 부벼대었다. 우리가 돈을 셀 때 하는 손짓을 했다. 빠뜨론은 독일어를 잘 했다. 그는 기분이 좋으면 가느다랗게 휘파람을 불며 방안을 서성이었다. 나는 그의 가느다란 휘파람 소리가 듣기 좋았다.

그때 나는 가지고 간 작은 라디오를 하루종일 틀어 놓았다. 나는 줄곧 FM 97.7 Mhz 사이클에 다이얼을 고정시키고 고전음악만 들었다. 그에게 고전음악을 좋아하느냐니까 그는 고개를 끄떡이었다. 나는 안심하고 내내 라디오를 잠이 들어서도 틀어 놓았지만 그는 한번도 싫어하는 표정을 짓지 않았다. 한번은 내가 피아노를 칠 줄 아느냐고 물으니까 그는 클라리넷을 불 줄 안다고 했다. 지금도 그는 집에 클라리넷을 가지고 있다고 했다. 내가 미국 대통령 클린턴도 클라리넷을 잘 분다고 했더니 자기도 알고 있다며 웃었다. 그의 웃음 끝에 나는 나의 엄지손가락을 세워 그에게 보여주었다. 이렇게 이들은 가난한 가운데서도 음악을 좋아했다.

나의 수술은 다행히 14일 화요일에서 15일 수요일로 연기되었다. 따라서 나의 찜찜했던 마음도 한결 풀리었다. 연기된 까닭은 잘 모르겠으나 저들은 월요일 오후 담당의사 말고도 이비인후과장을 비롯해 5명의 의사가 각기 따로 내 귀를 검진했다. 그만큼 이들은 나의 3차 수술을 신중하게 다루었다. 특히 이비인후과장은 준수하게 생겨 믿음성이 가는 노신사였다. 그가 최종적으로 검진한 후 담당의사 스끄지반과 의논하여 수술 날짜를 하루 연기한 듯했다. 수술일이 15일로 되면서 내 마음은 한결 가벼워졌다.

나의 3차 귀 수술은 11시 30분 시작되었다. 내가 몽혼상태에서 완전히 깨어나기는 오후 5시였다. 형태 목소리가 들리기에 내가 몇 시냐고 물으니 5시라고 했다. 그간 간간이 주위의 소리가 들렸지만 몽혼상태에서 완전히 풀리기는 이때였다.

수술 후에는 그전과는 달리 주사나 약은 주지 않고 비타민 A와 E를 하루에 1알씩 아침저녁으로 주었다. 나는 이것이 이상해 간호원에게 "왜 약이나 주사를 주지 않느냐, 잘못된 게 아니냐"고 물었더니 그는 당직의사를 데려왔다. 이는 키가 작고 검은 안경을 끼고 있었다. 그는 내게 오직 비타민만 복용해도 된다고 했다. 그후 퇴원할 때까지 9일 동안 나는 수술 전에 주사 1대 맞은 것 이외에 비타민만 줄곧 먹었다.

금요일 오후부터 병원은 주말로 접어들어 조용해졌다. 따라서 많은 문병객들이 병원에 누워 있는 친지를 찾아 왔다. 나도 전혀 뜻밖에 귀한 문병객을 맞았다.

이날 나를 찾아온 이는 부젝 교수와 마르따 교수였다. 이들은 바나나 한 다발을 들고 내게 왔다. 나는 귀에 붕대를 칭칭 감고 있을 뿐 별로 아픈 곳은 없었다. 이날 나는 주로 그간의 일들을 부젝 교수를 통해 들었다. 나는 그의 진갑이 15일인 줄 알았지만 참석치 못한 것이 미안해 금일봉을 축하금으로 전했다. 나는 마르따 교수와는 별로 말도 하지 못했고, 그가 나갈 때 변변히 인사도 하지 못한 것같아 나중에 생각하니 미안한 감이 들었다. 다음에 만나면 따로 인사를 하고 싶었다.

나는 바나나 하나를 빠뜨론에게 떼어 주었다. 그는 극구 사양하다 감사하다며 받았다. 그는 그 다음날 아침 내게 사과 한 개를 주면서 먹으라고 했다. 이들은 이렇게 남의 것을 거저 먹거나 남에게 신세를 지려하지 않았다.

나는 주방 아주머니 손녀에게 바나나 하나를 떼어 주었더니 귀여운 이 여자아이는 아주 좋아했다. 그후 이 아주머니는 내가 옥상에 혼자 앉아 있을 때 빵과 잼을 가져다주었고, 꺾어 가지고 오던 보라색 들꽃을 복도에서 나를 만나자 건네주었다. 나는 뚱뚱한 간호원에게도 바나나를 하나를 떼어주었다. 이 간호원은 나의 체온을 재기도 했고, 환자 복을 내주기도 했으며, 이 방까지 데려다주기도 했다. 저녁 때 회진하는 의사에게 바나나 하나를 떼어 주고나니 바나나는 2개가 남았다.

그간 아내는 한번밖에 병원에 오지 못했다. 아내는 이가 더 아파 먹지도 못하고 누워 있었다. 나는 아내가 딱해 보였다. 나를 따라 이국 땅에 와서 적응을 하지 못하고 외로워하는 것이나, 이같이 병이 자주 나서 누워 있는 것은 스스로 자신을 다스리지 못한 무능한 탓이긴 해도 언짢아 보였다. 나는 바나나 2개를 형태에게 주면서 하나는 네가 먹고 하나는 네 어머니 갖다 주라고 일렀다.

6. 아홉 마리의 비둘기

나의 병원에서의 일과는 아침 5시면 남보다 먼저 일어나 화장실에 다녀와서는 샤워를 했으며, 가지고 간 인삼가루를 우유에 타서 마시었다. 그리고 냉장고에 넣어 두었던 어제 아내가 보낸 밥과 김치를 밖의 옥상에 가지고 가서 비둘기 아홉 마리와 함께 아침 햇살을 받으며 먹었다. 밥을 먹기 전에 나는 동쪽을 향해 삼배를 했다. 이것은 내가 늘 하는 아침 인사였다. 살아 계신 아버지와 돌아가신 어머니와 할아버지 그리고 서울 식구들에 대한 나의 인사였다.

내가 하늘색 가운을 입고 옥상의 벤치에 나와 앉으면 어디서인지 비둘기 아홉 마리가 내 곁으로 날아 와 앉았다. 그 중에 한 마리는 발가락을 다치었는지 발가락을 오므리고 절룩이며 걸었다. 나는 먹던 밥이나 고깃점을 아홉 마리의 비둘기에게 던져 주었다. 그러면 저들은 푸르륵 한번 날아갔다가는 와르르 밥이나 고기점이 떨어진 자리로 내려앉았다. 나는 이것이 보기 좋아 여러 번 밥을 먹다가 비둘기들에게 던져 주었다.

옥상에서 내가 돌아올 때쯤에는 빠뜨론도 일어났고, 부엌의 아주머니는 차를 끓였다. 내가 병상에서 가부좌를 하고 앉아 심호흡을 하고 있노라면 그제야 간호부가 체온기를 가져 왔고, 이어 시트를 갈러 왔으며, 청소하는 소녀 둘이서 들통에 하이타이를 풀어들고 들어와 방바닥을 닦는 한편 창틀의 먼지와 사물함을 정리해 주었다.

한번은 청소하는 한 소녀가 너무나 해사하고 애띠기에 그의 이름과 주소를 물었더니 의외로 그는 영어로 대답을 했다. 이의 이름은 까데지나(Katerina)였다. 나는 그에게 한국인 무역회사에서 일하지 않겠느냐, 타자와 컴퓨터는 할 줄 아느냐, 부모님들은 다 계시냐는 등 여러 가지를 연거푸 물었더니 그는 웃으면서 대답해 주었다. 당시 키맥스에서는 영어 할 줄 아는 고등학교 출신 여사원을 구하고 있었다. 나는 까데지나를 이 회사에 소개해 주고 싶었던 것이다.

그러나 까데지나는 내게 회사에 안 가겠다고 했다. 여기 젊은이들은 이렇게 스스로의 일을 스스로 당당하게 결정했다. 고등학교를 나와 영어도 그 정도로 해 인물도 반반한 그가 병실 청소부 일을 하는 것이 나는 안돼 보였으나 그는 전혀 그런 내색 없이 서툰 솜씨로 청소를 열심히 했다. 여기서 일한 지도 한 달밖에 안 되었다는 걸 보면 그는 이번 6월에 학교를 졸업하는 것같았다. 까데지나의 나이는 17살이었다.

청소부들이 지나가면 간호부들이 약차를 끌고 와 약을 나눠주었다. 그 다음은 당직의사나 그룹 회진의들이 들어와 일일이 환자들에게 상태를 물었다. 그러면 그 환자 담당의가 이비인후과장에게 병력을 설명했다. 이일이 끝나면 곧 아침이 들어왔다. 아침은 주로 베지밀 한잔에 긴 빵 두개와 버터나 쨈이 나왔다. 그러고 나면 치료실에서 환자들을 차례로 불렀다. 10시에는 국 한 그릇이 나왔고, 12시쯤에는 점심이 나왔다. 이들은 점심이 정식이었다.

점심 전에 새 환자가 들어오거나 완치된 환자가 퇴원했다. 들어오는 자와 나가는 자가 서로 만나는 경우는 드물었다. 퇴원 일자가 결정된 환자의 병상은 아침 청소 때 병상을 새 시트로 갈아 놓았다. 저녁은 보통 5시였으나 그사이 간식으로 빵이 하나씩 나왔다. 나는 집에서 밥, 김치, 쇠고기 구이, 생선 구이 등을 가져다 먹고 병원에서 주는 식사도 다 먹었다. 그러고는 하는 일 없이 지냈다.

여름이라 해가 길어 저녁 9시나 돼야 겨우 어둡기 시작했다. 그 동안 복도에 있는 TV를 보거나 옥상에 올라가 하늘을 바라보는 것이 나의 유일한 일과였다. 하늘을 바라보고 있노라면 프라하의 저녁 하늘이 얼마나 아름다운가를 느낄 수 있었다. 여기는 아직 공해가 없었다. 겨울에는 석탄내로 매캐한 매연을 느낄 정도였다. 봄, 여름, 가을 내내 맑은 공기를 마실 수 있었다. 숲이 많고 나무가 무성해 눈과 코가 시원했다. 여름 제비는 하늘 꼭대기까지 날았다. 비둘기는 겨우 이쪽 추녀에서 저쪽 추녀밖에 날아다니지 않았다.

이때 나는 파란 하늘이 좋았다. 파란 하늘색의 차를 한대 사고 싶었다. 파란 하늘은 무한한 그리움을 내게 안겨다 주었다. 그러나 나는 별을 보지 못했다. 이상하게도 별이 눈에 띄지 않았다. 하루는 문득 이상한 생각이 들어서 유심히 어두운 하늘을 바라보니 가까이 마치 비행기 불같은 별이 하나 또렷이 보였다. 그리고는 별이 없다. 우리 나라 같으면 별이 쏟아질 듯이 많이 떠 있을 때였다. 마침 때는 음력 오월 보름이라 한잠 자고 일어나면 달이 어찌나 밝던지 다시 자리에 눕기가 아까웠다. 달 밝은 날 밤 나는 더 외로움을 느꼈다.

1주일 동안 한방에 함께 있던 빠뜨론은 나보다 하루 전에 퇴원했다. 그는 병이 다 나아서 가는 것이 아니라 자기 집 근처 베네소브

지역 병원에서 요양 치료하기 위해 대학병원을 떠나 그리로 옮기는 것이었다. 이들은 늘그막에는 이렇게 병원생활을 하다가 죽었다.

빠뜨론이 퇴원하자 2명의 환자가 새로 들어왔다. 이들도 다 60이 넘은 노인들이었다. 이들의 성격은 전혀 달랐다. 까렐(Karel)은 낙천적이고 유순해 늘 웃는 낯이었지만 한 사람은 키가 크고 매우 무뚝뚝해 보였으며, 배타적인 것같았다. 나는 그 사람이 싫었다. 그는 들어오자마자 나를 뚫어지게 쳐다보았다. 그때부터 사실 나는 그와 하루를 어떻게 견디어야 하나 하고 걱정이 되었다.

이 두 사람은 한동갑이었다. 까렐은 1932년 1월 생이었고, 다른 한 사람은 11월이 생일이었는데 그가 더 늙어 보였고, 병도 깊어 보였다. 나는 이 두 사람을 대하면서 아! 사람은 낙천적, 개방적으로 사는 것이 주의적, 폐쇄적으로 사는 것보다 훨씬 현명하다는 것을 새삼스레 느끼었다. 키 큰 이가 계속 까렐에게 뭐라고 말을 했다. 나는 전혀 모르는 말이었지만 사실 까렐도 별로 말을 하고 싶지 않은 표정이었다. 그러나 그는 계속 응대해 주었다.

까렐은 콧등에 가벼운 타박상을 입고 이를 치료코자 입원한 것이었다. 그는 그날 오후에 수술을 했다. 까렐은 수술실에 들어가면서도 웃는 얼굴이었고, 수술을 끝내고 돌아와서도 별로 얼굴을 찡그리지 않았다. 그러나 얼굴 전체는 붕대로 감기어 있었다. 까렐은 숨도 제대로 쉬지 못하면서도 키 큰 엄숙한 목소리의 주인공이 뭐라고 계속 떠드는 말에 눈을 감은 채 가끔씩 응대를 해주었다. 이들은 병상 하나를 가운데 두고 떨어져 누워 있었다.

나는 예정대로 6월 22일(수요일) 아침 9시 퇴원했다. 체코인들은 6월 20일부터 여름으로 쳤다. 날씨는 그래서 그런지 갑자기 더워졌다. 그러나 하늘은 늘 맑고 깨끗했다. 하지만 건조해 마치 한국의 초가을 날씨 같았다. 더욱 바람은 시원하고 맑았다.

아내와 나는 모처럼 함께 병원에 갔던 길에 병원 근처에 있는 화원 공원에 들렀다. 이때 화원에는 선인장 꽃이 한창이었다. 온실에는 열대식물이 무성히 자라 천장을 온통 덮었고, 온실 작은 연못에는 보라색 연꽃이 탐스럽게 여러 송이 피어 있었다. 연꽃은 꽃도 꽃이거니와 잎이 더 좋았다. 연잎 중에는 특이한 것이 있었다. 넓기가 작은 맷방석만한 것이 끝은 모두 장독뚜껑 모양 위로 말려 있었다. 그런 가운데 물에 떠 화분받침처럼 꽃을 받치고 있었다. 이 연꽃을 보고 있노라니 사월 초파일 연등 생각이 났다.

나는 퇴원 후에도 1주일에 화요일과 금요일 2번씩 치료를 받으러 병원에 갔다. 담당의사는 렘보섹과 스끄지반이었다. 나는 줄곧 이 두 분께 치료를 받았다. 내게는 한없이 고마운 분들이었다. 체코인들은 자기가 하는 일을 당당히 할 뿐이었다. 그러나 이들은 일로서의 관계는 매우 유대감이 깊었다.

나의 프라하에서의 병원생활은 한마디로 유익했다. 일생의 고질이었던 귓병도 고치었고, 좋은 담당의사를 만나 별 고생 없이 치료를 받았으며, 몹시 불편했던 오십견을 어렵지 않게 중국인 명의 문삼립 교수를 만나 고칠 수 있었다. 내가 대학병원에 입원한 날만 해도 3차에 거쳐 한 달이 되었지만 치료비는 한푼도 들지 않았다. 또한 이를 빌미로 나는 많은 새로운 체험을 할 수 있었다. 이들에게 이 자리를 빌어 진심으로 감사한다.

Ⅵ. 프라하의 밝음과 어둠

1. 프라하의 여인들

프라하의 여인들은 한마디로 예뻤다. 특히 젊은 여자들은 더 예뻤다. 걸음걸이나 옷맵시도 우리네와는 비교할 수 없을 정도로 예뻤다. 이들은 언제나 가슴을 딱 벌리고 빨리 걸었다. 여학생 알즈베따는 나보다도 걸음이 빨랐다. 중년의 여자들은 옷을 더 멋지게 입었다. 이들은 거의 자기 옷은 자기가 만들어 입는다고 했다. 이들은 긴 오버코트를 입기 좋아했다. 물론 겨울에는 거의 모두 모자를 썼다. 그러나 이들의 옷을 우리가 입어 보면 저들처럼 맵시가 나지 안았다. 체격이 그렇게 달랐던가보다.

나는 30대 후반의 여인들의 옷맵시를 좋아했다. 나는 버스와 전철을 타고 다녔기 때문에 이들의 모습을 많이 볼 수 있었다. 하지만 노인과 50대의 여인들은 뚱뚱보가 많았다. 그 뚱뚱한 몸으로 어떻게 눕고 일어나는 지가 궁금할 정도로 뚱뚱한 여인들이 많았다.

프라하의 여인들은 규칙을 잘 지키었다. 교통법규 지키기 한가지만 보더라도 저들의 철저한 준법정신을 알 수 있었다. 그들은 어떤 지시가 설혹 부당하다 해도 그 지시를 따랐다.

이들은 무엇이고 자기들 방식으로 했다. 물건 값 계산도 그랬고, 물건을 파는 방법도 그랬으며, 인사하는 방법도 그랬다. 나는 이들의 생활습관에 젖지 않아 여러 번 저들과 충돌이 있었지만 결국 내가 지고 말았다. 이들은 은행 입금시 동전을 받지 않았다. 내가 왜 동전을 받지 않느냐고 직원에게 항의조로 말하면 저들은 "동전은 안 받는다."는 말만 계속했다. "왜 물건을 안 파느냐, 물건을 팔라"고 하면 이들은 "아직 팔 시간이 안 되었다."며 물건을 팔지 않았다. 한 사람과의 일이 끝나야 이들은 다른 손님과 거래를 했다. 아무리 줄을 길게 늘어섰어도 이에는 아랑곳하지 않고 이들은 차례대로 한 사람씩 불러 일을 보았다. 기다리는 사람들도 마냥 아무런 불평 없이 저들의 처분만 기다렸지 우리처럼 "빨리 해라, 이게 뭐냐?"는 등 소리치는 사람은 없었다.

내가 들어 있던 방 남쪽에는 기숙사 운동장이 있었고, 그 한편으로 커다란 밀밭이 있었으며, 그 가운데로 찻길이 나 있었다. 거기는 버스 종점이기도 해서 사람들과 차들의 왕래가 빈번했다. 그러나 어찌된 셈인지 가로등까지 정비돼 있는 이 길에는 차 진입금지 팻말이 붙어 있었다. 기숙사 지하 1-2층은 일반인들이 살고 있었다. 이들은 모두 승용차를 가지고 있었다. 하지만 진입금지 팻말 때문에 넓은 주차공간을 가지고 있으면서도 차를 집 앞까지 몰고 들어 올 수가 없었다. 이 길은 저쪽 아래 마을로 연결된 말하자면 마을 도로였다. 하지만 지나가는 트럭이나 승용차들은 마음대로 다니었다.

진입금지 팻말은 내 보기에는 매우 부당한 것같았다. 그것은 아마도 대학 기숙사를 건립할 당시 공사 관계로 그렇게 했었던 듯한데 이들은 그것을 떼지 않고 그대로 두고 그 진입금지 팻말의 지시를 어김없이 지키고 있었다. 이중에서도 특히 내 방 아래층에 살고 있는 한 아주머니는 아침 7시쯤이면 어디서 오는지 하늘색 승용차를 어김없이 몰고 와서는 그 진입금지 팻말이 붙은 마지막 가로등 밑에 차를 세우고는 무엇을 가져오는지 매일 한아름이나 되는 짐을 들고 약 100m 되는 거리에 있는 자기 집으로 갔다. 나는 여기에 있는 동안 계속 이 일을 살펴보았다. 그는 그 시간에 그 자리에 그런 물건을 가지고 꼭 왔다. 나는 그 시간대에 아침의 일과를 거의 마치고 늘 창밖을 내다보았기 때문에 거의 어김없이 그 아주머니가 하는 행동을 볼 수 있었다.

나는 이 일을 두고 여러 가지로 생각해 보았다. 물론 처음에는 무심히 보았지만 이 아주머니의 일이 똑같이 아침마다 반복되는 것을 알고부터는 이상하게 생각하지 않을 수 없었다. 그래서 그가 차를 세우고 들어 올적마다 나는 아내와 형태에게 저 아주머니 좀 보라고 불러 창가에 세우고는 했다. 그는 나이 한 35-6세 정도로 보였다. 혼자 사는 지 또 무엇을 하고 아침에 집으로 돌아오는 지 모든 것이 궁금하기도 했지만 어떻게 그렇게 꼭 그 진입금지 팻말이 붙은 가로등 밑에 비가 오는 날도 아주 추운 겨울날도 차를 세우고는 무거운 짐을 들고 집으로 가는 지가 내게는 신기하게 느껴졌다. 어느 날은 그 자리에 하루종일 차가 서 있기도 했지만 대부분은 9시 30분쯤 그는 다시 나갔다.

그 차는 하늘색 파란 차였으나 아주 오래된 차로 거의 폐차 직전의 낡은 차였다. 하지만 내 보기에는 별 고장이나 사고도 없었다. 우리 차가 1년 동안 겪은 그렇게 많은 수난에 비하면 이 차는 아무 일 없이 매일 운행이 되었다. 물론 우리 차의 사고는 내가 낸 것은 없고 모두 저들에게 피해를 입은 것이긴 해도 너무나 많은 수난이었다.

체코뿐만 아니라 유럽에는 우선도로라는 것이 있어 노란 색의 다이아몬드 모양의 표지판이 있었다. 이 길의 차는 세모형의 빨간 표지판이 붙은 양보도로에 우선해 갈 수 있었다. 이들은 이와 같은 교차점에서는 어김없이 이쪽저쪽을 두번씩 고개를 돌려보고 확인한 다음 갔다. 그러나 도로에서는 보통 120Km씩 속력을 내 달리었다. 지킬 것은 꼭 지키고 달릴 곳에서는 달리는 것이 이들의 운전비법이었다. 그러나 저들에게서도 주정차 위반, 속도 위반, 차 도난 등 많은 차 사고가 있었다. 하지만 차 사고는 대부분 젊은이들이 저질렀다.

프라하에는 여자 운전자들이 많았다. 이들도 거의 남자 못지 않게 운전을 했다. 여자라고 해서 얌전히 운전하는 것같지 않았다. 앞지르기는 물론 과속으로 달리었다. 체코는 직장에 여자가 많았다. 의사, 교사, 교수, 회사원, 수위, 관리는 물론 전차 운전사도 여자가 많이 눈에 띄었다. 고된 막노동 말고는 여자들도 모두 일을 했다. 그들은 남자들 못지 않게 일을 했기에 집안에서도 남자들보다 우위에 있었다.

노동자 남편에 의사 아내인 경우도 여럿 보았다. 서로 잘 어울리지 않을 것같지만 이들의 교양 수준은 평준을 이루고 있었기 때문에 가정생활이나 문화생활에 별로 차이가 나지 않았다. 다만 전문지식인으로서의 차이 뿐이요, 하는 일이 서로 다를 뿐이었다. 나는 이를 교양의 평준화라고 불렀다. 그만큼 이들의 교육과 교양, 문화 수준은 평등했다. 막노동 복을 입은 남편과 하얀 가운을 입은 여의사가 손을 잡고 애 하나를 앞에 세우고 공원을 거니는 광경을 자주 볼 수 있었다. 이들의 모습은 아주 떳떳해 보였고, 행복해 보였으며, 다정스러워 보였다.

프라하의 어머니들은 아이를 업어 키우지 않았다. 아무리 어려운 사람이라도 비싼 유모차에 아이를 태워 가지고 다녔다. 저들은 시장이나 병원이나 어디를 가거나 아이를 유모차에 태워 가지고 갔다. 지하철이나 버스나 전차를 탈 때에도 유모차에 아이를 태워 가지고 탔다. 아이를 유모차에 태워 가지고 지하철이나 버스를 타면 차비가 오히려 반값이었다. 아이는 유모차 안에서 편히 누워 잠을 자거나 빈 젖꼭지를 빨고 있었다. 울거나 칭얼거리는 아이를 별로 못 보았다. 이들은 아이를 절대로 업어 주지 않았다.

나는 이것이 좋고 나쁘고를 떠나 여자들의 노동성과 관련을 지어 보기도 했다. 보면 미개한 사회일수록 여자들이 힘드는 막일을 많이 하고 아이도 등에 업고, 물동이를 머리에 이고 다니는 것을 흔히 볼 수 있다. 우리의 옛 어머니들은 이들과 똑같이 밭일도 하였고, 아이를 등에 업고, 밥광주리를 머리에 이고, 들로 점심을 나르기도 했다. 지금 생각해보면 참으로 부끄러운 일이었다.

이제 막노동은 이미 인간의 몫이 아니다. 인간은 인간이 해야 할 일을 해야 한다. 그것은 문화적인 일이다. 공산주의가 망한 이유 중의 하나도 인간에게 계속 노동을 강요했기 때문이다. 그들이 말하는 노동자 농민이 있는 한 노동자 농민은 없어지지 않을 것이다. 노동은 인간의 몫에서 짐승의 몫을 지나 이제는 기계의 몫이 되었다.

인간이 인간을 부리던 노예시대가 있었고, 인간이 소나, 말이나, 코끼리를 부려 농사를 짓던 시대도 있었다. 하지만 오늘날 모든 생명체는 노동으로부터 벗어나 있다. 다만 무생명체인 기계가 노동을 할 뿐이다.

2. 슬라피 야유회

나는 프라하에 있는 동안 2번 교민들과 야유회를 갔었다. 한번은 대사관에서 주체한 교민 야유회였고, 한번은 한인교회에서 주최한 교우 야유회였다.

그해 가을 10월 2일 대사관에서는 개천절을 기해 슬라피(Slapy)라는 프라하 근교에 있는 유원지에서 교민 야유회를 가졌다. 유원지의 환경도 좋았고, 교민 모두 참석해 매우 화기애애했다. 대사관 측에서는 여러 가지 놀이를 만들어 즐겁게 하루를 보내도록 배려를 했다. 유람선을 타고 섬을 한 바퀴 돌기도 했고, 맑은 강가에 앉아 질 좋은 맥주를 실컷 마시기도 했다. 한편 우리는 상을 차려 놓고 다 함께 배불리 먹었다.

이날의 음식은 교민 각자가 한가지씩 집에서 장만해 왔다. 그걸 각자 덜어다 먹는 뷔페식이었다. 여기 와서 나는 이런 좋은 방법을 배웠다. 이날 우리는 김밥을 해 가지고 갔었다. 끝날 무렵 대사관 측에서는 대사관저 뜰에서 딴 호도를 2봉투씩 나눠주기도 했고, 아이들에게는 보물찾기를 해 선물을 주기도 했다.

특히 이날 유학생들은 배불리 먹었다. 이들은 모두 5명이었는데 남종우 · 서수환 · 지상훈 · 김학범 · 김은해가 그들이었다. 이중에 남종우는 내내 버스 안에서 사회를 잘 봐 우리를 즐겁게 했다. 그는 군복무를 마치고 복학을 해 당시 외대 체코어과 3학년이었다. 학생답게 건전하면서도 약간 야적인 저항이 있어 더 신선해 보였다.

그날 나는 취해 강변을 따라 거닐며 목청껏 부를 줄 모르는 노래도 불렀고, 김소월의 시도 읊었다. 이 강물은 블따바강 줄기었으나 가운데 섬이 있어 두 줄기로 나뉘어 흘렀다. 하지만 아래가 댐으로 막혀 있었기 때문에 수량이 풍부했다. 마치 한국의 팔당 유원지와 같았지만 휴양지로 고급 별장들이 많았다. 강 위에는 요트가 한가롭게 떠 달리었고, 유람선에는 사람이 많지 않았으며, 유원지답지 않게 매우 깨끗했다.

나는 별장지대 골목을 몇 번이고 돌며 저들의 삶을 살펴보았다. 저들은 식구들끼리 숯불을 피워 놓고 고기를 궈 먹기도 했고, 햇볕을 쬐며 정담을 나뉘기도 했다. 낮은 향나무 울타리의 작은 별장들은 흰 벽에 붉은 기와집들이었는데 정원이 넓고 나무들이 잘 다듬어져 있었다. 나는 울타리에 피어 있는 노란 꽃을 길게 꺾어 들고 다니며 노래를 목청껏 불렀으나 누구 한 사람 내다보는 이가 없었다.

대사관에서는 교민들에게 추석선물로 두툼한 타월 1개와 경기에 참석한 이에게는 체코 자기 꽃병 1개, 자기 찻잔 한 벌을 주었다. 형태는 정구와 배구에 참여해 상을 탔다. 체코 자기 그릇은 유명했다. 특히 국화 무늬의 접시나 찻잔은 매우 품위 있어 보였다. 크리스털과 함께 자기는 이들의 세계적인 상품이었다.

1994년 5월 29일 프라하 한인교회 주최의 교우 야유회가 있었다. 김만석 사장은 나보고 함께 가자고 했다. 많은 교인들이 참석했다. 모두 거의 구면이었지만 한 할머니는 처음 뵙는 분이었다. 그래서 물어보니 현대 자동차 허환 지점장 장모님이라 했다. 딸이 보고 싶어 왔다가 이 모임에 나왔다는 것이었다. 우리보다는 좀 연세가 높았지만 정정했다. 이날 아내는 주로 이 할머니와 이야길 했다.

야유회 장소는 역시 지난가을 교민 야유회가 있었던 슬라피였다. 1시간 여의 찻길도 끝나고 우리는 강변 호텔에 도착해 그들이 마련해 놓은 잔디 위의 하얀 탁자에 제각끔 자릴 잡고 앉았다. 멀리 강 끝을 바라보니 산은 봄기운을 입어 더욱 푸르고 구름은 산너머서 머흘렀다. 가을과는 달리 녹음이 우거진 숲과 산은 강과 잘 어울려 또 다른 정취를 자아냈다.

교우 야유회는 주로 김만석 사장, 코트라 김형수 관장, 하 참사관, 남선동 대우 전자 지점장, 허환 현대 자동차 지점장이 주관했다.

나는 이종실 목사의 설교도 이날 처음 들었다. 그는 시편 낭송으로부터 설교를 했다. 하나님의 위대함을 찬송하는 시구 중에 내 귀에 들어오는 것은 "머뭇거리는 해에게 지는 때를 일러주시고"라는 대목이었다. 그 말을 듣고 나는 아 하나님께서 시간을 창조하셨다는 말이구나라고 깨달았다. 시간의 창조는 역사의 창조요, 생명의 창조를 의미하는 것이었다. 시간보다 위대한 것은 없어 보였다.

이들은 주일이라 더욱 술 마시기를 꺼렸다. 그러나 나는 축제에 술이 없을 수 없음을 강조하고 포도주를 마시자고 제의했다. 사실 나는 벌써 그럴 줄 알고 병에 따로 포도주를 준비해 가지고 갔었다. 이날도 각자 집에서 가지고 온 음식을 꺼내 차려 놓고 나눠 먹었다. 이들은 예배를 드리고 헌금을 받았다. 나는 얼결에 안주머니에 손을 넣어보니 지갑이 없었다. 아침에 집을 나설 때 돈지갑을 빠뜨린 것이었다. 헌금대가 내 앞을 지나갈 때 나는 실로 당황하고 민망했다. 돈지갑이 있었다면 틀림없이 100꼬룬은 넣었을 것이다.

술에 취한 나는 혼자 강변으로 가 웃옷을 벗고 누웠다. 체코의 젊은이들은 요트를 타느냐고 법석대었지만 나는 따가운 햇볕을 받으며 잠이 깜박 들었었다. 한데 갑자기 검은 구름장이 밀려오더니 소나기가 내리기 시작했다.

오가는 버스 안에서는 김정선이 사회를 보았다. 그는 스스로 프라하의 새로 뜨는 태양을 자처하리만큼 자신만만하게 자신의 일을 추진하고 있었다. 김정선은 관광 가이드 경험이 있어 그랬던지 사회를 잘 보았다. 그는 내게도 노래를 부르게 했다. 나는 그의 대우 프라하 총대리점 개업을 축하해 「금강에 사르리랐다」를 불렀다. 하 참사관은 「바위고개」를 불렀고, 김 관장은 예의 「백치아다다」를 불렀다. 김 관장의 「백치아다다」는 듣기 좋았다. 나는 그 노래를 못들을까봐 은근히 걱정이 되었었으나 사회자는 내 심정을 알기나 하듯이 김 관장에게 마지막을 장식하게 했다.

한 중년 부인은 개를 데리고 왔었다. 그는 개를 자식처럼 불렀다. 그만큼 개를 좋아했다. 부인들도 활달하게 노래를 부르기도 하고, 배구도 하면서 모든 시름을 잊고 하루를 보냈다. 그러나 남편들이 술을 마시는 것을 몹시 걱정하는 듯했다. 나는 공연히 그들에게 민망했다.

소나기는 더욱 줄기차게 내렸다. 강가의 푸른 나무들은 가지를 더 늘어뜨리고 풀들은 비바람에 젖어 진저리를 쳤다. 우리는 소나기 속에 프라하 한인교회 앞에 도착했다. 집에 돌아와서야 소나기는 그쳤다. 즐거운 하루였다.

3. 오페라 카르멘

프라하에는 매일 오페라가 공연되었다. 각 극장에서는 한 달에 다섯 종류의 오페라를 석바꿔가며 공연을 했다. 그만큼 이들은 극장예술을 즐겼다. 이들에게는 영화보다 연극이 더 인기가 있었다. 물론 영화관도 여러 군데 있었지만 거의 소형 영화관이었다. 관객도 연극보다 많지 않았다. 이에 반해 오페라, 연극, 발레 공연이나 음악회는 늘 만원이어서 보통 한달 전에 예매를 해야 했다.

그해 4, 5, 6월에는 오페라 카르멘, 라 보헴, 마술 피리, 돈 죠바니, 토스카, 아이다, 라 트라비아타, 마담 버터풀라이, 나브꼬, 리고레또,

피가로의 결혼 등과 발레 잠자는 미인, 백조의 호수 등이 그해 프라하의 봄의 행사로 특별히 공연되었다. 이중에서 모차르트가 직접 돈 죠바니를 처음(1789. 10. 29) 공연한 국립극장의 입장권은 2달 전에 매진되었다.

프라하에는 대형 국립극장이 셋 있었다. 제일 큰 극장은 마이 백화점 근처 블따바 강가에 있었다. 나는 4월 18일 오후 7시부터 10시까지 여기서 첫공연되는 체코 오페라 달리보르(Dalibor)를 보았다. 이 극장은 연극을 주로 공연했지만 오페라와 발레도 양념으로 가끔 공연했다. 앞에서 말한 속칭 모차르트 극장이라고 불리는 이스테이트 극장에서는 주로 연극을 했다. 오페라 전문극장은 국립 박물관 옆에 있었는데 언제나 관광객으로 만원이었다.

프라하에서는 자기가 관심만 있으면 얼마던지 좋은 연극과 오페라와 음악을 즐길 수 있었다. 좌석에 따라 입장료가 달랐지만 국립극장의 경우 500꼬른 정도면 특등석이었다. 최하 10꼬른에서 100꼬른까지 좌석에 따라 입장료가 달랐기 때문에 돈이 없어 극장에 못 들어가는 경우는 거의 없었다. 이들은 반드시 특등석 또는 좋은 자리만 차지하려 하지 않았다. 하지만 극장에 입장하는 모습을 보면 남자의 경우 정장을 했고, 중학생도 넥타이에 하얀 와이셔츠를 말쑥하게 입은 정장 차림이었다. 나는 이런 것이 참 좋아 보였다.

나는 5월 18일 오후 7시에 공연되는 카르멘을 보기 위해 오페라 극장으로 갔다. 우리는 공연 20분전에 가서 자리를 알아 놓고 이 목사를 기다렸다. 이 목사는 부인과 함께 아들 현우를 데리고 정각에 왔다. 현우를 나는 이날 처음 보았다. 자기 부모를 반반씩 닮은 것 같았지만 부모보다 더 건강해 보였다.

우리는 나란히 지정석에 앉았다. 이 목사 내외는 프라하에 와서 처음 보는 오페라와 극장이라며 매우 좋아했다. 나는 가지고 간 망원경을 꺼내 그들에게 건네주면서 극장 안의 화려한 벽화와 천장의 무늬와 배우들의 표정을 보라고 했다.

여러 나라에서 온 관광객으로 만원을 이루었지만 극장 분위기는 만점이었다. 서로 말도 생김새도 달랐지만 표정은 한결같이 부드러웠다. 카르멘 공연은 밤 10시 20분에야 끝났다. 나는 차를 가지고 갔었기 때문에 이 목사를 집까지 데려다 주려 했지만 그는 극구 사양했다. 그러면서 다음 금요일 자기 집에 오셔서 저녁이나 함께 하자고 했다. 이날 나는 사실 이들에게 부담을 주고 싶지 않아 그들이 사겠다는 그날 밤의 저녁도 사양했었다. 하지만 진심으로 자기 집으로 초청하는 것까지 거절할 수는 없어 그러마고 대답을 했다. 부인은 더욱 오늘의 오페라 구경이 좋았던지 내게 몇 번이고 감사하다는 말을 했다.

4. 체코 운전면허증

나는 여름 방학이 되면 자동차로 유럽을 여행할 계획이었다. 물론 형태가 운전을 하지만 혼자는 힘들 것같아 나도 운전을 배울 결심을 했다.

거류증이 있어야 운전면허증을 교부 받을 수 있다기에 우선 거류증을 신청했더니 1개월만인 6월 1일 나왔다. 거류증은 외국인 주민등록증과 같은 것이었다. 이로부터 나는 여러 가지 면에서 체코인과 똑같은 대우를 받을 수 있었다.

운전면허증을 받기 위해서는 반드시 운전학원에서 28시간 이상 운전을 배운 후 원장의 승인을 받아 경찰관 입회 하에 실기와 필기시험을 봐야 했다. 운전학원에 입학하자면 먼저 적성검사를 병원에서 받아야 했기 때문에 나는 4월 14일 마르따 교수의 도움으로 학교 근처 병원에서 시력, 청력, 색맹 검사를 했다. 나는 4월 21일 4,100꼬룬을 내고 입학원서를 운전학원에 접수했다. 운전연습은 4월 30일부터 매주 토요일과 일요일 2시간씩 했다.

나의 운전교사 스삐딸스끼(Spitalsky)는 40대의 건장한 체코인이었다. 우리처럼 학원 운전연습장에서 운전을 배우지 않았다. 이들은 처음부터 찻길에서 운전학습을 시작했다. 스삐딸스끼는 나를 운전대에 앉게 하고 곧바로 차를 움직이게 했다. 여기 차는 모두 수동이었다. 나는 운전대를 생전 처음 잡고 운전석에 앉았다. 그가 시키는 대로 하니 신기하게도 차는 앞으로 나갔다. 운전교육뿐만 아니라 체코의 교육은 실질적이고 실기적이어서 누구나 한 코스를 마치면 그 일을 할 수 있게 되어 있었다. 시험을 위한 형식적인 교육은 전혀 볼 수 없었다.

스삐딸스끼는 영어를 할 줄 아는 이 학원의 유일한 운전교사였다. 그는 많은 운전교습자를 가지고 있었지만 정확하게 시간을 지켰을 뿐만 아니라 성실했다.

나는 6월 12일 30시간의 운전교습을 끝냈다. 운전교습이 끝나는 날 나는 스삐딸스끼와 L자가 붙은 그간 내가 운전연습을 한 차 앞에서 기념사진을 찍었다. 그리고 6월 21일 있는 실기와 필답시험에 응했다. 하지만 경찰관은 체코 법원에서 발행한 관인 통역사증을 소유한 통역사를 대동해야만 된다고 했다. 처음 운전을 시작할 때 나는 한국대사관에서 인정하는 통역사면 되는 것으로 알았는데 그것이 아니었다. 나는 시험 당일 오전 7시 임신 중이어서 몸이 불편한 박미령을 통역사로 대동하고 한국대사관에서 발행한 통역 자격 증명서를 가지고 갔었지만 허사였다.

당시 체코에는 관인 한국어 통역사 자격증 소유자가 없었다. 부젝 교수나 마르따 교수가 정부의 통역 일을 맡아 했지만 그들 역시 법원 발행 관인 철인을 소유한 통역사는 아니었다. 나는 화도 나고 허탈감에 빠지기도 했지만 이 일을 포기할 수는 없었다. 생각 끝에 관인 영어 통역사를 구하기로 했다. 적당한 통역사를 구하는 일도 그렇게 쉽지 않았다. 있어도 여름철이라 거의 휴가 중이었다. 여름 동안 나는 이 일을 보류한 채 식구들과 예정대로 여행을 떠났다. 겨우 관인 영어 통역사를 구해 9월 3일 시험을 봐 한국 사람으로는 처음 체코 운전면허증을 취득했다. 이날 나는 운전학원 정문에서 운전면허증을 가슴에 대고 기념사진을 찍었다.

5. 파보리뜨 수난기

나는 마음에 드는 차가 있어 6월 14일 쉬꼬다 파보리뜨 1992년 형을 샀다. 나는 이 차를 독일을 드나들며 무역업을 하는 레이뜨너(Leitner)에게서 샀다. 이때 새 차를 사려면 3개월을 기다려야 했다. 레이뜨너는 50대 후반이었는데 유복하게 살았다. 그의 집에는 차가 2대 있었다. 그는 한푼도 깎아주지 않는 대신에 차 등기 이전 수속을 해주겠다고 했다. 당시 새 차 값은 160,000꼬룬이었다. 하지만 이 차 값은 163,000꼬룬이었다.

레이뜨너는 그 이튿날 아침 7시 비쉐흐라드(Vsehrad)에 있는 경철서에 일찍 가서 차 이전 수속을 해주었다. 내차 넘버는 ABB 79-85였다. 이전비용은 300꼬룬이었다. 우리는 보험회사로 가서 종합보험을 들었는데 석달에 832꼬룬이었다. 이것으로 일단 차 구입 문제는 끝났다. 이후 차에 대한 세금은 전혀 없었다. 이들은 차를 결코 사치품으로 생각지 않았다. 우리처럼 자동차세, 면허세, 전화세 같은 세금은 없었다.

차는 엔진 성능도 좋았고, 컬러 유리었으며, 바퀴는 알미뮴휠이어서 비교적 안전했다. 차색은 진한 코발트색이었다. 나는 시험삼아 7월 5일 4박 5일의 독일 여행을 떠났다. 차는 별 탈이 없이 없었다. 이후 나는 자신감을 얻어 이 해 여름 내내 식구들과 함께 이 차로 유럽 여행을 했다.

나는 빈, 부다페스트, 브라띠슬라바를 우선 다녀왔다. 유럽의 자동차 여행은 매우 편리했다. 고속도로 요금도 없었고, 국경선 통과도 쉬웠다. 특히 동유럽은 물가가 쌌고, 관광객도 그렇게 붐비지 않았다. 하지만 새로운 것은 많았다. 이후에는 동유럽뿐만 아니라 이 차로 프라하에서 로마까지 12일간 겨울 여행을 했다. 이때 짤즈브르크, 베니스, 프로렌스, 피사, 제노바, 밀라노, 알프스, 베른, 주리히, 뮌헨를 돌아오니 5,000리의 여정이었다.

나는 넉달 사이에 12,000Km를 달리었다. 차는 30,000Km가 넘으니 한 두 가지씩 고장이 나기 시작했다. 첫 번째로 엔진 냉각 장치가 고장 나더니 그 다음은 배터리가 나가 발동이 잘 안 걸렸다. 이를 모두 새 것으로 바꿔끼니 별 탈이 없었다.

한번은 그해 가을 집 근처 밭에서 감자를 캐기에 그걸 사려고 밭둔덕으로 들어가다가 땅에 박힌 뾰족한 쇠끝에 타이어가 펑크났다. 나는 그때 운전연습 삼아 저녁이면 차를 끌고 시내와 교외를 2시간 이상 형태를 옆자리에 앉힌 채 돌아다녔다. 이날도 나는 아내의 성화에 못이겨 감자밭에 가 감자를 싸게 사려고 차를 운전하고 갔었다. 펑하고 뒷바퀴가 터질 때 나는 가슴이 철렁했다. 처음에는 무슨 소린가 해서 나가 보니 뒷바퀴가 주주물러앉아 있었다. 당황한 나머지 지나가는 40대쯤 돼 보이는 체코인에게 펑크난 바퀴를 보이니 그는 가던 길을 멈추고 뒤트렁크에 있는 한번도 써 본 일이 없는 연장을 꺼내어 스페어 타이어로 바꿔 껴주었다. 나는 하도 감사해서 감자를 한 자루 사주었으나 그는 막무가내로 사양하고 그냥 가던 길을 갔다.

이 차는 특수 알루미늄휠을 끼웠기 때문에 4군데 나사못 가운데 1개는 암호 열쇠로 되어 있었다. 그래서 아무나 바퀴를 뺄 수 없게 되어 있었는데 펑크가 난 후 그 암호 열쇠가 없어졌다. 이 일로 인해 나는 한동안 어려움을 겪었다.

외국에서의 생활은 사고가 났을 때 여러 가지 문제가 어렵고 복잡했다. 이런 사고는 언제고 일어날 수 있었기 때문에 항상 긴장감에 싸여 지낼 수밖에 없었다. 나는 저들을 좋아하며 지냈지만 사고가 자주 일어나다 보니 저절로 저들이 미워지고 싫어졌다. 내가 임기를 마치고 돌아올 임새는 끊임없이 사고가 났다. 그것은 주로 자동차 사고였다.

나는 기숙사 주차장에 늘 차를 세워 놓았다. 이 주차장은 매우 넓었다. 학생들은 값싼 헌 차를 사서는 그것을 매일 스스로 고쳐 끌고 다니었다. 그들은 자기 차의 부속품이 없으면 남의 차에서 필요한 부속품을 함부로 빼다 자기 차에 끼었다. 더욱 내 차는 새 차인데다 외국인 번호판이 붙어서인지 이들은 내 차의 부속품을 자주 빼갔다.

나는 1994년 1월부터 차에 딸린 물품을 도적 맞기 시작했다. 그런 일이 없었는데 이상하게 기숙사 앞 주차장에 갑자기 좀도둑이 생겨 우리 차뿐만 아니라 많은 차들이 수난을 당하기 시작했다. 어느 한 놈의 짓이 분명한데 경찰은 이를 잡지 못하고 도난신고만 접수하고 있었다.

첫 번째는 차 카세트와 라디오 도난사고였다. 1월 10일 월요일 아침 출근하려고 나가보니 차 뒷문 작은 유리창이 깨어져 있고, 문은 반쯤 열린 채였다. 차안 좌석은 유리 조각 투성이었다. 어찌된 일인가 아찔했다. 정신을 차려 자세히 보니 차 카세트와 라디오가 없어졌다. 그것을 가져가느냐고 차 유리창을 돌로 깨었던 것이다. 화가 났으나 참고 운전대에 앉아 시동키를 돌리니 발동은 걸렸다. 다행이다 싶었다.

그날 오후 보험사에 가서 보상금을 청구하려 했으나 보험사에서는 경찰서에 먼저 신고를 하란다. 경찰서에 가서 신고를 마치었으나 2달 동안 기다리란다. 로마 여행을 마치고 2월 8일 돌아와 보니 그 안에 2번이나 경찰서에서 통지가 와 있었다. 알아보니 도적 맞은 카 라디오와 카세트를 못 찾겠으니 보험금을 신청하라는 것이었다. 이에 따라 보험금을 신청하니 1개월 후인 3월 10일 3,000꼬른을 우체국에서 찾으라는 통지가 왔다. 우체국에서 돈을 찾아 카 라디오와 카세트를 새로 사려하였으나 최소 한도 4,000꼬른이 있어야 했다. 보험금은 그 값에 미치지 못했다. 더욱 새로 해 넣는다 해도 또 유리창만 깨질 것 같아 그만 두었다.

나는 일생 일대 처음으로 경찰관 앞에 앉아 조서를 꾸며 보았다. 여기의 경찰서는 일반 상가 건물 내에 있어 경찰(Policie) 표지판이 없으면 찾기가 힘들었다. 경찰서 분위기는 한국처럼 삼엄하고 엄격하지 않았다. 경찰관은 사람들을 죄인 다루듯이 하지는 않았다. 마치 회사 같은 분위기였다. 드나드는 문도 밖에서 벨을 눌러야 안에서 열어 주었다. 사람들도 별로 없고, 요란하게 전화 벨이 울리지도 않았다. 조서를 꾸미는 담당관은 부드러운 음성으로 한가지씩 물어 보았다. 그러나 잃어버린 물건을 찾아 줄 것같지 않았다. 하지만 그들대로의 수사력이 있는 듯도 했다.

3월 18일 아침에 나가보니 차 앞 작은 등을 떼어 갔고, 3월 31일은 쉬꼬다 차 마크를 떼어 갔으며, 4월 5일은 앞 유리창 닦기와 뒤 유리창 닦기가 없어졌다. 그 다음 5월 19일은 뒤트렁크를 강제로 여느냐고 자물쇠를 망가뜨려 놓았고, 6월 1일 밤 11시에는 차 방화 사건이 일어났다.

밤중에 누가 와서 내 방문을 두들기었다. 처음에는 방을 잘못 찾아온 학생이거니 해 그냥 두었지만 자꾸 두들겨 나가보니 여순경, 수위 아저씨, 베트남 학생과 흑인 학생 2명이 문 앞에 서 있었다. 여순경은 내게 차 넘버를 대며 나의 차냐고 물었다. 그렇다니까 차에 불이 났다는 것이다.

나는 황겁결에 나가보니 우리 차에서 불이 난 것이 아니라 다른 차에서 불이나 우리 차가 화재를 입은 것이었다. 불탄 차는 모두 5대였다. 완전히 불에 탄 차가 우리 차 앞으로 밀려와 오른쪽 엔진 부분에 닿는 바람에 오른쪽 바퀴와 백 미러 및 엔진 내부의 배선이 탔다. 술에 취한 학생들이 싸우다 불을 지른 것같았다. 내가 나갔을 때는 이미 모든 것이 정리되어 있었다.

순경은 나보고 경찰서에 와서 조서를 작성하란다. 시간은 이미 12시가 넘어 6월 2일 새벽이 되었다. 형태와 나는 옷을 갈아입고 걸어서 1Km쯤 떨어져 있는 호돕 경찰서로 갔다. 그들은 이 사건을 다 알고 있었지만 영어를 하는 순경이 없다며 내일 아침에 우리보고 체코어를 잘 하는 사람을 데리고 오란다. 나는 내일 파리 여행을 떠난다니까 그들은 그러면 파리에 다녀와 조서를 작성해도 된다며 차를 정비소에 맡겨 수리하라고 했다.

그후 파리 여행을 다녀와 차 방화 사건 수습으로 경찰서, 보험사,

정비소를 분주히 다니었다. 차 수리비가 모두 20,000꼬룬, 차 칠 대가 9,500꼬룬 들었다. 나는 차 수리가 다 끝나자 보험금을 신청했다. 그러나 보험사 직원은 우리가 너무 비싸게 차를 수리했다며 그는 자기네 산정가격 이상은 지불할 수 없다고 했다. 나는 영수 금액대로 29,500꼬룬을 지불해 달라고 강력히 요구했으나 그는 최선을 다했다면서 17,500꼬룬밖에 줄 수 었다고 했다. 나는 좀더 버티다가 그 다음주 화요일 7월 19일 할 수 없이 그들이 주는 대로 보험금을 받아왔다. 이 일로 나는 결국 12,000꼬룬 약36만원을 손해 보았다.

7월 31일 우리 차에 또 도둑이 들었다. 아침 9시쯤 나가 보니 차안이 온통 수라장이 되어 있었다. 뒤트렁크를 열어 보니 스페어 타이어와 연장통이 없어졌다. 그런 가운데 도둑놈의 신분증과 지하철 승차권 및 전화카드가 떨어져 있었다.

나는 화가 났다. 하루가 멀다고 이런 일을 당하니 정말 빨리 체코를 떠나고 싶었다. 기숙사 수위실로 가서 여자 수위를 데리고 나와 현장을 확인시켰다. 그는 경찰에 신고를 한다며 수위실로 갔다. 나는 형태를 불러 차 열쇠를 주고 경찰이 오면 차를 열어 보이라고 이르고는 아내와 함께 체리 밭으로 갔다. 한 시간 후 체리를 두어 되쯤 따 가지고 돌아오니 경찰차가 와 있었다. 경찰은 체코어를 잘 하는 사람과 함께 월요일 경찰서에 와서 신고를 하라는 것이었다.

나는 그들이 돌아간 후 곰곰이 생각해 보았다. 이놈이 신분증을 빠뜨리고 갔으니 오늘 밤 또 올 것만 같았다. 그래서 형태를 시켜 차를 건너 마을 주차장으로 옮겨 놓게 했다. 나는 경찰서에 가는 일을 그만두기로 했다.

체코에 있는 동안 이런 일로 그들에 대한 인상이 좋지 않았다. 일반적으로 많은 체코인들은 매우 교양이 높고 정직했지만 젊은이들

중에 버릇없이 구는 놈과 이렇게 손버릇 나쁜 놈들이 더러 있었다. 폴란드에 갔었을 때 시장 보러 나온 한 중년의 아주머니를 만났었는데 그는 친절하게 내가 묻는 말에 대답을 해 주었을 뿐만 아니라 손수 우리가 찾는 곳과 물건들을 안내해 주기도 했다. 그때 그는 추녀 끝에서 아이를 데리고 앉아 구걸하는 여인을 가리키며 이들은 모두 루마니아인이라고 말했다.

내가 학교에 가서 차 도둑의 일을 이야기했더니 저들은 체코인보다는 폴스코인일 수 있다며 집시와 다른 동구권의 사람들이 체코로 잠입해 그런 짓을 많이 한다고 했다. 그랬으면 다행이겠지만 기숙사 주차장에서 일어나는 일이니 어느 누가 그렇게 생각하겠는가.

체코에서 뿐만 아니라 동구에서는 차 사고가 많았다. 특히 젊은이들의 차에 대한 관심이 커지면서 차 도난 사건과 파괴 사고가 잦았다. 이는 자유화를 지향하면서 동구 여러 나라에서 공통적으로 일어나는 현상이었다. 따라서 차 관리가 이만저만 어려운 일이 아니었다. 크고 작은 일이 차를 중심으로 매일 일어났다. 그러나 체코의 차 도둑은 매우 비열하고 야비했으며, 너무나 염치가 없었다. 나는 저들을 저주하기에 앞서 분노가 치바쳤다.

6. 수염 기르기

프라하에 와 첫 연말을 보낼 때 나는 모임이 있으면 어디고 다 참석을 했다. 오라는 곳이면 청탁을 가리지 않고 열심히 다녔다. 그러던 중 우연히 수염이 길어졌다. 그래서 여기 사람들처럼 한번 수염을 길러 보고 싶은 생각이 났다.

서울에 있을 때도 나는 1980년대 한번 수염을 길렀던 일이 있었는데 그때는 별로 자라지도 않아서 곁의 사람들이 성화같이 깎으라고 야단을 쳐 결국 그들의 성화에 못이겨 석달만에 깎은 적이 있었다. 깍기 전에 한 제자가 카메라를 가져와 기념으로 사진을 찍어주어 나의 두 번째 수필집 『빈 항아리 속의 진실』의 속표지로 쓰기도 했다.

나는 남성은 수염을 길러야 한다는 생각이었다. 예전같이 양반 행세를 하기 위해서가 아니라 남자에게만 나는 수염을 여자처럼 깎아버리는 것은 스스로 남성적인 것을 거부하는 행위 같았다. 이는 여성화를 자초하는 어리석은 짓이었다. 그때 나는 그런 비장한 각오로 나름대로 이유가 있어 과감히 수염을 길렀었지만 결국 실패했다. 하지만 체코에 와 수염을 다시 기르니 누가 뭐라는 사람이 없어 좋았지만 수염이 저들에 비해 적고 턱에는 염소 수염처럼 가운데만 나서 저들같이 텁석부리가 되지 않아 매우 빈약해 보였다.

나는 1993년 12월 중순부터 수염을 깍지 않았다. 모임에 참석할 적마다 한국인들이 수염을 기르느냐고 묻기도 했으나 이들도 이곳 습관대로 별로 남의 일에 신경을 쓰지 않았다. 그러고 있다가 연초 개학을 해 학교에 나가니 학과 교수들이 "수염이 길어요, 수염 기르십니까"고 물어 왔다. 그래서 "길러볼까 합니다."라고 대답을 한 후로는 그들도 나의 수염에 대해 별로 말이 없었다.

이번 수염 기르기는 별다른 의미도 없었지만 별로 거추장스러운 일도 없어 자연스러웠다. 하지만 나는 나대로 내심 단단히 결심한 바가 있었다. 나는 나의 얼굴을 통해 그간의 모든 고통으로부터 벗어나고 싶었다. 나는 머리를 깎아 이를 맹세한 것이 아니라 그와는 반대로 수염 기르기로 이 맹세를 지키기로 결심했다. 특히 혈족과의 갈등과 고통이 컸다. 이는 말할 수 없는 괴로움이었다.

그러나 이같은 나의 행위의 동기는 아무도 아는 사람이 없다. 물론 아내도 곁의 아들에게도 나는 말하지 않았다. 오직 혼자서 뼈를 깎는 고통과 피를 말리는 아픔을 참아가며 슬프게 가슴속으로 다짐했다. 지금 내가 어리석게도 이런 부끄러움을 토로하는 것은 혹시나 나의 맹세가 헛되지 않을까 해서다. 하지만 아침마다 거울에 얼굴을 비춰 볼 때 나 스스로 만족했다. 나는 누구와도 닮은 얼굴이 정말 싫었다. 나는 나만의 얼굴을 갖고 싶었다.

사랑이 미움으로 변할 때 결국 우리는 죽음을 생각한다. 죽음은 그만큼 인간을 새롭게 만든다. 나의 어리석음은 결국 나의 부끄러움이다. 인간은 오직 인간일 수밖에 없다. 오늘 수염을 기른 지 넉달이 되었다. 콧수염은 입술을 덮고 턱수염은 염소 수염이 되었다. 체코의 어린애들은 나를 보고 웃는다. 서로 빗겨 가는 차창에서 한 아이는 나를 바라보며 웃으면서 유리창을 손바닥으로 문질러 닦았다.

나는 얼굴의 변신을 통해 마음의 변화를 또한 추구했다. 좀더 달리 살고 싶었다. 2년만에 내가 서양 사람이 되자는 것이 아니라 이제 나도 나름대로의 얼굴과 마음을 지니고 싶었다. 링컨은 나이 40이면 자기 얼굴을 가져야 한다고 했다지만 스스로 자기의 얼굴을 만드는 일은 인격의 수양과 교양이 이루어지지 않으면 안 되었다. 나에게 무슨 인격이며 교양인가 싶지만 나는 나대로 이를 지니고 싶었다. 나는 나의 인생이 있어야 했다. 4월에 내리는 눈도 이유가 있듯이 내게도 삶의 이유가 있어야 했다.

이로부터 시작된 나의 수염 기르기는 체코에 있을 때 이미 완성되었다. 내 얼굴이 조금 달라져 보이자 나는 더욱 수염 기르기에 자신감을 갖게 되었다. 나의 수염 기르기는 이렇게 시작되었다.

7. 흑맥주을 마시던 날

나는 귀국 무렵 8월 3일 한국외대 김규진, 김충남 교수를 만났다. 김규진 교수는 1개월간 체코어 교수 연수차 왔고, 김충남 교수는 3개월간 독일 정부 초청교수로 독일에 와 있었던 차 이날 프라하에 왔다. 김충남 교수는 피곤한 지 눈이 조금 충열되어 있었다. 우리는 만나자마자 바츨라프 기마상 앞에서 사진부터 찍었다. 김규진 교수는 젊은이답게 빨간 티셔츠에 고급 카메라를 메고 있었다. 그는 여름방학 때면 프라하에 와 한 달씩 지내거나 동구라파 여러 나라를 여행했다.

우리는 400년 전통의 흑맥주집으로 갔다. 여기서는 흑맥주 한잔에 40꼬룬을 받았을 뿐만 아니라 입장료 30꼬룬을 따로 또 받았다. 이 흑맥주집은 관광 가이드북에 프라하의 유명한 맥주집으로 기록되어 있어 프라하에 오는 사람들은 누구나 한번 이 집에 가보기를 원했다. 이날 우리는 또 한 맥주집에서도 바가지를 썼다. 보통 7꼬룬에서 12꼬룬이면 마시는 맥주를 이들은 우리에게 28꼬룬씩 받았다.

나는 이날 이런 일들을 당하면서 체코에 대한 인상이 점점 더 나빠졌다. 물론 값으로 따진다면 사실 몇 푼 안 되는 돈이었지만 이들의 외국인에 대한 차별 행위가 싫었다. 체코에 있는 동안 나는 이날 제일 비싼 맥주를 마셨다. 외국에서 오랜만에 만난 동료 교수와 함께 나는 모처럼 밤늦게 프라하의 중심거리 바츨라프 광장의 벤치에 앉아 창녀들의 뒷모습을 보았다.

내가 비틀 걸음으로 걷자니 아주 젊고 예쁜 아가씨가 내게 다가오며 뭐라고 웃는 낯으로 말을 걸었다. 나는 퉁명스럽게 "노오"라고 외쳤지만 그녀는 화도 안내고 나의 뒤를 따라왔다. 나는 겁이 더럭나

“내”라고 외쳤다. 그제야 그는 돌아서 버렸다. 체코어의 “내“는 아니라는 뜻이었다. 이와 반대로 “노오”는 그렇다는 말이었다. 나는 얼결에 영어의 “노오”를 외쳤지만 그녀는 내가 좋다고 말하는 줄 알고 따라왔던 것이다.

밤 지하철은 텅텅 비어 있었다. 승객이 없었다. 여기는 7시만 넘으면 거리에 별로 사람이 없었다. 다만 관광객들이 서성일 뿐이었다. 상점도 6시면 모두 문을 닫았다. 다만 쇼윈도만 전등불이 밝았다. 늦은 시간에는 버스도 거의 30분마다 1대씩 다녔다. 여기는 버스 정류장에 시간표가 게시되어 있었다. 나는 이날 모처럼 프라하의 밤 구경을 할 수 있었다.

기숙사 구내에 디스코 택이 하나 있었는데 특히 주말에는 많은 남녀들이 모였다. 이들은 술에 취해 맥주병을 함부로 길바닥에 깨 내버렸다. 아침에 일어나 보면 길바닥이 온통 맥주병 유리 조각 투성이었다. 물론 이런 짓을 하는 사람은 어느 사회나 있게 마련이지만 대학 기숙사 구내에서 일어나는 일이기 때문에 더 나쁘게 보였다. 이들은 심지어 주차장에 불을 지르기도 했다. 나는 이런 일이 매우 못마땅했다.

체코인들은 체구가 크고 이목구비가 뚜렷했으며, 교양수준이 높았지만 입고 다니는 옷이나 차림새는 넉넉해 보이지 않았다. 마치 왕자에게 거지 옷을 입혀 놓은 격이었다. 길에 다니는 차들은 거의 고물차였고, 이들의 대중식당은 언제나 남루한 옷차림의 노동자와 노인들이 많았다.

대중식당에 줄서 있는 노동자와 노인들은 매우 추해 보였다. 당시 한끼 식사에 30꼬룬 정도이었으니까 한화로 900원이었다. 체코 음식은 매우 단순했지만 배는 고프지 않았다. 나는 대중식당에서 이들과 함께 여러 번 점심을 먹은 일이 있다. 이들은 대부분 정부에서 주는 무료식권을 가지고 있었다. 그만큼 어려운 사람들이 많았다. 하지만 노인들은 모두 우대증을 가지고 있어 의식주가 보장되어 있었다.

체코 더욱 프라하에서 두 여름을 지내는 동안 나는 이들의 어두운 곳과 밝은 곳을 아울러 볼 수 있었다. 이들은 서유럽의 문화 수준에 육박해 있으면서도 경제 수준은 이들에게 떨어져 있었기 때문에 어떻게 보면 서글퍼 보였다. 더욱 남루한 노동복 차림의 노동자들을 볼 때나 헐어진 빌딩이나 폐허처럼 내버려진 공장들을 볼 때 어딘가 모르게 저들이 측은해 보였다.

Ⅶ. 프라하 산책

1. 끌립 골동품점에서

나는 프라하 알베르똡(Albertov) 거리의 한 골동품상 끌립(Bazar Klip)에서 목불상 하나를 보았다. 여기서는 불상을 좀처럼 볼 수 없었다. 내 머리 속에는 이 불상의 생각이 떠나지 않았다. 하지만 곧 다시 가볼 엄두를 내지 못하고 여름과 가을을 보내고 겨울이 되어서야 다시 이 골동품상을 찾아갔다. 그날도 여전히 불상은 예전 그대로 진열장안에 있었다.

나는 병원에 갔던 길에 이 골동품상에 들렀다. 한 점잖은 노인이 가방과 꽃다발을 들고 황성반점 앞에서 기웃거리다가 그는 나를 보고 뭐라고 말을 걸었다. 그는 영어를 조금 할 줄 알았고, 동양에 대해 깊은 관심이 있었다. 그와 나는 걸으면서 이야기를 했다. 조금 가니 거기가 바로 불상이 있는 끌립 골동품상이었다. 나는 이 노인을 앞세우고 가게 안으로 들어갔다. 가게는 골동품으로 꽉 차 있었다. 주인은 한 50대의 여자였고, 점원은 젊은 남자였다. 점원은 일일이 여주인에게 물어보고 물건을 팔았다.

그 집 여주인은 끌리모바(Zdenka Klimova)였다. 나는 진열장안에 있는 불상을 보여달라고 했다. 겉으로 보기에는 틀림없는 동불상(銅佛像) 같았다. 불상은 아주 내 마음에 들었다. 부처의 모습이 좋았고, 연대 위에 앉아 촛불을 밝히는 모습이었다. 나는 이 부처님을 법등불이라 불렀다. 나는 집에 돌아와 불상을 닦고 또 닦아 진열장안에 안치했다. 그리고는 불상을 바라보며 나날을 편안한 마음으로 살기를 맹세했다. 우선 모든 욕심을 버리고 싶었다.

그후 나는 이 골동품상에서 투우상 목각 1점과 산수화 1폭을 구했다. 이날도 나는 아내와 함께 있었는데 마침 금요일 오후라 상점은 문을 닫고 주인 혼자서 안에서 서성이며 무엇을 하고 있었다. 내가 쇼윈도의 물건들을 구경하고 있자니 그 여주인은 나를 알아보고는 문을 열어주며 들어오라고 손짓을 했다.

들어가 보니 그전 그대로의 상점 분위기였지만 전에 보지 못했던 산수화 1폭이 눈에 띄었다. 오래된 것은 아니었지만 화제며 화필이 보통 솜씨가 아니었다. 그러나 나는 내심으로만 점을 찍어 놓고 다른 물건들만 뒤적거렸다. 이날은 주로 그림을 보았다. 상당히 큰 서양화가 있었다. 뿔소가 들판에서 하늘을 바라보며 울부짖는 그림이었다. 그림은 시원해 보였지만 좀 촌스러웠다.

진열장안에 있는 잡다한 물건들 가운데 투우 목각상이 내 눈에 띄었다. 이것도 작품이라기 보다는 하나의 상품밖에 되어 보이지 않았지만 내 보기에는 상당한 경지의 장인 솜씨가 깃들어 있어 보였다. 꺼내어 아내를 보여주니 아내는 금방 그걸 사 잔다. 나는 별로 마음에 들지 않았으나 그리 나쁘지는 않아서 그냥 손에 들고 있었다. 그날 나는 결국 중국 산수화와 투우 목각상을 사 가지고 돌아왔다.

집에 와서 1년 내내 그림 1장 벽에 걸려 있지 않던 내 방에 못을 겨우 박고 산수화를 걸고, 투우상을 진열장안에 놓으니 제법 잘 어울리었다. 이제야 사람이 사는 방 같았다. 그림 1폭의 힘이 이렇게 컸다. 산수화는 매우 간결하면서도 동양화의 멋을 담뿍 담고 있었다. 절벽의 폭포하며 노송이 산과 바위에 잘 어울리었다. 화제에 하였으되 송간명천(松澗鳴泉)이라 했다. 글씨도 매우 힘차고 또렷했다. 나는 전등을 켰다 껐다 하며 조명도 조절해 보았다. 그만큼 유럽에서 구한 동양의 산수화는 나의 마음을 한 동안 즐겁게 했다. 앞으로 몇 점의 그림을 더 구해보리라 내심 다짐도 해보았다.

한 골동품점에서는 1926년 플젠(Plzen)에서 있었던 오토바이 경주대회 기념메달과 1945년에 만든 까렐대학 상징 마크 석고메달의 원본을 구하기도 했다. 까렐대학에서 얼마 안 되는 성문 근처 고서점에서는 체코의 대표적인 근대화가 티히(Tichy)의 스케치 원본을 보았는데 6만꼬른을 달라고 했다.

이렇게 나는 골동품점을 찾아 하루에도 몇 시간씩 이 골목 저 골목을 헤맸다. 그러다 보면 재미있는 일도 생겼는데 내가 저들과 말을 잘 할 수 없었던 데서 일어나는 해프닝이었다. 저들은 언제나 눈을 똑바로 뜨고 목소리를 분명히 해 말했지만 나는 이런 행동이 몸에 배지 않아 다른 데를 보면서 이야기를 했다. 그래서 그런지 저들은 내 말을 더 알아듣지를 못했다. 그후 나는 저들과 말할 때는 그들대로 얼굴과 눈을 똑바로 쳐다보며 말을 하려고 노력했다.

백화점이나 일반상점의 젊은 점원 특히 여점원들은 상품을 만지거나 오랫동안 흥정하는 것을 아주 싫어했지만 골동품점의 노인들은 내가 잔소리를 하며 계속 물건을 주물러대고 있다 안 사고 나와도 결코 화를 내지 않았다. 어떤 때는 엉뚱한 데서도 그림이나 책을 볼 수 있었다. 철물 고물점에서나 카메라, 면도기, 바나 등의 중고품을 파는 상점에서도 옛 그림을 볼 수 있었다. 전문점이 아니어서 좀 싼가하고 값을 물어보면 별로 싸지도 않았다. 이들은 중고품이라도 값은 새 것과 별 차이가 없었다. 오직 물건 상태에 따라 값이 정해져 있었다.

2. 수집벽이 강한 체코인들

프라하에는 골동품점이 많이 있었다. 이들은 아주 작은 것이라도 결코 소홀히 하지 않았다. 값이 비싸고 싼 것이 문제가 아니었다. 그만큼 이들은 수집벽이 강했다. 심지어는 전화카드를 모으기도 했고, 극장티켓을 스크랩하기도 했으며, 친구에게 선물로 가짜 돈을 주기도 했다. 이상한 것이거나 흔한 것이거나 이들은 그저 수집하여 보관하는 습관이 있는 듯했다. 골동품 상점에 가보아도 일상적으로 흔한 물건들이 마치 골동품처럼 놓여 있었다. 옛 사람들이 쓰던 엽서가 궤짝에 가득 담겨 있거나 상자에 꽂혀 있었다.

옛 엽서 전문점에서는 엽서를 도서목록 카드처럼 알파벳 순서로 상자에 정리해 놓았다. 내가 들어가니 그는 유창한 영어로 나보고 야빤이냐고 물었다. 여기서는 일본인을 그렇게 불렀다. 그러면서 자기는 1900년 이전의 카드만 있다고 자랑삼아 묻지도 않는 말을 했다. 그 중에는 유명한 사람들이 주고받은 엽서도 있겠지만 보통 농부나 상인의 것도 있을 것이다. 내가 한가하고 어느 정도 체코에 대해 안다면 하루 종일 앉아 엽서 더미를 뒤진다면 아마도 모래에서 금 찾길런지는 모르지만 값나가는 엽서가 나올는지도 모른다.

그만큼 이들은 옛 것이나 지금 것이나 큰 것이나 작은 것이나 흔한 것이나 귀한 것이나 값비싼 것이나 값싼 것이나 결코 버리지 않고 모았다. 그래서 골동품상도 그런 대로 장사가 잘 되는 것 같았다. 마이 백화점 뒤에 있는 군인용품상에는 히틀러 당시 독일군대에서 쓰던 군장비가 많았다. 훈장, 군복, 계급장, 전투모, 칼, 권총, 망원경 등을 비롯해 안경, 물병, 빛 바랜 사진도 있었다. 나는 이중에서 망원경을 하나 샀다. 유럽 여행에 망원경은 필수적이었다. 건물의 조각품이나 장식품을 잘 보자면 망원경이 꼭 있어야 했다.

한번은 고서점에서 서성이고 있는데 한 노파가 남루한 옷을 입고 들어왔다. 그는 주인 앞으로 가더니 들고 온 보자기 같은 쇼핑 백에서 낡은 천으로 여러 번 동여매고 천으로 싼 뭉텅이를 꺼냈다. 노파는 낡은 성경을 마침내 꺼내 책방 주인 앞에 내 놓았다. 주인은 이 성경을 뒤적이더니 얼마를 주겠다고 했다. 노파가 더 달라고 하니 주인은 그 값이면 적당하다고 이것저것 설명을 했다. 하지만 노파는 결국 그 성경을 다시 그 헌 천으로 싸더니 고서점 문을 열고 나갔다.

나는 이 광경을 보면서 이들의 품성을 읽을 수 있었다. 이들은 결코 극단적인 생각을 하지 않았다. 죽기 아니면 살기라는 극단적인 말을 이들은 결코 쓰지 않았다. 어떤 어려운 경우에도 이들은 결코 극단적인 결단보다는 좋은 타협을 할 줄 알았다. 노파는 궁색하여 아끼던 성경을 팔려고 가지고 나왔지만 결코 헐값으로는 팔 수 없었던 것이다. 그렇다고 그 성경을 헐값으로 사려는 고서점 주인을 원망하는 것같지도 않았다. 노파는 담담한 표정으로 문을 나섰을 뿐이다. 그날 나는 이 서점에서 티히(Frantisek Tichy)의 화집을 구했다.

나는 처음 1년간은 주로 자동차 여행을 했다. 그러나 1년이 넘자 나는 여행보다 골동품점이나 화랑 아니면 악기점을 주로 찾아다녔다. 그 중에서도 골동품점을 많이 다니었다. 여기서도 그림 값이나 쓸만한 물건은 값이 비쌌다. 그림은 보통 3만꼬른이 넘었다. 5만꼬른 정도는 줘야 그림은 쓸만했다. 나는 그림은 사지 않고 눈요기만 하며 다니었다. 박물관이나 미술관의 명품은 관광지에서 얼마든지 보았지만 실제로 내 것을 만든다는 생각으로 작품을 대하니 자연히 명품보다는 내 취향에 맞추어야 했다. 그러던 중 나는 중국 산수화를 1폭 구했고, 무스떽(Mustek)에 있는 지하서점에서는 노송과 어옹이 그려진 동양화 소품을 보았다.

나는 아내와 함께 나가 인도산 놋쇠 화병을 구하다 법등불 앞에 바치기도 했다. 화병은 화려한 꽃무늬와 굴곡진 배와 입이 돋보이었다. 불상과 화병은 썩 잘 어울리었다. 여기다 연꽃이나 한 송이 꽂았으면 싶었다. 프라하에는 인도상품이 많았다. 특히 인도산 향, 조각, 꽃병, 장식품 등이 전문점에 많이 진열돼 있었다. 이들의 일부는 불교적인 신비감에 도취돼 있었다. 여인들은 인도산 시장가방을 많이 들고 다니었다. 나는 아내에게 이 가죽 시장가방을 하나 사주었다. 대부분 붉은 색에 사슴이나 코끼리 아니면 꽃을 그려 넣은 것이 많았다. 한눈에 인도산이란 것을 알아볼 수 있었다.

여기서 내가 만난 사람들 중에는 요가를 즐겨하거나 요가음악을 즐겨 듣는 이가 많았다. 한 음반점에서 나는 이런 종류의 책과 카세트 테이프, CD를 전문적으로 파는 가운데 향과 요가 책도 파는 것을 보았다. 주인은 젊은이었는데 계집애처럼 검고 긴 머리를 뒤통수에 동여매고 해사하게 웃으며 나를 바라보았다. 나는 거기서 피아노곡 요가음악 CD 한 장을 샀다. 나도 모르게 끌려 그곳을 나는 자주 드나들었다. 다른 곳에도 향과 요가음악 CD와 책을 파는 곳이 있었다.

이들은 향기를 좋아했다. 인도산 향뿐만 아니라 저들의 풀과 열매를 따 담아 만든 자연향도 함께 팔았다. 가게에 들어서면 향내가 온통 옷을 적셨다. 이들은 향기 짙은 꽃이나 열매를 말려 선물하기도 하고, 마른 꽃이나 풀로 장식품을 만들어 벽에 걸기도 했다.

3. 박물관과 미술관을 찾아서

나는 유럽에 와서 사실 많은 박물관을 보았다. 독일 드레스덴과 베를린의 박물관을 비롯해 오스트리아 빈, 폴란드 크라코프, 파리의 루브르, 러시아 모스크바, 헝가리 부다페스트, 군소 지방도시의 박물관과 체코 프라하의 국립 박물관을 거의 다 가 보았다.

프라하에는 많은 박물관과 미술관이 있다. 대표적인 국립 박물관만도 다음과 같다.

1. St. Gerge's Abbey. 고대 체코 예술품.
2. Stermberg Palace. 서유럽 미술관.
3. Convent of St. Agnes of Bohemia. 미술관.
4. Zbraslav Chateau성 조각관.
5. Rudolfinum House of Artists
6. Kinsky Palace 판화관
7. Wallenstein Riding School
8. Prague Castle Riding School
9. Gogh. Picssso. Goyen.

Hradcany 궁전

1. Lobkowitz Palace National History Museum
2. Loreta Museum
3. Military M
4. National Literature M

Mala Strana 지역

1. Musical Instrument M
2. National M

Stare Mesto 구시가
1. Bedrich Smetana M
2. Decorative Art M 장식예술품
3. State Jewish M 유태인 유물관

Nove Mesto 신시가
1. Antonin Dvorak M
2. Mozart M
3. National M. 대표적인 동, 식물, 유물관

Troja Chateau 뜨로야성
1. Municipal Art Gallery Prague

나는 4월 7일은 15세기 체코지도가 보관되어 있다는 스뜨라호프(Strahov)에 갔었으나 옛지도는 없고 성화뿐이었다. 그러나 그곳은 국립 문학박물관이어서 옛 도서 특히 성경을 통한 문학혁명의 흔적을 볼 수 있었다. 프라하성 서쪽 언덕 위에 우뚝 솟아 있는 이 교회는 아직도 많은 신자들을 가지고 있었다. 교회 내부는 금칠과 성화로 되어 있어 매우 화려한 느낌을 주었다. 이와 같은 성당의 규모와 양식을 많이 보아 온 나였지만 이 교회의 금칠은 유난히 빛나 보였다. 그만큼 금을 많이 섞어서 성상과 성화를 그린 것같았다.

이 언덕에서 프라하 시내를 내려다보는 것도 좋은 관광거리었다. 프라하는 어디서 보나 아름다운 도시였다. 우리는 남산 같은 공원에 앉아 빵과 우유를 먹으며 시내를 내려다보았다. 공원에는 꽃이 한창이었고, 작은 새들이 날아다니며 지저귀었다. 이곳에는 비둘기와 까치가 많이 날아 다녔으나 까맣고 작은 산새가 나무 사이를 재빠르게 날았다. 그런 가운데 사람들은 드문드문 나무 그늘 사이를 걸어다니었다. 낙원이 따로 없을 것 같았다.

우리는 걸어서 세계에서 가장 아름답고 가장 오래되었다는 까렐

돌다리까지 왔다. 이 다리에는 언제나 관광객으로 붐비었다. 이곳 풍경을 그린 그래픽을 파는 사람들이 많았고, 초상화를 그려주는 화가들과 액세서리와 피리 같은 장난감을 파는 사람들로 언제나 들끓었다. 다리의 난간에 앉아 졸고 있는 여행자들, 벌거숭이가 되어 피곤한 몸을 다리 난간에 기대고 쉬는 젊은이들이 많이 눈에 띄었다. 유럽의 젊은이들은 방학 때가 안인데도 이렇게 여행을 많이 다녔다.

관광객들은 집시들이 춤추며 불어대는 트럼펫소리에 더 많이 귀를 기울이었다. 이들은 거리의 음악도 공짜로 듣지 않았다. 둘러섰던 사람들은 곡이나 춤이 끝날 때마다 동전을 검은 모자 안으로 던지었다. 그러면 거리의 악사들은 신이 나서 새 곡을 연주하곤 했다. 나는 인색해서가 아니라 습관이 안 되어서인지 동전을 던져 넣을 수가 없었다. 나는 그보다는 오히려 그들의 애절한 몸짓과 눈망울을 볼 때 왠지 화가 나기도 했다. 거리의 악사는 집시뿐만이 아니었다. 멀쩡하게 생긴 신사가 검은 중절모를 푹 눌러 쓴 채 애절하게 트럼펫을 불어대기도 했고, 추저분하게 생긴 늙은이가 누추한 옷차림으로 바이올린을 켜기도 했다. 나는 그와 같은 광경을 오래 지켜보고 있기가 싫었다.

저들의 관광 스타일은 우리와 퍽 달랐다. 저들은 여유 있게 즐기며 한 도시에서 보통 1주일씩 묵었다. 그리고는 곧바로 집으로 돌아가 일을 시작했다. 우리 모양 짧은 시간에 제트기처럼 많은 곳을 보는 관광이 아니었다. 그만큼 이들은 여유를 가지고 인생을 음미하며 살아가는 것같았다. 관광 와서 한가하게 공원에 앉아 낮잠을 자기도 하고, 교회 문이 열릴 때까지 계단에 앉아 한없이 기다리기도 했다.

이튿날 4월 8일에도 우리는 쉬지 않고 부르튼 입술, 신 발목을 이끌고 프라하에서 제일 큰 국립 박물관에 갔다. 여기는 체코의 역사와 자연사 박물관으로 저들이 그간 채굴한 구석기시대부터 오늘에 이르기까지의 유물이 전시되어 있었다. 체코 것만이 아니라 전 세계의 동물, 해류, 조류 등이 매우 놀라울 정도로 많이 박제되어 전시되어 있었다. 이를 본 아내는 진귀한 것들은 아니지만 오밀조밀하게 전시된 이들 박제를 보며 놀라움을 감추지 못했다.

이들의 수집벽은 제1급이었다. 새, 거미, 캥거루, 나비, 거북이, 뱀, 호랑이, 물소 이 세상에 존재하는 생물의 박제는 다 있었다. 그뿐만 아니라 화석도 많았다. 가지가지의 무늬가 새겨진 이 화석은 모두 체코에서 발굴된 것이었다. 큰 항아리가 하나 있었는데 중국 것과 아주 흡사했다. 말 그림과 무늬와 색채와 모양이 그러했다.

4. 뜨로야 성의 백두산 호랑이

프라하 북쪽에 있는 뜨로야(Troja)성은 45ha나 되는 넓은 동산에 2,000마리의 동물이 사육되는 대동물원과 뜨로야 자멕(Troja Zamek)이 있었다. 이 지역은 고급 주택지대이기도 했는데 아름다운 숲속으로 블따바강이 굽이쳐 흘렀다.

아직 일러서 그런지 동물원에는 관광객이 별로 없었다. 듣던 바대로 동물원의 터전은 넓었다. 하지만 동물들은 많지 않았다. 다만 호랑이가 많은 가운데 특히 백두산 호랑이와 캥거루가 나의 시선을 끌었다. 동물들도 겨울을 나느냐고 고생을 해서 그런지 거칠어 보였다. 늙은 호랑이와 캥거루는 더 털이 꺼칠했고, 잘 움직이려 하지도 않았다. 호랑이는 가까이서 보니 위엄보다는 측은해 보였다. 짐승이나 사람이나 늙으면 그만큼 추해지는가보다. 그래서 노추란 말도 생겼겠지만. 동물원을 한바퀴 대충 도는데 2시간 걸렸다.

우리는 동물원 맞은편에 새로 단장한 듯 산뜻하게 꾸며진 뜨로야 성으로 갔다. 성안에는 넓은 정원이 있었는데 많은 분수가 봄기운을 내뿜고 있었다. 프랑스식 정원으로 잘 가꿔진 이 성은 미술관으로 쓰였다. 주로 18-19세기의 체코 화가들의 그림이 전시되어 있었다. 이보다는 16세기경 이태리 화공이 와서 그렸다는 천장과 벽의 그림이 볼만했다. 지난번 바티칸 박물관의 벽화가 연상되듯 여기의 벽화는 매우 우아하고 화려한 가운데 특히 2개의 방에는 중국풍의 그림이 그려져 있었다. 중국인의 모습과 탑과 성 그리고 프라하의 건물과 다리가 잘 어울려 그려져 있었고, 그들이 쓰던 용기인 듯 좋은 자기와 목물이 전시되어 있었다. 이 그림들의 내력을 나는 알고 싶었다. 이곳의 옛 무덤에서는 중국인이 쓰던 용기와 뼈가 출토되기도 했으며, 속담에 "중국인 때가 좋았다."는 말도 있다고 한다. 아마도 원나라 시대의 일이었을 듯하다.

5. 두스니 고서점에서

내가 자주 드나든 고서점은 두스니(Dusni)었다. 나는 체코에 있는 동안 그 서점의 분위기가 마음에 들어 여러 번 갔었다. 이 서점은 후스 광장에서 동북쪽으로 난 길을 따라가다 보면 왼쪽에 있었다. 주인은 둘이었는데 좀 바보처럼 생긴 이가 뻬이츠(Peitz)였고, 키가 크고 정직하지만 좀 우악스럽게 생긴 이가 체르벤까(Cervenka)였다. 나는 주로 뻬이츠와 만났다. 그는 언제나 나에게 책을 팔려고 애쓰는 표정이었다. 나는 그에게서 책을 살 때는 할인을 요구했다. 그때마다 그는 안 된다는 표정을 지으면서도 내 요구대로 우수리를 떼어 주었다. 여기서 나는 이들에게 에누리를 가르친 셈이다. 그러나 이들은 여전히 에누리를 하려하지 않았다.

이들은 오전 오후 교대로 서점을 지키었다. 삐이츠는 40이 넘어 뵈었고, 얼굴이 좀 통통하고 턱이 빨랐다. 그는 언제나 내게 친절했다. 이는 자기가 가지고 있는 화집이나 그림을 내가 가면 의레히 꺼내 놓았다. 한번은 오후에 들렸더니 그 혼자 무엇을 하다가는 내가 들어서니 반가이 맞으며 중국 화집을 내놓았다.

이 책은 독일인 호프메이스터(Adolf Hoffmeister)가 편집한 『국화(國畫)』이었다. 그는 1950년대 중국에 가 있으면서 그곳 화가들을 만나 저들의 초상화를 그린 것과 중국화를 유화, 목각, 만화, 국화로 나눠 실었다. 또 한권 역시 같은 이의 편집이었다. 이 책은 당시 중국화의 대가들의 작품이 실린 화집이었다. 이 2권의 화집은 모두 독일어로 출판되었다. 이중에 백석(白石)의 말 그림은 아주 힘차고 좋았다. 그는 93살까지 줄기차게 작품 활동을 했다.

삐이츠는 체코 작가 프린터(Emanuel Frinter)의 그림도 내 놓았다. 그가 꺼내 놓는 여러 장의 그림을 보니 모두 소묘들로 여인의 나상 데생이었다. 이의 작품은 크고 작은 것이 있었지만 그리 비싸지는 않았다. 이것들이 진품이냐니까 그는 자기가 컬렉션한 작품이라고 했다.

한번은 두스니 고서점에 들러 삐이츠하고 서점 문 앞에서 사진을 찍기도 했다. 그는 사진을 찍자니까 처음에는 사양을 하더니 함께 찍어주었다. 그후 사진을 가져다주었더니 좋아하며 받았다. 의외로 사진은 잘 나왔다. 그때 나는 정장을 하고 있었고, 그는 잠바 차림이었다. 그는 얼굴 윤곽이 또렷했지만 바보스런 표정에 콧수염이 탐스럽고 큰 반면 나는 수염이 그보다 약했지만 잘 어울려 보였다. 그날도 나는 파리에서 출판된 피카소(Picasso)의 화집과 프라하에서 독일어로 출판된 중국 화집을 구했다. 중국 화집은 특징 있는 그림이 많았다.

이날은 갑자기 소나기가 내리는 바람에 나는 책방 안에서 책 내를 맡으며 비를 그을었다. 사람들은 빗속에서도 여전히 책방을 드나들었다. 나는 그때 빼이츠에게 이런 말을 했다. "나같이 당신 책을 사가는 사람이 왕이다." 그는 왕이란 말을 잘 이해하지 못했다. 그래서 다시 손님은 왕이다. 물건을 사가는 사람이 당신에게는 제일 소중한 사람이라고 설명해 주었다. 그제야 알겠다는 듯 그는 바보같은 부드러운 웃음을 지었다. 사실 이날도 손님들은 많이 드나들었지만 책을 사는 사람은 나뿐이었다.

여기 책방은 새 책방이고 헌 책방이고 책만 파는 것이 아니라 그래픽을 벽에 죽 붙여 놓았고, 옛 엽서나 그림 같은 것을 함께 팔았다. 마치 골동품점과도 같은 분위기였다. 물론 새 책방에서는 신간과 함께 새 것들을 팔았다. 모든 책에는 정가가 인쇄되어 있지 않았다. 주인은 책에다 연필로 값을 적어 놓고 그대로 받았다.

프라하에는 책방이 많았다. 볼다우 교수가 만든 체영사전은 출간(1986)한 지가 오래되어서 좀처럼 구하기가 어려웠다. 이 사전에는 체코어의 성 표시가 되어 있어 우리가 보기에 편리했다. 한 고서점에 들어가 이 사전을 찾으니까 책방 주인은 여기는 없으나 다른 책방에는 있을 거라며 약도를 그려주었다. 이날 나는 하루종일 이렇게 릴레이식으로 프라하 서점을 거의 다 헤매었다. 하지만 이 사전을 끝끝내 구하지 못했다. 그 이튿날 두스니 고서점에 가서 이 책을 구해달라고 했더니 1주일만 기다리라고 했다. 과연 1주일 후에 갔더니 빼이츠는 붉은 색 표지의 두툼한 체영사전을 내 놓았다. 이날은 기쁜 마음에 두말 않고 얼른 샀다.

6. 목 없는 여인 조각상

그후 나는 화랑이나 고서점을 기웃거리며 많은 그림과 화집을 보았다. 그 중에서 티히라는 체코의 근대화가의 그림이 매우 특색 있었다. 티히의 작품은 초현실적인 것 같으면서도 매우 인상적이었기 때문에 피카소나 한국의 이상(李箱) 같은 냄새가 나면서도 사실은 리얼리티하게 느껴졌다. 그의 그림이 발견되면 나는 값이 얼마이건 1점 사고 싶었다. 라다(Jahan Lada)의 풍경화도 좋았다. 라다의 풍경화는 고급 골동품점에 있었는데 마치 한국의 장욱진(張旭鎭) 화백의 그림풍 같았다. 단순하면서도 순박해 보였으나 상징성이 강했다.

1600년대의 화가 홀라르(Vaclav Hollar)의 화집도 1권 구했다. 이는 도시화가로 유명했던 듯싶었다. 프라하를 소재로 그린 그의 많은 풍경화는 프라하의 아름다움을 한눈에 볼 수 있게 해주었다.

이밖에 나는 프라하를 떠날 무렵 여러 화가의 그림을 보았다. 내가 본 그림 중에 따우스(V. Taus 1870), 야로슬라브(Punuska Jaroslav 1872)의 설경(「Zimmi Krajina」1911)과 베드리흐(Peroutka Bedrich 1880)의 눈보라(「Snehova Baure」)는 각각 17,000꼬룬 약 50만원를 달랬다. 무스떽의 한 고서점에서 나는 중국화 어옹도를 보았다. 이 작품은 고기배가 지나가니 물에 바람이 인다(어주과거수생풍, 漁舟過去水生風)라는 화제와 함께 비단 바탕에 노송과 어부가 그려져 있었다. 나는 위의 화제에 대하여 노송하어옹강중(老松下漁翁江中) "늙은 소나무 아래 고기 잡는 늙은이가 강 가운데 있네"라고 써넣고 싶었다. 소품이었지만 품위 있어 보였다. 낙관도 찍혀 있었으나 판독할 수는 없었다.

나는 그 중에서 뻬떼르까(Frantisek Peterka)의 소묘 1점을 샀다. 이 그림은 소품으로 순연히 선으로만 된 작품이었다. 한 중년신사가 돋아 오르는 해를 양팔을 벌려 맞아들이는 모습을 한 그림이었다. 둥근 해 속에는 가는 선이 20개 들어 있었다. 머리와 해가 선으로 닿아 있었고, 뒷모습만 그렸기 때문에 매우 단순했다. 그의 그룹전 판 프린트를 구해보니 이의 소묘적 특징은 동그라미임을 알았다. 그림마다 크고 작은 동그라미가 반드시 들어 있었다.

나는 이들의 그림을 통해 체코인들의 내면세계의 일부를 들여다볼 수 있었다. 이들의 그림은 어딘가 모르게 슬픔 같은 것이 깔려 있는 듯했다. 내가 체코의 역사를 전혀 모르지만 이들의 그림, 음악, 노래, 말씨나 목소리를 가만히 듣거나 볼 때 나는 내심으로 그들에게서 그런 슬픔을 느끼었다. 이는 드보르작이나 스메따나에서는 더 했다. 그들의 경쾌한 행진곡에서도 나는 인간의 근원적인 애수를 들었다.

나는 꼬떽(Kotek) 부자의 조각품 2점을 구했다. 이 작품은 틴 제품이었다. 비록 소품이었지만 여인상의 곡선이 좋았다. 한 점은 머리부분이 없이 어깨, 가슴, 국부, 다리만 있는 것이었고, 다른 하나는 긴 머리의 여인상이었다. 나는 이 여인상을 책상 위에 올려놓고 틈틈이 보며 지냈다. 아버지 꼬떽(Dobroslav Kotek)은 1923년생으로 그때 나이가 70이었으며, 그의 아들 밀란(Milan Kotek)은 1962년생으로 33세였다. 이들의 작품은 KOTEK.D+M으로 표시되어 있었다. 부자의 공동작이란 뜻이었다. 그의 작품을 나는 디로화랑에서 구했다. 이 화랑은 프라하의 대표적인 화상이었다.

이들은 대를 이어 그림을 그리는 화가들이 많았다. 내가 본 사람만 해도 꼬떽부자 말고도 1870년대의 슬라비첵(Antonin Slavicek)이 있었다. 이는 당대 풍경화의 대가였을 뿐만 아니라 그후 1960년대에 와서 특히 그의 화집이 2권 출판될 정도로 인기가 있었다. 그의 두 아들도 작가였다. 특히 첫째 아들은 판화가로 이름이 높았지만 자기 아버지 그늘을 벗어나지 못했던 듯하다. 이들 부자는 이름이 똑같았다. 이들은 AS로 사인을 했는데 그것으로 부자의 그림을 구별했다. 나는 그 아버지(1870-1910)의 화집(1961) 1권을 구했고, 그 아들이 그려 그의 친구 철학교수에게 주었다는 진품 스케치도 보았다. 그것은 2,800꼬룬 달라고 했다. 그림 자체는 별 것이 아니었지만 추상화적 풍경화라고나 할까 마치 이상의 글같은 느낌을 받았다. 그리 넓지 않은 한길의 미루나무들이 바람에 휠 정도로 흔들리는 그림이었다.

7. 까렐 바브라의 바이올린

까렐(Karel Vavra)은 4대째 바이올린을 만들고 있었다. 까렐가는 체코의 바이올린의 명가였다. 까렐은 키가 크고 좀 부대했는데 노신사답게 여유가 있어 보였다. 그는 체코인 특유의 표정과 체격을 지니고 있었다. 까렐은 60이 가까운 나이었다.

까렐은 바이올린을 하나 만들고 있었다. 그는 그것을 내게 보여주며 코리언이 주문한 것이라면서 8만꼬룬짜리이라고 했다. 그는 주문장에서 그 바이올린을 주문한 이의 명함을 내게 보여주었다. 나는 내심 내가 바이올린의 명인을 먼저 알아본 것이 대견하기도 했다. 그러나 그 값이 엄청난데 나는 놀라지 않을 수 없었다. 그는 내게 언제 필요하냐고 물었다. 나는 8월에 귀국한다니까 그는 자기는 주문을 받으면 하나 만드는데 6개월 정도 걸린다고 했다. 따라서 내가 주문을 한다고 해도 귀국 전에는 만들 수 없으니 다른 명품을 사라면서 진열장에서 한 바이올린을 꺼내 보여주었다. 그것은 1934년 독일 바이올린의 명인이 만든 것이었다. 나는 그 명인의 이름을 잊었지만 그때 그것은 4만꼬른 정도였다.

내가 아동용 바이올린을 찾으니 까렐은 공장제품이라며 헌 바이올린을 하나 꺼내 보여주었다. 그것은 15년 전에 만든 것이지만 자기가 수선해 줄 수 있으니 월요일 오라고 했다. 나는 내심 이 바이올린을 손자 수리에게 사다 주려했다. 그러나 일반제품이어서 좀 어떨까 했지만 그가 쓸 수 있도록 수선하면 그만큼 좋아질 것같았다. 내가 워낙 그런 악기에 대해 아무 것도 모르기 때문에 좀 비싼 것을 사는 것이 좋을 듯했지만 아동용은 이만하면 될 것같기도 했다. 우선 이것이나 하나 사고 보자는 결심을 했으나 그날은 그냥 왔다.

한번은 까렐이 내게 다른 명인의 바이올린을 권했다. 그것은 체코 바이올린의 명인 이그나스(Ignac 1891-1974)가 만든 것이었다. 까렐은 체코 바이올린 명인집을 내게 보여주며 이그나스에 대해 설명해 주었다. 이그나스는 라틴계인으로 그의 원이름은 이그나티우스(Ignatius)였다. 이것은 5만꼬른이었다. 이 바이올린은 까렐의 것이 아니라 위탁품이었다. 여기는 그림은 물론 화집같은 헌 책도 위탁 품이 많았다.

나는 그날 까렐 4대의 바이올린 명인가의 내력도 알게 되었다. 제1대는 요한 바브라였고, 제2대는 까렐 바브라로 제3대인 현재의 주인과 이름이 같으며, 제4대는 그의 아들 또마쉬였다.

나는 고화 말고도 체코의 바이올린을 하나 사려고 처음부터 별러왔던 터라 프라하의 악기점들을 유심히 보아왔다. 그러던 중 이빼빠블로바(I. P. Pavlova) 지하철역 옆에 있는 바이올린의 명인 까렐 바브라상점을 알게 되었다. 이는 내가 프라하에 와서 얼마 안 돼서의 일이었다. 그후 여러 번 기회 있을 때마다 가 보았다. 까렐과 그 아들 또마쉬가 늘 함께 있었다. 까렐은 흰 가운을 입고 손님을 맞았으며,

아들 또마쉬는 늘 작업을 하고 있었다. 상점 안쪽에는 작업장이었는데 헌 바이올린과 크고 작은 도구들이 널려 있었다.

까렐부자는 바이올린을 결코 상품으로 만들지 않았다. 어디까지나 작품으로 만들었기 때문에 시중의 바이올린 제품과는 전혀 달랐다. 바이올린은 피아노 다음으로 많이 쓰이는 악기면서도 작고 단순해 휴대하기도 편하고 언제 어디서나 연주할 수 있어 현대인들이 선호하는 악기다. 음색도 부드럽고 다양해 독주만으로도 우리의 심금을 울려줄 수 있어 많은 작곡가들이 바이올린곡을 만들었다.

바이올린 이야기가 나왔으니 말이지 나도 모차르트, 바흐, 비발디, 브람스, 쇼팽의 바이올린곡을 자주 즐겨 들었다. 스위스 ICM사의 바이올린 전곡 5장의 CD는 매우 좋았다. 바이올린 명곡이 거의 실려 있을 뿐만 아니라 여러 작곡가의 곡이 다양하게 실려 있었다. 베토벤, 리스트, 라흐마니노프, 쉬베르트, 헨델 등의 아름다운 바이올린의 음색을 들을 수 있었다. 이같은 바이올린의 선율을 들을 적마다 나는 바이올린의 명인 까렐 바브라 생각이 났다.

8. 고전음악 속에서

프라하에서는 미술, 음악, 연극 특히 오페라를 쉽게 접할 수 있었다. 그만큼 이들의 문화예술 환경은 좋았다. 이들의 예술의 생활화는 그들의 교양수준을 높여 주었다. 진정 인간이 무엇이고, 아름다운 것이 무엇인가를 이들은 생각하면서 살아갔다. 나는 이것이 부러웠다. 이들은 가난했지만 결코 가난하게 살지 않았다. 이들은 가난하면서도 돈 이야기를 하지 않았다. 그러면서 이들은 멋지게 옷을 입었고, 편하게 잤으며, 배고프지 않게 먹었다. 그들은 부끄럽지 않게 살았다.

그 모든 것의 근원은 그들의 교양이었다.

내가 프라하에서 절실하게 느낀 것 또한 교양과 문화와 예술과 종교와 전통이었다. 이들의 전통적 사고와 예술적 생활과 종교적 양식은 오늘날의 저들의 문화와 교양의 원동력이었다. 나는 나의 자식을 부자로 만들기보다는 가난한 교양인으로 만들고 싶었다. 아름다움을 알고, 착한 것을 알고, 부끄러운 것을 아는 그런 인간으로 만들고 싶었다. 나는 프라하에 있으면서 그림, 음악, 연극 등 예술을 통해 인간이 되는 방법을 진정 배우고 싶었다.

음악과 미술은 문학과 달라 문자를 모르면서도 충분히 알고 느낄 수 있었다. 그만큼 예술의 근원은 휴먼했다. 예술에는 결코 국경이 없었다. 위대한 예술일수록 만인의 아름다움이요, 위대한 학문일수록 만인의 지식이며, 위대한 종교일수록 인류의 구원이지 않는가. 왜 모차르트가 전 세계인이 즐겨 듣는 음악이 되었으며, 예수교가 인류의 종교가 되어 가는가를 한번 우리는 깊이 생각해 보아야 할 것이다.

오늘날 우리의 일상적인 생활 가운데 음악은 큰 비중을 차지하고 있다. 대부분의 사람들은 음악과 더불어 시간을 보내는 때가 많다. 더욱 객지에 나와 있을 때 음악은 무엇보다 큰 위안이 된다. 음악 중에서도 고전음악은 몇 번이고 되풀이해 들어도 싫증이 나지 않는다. 책이나 그림은 한번 보면 그것을 잊을 때라야 다시 생각이 나지만 고전음악은 계속 되풀이해 들어도 좋게 느껴진다.

나는 일을 하면서도 계속 음악을 듣는 습관이 일찍 들어 내 주위에 음악이 없으면 무엇이 빠진 듯 허전하다. 아무리 허술한 술집이라도 좋은 음악이 늘 흐르면 고급스러워 보여 앉아 있고 싶지만 아무리 화려하게 꾸며 놓은 술집이라도 음악이 없으면 저속해 보여 자릴 뜨고싶다. 이같이 음악은 보이지 않는 마력을 지니고 있다.

체코에 있는 동안 나는 더욱 고전음악과 친해졌다. 그러나 그 음악을 들을 수 있는 기구는 오직 서울서 올 때 가지고 온 소니 라디오 하나뿐이었다. 나는 FM98Mhz에 다이얼을 맞춰 놓고 들었다. 이 방송은 좋은 고전음악 방송이었다. 별로 말을 많이 하지 않고 음악을 계속 들려주었다. 특히 병원에서 1주일을 보낼 때 나는 하루종일 라디오를 틀어 놓고 이 음악방송을 들었다.

기숙사의 비품으로 탁상용 라디오와 텔레비전이 있었다. 하지만 라디오는 AM밖에 나오지 않았고, 24인치 흑백 TV는 내가 돌아올 무렵에는 고장났다. 이들은 아직 문화 기기에는 소홀했다. 더욱 음향기기는 아주 보잘 것 없었다. 그래서 많은 사람들이 독일과 일본 제품을 선호했다. AM방송은 음악보다는 말이 많았다. 나는 체코어를 한마디도 모르는데 라디오를 틀면 온통 연설조의 장광설이었다. 단 1분을 들을 수가 없었다.

그러던 차 우연히 비내리는 아침에 다이얼하고 씨름을 하다가 고전음악 소리가 들려왔다. 다이얼을 고정시켜 놓고 들어보니 음악전문방송 같았다. 살았다싶어 일도 그만두고 라디오 옆에 붙어 앉아 방송의 동정을 살폈다. 이 방송은 별로 말도 없고 음악만 계속 들려주었다. 나는 구세주나 만난 듯이 반가웠다.

라디오는 잡음이 심해져 도저히 음악을 들을 수 없게 되었다. 이렇게 되니 음악이 아니라 몽둥이 찜질 같은 고통이었다. 그래서 할 수 없이 간편하게 음악을 들을 수 있는 음향기를 생각해 낸 것이 소니 디스크맨이었다. 엘비아에서는 어느 상점보다도 가격이 낮았다. 그래서 그런지 많은 사람들이 드나들었다. 젊은 점원은 상냥했다. 이들은 전혀 서비스를 몰랐을 뿐만 아니라 할인한 가격의 6꼬른까지 다 받았다. 그러나 이는 엘비아(elvia) 상호가 인쇄된 볼펜 한 자루를 내게 주었다. 이렇게 이들도 조금씩 서비스를 알게 되었다. 지나치게 이들은 정확했다. 그러나 그들의 정확성은 정직성을 바탕으로 한 것이어서 매우 합리적인 것이긴 했어도 우리의 습관대로라면 너무해 보였다.

그날 나는 디스크맨을 산 기념으로 엘비아에서 CD 1장을 샀는데 값이 체코제의 배였다. 이들은 모든 수입품에 23%의 부가세를 붙였다. 그날 내가 산 CD는 소니 클래식에서 제작한 도밍고판이었는데 피아노의 연주는 루델(Rudel)이 했다. 집에 와서 오랜만에 잡음이 없는 CD를 들어보니 살 것 같았지만 헤드폰을 끼어야 했기 때문에 귀가 아팠다. 헤드폰을 끼는 습관이 안 되어서 그런 지 한참을 들을 수가 없었다. 그래서 디스크맨 안내서를 다시 보니 스피커를 이용하면 헤드폰이 필요 없음을 알았다. 다음날 아침 나는 다시 엘비아에 가서 디스크맨용 스피커를 구입했다. 이 다음에는 CD가 있어야 했다. 그래서 어떤 때는 하루에 1장씩 사기도 하고 어떤 때는 1주일에 1장을 사기도 했다.

나는 사실 음악과 거리가 멀었다. 내가 다녔던 시골 초등학교에는 전교에 풍금을 칠 줄 아는 교사는 딱 한 분밖에 없었다. 일제말기라 더욱 음악이나 미술 같은 예능을 가까이 할 수 있는 분위기도 못되었지만 나 자신 음악에는 별로 소질이 없었던 듯하다. 그러나 혼자 공부하면서 고전음악을 들으면 왠지 마음이 편안했다. 나는 음악을 가까이 하면서 예술 중에서 가장 어렵고 가장 아름다운 것이 음악이 아닌가고도 생각했다. 나도 남들처럼 기타라도 하나 배워 쳐보고 싶었다.

나는 고전음악을 일부러 뮤직 홀에 가서 감상한다거나 개인 음악회를 부지런히 찾아다니며 듣지는 않았다. 다만 책을 보면서 고전음악 방송을 듣거나 CD를 통해 음악을 들었다. 주위에 신경을 써 가며 음악을 듣는 일은 매우 피곤했기 때문이다. 생음악을 듣는 것도 좋지만 무엇보다도 내게는 편안함이 더 소중했다. 나는 음악을 알기 위해 음악을 듣고 좋아하는 것이 아니라 어디까지나 나의 생활을 부드럽고 아름답게 하기 위해 다만 음악을 가까이 했을 뿐이다. 때문에 음악 지식에는 별로 신경을 쓰지 않았다. 누구의 곡인지 몰라도 좋았고, 누구의 연주인지를 구태여 알려고 하지도 않았다. 내가 듣기 좋으면 몇 번이고 되풀이해 들었고, 싫으면 당장 껐다. 하기 때문에 음악 지식은 백지여서 음악 이야기에 끼지는 못했다.

프라하에는 거의 매일 밤 크고 작은 음악회가 열렸다. 주로 콘서트였지만 옛 교회를 빌려 했기 때문에 매우 운치가 있었다. 특히 여름철에는 관광객 청중이 많기도 했지만 연주자들 또한 열정적이었다. 음반점은 골목마다 서점과 더불어 많았는데 언제나 붐비었다. 그만큼 이들은 음악을 좋아했다. CD 제작 수준도 매우 높아 잘 만들었을 뿐만 아니라 수출도 많이 했다.

프라하에서 내가 산 CD는 홀란드 EMI 레코드사에서 기획 제작한 앙코르선집 35장짜리었다. 이 선집에는 베토벤이 4장, 모차르트가 5장, 차이코프스키가 3장, 바흐가 2장, 그리그가 1장 반 들어 있었다. 이밖에 고전음악 작곡가들이 거의 총망라되어 있어 다른 판과 중복될 염려가 없어 좋았다.

나는 그리그가 마음에 들었다. 그의 음악은 변화가 심한 가운데 다이내믹한 점도 있었고, 가벼운 멜로디도 가끔 수반하고 있어 좋았다. 그 중에서도 소프라노 끄린겔본(Kringelborn)의 솔 베이지의 노래 6곡은 특히 내 가슴을 애절하게 만들었다. 저녁 때 어둠이 깔릴 무렵 불켜지 않은 방에서 혼자 창밖에 들을 내다보며 그리그를 듣고 있노라면 살아 있는 행복감을 느낄 수 있었다.

내가 들어 있던 방은 남창으로 넓은 들이 내다보였고, 옛마을의 저녁 연기를 볼 수 있었다. 나는 저녁때면 어두운 방에서 하나 둘 켜지는 가로등을 헤어가며 밖의 들이 어두워져 보이지 않을 때까지 창밖을 내다보았다. 이때가 내게는 하루 중 가장 행복한 순간이었다. 이때 만약 내게 좋은 고전음악이 없었다면 어떠했을까. 매우 서글펐을 것이다.

스메따나와 드보르작은 체코를 대표하는 세계적인 작곡가였지만 이밖에 체코에는 크고 작은 작곡가와 연주자들이 많았다. 그 가운데 작곡가 겸 연주자인 마르띠누(Martinu), 리바(Ryba), 프라그 피아노 뚜엣 꼴라로바(Kolarova), 흐르셀(Hrsel), 소프라노 반까또바(Vankatova), 테너 돌래잘(Dolezal) 등이 특히 유명했다. 프라하 심포니 오케스트라 또한 전 세계에 널리 알려져 있었다.

나는 늙어 가면서 제일 편한 일은 음악 듣는 일 같았다. 그만큼 음악은 나의 몸과 마음을 편안하게 해주었다. 내가 1년에 3번씩 귀 수술을 한 것도 보다 음악을 잘 듣기 위해서였다. 한쪽 귀로만 들으면서 50평생을 살아온 나였다. 그러던 것을 아내의 만류에도 불구하고 나는 3번씩이나 귀 수술을 했다.

9. 예쁘나 미운 여자

체코인들은 아침 6시면 모두 일터로 나갔다. 경찰서나 병원 심지어는 은행과 백화점도 7시면 문을 열었다. 이들도 독일인들처럼 24시제를 썼다. 우리처럼 오전 오후로 나누어 시각을 말하지 않고 오후 1시를 13시라고 불렀다. 오후 9시 뉴스는 21시 뉴스 시간이라 했다.

이것이 정확하기는 했어도 내게는 좀 어색해 보였다.

우리 습관대로 오전 10시쯤 관청에 나가면 이들은 벌써 다 일을 끝낸 때였다. 처음엔 이런 생활 시간대가 맞지 않아 일을 여러 번 망치곤 했다. 이들은 오후 2시면 거의 일을 보지 않았다. 가게도 오후 6시면 문을 다 닫았다. 특히 식료품점이나 슈퍼마켓같은 데는 더 일찍 문을 닫는 데도 있었다. 그래서 처음에는 물건을 못 사 화가 나기도 했지만 습관이 되니 오히려 밤늦게 다니는 것이 우스웠다. 인간은 이렇게 쉽게 적응도 하지만 자기가 익힌 문화적인 관습은 쉽게 버리지도 못하는 것같았다.

한번은 음반점에서 이런 일이 있었다. 비가 내리는 봄 저녁 무렵이었다. 꼬뜨바 백화점에서 돋보기를 새로 맞춰 찾아 가지고 오는 날이었다. 지하철을 타려고 계단을 내려가는데 맞은편 CD점에서 세일을 했다. 나는 그들 틈에 끼어 이것저것 보다가 로시니와 그리그를 보았다. 우선 로시니를 골라 할인가격 199꼬룬을 주었다.

점원은 여자 2명이었는데 모두 키가 큰 미인이었다. 내 돈을 받은 여점원은 1꼬룬을 거슬러주면 되는데도 불구하고 그 여자는 말하자면 1전짜리 10개를 내게 주었다. 그것도 미안하다거나 잔돈밖에 없어 어찌할 수 없다는 표정이나 말도 없이 마치 거지에게 돈을 주듯이 귀찮은 잔돈을 청소나 하듯이 내게 주었다. 이들은 돈을 주고받을 때 손에다 주는 것이 아니라 돈 놓는 그릇이 계산대 위에 있어 주는 사람이나 받는 사람이나 그 그릇에 놓으면 되었다. 그것은 그렇다 쳐도 이 여자의 하는 짓은 내 눈에 몹시 거슬렀다.

그래서 나는 1전 짜리 10개를 집어들고 1꼬룬짜리로 거슬러 달라고 했더니 단번에 그 여자는 안 된다고 했다. 그래도 나는 또 한번 1꼬룬짜리를 꺼내 보이며 이런 것으로 바꿔 달랬으나 오히려 비웃는 표정을 지으며 저쪽으로 피해 가는 것이었다. 그래도 나는 또 따라가 바꿔 달라고 했다. 그래도 안 된다고 하기에 나는 화가 나서 들고 있던 10개의 동전을 그 여자가 서 있는 진열대 위로 힘껏 내던지었더니 와르르르 소리가 나며 떨어졌다. 이 소리에 그 안에 있던 많은 사람들이 일제히 계산대 쪽으로 시선을 돌렸다. 그 여자는 당황했던지 떨어져 흩어진 동전을 큰 키를 굽혀서 줍고 있었다.

네가 나를 거지 취급했으니 너도 한번 거지가 돼 보라고 나는 내심 뇌까렸다. 그때 나는 수염을 길러 상당히 위엄이 있었고, 봄 코트에 중절모까지 쓰고 있었다. 이렇게 되면 동양 신사였을 뿐만 아니라 내 키가 178Cm였으니 키만으로도 그들과 조금도 굴릴 것이 없었다. 함에도 불구하고 그 여자는 나를 우습게 본 것이 틀림없었다.

집에 돌아와 이 일을 곰곰이 생각해보니 저들은 나이나 외모에 상관없이 제멋대로 하는 것같았다. 특히 여자들의 행동이 고약했다. 마치 남자들이 자기의 하인이나 되는 것처럼 함부로 굴었다. 물론 버릇없는 여자들의 행동이었지만 그런 여자들이 많았다. 그러나 내가 직접 당한 것은 이번이 처음이었다. 생각해보면 내게도 잘못이 없지 않았다. 내가 그렇게 화를 내지 않았어도 되는 일이었기 때문이다. 그러면 나는 왜 그렇게 화가 났을까. 그것은 자존심 때문이었을 것이다.

주는 대로 받아 가지고 나왔으면 그만일 터인데 그걸 가지고 고깝게 우리 식으로 생각해 그에게 행패를 부린 꼴이 되었다. 이것도 말하자면 문화의 차이 때문에 일어난 일이었다. 그후 나는 잔돈을 많이 가지고 다니며 한웅큼씩 저들에게 물건 값으로 주었다. 그러나 저들은 한번도 나처럼 화를 내는 사람이 없었다. 내가 손바닥을 벌리고 골라 가지라면 저들은 한동안 세어가며 동전을 집어 갔다.

여기 돈은 10, 20, 50전짜리가 있었고, 1, 2, 5, 10, 20, 50원짜리 동전이 있었으며, 지폐로는 10, 20, 50, 100, 200, 500, 1000원짜리가 있었다. 물가가 오르면서 10 - 50전 짜리 특히 10전짜리는 쓸모가 없었으나 물건값은 여전히 80전, 90전 식으로 되어 있어 10가지만 사면 동전이 수두룩하게 모였다. 나는 이것을 없애느냐고 또 작은 물건을 사고는 했다. 한마디로 프라하에서의 나의 생활은 재미있었다. 모든 것이 문화적으로 시험대에 올라 있었다. 서로 같지 않았기 때문에 늘 시행착오를 겪어야 했다. 하지만 이런 일들은 내게 좋은 경험이 되었다.

까렐대학 철학부 앞에서 불따바강을 끼고 올라가면 센추리 관광호텔이 있고, 그 조금 전에 책방이 있으며, 그 아래 헌옷 가게가 있었다. 이 헌옷 가게는 반 지하였는데 항상 여인들로 붐비었다. 여기서는 헌옷도 팔았지만 철지난 새옷을 주로 많이 팔았다. 판매장도 컸고, 옷가지도 많았다. 이들 옷은 주로 서유럽 제품이 많았는데 그 중에서도 서독시절에 만들어진 유명한 백화점 상표의 옷이 많았다. 이들 옷은 빛깔과 디자인이 고급스러워 보였다. 그래서 그런지 중년의 여인들이 특히 많았다. 나는 여기서 무스탕 반코트를 아주 싸게 샀다. 이것은 스페인제로 새 것과 같았지만 450꼬른밖에 안 했다. 골덴 신사복 상의 또한 서독제로 새 것이었는데 우리 돈으로 3천원정도였다. 나는 여기서 아내에게 롱코트를 하나 사주었다. 아내는 내내 이 롱코트를 입고 다니었는데 썩 잘 어울렸다.

이렇게 이들은 옷도 입을 수 없을 때까지 입었을 뿐만 아니라 모든 옷가지를 버리지 않고 모아 두었다. 이들은 아버지가 입던 옷이나 가방 또는 모자도 물려서 자랑스럽게 사용했다. 내 제자 또마쉬가 한번은 멋진 검정색 오버를 입고 왔기에 "그 참 좋다. 어디서 샀니"라고 내가 물었더니 그는 “아니에요. 아버지거에요.”하는 거였다. 이 말을 듣자 나는 좀 무색한 감이 들었다.

10. 100 메가의 잉크

한번은 그해 겨울 컴퓨터 프린터용 잉크가 다 떨어져 새로 사야 했다. 그것은 일제 캐논 버블젯이었다. 나는 하루종일 프라하 시내 컴퓨터 상점을 헤매다가 한 노신사 부부의 친절한 안내로 꼬뜨바 백화점 옆에 있는 100 메가(Mega)라는 컴퓨터 상점에서 잉크를 990꼬룬 약 3만원을 주고 겨우 샀다. 노신사 부부는 매우 친절하고 예의가 바르었다. 나를 여기까지 데려다 주었을 뿐만 아니라 갈 때는 모자를 벗고 허리를 굽혀 동양식으로 내게 인사를 했다.

나는 값은 고사하고 잉크를 구한 것만으로 기뻤다. 집에 와 인쇄를 해보니 잘 되었다. 그러나, 일주일 후 인쇄를 하려 했으나 잉크가 흐르지 않았다. 몇 번이고 시도해 보았으나 소용이 없었다. 그래서 100 메가로 가지고 가 잉크가 불량품이니 새 것으로 바꿔 달랬더니 바꿔 주진 않고 엉뚱하게 나의 프린터가 고장인지 모르니 프린터를 가져오라고 했다. 가져다주었더니 이상이 없다며 친절하게 그 다음 날 아침 내 집으로 전화까지 해주었다. 그래서 나는 고마운 뜻으로 디스켓 4장을 사주었다. 집에 와 해보니 처음 3장은 프린트가 되더니 다시 되지 않았다. 나는 화가 나서 방바닥에 잉크통을 내동댕이쳤다.

그 다음날 나는 다시 100 메가로 갔다. 그러나 그들은 프린터가 고장이라며 잉크를 전혀 바꿔주려 하지 않았다. 나는 겨우 헤맨 끝에 유럽 캐논 프린터 프라하 총판을 찾아갔다. 이들은 매우 친절했다. 기술자가 내 프린터를 체크해 보더니 이상이 없다며 인쇄를 해보라는 것이었다. 과연 인쇄가 잘 되었다. 나는 이날 이제는 되었나 싶어 근처의 맥주집에서 체코 사람들과 어울려 술을 한잔 마시고 돌아와 그 다음 날 아침 인쇄를 하니 처음 몇 장은 잘 되다가 또 잉크가 나오지 않았다. 나는 화가 나서 또 잉크통을 방바닥에 내던졌더니 잉크가 쏟아졌다. 나는 화를 참고 다시 캐논 총판으로 가서 점검을 해 달랬더니 헤드가 상했단다.

나는 프린터가 이상이 없다는 증명서를 해 달래 가지고 다시 100 메가로 갔다. 증명서를 본 그들은 잉크를 바꿔 주겠다며 안으로 들어갔다 나오더니 새 잉크가 없으니 내일 오후에 오면 새 것으로 바꿔 주겠단다. 그래서 나는 그 증명서 밑에 사인을 받아 가지고 집으로 돌아왔다. 이제는 되었다 싶었다. 그러나 그 이튿날 시간을 지켜 오후 3시에 갔더니 이들은 내가 헤드를 손상시켜서 그런 것이라며 새 것으로 바꿔 줄 수 없다고 했다. 나는 하도 기가 막혀 어제는 새 것으로 바꿔준다고 분명히 말하고 오늘은 왜 안 된다는 것이냐고 따지었으나 내가 헤드를 손상 냈기 때문에 안 된다는 말만 계속했다. 그러면 손상을 내기 전에는 왜 인쇄가 안 되었느냐니까 거기에는 대꾸가 없었다.

이렇게 잉크 문제로 거의 1개월이나 속을 썩히다가 결국 나만 손해를 보고 말았다. 나는 이일로 매우 화가 나서 프라하에서는 절대로 잉크를 다시는 안 산다는 오기가 생겼다. 그래서 며칠을 두고 망가진 잉크통을 뜯어도 보고 이리저리 맞춰도 보고 먼저 것과 부속을 바꿔 끼어도 보며 어떻게 해서든지 이것을 고쳐 쓸 생각을 했다. 잉크통 가운데에 작은 구멍도 내보고, 접촉 부분을 갈아 끼워도 보며, 별의별 방법으로 다 해보았다. 잉크 흐르는 부분과 인쇄되는 부분의 접촉이 불량한 것을 발견하고, 이를 서울서 가져온 것에서 떼어 새 잉크통에 붙이고 더운물로 잉크통을 닦아 프린터에 끼어 실험을 해보니 인쇄가 되었다.

나는 너무나 기뻐 나도 모르게 큰 소리로 다른 방에 있는 형태와 아내를 불렀다. 나는 큰 발명이라도 한 듯이 이들에게 고생한 보람이 있음을 자랑했다. 지성이면 감천이라고 무엇이고 꼭 하고자 하면 된다는 것을 나는 아내와 아들에게 보여준 셈이다. 잉크통에는 잉크가 얼마 안 남았는지 모른다. 구멍을 뚫고, 내던질 적마다 잉크가 방바닥에 흘러 나왔었기 때문이다. 고생 끝에 이루어낸 성취감이란 이렇게 기뻤다. 나는 승리감을 느끼었다. 또 나의 결심, 프라하에서는 다시는 잉크를 안 산다는 다짐이 허사가 아니게 된 것이 무엇보다도 기뻤다.

Ⅷ. 프라하에서 만난 사람들

1. 사람과 사람 사이에서

나는 프라하에 있는 동안 많은 사람들을 만나지는 못했다. 하지만 프라하에 가지 않았으면 만날 수 없었던 분들을 만났다. 서울의 친구들이나 직장 동료 및 제자들이나 친척들로부터는 별로 전화나 편지도 없었다. 다만 몇몇 사람들이 간혹 전화를 하거나 편지를 했다. 나는 그만큼 조용히 프라하에서 한 때를 보냈다. 이 시기는 내 생애에 가장 새롭고 편하면서도 고독했다. 나는 이 때를 "숨겨진 계절"이라 불렀다.

처음에는 몹시 외로와 홈식에 걸려 고생도 했지만 점차 이곳 생활에 익숙해지면서 이들의 문화와 교양이 내게는 돋보였고, 생활환경이 무엇보다 마음에 들었다. 그러나 저들의 말을 몰랐기 때문에 정담을 나눌 수 없어 외롭기는 마찬가지였다. 그 외로움을 나는 주로 생맥주집에서 달래었다. 거기 가면 아무하고나 말할 수 있었고, 저들이 먹고 마시며 떠드는 모습을 볼 수 있어 좋았다. 하지만 나의 생활과 일 즉 사회생활은 없었다. 이것이 나를 늘 허전하게 했다. 프라하에는 아들과 아내가 있었고, 교포들이 있었지만 나는 그들과의 일이 나의 사회생활로 느껴지지 않았다.

프라하에서의 내 생활은 단조롭다면 퍽 단조로운 편이었다. 개인적으로 사사로이 만나는 친구도 없었고, 자유롭게 체코 말을 할 수도 없었다. 나의 유일한 대화 상대인 부젝 교수는 늘 바빴다. 그는 서울에 가 2년 있는 동안 밀린 일들이 많기도 했지만 사회활동을 많이 했다. 부젝 교수는 학교 일, 한체친선협회 일, 유럽한국학회 일, 한국인 접대, 경제인 회합 등등 나날을 매우 바쁘게 보냈을 뿐만 아니라 다리의 신경통과 잇몸의 통증으로 늘 몸이 불편했다. 말하자면 나는 한가롭게 그와 만나 정담을 나눌 수가 없었다. 그러나 학기 기간에는 매주 화요일 전체 학과 교수가 모였기 때문에 1주일에 한번씩은 부젝 교수를 만날 수 있었다. 그날 우리는 학교 근처 생맥주집에서 정담을 나누었다.

2. 즈덴까 끌로슬로바 선생

나는 대화의 상대자가 그리웠다. 한국말을 자유롭게 하는 체코인은 부젝 교수 이외에 같은 학과의 마르따 교수와 동방연구소에서 근무하다 정년 퇴직한 끌로슬로바(Zdenka Kloslova) 선생과 이 대학의 여직원 루조바(Ruzova)가 있었으나 이들은 모두 여자일 뿐만 아니라 자기들 일로 늘 바빴다.

이중에 다만 끌로슬로바 선생이 좀 한가한 편이었다. 그는 병약해 거의 나다니지 않았지만 가끔 조그만 모임에는 나왔다. 나는 처음에 이이와 좀 가까이 사귀어 보려고 했다. 나는 나의 외로움도 호소하고, 체코에 대해 많은 것을 그에게서 배우고 싶었지만 그의 형편은 여의치 않았다. 그러나 나는 아쉬운 때마다 전화를 했다.

그는 음악과 연극을 좋아했다. 그만큼 그는 나와의 대화자로서는 적격이었다. 하지만 내가 체코에 있는 동안 나는 그와 한번도 포근한 자리를 가져보지 못했다. 처음 내가 외로움을 호소할 때 그는 매우 동정적이었다. 그는 내가 바라는 대로 함께 여행을 하거나 시간을 자유롭게 낼 순 없었지만 가능한 한 도와 줄 뜻을 비치기었다.

그후 나는 부젝 교수가 주제하는 공식적 모임에서 끌로슬로바 선생을 두어번 만났다. 한번은 그해 봄 한국학술재단의 국제부 홍사명 부장이 유럽지구 한국학술대회(독일 문헨)에 참여했던 차 부젝 교수의 초청으로 4월 19일 체코에 들렀을 때 그들 일행과 함께 저녁을 하는 자리에서 나는 오랜만에 끌로슬로바 선생을 만나 비교적 많은 이야기를 나눌 수 있었다. 그때도 그는 몸이 그렇게 좋아 보이지 않았다. 그러나 홍 부장을 맞아 우정 나온 듯했다. 그때 끌로슬로바 선생은 스메따나 CD 한장을 홍 부장에게 선물로 주기도 했다. 그날 우리는 촬스대학 철학부 옆에 있는 허름한 생맥주집에서 한잔씩하고 블따바강가 고급 레스토랑에 가서 칠색송어 요리를 만나게 먹었다.

그날 나는 중절모를 쓰고 있었다. 그 중절모는 재색이었는데 안은 노란 천으로 되어 있어 겉보다 안이 더 화려했다. 나는 여기 와서 난생 처음으로 중절모를 써 보았다. 날씨도 찼을 뿐만 아니라 여기 사람들은 모두 어떤 형식의 모자든지 쓰고 있었기 때문에 나도 한번 모자를 써 본 것이었다. 그러나 보는 사람들은 의외에도 내게 모자가 썩 잘 어울린다고 했다. 나는 사실 머리가 많이 빠져 있었다. 이날 홍 부장은 내 모자를 보고 자기도 이런 모자를 하나 사야겠다며 내 모자를 써보기도 했다. 그러나 그는 그 다음날 9시 비행기로 떠나야 했기 때문에 아침 시간이 바빠 모자를 못 샀다.

그날 끌로슬로바 선생은 주로 묻는 말에 대답하는 축이었다. 촬스대학 철학부 건물 앞에서 우리는 희미한 가로등을 바라보며 헤어졌다. 부젝 교수와 끌로슬로바 선생은 같은 방향이라 함께 지하철을 탔고, 홍 부장과 나는 그의 숙소가 대학 구내 귀빈 호텔이었기 때문에 후스 광장을 가로질러 걸어가야 했다. 홍 부장은 이 광장이 작으나 매우 아름답다면서 내게 이번 기회에 많은 곳을 다녀보라고 했다.

끌로슬로바 선생의 교양은 매우 높고 품위 있었으며, 조용한 그의 대화는 언제나 다정했다. 내 생각으로는 체코 여인들의 고귀한 품성을 그는 그대로 지니고 있었던 듯싶었다. 그만큼 그는 아름다웠다고 말할 수 있다. 한때 그는 촬스대학에서 연극학을 강의했고, 서울과 평양을 다녀왔으며, 한국연극연구에 열중했다. 그는 외롭게 혼자 지냈다. 나는 기회가 있으면 그와 한번 국립극장에 가서 오페라를 보고 싶었다. 하지만 나는 그 꿈을 이루지 못한 채 그해 여름 프라하를 떠났다.

끌로슬로바 선생은 그후에도 모임에서 잠깐 얼굴을 볼 수 있었지만 별로 말할 기회를 갖지 못했다. 그러나 나는 급하면 그에게 전화를 해 도움을 청했다. 한번은 병원에서 의사와 말이 통하지 않아 끌로슬로바 선생 댁으로 전화를 해 그의 도움으로 입원수속을 밟을 수 있었다. 그때 나는 2차 귀 수술을 위해 아침도 안 먹고 일찍 갔는데 의사는 내게 여러 가지를 물어 왔다. 하지만 알아들을 수가 없어 여기저기 전화를 해보았으나 모두 자리에 없었다. 나는 이런 식으로 급할 때 끌로슬로바 선생을 찾았다. 그때마다 그는 친절하게 나를 도와주었다. 하지만 나는 그에게 별로 해준 것이 없었다. 미안해서 연말에 저녁 한끼라도 대접하려 했으나 약속날 아침 그의 언니가 낙상해 나오지 못했다. 나는 좀 서운했다. 이것이 프라하에서의 그와 나의 마지막 대화였다.

그후 우리는 아무런 말도 없이 못 만났다. 나는 가끔 그가 생각났지만 직접 만날 기회를 얻지 못했다. 지금도 나는 그의 잔잔한 웃음과 나약하면서도 높은 교양미를 풍기는 그의 모습이 떠오른다. 언제 또한번 프라하에 가게 되면 가벼운 기분으로 그를 한번 찾아가 보고 싶다.

3. 마르따 부쉬꼬바 교수

프라하에서 나의 생활을 실질적으로 처음서부터 끝까지 도와준 이는 마르따(Marta Buskova) 교수였다. 그는 내가 프라하에 오기 전 서울서 보낸 내 서류를 학교당국에 결제 받는 일로부터 시작하여 학과일 뿐만 아니라 나의 사사로운 일을 늘 성의껏 도와주었고, 어려운 일을 힘써 해결해 주었다. 마르따 교수는 한국에서 말하는 종갓집 맏며느리 타입이었다. 그는 일흔이 넘은 친정 노부모님을 모시고 함께 살았다. 그에게는 아들만 삼형제가 있었으며, 동갑인 남편은 사업관계로 늘 바빴다. 마르따 교수는 집안 일을 도맡아 했을 뿐만 아니라 학과 일도 거의 다 하다시피 했다. 그는 일인삼역의 일을 했다. 하지만 내가 무엇을 부탁하면 언제나 좋은 낯으로 대해 주었다. 나는 그에게서 한번도 안된다는 말을 들어본 일이 없었다.

마르따 교수는 내 보기에 한 40세쯤 돼 보였으나 몸은 좀 뚱뚱한 편이었다. 한국말은 부젝 교수만큼은 유창하게 하지 못했어도 잘 했다. 그는 한때 동방연구소에서 일했고, 평양과 서울을 다녀왔으며, 노어, 불어, 영어, 독일어도 능통했을 뿐만 아니라 한국학에 조예가 매우 깊었다. 더욱 일본과 러시아에 대해서도 많이 알고 있었다. 그는 부젝 교수의 후계자일 뿐만 아니라 촬스대학 한국학과의 실질적인 주인이었다.

마르따 교수는 나와 함께 나의 거류증을 교부 받기 위해 경찰서에도 갔었고, 나의 건강진단을 위해 병원에도 같이 갔었으며, 차를 구입해 주기도 했다. 그뿐 아니라 그는 나의 운전면허증 관계로 여러 번 학원장과 전화를 했으며, 통역사 관계로 어려움을 겪기도 했다.

아내가 딸과 외손자 보리를 데리고 프라하에 왔을 때 마르따 교수는 우리를 자기 집으로 초대했다. 그는 손수 내가 사는 기숙사까지 차를 가지고 와서 우리를 태워 가지고 자기 집으로 갔다. 그날 보리는 시차 때문이었던지 내내 칭얼거리며 잘 놀지 않고 보채었다. 그러나 마르따 교수는 애를 달래느냐고 제대로 식사도 못했다. 아내와 딸도 공항에서 오전 중에 도착한 터라 몹시 피곤한 때여서 제대로 인사를 차리지 못했다.

그의 남편은 사업가답게 스스럼없이 구면처럼 우리 식구를 대해 주었다. 나는 곧바로 그와 친해졌다. 정원의 사과나무 밑에 우리는 둘러앉아 포도주를 마시며 정담을 나누었다. 숲의 푸르름이 좋았다. 한 2천평쯤 될 듯한 정원은 아담하게 갖구어져 있지는 않았으나 향기로운 풀과 작은 열매로 가득해 매우 풍성해 보였다. 마르따 교수는 어려서부터 정원과 숲이 있는 집에서 살고 싶었단다. 그래서 연 전에 시내에서 좀 떨어져 있는 이 숲속의 저택으로 이사를 했다고 했다.

이 집은 2층이었는데 부속 건물이 딸리어 있었다. 단층으로 된 부속 건물에는 친정 부모님이 기거하고 계시었다. 이내 우리는 안으로 들어갔다. 2층계단을 오르니 체코인 특유의 오밀조밀한 실내장식과 이 집 특유의 분위기가 느껴지는 한국적인 것들이 눈에 띄었다. 우리는 마르따 교수가 손수 만든 체코 요리를 배불리 먹고, 아래층으로 내려와 향기로운 차를 마시었다. 나는 즐거운 시간을 보내고 정원에 어둠이 깔리기 전에 기숙사로 돌아왔다. 지금도 그날의 가족적인 분위기를 사진으로 담아 두지 못한 것이 못내 아쉽다.

그해 2학기에는 1학년생 5명이 입학했는데 이들에게 한국어회화와 음운을 나는 마르따 교수와 함께 가르쳤다. 전시간에 마르따 교수가 체코어로 설명을 해주면 나는 다음 시간에 한국어로 회화와 음운을 가르쳤다. 이 방법은 매우 효과적이었다. 따라서 학과에 대해서도 그와 나는 자주 토론을 했다.

마르따 교수는 부젝 교수를 도와 한체협회 일을 열심히 했고, 한국에서 보내오는 도서를 도서관 직원과 틈틈이 정리했다. 나는 임기가 끝날 무렵 가지고 있던 나의 저서 『염상섭연구』, 『한국근대작가의식연구』, 『한국현대소설론』, 『한국근대문학비평론』을 1권씩 학과에 기증했다. 촬스대학 도서관은 책으로 뒤덮여 있다시피 했다. 공간은 비좁은데 책은 여기저기서 무한정 보내왔다. 따라서 이들은 목록만 중앙도서관에 비치하고 필요한 책은 모두 각 학과나 연구소에 나눠 소장했다. 극동학과 교수실과 사무실은 온통 책장으로 둘러싸여 있었다. 이만큼 이 대학의 건축공간은 비좁았다. 하지만 이들은 군소리 한마디 없이 책덤이 속에 묻혀 살았다.

마르따 교수는 용하게도 잠겨진 책장에서 필요한 책을 찾아냈다. 학생들은 거의 책을 사지 않았다. 심지어는 교과서까지 무료로 배부해 주었다. 참고서는 언제고 자기 책처럼 학과실에서 빌려갔다. 이와 같은 도서관리도 마르따 교수는 군말 없이 잘 해냈다.

마르따 교수에게 나는 무슨 일이고 의논했다. 나의 차에 사고가 났을 때나 보험료 일로 귀찮게 되었을 때나, 심지어는 차에 화재가 나던 날에는 새벽 2시에 경찰서에서 마르따 교수 댁으로 전화를 하기도 했다.

내가 병원에 입원했을 때 마르따 교수는 부젝 교수와 함께 병문안을 오기도 했다. 그날 나는 엉겁결에 제대로 고맙다는 인사도 못했다. 내가 서울로 돌아올 무렵에는 마르따 교수는 집수리로 아주 바쁜 여름을 보내면서도 한국 문학 작품을 번역하느냐고 눈코뜰사이가 없었다. 하지만 내가 프라하를 떠나는 날은 공항까지 부젝 교수와 함께 나와서 출국수속을 지켜봐주었다. 우리는 이 자리에서 기념사진을 찍기도 했다. 이때 나는 내게 온 편지 봉투에서 한국, 러시아, 오스트리아, 미국 우표를 떼어 모아 마르따 교수에게 주었다. 그의 아들이 우표를 모았다. 이 자릴 빌어 마르따 교수에게 감사의 뜻을 전한다.

그후 서울에 돌아와 나는 마르따 교수에게 긴 편지를 써 보냈더니 그는 연하장을 보내오면서 자기도 긴 편지를 쓰고 있는 중이라고 했다. 내가 보낸 편지 내용은 다음과 같다.

마르따 교수님께

선생님 그간 안녕하셨습니까. 저는 서울에 무사히 도착했습니다. 제가 프라하를 떠나는 날 공항까지 나와 주시고, 여러 가지 어려운 일을 보살펴주신데 대하여 진심으로 감사합니다. 저는 늘 마르따 선생님의 고마움을 마음속에 간직하고서도 아무런 보답을 하지 못했습니다. 제가 프라하에 있는 동안 가지가지 잔다란 일상적인 일을 마다하지 않으시고 손수 해주신 마르따 선생님의 일들을 저는 결코 잊을 수는 없습니다.

서울은 무척 더웠습니다. 저는 그간 밀린 일들과 집안 일을 정리하느냐고 좀 바빴습니다. 그럴 적마다 문득문득 마르따 선생님의 얼굴이 떠올랐답니다. 지금도 함께 병원에 갔었던 일, 댁의 정원에서 부군과 맥주를 마셨던 일, 노동청에 갔던 일, 과사무실에서 알래나 교수나 비인 교수와 함께 있었던 일, 제 생일날 함께 마시던 포도주 맛, 연말 학생들과 같이 끓인 포도주를 마시며 즐겁게 보내던 일들이 오늘 새삼 내머리를 스쳐갑니다.

제가 제자식 형태를 걱정할 때 선생님께서는 "걱정 마세요."라며 저를 위로해주셨고, 혼사 일을 의논드릴 때는 "함께 노력해 봅시다." 라고 말씀하시기도 했습니다. 저는 선생님의 그런 말씀이 얼마나 고마웠는지 모릅니다. 다시 한번 말씀드립니다마는 형태의 기숙사 문제, 학업 문제 등 일상적인 생활문제를 보살펴주셨으면 합니다. MBC TV 방송국에서 촬영한 프로가 9월 8일 서울서 방영이 되었는데 선생님과 저의 대담 장면이 선생님의 목소리와 함께 1분 정도 방영되었습니다.

새로 단장한 선생님 댁을 한번 가보고 싶습니다. 사과도 붉게 익고, 푸른 나무잎들이 곱게 물들어갈 이때 넓은 정원은 더욱 아름다우리라 믿습니다. 서울은 너무나 삭막합니다. 요즘은 더욱 사회 도덕이 타락해 많은 범죄와 사건들이 홍수처럼 일어납니다. 프라하에 있을 때는 전혀 이런 일들이 귀에 들려오지 않아 아주 마음이 편했으나 여기 와서는 귀를 막고 살 수도 없고, 자고 나면 들려오는 범죄 소식에 식상이 날 지경입니다. 선생님과 함께 한국어를 가르친 학생들이 한국어로 내게 인사를 할 때 저는 저도 모르게 가슴이 뿌듯했답니다. 스떼빤까, 알라, 루까쉬, 블란까, 알즈베따의 얼굴이 아련히 지금 떠오릅니다. 머지 않아 잊혀질지도 모르는 이름들을 이렇게 다시 한번 일부러 적어 보았습니다. 또마쉬 호락은 잘 있습니다. 추석에는 저의 집에 와서 송편을 먹으며 함께 그간의 일을 이야기했고, 도봉산에 오르기도 했습니다. 그는 한국말이 꽤 늘었습니다. 마르따 선생님, 두루

집안이 편안하시기 바랍니다. 안녕히 계십시오. <1994. 10. 2.>

4. 블라디미르 부젝 교수

나는 부젝(Vladimir Pucek) 교수 댁을 2번 방문했다. 이같은 나의 방문은 그의 초청에 의한 것이었다. 그는 내가 프라하에 있는 동안 내 생활의 일부였기에 나의 프라하 이야기는 결국 부젝 교수의 이야기일 수밖에 없다.

첫 번째 방문은 내가 프라하에 온 지 얼마 안 되어서였다. 나는 1993년 2월 27일 오후 1시 처음 그댁을 방문했다. 그때 나는 국비 유학생 김은해와 나의 아들 형태와 함께 갔었다. 부젝 교수 댁은 지하철 A선 종점인 데이비스까(Dejvicka)에서 전차를 타고 프라하 공항 쪽으로 가다가 4번째 정거장에서 내리면 되었다. 집은 아파트 2층이었다.

부젝 교수는 술을 좋아했다. 그의 집에는 많은 친구들이 드나들었다. 그래서 그런지 현관에는 여러 켤레의 실내화가 놓여 있었고, 옷걸이가 많았다. 나는 그날도 서울서 입고 온 20년이 넘은 검은 오버코트를 입고 갔다. 봄이라지 만 퍽 추웠다. 나는 그날 우리식대로 쇠고기를 서근 가지고 갔다. 그는 이미 점심 준비를 다 해 놓고 우리를 기다리고 있었다.

거실에는 먼지 한점 없었다. 집기는 잘 정돈되어 있었으며, 벽에는 호피가 걸려 있어 첫눈에 띄었다. 책장, 안락의자, 탁자는 모두 나무였으며, 여러 나라에서 가져온 기념품들이 곳곳에 놓여 있었다. 한국에 있을 때 내가 그에게 선사한 작은 호로 병도 눈에 띄었다. 그 병의 그림은 신선도와 어옹의 낙조도였는데 거실 분위기와 썩 잘 어울리었다. 중국 고화와 북한 고품도 있었는데 그중 신선로와 코끼릴 탄 불상은 매우 드문 것이었다. 우리가 허술히 보는 것도 그의 눈에는 밝게 보였든 듯싶다. 그만큼 부젝 교수는 젊어서부터 한국과 중국을 왕래했고, 가능한 한 눈에 띄는 대로 옛것을 모았다. 안락의자는 모두 하얀 양털로 깔려 있었다. 한마디로 깔끔하게 다듬어진 아늑한 분위기였다. 여기에서 나는 그의 삶의 모습을 엿볼 수 있었다.

우선 그는 작은 술잔을 꺼내 술을 한잔씩 권했다. 그리고 앨범도 보여주었다. 사진 한 장은 반바지 차림이었다. 그래서 나는 인사말로 반바지가 썩 잘 어울린다고 말했다. 그랬더니 그는 그 반바지가 인도네시아 발리섬의 한 여상인의 것이라고 했다. 그 여인이 자기가 입고 있는 반바지가 좋다며 바꿔 입자고 졸라서 바꿔 입고 기념으로 찍은 사진이라고 했다. 그 말끝에 그는 제주도에서 겪었던 일을 이야기하면서 삼성혈에 참배코자 했으나 반바지 차림이라고 거절당해 친구의 긴 바지를 빌려 입고 들어가 참배했다는 것이었다.

부젝 교수의 한국식 이름은 부재구(夫在久)다. 한국에 있을 때 허웅 선생이 지어 주었다고 한다. 그의 성이 부젝이니까 그와 흡사한 한국 성 부씨를 그에게 붙여 주었던 듯싶다. 재구(在久)보다는 재구(在九)가 더 좋을 듯하지만 허웅 선생은 그가 한국에 오래 머물기를 바래 오랠구자를 쓴 것같다. 그건 어찌 되었거나 그는 부씨네 시조의 전설이 얽힌 삼성혈에 가서 참배까지 했다. 그는 말하자면 제주 부씨가 된 것이다. 물론 부젝 교수는 한국인도 제주 부씨도 아니다. 다만 그만큼 한국을 사랑했을 뿐이다.

옆에 놓인 식탁은 하얀 색이었는데 작았다. 의자는 넷밖에 없었다. 그는 앞치마까지 치고 손수 만든 음식을 가져왔다. 이는 체코 전통 식탁 차림이었다. 빵과 햄 그리고 야채가 예쁘게 담긴 국화무늬의 접시가 나왔다. 사람이 셋이었기 때문에 창가의 의자는 비었다. 다시 나는 그의 권에 따라 맥주를 마셨다. 그는 모든 것을 한국식으로 했기 때문에 나는 매우 편했다. 여기서는 술을 따라주거나 권하는 법이 없었다. 나는 이것이 퍽 거북했다. 한데 그는 내 잔에다 술을 가득가득 계속 따라주었을 뿐만 아니라 술을 권했다. 이 바람에 나는 이날 나도 모르게 술이 취했다.

다음에는 더운 음식이 나왔다. 우리처럼 한꺼번에 상 위에 가득 갖다 놓고 이것저것 먹는 것이 아니었다. 한 접시의 음식이 끝나야 새 음식이 나왔다. 따라서 남이 먹던 음식을 집어먹는 법은 없었다. 자기의 접시 것만 먹으면 그만이었다. 물론 더 먹으려면 새로 떠다 먹을 수 있다. 나는 이것이 매우 좋아 보였다. 남기는 것도 별로 없고 한 음식을 가지고 여러 젓가락이 왔다갔다하지도 안았다. 이들은 수프를 먼저 다 먹은 다음 다른 음식을 들기 시작했다. 우리 모양 국물을 한 숟갈 떠 마시고 밥을 먹고 하지 않고 국은 국대로 따로 먹었다.

나는 이날 부젝 교수의 정성어린 음식과 정다운 환대를 받았다. 체코에 와 처음 본 체코 가정이었다. 집안 규모는 작았으나 어느 한틈 허술한 곳 없이 생활공간으로 쓰이고 있었다. 마치 일본인의 집에 있는 듯했다. 작은 공간을 빈틈없이 이들은 이용했다. 이들의 살림살이를 보면서 나는 우리의 생활공간은 너무나 허술하지 않나 느끼었다. 좁아서 몸을 움직이기가 자유롭지 못하게 보일 정도로 이들은 무엇을 늘어 놓았고 장식을 했으며, 천장까지 닿도록 벽장을 만들어 이용했다. 그는 그날 이 여러 개의 벽장을 모두 열어 보여 주었는데 그 안에는 무엇인가 꽉 차 있었다.

아파트였지만 별로 시끄럽지 않았다. 많은 사람들이 드나들지도 않았다. 여기도 현관문을 각자의 열쇠로 열었다. 밖에는 작은 정원과 주차장이 있었다. 아직 잔설이 나무 그늘에 있었으나 햇살은 밝았다. 건너편 높은 굴뚝에서는 계속 검은 연기가 솟아오르고 있었다. 여기서는 아직 석탄을 때 아파트 난방을 했다. 6차선인 앞의 큰길은 프라하 공항으로 뻗쳐 있었다. 1968년 프라하의 봄 때는 소련 군대가 탱크를 앞세우고 진주하던 길도 이 길이었다. 그들은 이 길을 레닌가라고 불렀다. 부젝 교수는 그때 있었던 일 중의 하나를 들려주었다.

그때 소련군에 항거한 이들은 이 아파트의 주부들이었다. 소련 군인들은 기관총을 난사하며 범인을 잡는다고 아파트에 침입했다. 그들이 쏜 총알이 벽을 맞고 잠자는 어린애의 머리맡에 떨어졌다. 이를 기화로 주부들이 탱크로 몰려가 아우성을 쳤다. 그래 더 큰 화 없이 위기를 넘길 수 있었다고 한다. 그는 그때의 정경을 떠올리기라도 하는 듯 밖의 길을 다시 한번 가리키며 내다보았다.

내가 두 번째 부젝 교수 댁을 방문한 것은 그해 11월 28일 일요일이었다. 그는 여름 동안 대전 엑스포(EXPO)에 참여 차 서울에 다녀온 이래 다리의 신경통이 더해 꼼짝 못하고 집에서 지냈다. 개학해서도 수술을 받으려고 여러 번 병원을 갔었다. 그러면서도 그는 그럭저럭 11월을 맞아 한국대사관의 하 참사관 내외와 이 서기관 내외 그리고 우리 내외를 자기 집으로 초청했다.

이날은 날씨가 몹시 추웠다. 그러나 우리는 그의 집에서 그가 차려주는 따뜻한 음식을 배불리 먹었고, 그가 따라주는 포도주를 마시며, 단란한 저녁 한때를 보냈다. 이날은 마르따 교수도 함께 있었는데 그는 손님이라기 보다는 주인을 도와주는 편이었다. 그는 자기 집의 주목가지와 소나무가지를 꺾어다 듬뿍 병에 꽂아 놓기도 했고, 식탁을 차리기도 했다. 마치 안주인 없는 집의 주부와 같았다. 그만큼 그는 우리를 위해 애썼다.

이날 나는 저들과 함께 기념사진을 찍었다. 그러나 그렇게 흥이나서 떠들지는 않았다. 귀 수술 후 처음 마셔보는 술이라 어찌될 지 걱정도 되었다. 이날도 우리들은 염치없이 4시간여를 떠들며 먹고 마시었다. 우리 일행이 문밖에 나왔을 때는 함박눈이 펑펑 내리고 있었다.

부젝 교수는 내 일뿐만 아니라 내 자식의 일까지 도와주었다. 형태의 촬스대학 언어학과 석사과정 입학을 비롯해 기숙사 문제와 교과문제까지 어느 것 하나 그가 도와주지 않은 것이 없었다.

그는 언어학과장 노박(Novak) 교수를 내게 소개해 주었다. 노박 교수는 나이 65세 정년이 가까웠지만 학과장으로 있었다. 그 역시 여기 늙은이들이 들고다니는 헝겊 시장가방을 몽골학과 죽대리 교수 모양 들고 다니었다. 그러나 보기에 그렇게 천해 보이지는 않았다. 그는 영어로 내게 매우 느리게 그러나 분명하게 말했다. 음성은 아주 부드럽고 반은 허스키었으나 굵었다. 그 특유의 음색은 듣는 이로 하여금 다정한 감정을 갖게 했다.

형태의 촬스대학 언어학과 석사과정 입학문제는 4월 22일 입학을 원하는 서신 형식의 서류를 학과에 보내는 일로부터 시작되었다. 그 후 5월 31일 교무과로부터 정식 입학원서를 제출하라는 우편 통지를 받아 6월 1일 교무처장에게 입학원서를 제출했다. 이일은 6월 20일 1시 실시된 구두시험과 필기시험을 끝으로 일단락 되었다.

나는 아들의 학비와 생활비가 걱정되었다. 한 달에 최저 생활비가 500달러는 들어야 했다. 아내는 공연한 짓을 한다고 야단이었다. 하지만 나는 아내의 걱정에는 아랑곳하지 않았다. 다만 형태가 공부를 열심히 해주기만 바랬다. 나는 형태를 체코에 살게 하고 싶었다. 그러자면 명문대학 촬스대학을 나와야 했다.

나는 6월 27일 촬스대학에서의 마지막 봉급을 받았다. 프라하에서 나의 일이 다 끝났다는 서운한 감이 들었다. 이제 아름다운 프라하를 떠나면 언제 다시 한번 프라하에 와 볼 것인가. 나도 모르게 어딘가 허전한 느낌이 들었다. 그후 7월 한달 동안은 더위에 시달리며 역시 귀국 준비로 나날을 보냈다. 부젝 교수도 고향에 갔다가 8월초에 프라하로 돌아왔다. 8월 5일 나는 부젝 교수를 만났다. 이날 부젝 교수는 계단을 오를 때 매우 불편해 했다. 숨이 차고 다리가 저리었다. 그러면서도 나의 일을 위해 학과실에서 11시에 만나 철학부까지 걸어갔으며, 국제부에서 서류를 만들어 1Km 가까이 떨어져 있는 사범대학에 가서 기숙사 문제를 해결해 주었다. 철학부 복도에서 우리는 블해르 학장과 한국에 가 있는 체코어과 교수 삐딸, 정치학 교수 빠뜨론도 만났다. 블해르 학장은 내게 그간 수고가 많았다며 감사하다고 말했고, 삐딸은 큰 체격에 어울리지 않게 작은 가방을 어깨에 멘 채 내게 한국말로 인사를 했다.

기숙사 일은 중년의 여직원이 보았는데 그는 인상이 매우 무서워 보였다. 마치 공산당 간부 같은 느낌을 주었다. 나는 부젝 교수의 권유로 포도주 한 병을 사다 주었다. 이들은 모든 것을 아직도 지시에 의해 했기 때문에 데스크에서는 별로 재량권이 없었다. 그는 우리가 가지고 간 서류를 접수하기는 했지만 학장명의로 된 정식 입학승인서를 가져오라며 까다롭게 굴었다. 그러면서 일단 다음 주 수요일이나 목요일 다시 와 달라고 했다.

이 사무실은 국립극장 옆 골목에 있었다. 이미 점심때가 기울었다. 이날 부젝 교수와 나는 300꼬른어치의 점심을 아주 달게 먹었다. 우리가 먹은 음식은 노루 고기 한 접시었다. 좀 질기었지만 매우 담백

했다. 맥주 맛도 좋았다. 이 식당은 마이 백화점 건너편 골목 입구에 있는 곰이란 집이었다. 매우 오래된 식당으로 넓고 정갈했다. 보이들도 모두 정장을 하고 있었다. 나는 그와 점심을 하면서 아직 비행기표를 받지 못했지만 다음 주 중에 떠날는지도 모른다고 했다. 그랬더니 그는 매우 섭섭한 표정으로 자기가 8월 14일 휴양지에서 돌아오니 그 다음에 갔으면 좋겠다며 한번 자기 집에서 저녁을 같이 하자고 했다. 그러면서 마르따 교수도 자기 집으로 나를 초청할 계획을 가지고 있다고 했다. 나는 그들의 호의에 진심으로 감사했다.

이것이 내가 프라하에서 부젝 교수와 마지막 한 식사였다. 우리는 따가운 햇볕이 내리쬐는 거리로 나와 작별했다. 그는 다음 주 꼭 다시 만나길 다짐했지만 나는 내심 어찌 될지 몰랐다.

부젝 교수는 내가 프라하를 떠나는 날 공항까지 우정 나와주었다. 그는 내게 체코제 고급 커피잔을 선물로 주었다. 그간 부젝 교수가 내게 베풀어준 은혜를 결코 나는 잊을 수 없다. 서울에 돌아와서 나는 부젝 교수에게 감사의 편지를 써 보냈다.

부 박사님께

부 박사님 그간 안녕하셨습니까. 저는 선생님의 염려지덕으로 서울에 무사히 도착했습니다. 진즉 서신을 올린다는 것이 차일피일 이렇게 늦었습니다. 서울에 온 지도 벌써 한 달이 넘었습니다. 저는 서울에 도착하자마자 더위에 시달리면서 그 동안 밀린 일들을 정리하느냐고 정신이 없었습니다. 제가 프라하에 있는 동안 저를 도와주시고 아껴주신 일들이 새삼 문득문득 생각나며 눈시울이 뜨거워질 때가 많습니다. 저는 그만큼 저도 모르게 프라하와 선생님께 정이 들었던가 봅니다.

요즘 건강은 좀 어떻하신지요, 다리의 신경통은 좀 나셨는지요. 다리를 절면서도 저를 위해 자식놈의 입학문제를 도와주시느냐고 여러 번 학교당국과 교섭을 해주는 것을 볼 때 저는 저도 모르게 가슴이 뭉클했답니다. 그일 뿐만 아니라 제가 프라하에 도착하던 날의 일들을 생각하면 선생님께 얼마나 미안한 지 머리를 들 수가 없습니다. 이같은 일들은 저의 좋은 체험이 되었습니다. 지금도 선생님과 함께 다니던 식당과 학교 앞거리가 그림처럼 내 머리에 아련히 떠오릅니다. 참으로 아름다웠던 한 시절이었습니다. 내 인생에 그런 아름다운 빛깔이 있었던가 싶습니다. 선생님이 계신 프라하는 진정 저의 꿈의 도시었습니다.

저는 프라하에서의 생활을 "숨겨진 계절이"라고 불러 보았습니다. 이 계절은 내게 있어서는 잊혀지지 않는 계절이 되었습니다. 언젠가 한번은 더 가보겠지만 그때가 언제일는지 기다려질 뿐입니다.

내년 가을에는 유럽한국학대회 일로 더욱 바쁘시겠습니다. 드릴 말씀은 태산같으나 번거로울 것같아 이만 줄입니다. 늘 건강하세요. 하시고자 하는 모든 일 뜻대로 이루시기 바랍니다. 안녕히 계십시오.
<1994. 10. 2.>

5. 또마쉬 빨라띠와 그의 어머니

내가 또마쉬(Tomas Palaty)를 안 것은 물론 부젝 교수를 통해서였다. 그는 내가 프라하에 와서 만난 첫 번째 제자였다. 그는 내가 프라하에 오는 날 새벽 3시까지 부젝 교수와 함께 나를 루지네 공항에서 기다리기도 했고, 그후 춥고 눈비가 내리는 날 흐라드차니 언덕 위의 프라하성에 오르기도 했으며, 기차를 타고 까를스테인성에 가기도 했다. 그는 작은 키에 말수가 적었다. 그러나 열심히 한국어를 내게 배우려 했다. 또마쉬는 연극을 좋아해 직접하기도 했고, 한국의 희곡과 연극을 연구했다. 그는 실험 소극장 배우였을 뿐만 아니라 연극광이었다.

당시 또마쉬는 동방연구소 도서실에 근무했는데 나는 거기서 북한에서 출판된 『이기영선집』 12권을 빌려다 읽기도 했다. 동방연구소는 체코에 있는 유일한 한국학연구소였다. 당시 그 연구소에서는 예산 관계로 직원을 계속 감원해 결국 그도 그곳을 그만두게 되었다. 그리고나서 그는 더욱 연구에 몰두해 그해 가을 까렐대학 한국학과 박사과정에 입학했다.

박사과정에 입학한 그는 그해 9월 서울에 가서 3개월 머물며 한국 연극 연구자료를 수집하기도 했고, 관계자들을 만나기도 했으며, 한국의 도시와 산하를 두루 여행하기도 했다. 그는 혼자서 설악산, 한라산, 마니산, 북한산, 지리산을 오르기도 했고, 강화도, 제주도, 경주 등지를 여행하기도 했다. 그는 그해 12월 프라하로 돌아왔다.

또마쉬는 1994년 신학기 2월부터 나의 「한국문학연구」 강의를 들었다. 서울을 다녀온 후 그는 한국말이 한결 늘어서 내 강의를 불편없이 들을 수 있었으나 역시 고전에는 약해 『흥부전』, 『콩쥐팥쥐전』, 『심청전』, 『춘향전』의 원문을 읽을 때 어려움을 겪었다. 그는 한자말과 존댓말을 잘못 쓰는 경우가 더러 있었다. 하지만 흥미를 가지고 열심히 했다.

나는 그의 어머니가 기숙사에서 가까운 부제오비스까(Budejovicka) 병원 외과장으로 있었기 때문에 많은 신세를 졌다. 그의 모친은 헬레나(Helena Palata)였다. 부친 이지(Jiri Palaty)는 국립 기술학교장이었다. 부친은 교사답게 친절하고 자상했다. 나는 그를 한번 만난 일이 있었다. 또마쉬가 서울에 가고 프라하에 없을 때 아내가 이가 아파 그의 집으로 전화를 했더니 그가 우리를 데리고 병원으로 갔다.

그후에도 나는 아내와 함께 부제오비스까 병원에를 갔다. 아내는 소화가 잘 안 되고 속이 쓰려 위궤양이 아닌가 겁이나 갔고, 나는 역시 어깨와 팔 때문에 갔다. 그날 나는 팔뚝, 어깨, 목, 팔목을 X-Ray 촬영했다. 그 다음 날은 유학생 지상훈군과 함께 가서 검사 결과를 확인했다. 신경과에서는 별다른 이상이 없다며 나를 체육의학과로 보냈다. 그날 나는 주사를 맞고, 약을 받아 가지고 왔다. 아내도 위 검사를 했는데 별 것이 아닌 신경성이라 했다.

이렇게 우리 내외가 진찰을 받는 동안 또마쉬 어머니는 줄곧 우리를 보살펴주었다. 그는 60이 다된 나이에 키는 작은 편이었으나 이목구비가 또렷했다. 별로 말이 없는 또마쉬 어머니는 아내의 손을 붙잡고 걱정스런 표정을 지으며 위로해 주었다. 우리는 병만 나면 또마쉬 어머니를 찾아갔다. 또마쉬 어머니는 자기 아들이 서울에 가 있어선지 더 우리에게 친절했다. 다른 환자에 우선하여 보아주었고, 진찰 치료뿐만 아니라 약을 무료로 받을 수 있게 해주었다. 아내는 그 약을 먹고 한결 좋아져 아무 탈없이 잘 지냈다.

체코에서는 식구마다 의료보험증을 가지고 있어야 했다. 의료보험증을 가지자면 직장이 있거나 보험금을 따로 내야 했다. 하지만 우리 가족 중 일하는 사람은 나밖에 없어 식구들은 의료보험증이 없었다. 원칙적으로 우리 식구들은 외국인 병원에 가서 치료를 받지 않으면 안 되었다. 거기에 가면 진찰료와 치료비가 말할 수 없이 비쌌다. 이빨 하나 빼는데 4천달러를 주었다는 주재 상사 직원의 이야기를 들은 일이 있다. 외국인 병원에 안 가면 외국인은 치료를 받을 수 없었지만 간혹 체코병원에 가도 진찰료가 8,000꼬룬이었으니까 한화로

24,000원 정도였다. 말하자면 이들은 외국인에게는 비싼 의료수가를 받았다. 체코에는 사립병원이나 개인병원은 없었다.

또마쉬는 나에게 프라하성과 까를스테인성을 구경시켜 주었다. 특히 프라하성에 오를 때는 난데없는 2월의 폭설이 내려 눈을 뜰 수 없었으나 그는 조금도 어려운 표정을 짓지 않았다. 그날 나는 처음으로 프라하에서 제일 아름다운 성을 보았다. 그러나 까를스테인성에 갔을 때는 아주 화창한 봄날이어서 전야의 봄기운을 만끽할 수 있었다. 그날은 내가 체코에 와 처음으로 기차를 타본 날이기도 했다.

그후 또마쉬는 우리의 일을 많이 도와주었다. 한번은 그와 함께 경찰서에 가서 조서를 작성하지 않으면 안 되었다. 여기 있는 동안 나는 여러 번 자동차 문제로 골치를 앓았다. 그만큼 자동차에 대한 사고가 잦았다. 그것도 나의 잘못으로 일어난 사건이 아니라 체코인들이 일으킨 말하자면 그들에게 의해 피해를 입은 사고였다. 물론 교통법규 위반으로 벌금을 낸 것은 그만두고라도 차의 부속품을 도난당한 일로부터 시작해 마지막에는 차에 화재까지 났었다. 이번에 또마쉬하고 경찰서에 간 것은 기숙사 주차장에서 난 화재 사건으로 내 차가 손상을 입은 일 때문이었다.

나는 6월 8일 오후 또마쉬와 함께 호돕 경찰서에 갔다. 내가 말한 사건 경위를 또마쉬가 체코어로 진술했다. 조사하는 경찰관은 매우 부드러웠다. 그는 볼펜을 수집하고 있었다. 당시 나는 소니 볼펜을 가지고 있었는데 그는 그것을 보더니 자기는 아직 소니 볼펜을 구하지 못했다며 자기에게 주면 대신 새 볼펜을 내게 주겠다고 했다. 그래서 손에 쥐고 있던 소니마크가 씌어진 볼펜을 그에게 주니 그는 새 볼펜을 통에서 꺼내 내게 주었다. 나는 그가 내게 주는 볼펜을 일단 받았다가 나올 때 그의 위 주머니에 넣어 주었다. 그는 200개의 볼펜을 모아 가지고 있었다.

키맥스 김만석 사장이 한국어과 졸업생 한 사람을 쓰겠다기에 또마쉬를 추천해 주었다. 김 사장은 그에게 이력서와 자기소개서를 써오게 하고는 7월 1일부터 3개월간 임시직원으로 그를 고용했다. 3개월의 테스트를 거쳐 김 사장은 또마쉬를 정식 회사 직원으로 채용할 예정이었다. 당시 또마쉬는 실직 상태여서 생활에 어려운 점이 많았다. 하지만 그는 자기가 좋아하는 연극과 한국학 공부를 열심히 했다. 이후 또마쉬의 소식을 나는 듣지 못했다. 언제 한번 만나 그의 근황을 들었으면 한다.

6. 또마쉬 호락과 마리아

나는 1993년 12월 23-24일을 프라하에서 250Km 떨어진 남부 모라비아 지방에서 보냈다. 이곳은 체코의 최남단 지방으로 이 나라에서는 제일 따뜻한 곳이었다. 이 지방은 들은 넓고 땅은 비옥해서 농산물이 풍부했다. 차창 밖에 넓은 들은 온통 푸르렀다. 넓은 들에는 밀과 보리가 파랗게 자라고 있었다. 사과, 살구, 포도밭이 대부분이었다. 여기는 주로 농업이 발달되어 있었다. 날씨가 온화하며, 강우량이 많아 밭농사가 잘 되었다. 특히 포도와 과수를 많이 재배했기 때문에 이 지방의 특산물은 포도주와 과실주였다. 또마쉬(Toms Horak)네는 이 지방의 전형적인 농가였다.

그의 아버지는 가스통 만드는 회사에 다니면서 농사일을 했다. 그는 56세로 1남 3녀를 두었는데 막내가 올해 22세인 또마쉬였다. 또마쉬는 내게 한국어를 배우는 촬스대학 3학년생이다. 이 학생은 공부도 제일 잘 할 뿐만 아니라 과묵하고 성실했다. 지난 여름에는 나와 함께 4박 5일 동안 독일 여행을 하기도 했다. 내가 체코에 와서 교수 생활을 하면서 이를 얻은 것은 큰 보람이었다. 또마쉬는 13년전 자기 나이 6살 때 생모를 잃고 누이들 손에 자랐으나 4년전 서모를 얻었다. 그러니까 그의 부친은 부인과 사별하고 9년여를 홀아비로 살았다.

나는 또마쉬의 집을 한번 가보고 싶었다. 내가 그에게 "이번 크리스마스 휴가 때 너의 집을 한번 가보고 싶다."고 했더니 그는 곧 자기 아버지에게 편지를 써 보냈다.

우리 일행은 23일 오전 11시 프라하를 떠났다. 이날 일행은 모두 5명이었다. 우리 내외와 형태, 또마쉬 그리고 중국인 문삼립 교수가 동행했다. 문 교수는 친구를 만나보려고 브르노까지 우리와 동승했다. 시속 120Km씩 달렸으나 2시간 30분만에야 우리는 브르노에 도착했다. 문 교수 친구는 브르노 기술학교 교수로 와 있었다. 나는 문 교수를 그 친구의 기숙사까지 데려다 주었으나 그 친구는 집에 없었다. 우리는 늦었지만 함께 점심을 간단히 먹었다. 문 교수는 다른 친구의 집을 찾아 나섰다.

또마쉬네 집은 여기서도 1시간을 더 가야 했다. 이 길은 브르노와 브라띠슬라바를 잇는 고속도로였다. 이 마을은 전형적인 농촌이었다. 삼면이 낮은 산으로 둘러싸여 있었고, 온통 포도밭이었으며, 동산에는 마을 묘지가 깔끔하게 가꾸어져 있었다. 겨울이었지만 아늑하고 조용한 가운데 따뜻해 보였다. 붉은 기와 지붕과 하얀 벽은 잘 어울렸고, 노인들은 꽃다발을 들고 포장된 길을 따라 성묘를 가는 이가 많았다.

또마쉬네 집은 길가에 있었는데 아담한 주택이라기 보다는 농장과 같았다. 대지도 넓고, 집도 컸지만 그림같이 아름다운 집은 아니었다.

이 집은 사방이 행랑으로 둘러싸여 있었고, 가운데는 직사각형의 정원이 있었다. 그 정원에는 소나무와 사과나무가 있었는데 소나무는 13년전 그의 아버지가 심었단다. 살림집은 길가로난 부분 중반을 쓰고 있었다. 그밖의 것은 말하자면 축사와 헛간이었다.

이 집에서는 닭, 염소, 돼지, 오리를 기르고 있었는데 이는 팔기 위해서라기 보다는 길러서 잡아먹기 위해서였다. 아이러니컬하게도 또마쉬는 육식을 전혀 하지 못했지만 아버지와 어머니는 고기를 매우 좋아했다. 이날도 그의 아버지는 우리를 위해서이기도 했지만 크리스마스 맞이 식품으로 오리 1마리와 닭 1마리를 잡았다. 그는 오리를 잡아 깨끗이 털을 뽑아서는 소나무가지에 매달아 놓았다. 이 집에는 체코 사람 집에 거의 있는 개나 고양이는 없었다. 나는 그것이 이상하게 느끼어졌다.

또마쉬의 큰누나의 이름은 마리아였다. 마리아는 28살의 미혼녀였다. 그는 브르노 시립 도서관 경리직원이었다. 마리아는 서모와 사이가 나빴다. 그는 서모와는 말도 하지 않았고, 서모의 일을 돕지도 않았다. 서모는 우리를 맞아 분주하게 음식을 장만하는데 마리아는 자기 방에 또는 뒷마루에 혼자 앉아 있었다. 나는 그 행동이 참으로 밉살머리스러웠다. 마치 그는 유령과도 같이 가만가만 걸었고, 정신병자 모양 조용히 혼자 쪼그리고 앉아 있었다. 나는 그것이 처음에는 아주 싫었다. 하지만 이튿날에는 왠지 그에게 동정이 갔다.

마리아는 자기의 잠자리를 우리에게 빼앗기고 마루 소파에서 잤다. 그리고는 동생의 손님을 위해 새로 식탁보를 빨아 다리어 규격에 맞게 깔아 놓았고, 크리스마스 트리를 훌륭하게 만들어 놓았다. 이와 같은 그의 행동을 보고 나는 무엇인가 그와 이야기를 하고 싶었다. 나는 3시간여 동안 이 근처 관광지 미꿀로브(Mikulov), 빨라바

(Palava), 레드니세(Lednice)를 둘러보면서도 내내 마리아와의 대화거리를 생각했다. 그만큼 마리아는 나의 관심을 끌었다.

관광을 마치고 돌아와서 나는 우선 포도주를 두어 잔 마시었다. 그리고 그가 앉아 있는 소파로 가 앉았다. 그는 거의 표정이 없었지만 나를 경계하지는 않았다. 또마쉬와 나는 엇비슷하게 마주 앉았다. 내가 하는 말을 또마쉬는 체코어로 통역을 했다. 그날 나는 나도 모르게 많은 말을 했다. 그날의 내 말은 그의 생각을 고쳐보려는 나의 노력이었다.

첫째는 서모를 미워하지 말게 하고 싶었고, 두 번째는 결혼을 서둘러 하도록 하게 하고 싶었다. 그러나 나의 참뜻이 얼마나 그에게 전달되었는 지는 나도 잘 모른다. 제대로 통역이 안 되었을 수도 있고, 나의 말이 모두 은유적이었기 때문에 그가 그 뜻을 이해하려면 힘들었을 것이기 때문이다.

그날 내가 한말 중에 기억 나는 것은 "가까운 곳에 소중한 것이 있다. 먼데 있는 것은 멀면 멀수록 그만큼 먼 것이다."라든가 "비오는 날 비오는 것을 걱정하느니 보다는 우산을 펴드는 일이 더 현명하지 않겠느냐"는 식의 말이었다.

마리아는 내 말에 깊은 관심을 나타냈다. 그는 음악, 미술, 영화 등 예술적이고 명상적인 것을 좋아한다고 했다. 어떤 타입의 남자를 좋아 하느냐는 나의 말에 그는 미국 영화 배우의 이름을 댔다. 나는 그런 영화배우를 몰랐기 때문에 그 이미지가 떠오르지 않았다. 그래서 아직도 그가 소녀적인 줄 알고 그 영화배우는 당신과 아무런 상관이 없는 그림의 떡이라고 말했더니 그림의 떡이 뭐냐고 내게 되물었다.

그러나 그는 의식 수준이 그렇게 어리지 않았다. 나는 어둠을 좋아한다고 그랬더니 자기도 어둠을 좋아한다고 했고, 그 말에 나는 해가 넘어가 방이 어두워도 불을 켜지 않고 컴컴해 질 때까지 가만히 앉아 있길 좋아한다니까 자기도 그것이 좋다고 했다.

마리아는 9년 동안 돌아가신 어머니대신 아버지를 도와 일했고, 막냇동생인 또마쉬를 키웠다. 그러다가 4년전 아버지가 서모를 얻음으로부터 그 모든 것을 하루아침에 다 빼앗겼다. 이에 따라 서모를 미워하게 되었고, 반동적으로 결혼하기도 싫어진 것이다. 나는 그를 이렇게 이해했기 때문에 그를 타이르는 말로 "죽은 자도 더없이 소중하지만 산 자가 그 보다 더 소중하지 않겠느냐."는 말도 했고, "죽은 소보다 산 염소가 더 비싸다."는 말도 했다. 다시 말하면 돌아가신 어머니를 생각하는 것도 좋지만 살아 있는 아버지를 생각하는 것이 더 주요하다는 말을 한 것이었다. 그리고 아버지를 위하는 길이 서모를 미워하지 않는 일임도 강조했다.

나는 농담 삼아 "새해에는 좋은 사람을 만나 결혼하길 바랍니다. 그때는 내게도 청첩장을 보내 주세요. 그날을 기다리겠습니다."라고 말하니 그는 소리 내지 않고 웃을 뿐 말이 없었다. 나는 가지고 간 인도 향을 그에게 주었다. 그는 향내를 맡아보고는 향기가 참 좋다고 했다. 인생의 향기가 그에게 깃들이기를 나는 내심 빌었다.

또마쉬의 서모는 우리를 친절하게 대했다. 아침 일찍 일어나서는 양, 돼지, 닭, 오리 등 가축의 먹이를 주었고, 겨울임에도 뒷밭에 나가 사과나무에 걸음을 주었다. 아침 식탁에는 포도주와 야채수프와 감자를 갈아 만든 프드와 어제 내가 사다준 쇠고기구이가 나왔다. 이것은 드문 일이었다. 우리를 위해 특별히 준비한 것임에 틀림없었다. 물론 마리아는 손까닥하지 않았다.

나는 아침 식탁 머리에서 동양의 효자 이야기를 했다. 그러나 그들은 전혀 이해하지 못했다. 엉뚱하게도 또마쉬 아버지는 아들이 아버지에 대해 너무 모두 알면 좋지 않다고 했다. 닭이나 돼지는 동서양이 없이 똑같은데 인간은 이렇게 서로 달랐다. 인간은 문화적 존재이기 때문이다. 원래 인간은 똑같았다. 그러나 문화가 달라지면서 생각, 느낌, 언어가 달라지기 시작했을 것이고 그것이 오래 지속되면서 인간도 달라지게 되었을 것이다. 닭이 홰를 치며 아침에 울어대는데 그 소리가 어쩌면 내 어려서 듣던 우리 집 수탉 울음과 똑같은 지 신기하기까지 했다.

또마쉬 서모는 우리에게 무엇이고 있는 대로 주고 싶어했다. 그는 크리스털 포도주잔 한 갑(6개)을 내게 주었다. 나는 극구 사양하고 받지 않았더니 그것이 싫어 그러는 줄 알고 다른 작은 장식용 꽃병을 내 아내에게 주었다. 그리고 그가 손수 만든 과자와 빵을 여러 봉지에 싸서 주었다. 여기 사람들의 봉지는 매우 작아서 봉투만 했다. 사과 2개를 넣으면 꽉 차는 그런 것이었다. 무엇이든지 조금씩 담아 주었다. 얼른 보면 아주 잔달아 보였다. 그러나 나는 그렇게 생각하지 않았다. 나는 그에게 인도제 가죽 돈지갑을 1개 주었고, 그의 남편에게는 케논 나이터를 주었다. 나도 역시 작은 것을 그들에게 주었다. 그들은 대문밖까지 우리를 전송했다.

우리는 또마쉬의 안내로 이 근처의 명소를 관광했다. 길은 모두 포장되어 있었다. 우리가 첫 번째로 들린 곳은 빨라바산 위의 성이었다. 성은 2곳에 있었는데 우리는 보다 남쪽에 있는 미꿀로브산성으로 올라갔다. 여기 역시 포도주가 유명했다. 산성을 오르는 길은 그리 가파르지 않았지만 돌길이어서 힘들었다. 길가 동굴에는 예수의 수난상이 조각으로 만들어져 있었는데 모두 후락했다. 어느 하나 올바른 것은 없었다. 그만큼 이들은 이제 예수와는 거리가 멀어져 있는 것같았다. 그러나 그들의 유적지는 모두 예수교의 교회나 예수교와 관련이 있는 곳이거나 옛성주의 성과 저택들이었다.

체코의 작은 지방도시의 생김새는 거의 같았다. 도시중앙 센트름에는 네모진 광장이 있었고, 4면으로 건물들이 있었으며, 광장에는 분수대와 작은 정원이 있어 시민의 휴식공간으로 쓰였다. 그 한쪽에는 교회와 호텔이 있었으며, 관공서와 상가가 있어 생활 중심지를 이루고 있었다.

미꿀로브는 산밑의 작은 마을이었다. 성주의 저택이 웅장했고, 고색 창연한 옛 교회가 있었으며, 그 첨탑은 매우 높았다. 이상하게도 첨탑의 시계는 정각이었다. 옛주인은 없어도 시계는 여전히 똑딱똑딱 가고 있었다. 체코의 첨탑시계는 대부분 정확하게 시간이 맞았다. 이들 시계는 장식품이 아니라 훌륭한 일상생활의 한 도구였다. 이 산성에 오르니 북쪽에서 불어오는 바람이 귀를 에었다. 그러나 성밑의 마을은 바람 한점 없었다. 산성 중턱에서 내려다보이는 오스트리아와 체코의 국경선은 평화롭기만 했다. 마치 이웃 마을처럼 다정하게 느껴졌다. 나는 38 휴전선을 생각하며 다시 한번 민족의 비애를 느끼었다. 말만 동족이요, 단일민족인 것이 서글프게 생각되었다.

나는 정상까지 오르기를 그치고 멀리 보이는 국경선과 빨라바 호수를 바라보았다. 또마쉬와 형태는 단숨에 산성으로 올라갔다. 아내와 나는 돌길을 내려와 마을 어귀에서 촌로를 만나 포도주집을 물었다. 그러나 모두 문을 닫고 아무도 없었다.

우리가 찾아간 두 번째 명소는 큰 공원이 있는 레드니세였다. 이 공원은 독일의 라이프치히 공원보다 컸고, 포츠담 공원보다도 내 보기에는 더 컸다. 이 공원은 아랍사원과 아랍탑으로 유명했다. 그 옛날 터키제국이 여기를 지배할 때 이슬람교가 번창했음을 우리는 이를 보아 단적으로 알 수 있었다. 그러나 지금은 폐허가 되어 있었다.

그러나 공원의 향나무 정원과 무성한 고목은 그 옛날의 영화를 꿈꾸듯이 의젓하게 버티고 서 있었다. 이와 흡사한 정원을 우리는 포츠담에서 보았다. 그러나 향나무의 크기와 굵이는 여기 것이 훨씬 더 했다.

또마쉬의 말을 빌리면 아랍인들이 아랍사원과 아랍탑을 세운 것이 아니라 체코인들이 아랍탑을 좋아해 세운 것이라고 한다. 그러나 내 보기에는 체코 이슬람교인들이 세운 것이 틀림없어 보였다. 우리는 2시간여를 걸어다니며 여기저기를 둘러보았다. 공원 안에는 맑은 늪의 물이 낙엽에 묻혀 있었고, 백양나무와 아름드리 고목이 겨울 까치울음 속에 잠자고 있었다. 나무들이 잠자는 이 공원에는 옛 이야기만 가만가만 들려왔다.

우리는 2곳의 관광을 마치고 다시 또마쉬네 집으로 갔다. 이미 점심때가 기울어 있었다. 그들은 우리를 맞아 다시 점심 준비를 했다. 나는 미안해 그냥 돌아가려 했으나 그들의 간청으로 그럴 수 없었다. 우리는 또마쉬의 안내로 그의 포도주 저장소로 갔다. 거기서 우리는 마을 묘지도 보았고, 그의 모친의 묘도 참배했다. 포도주 저장소는 묘지 가는 길에 있었다. 여기는 마을 뒷동산이었다. 겨울 저녁 마을의 풍경을 평화스러웠다. 더욱 크리스마스 이브여서 그런지 마을 분위기는 조용한 가운데 풍요로와 보였다.

포도주 저장소는 마을 사람들이 한 곳에 지어 한 칸씩 차지하고 있었다. 이곳에서는 포도주를 담기도 하고 다된 포도주를 짜서 나무통에 담아 붉은 포도주와 흰 포도주를 구별해 각기 통색깔을 달리하여 지하 온도에 저장하고 있었다. 나는 또마쉬가 떠주는대로 포도주 진국을 마시었다. 이런 곳에서 마시는 포도주는 또한 별미였다.

우리는 새로 떠온 포도주를 늦점심 상에 올려놓고 크리스털잔에 따라 맑은 유리 소리를 내 부딪히며 즐겁게 마시었다. 노래라도 부르고 싶은 심정이었다. 이번에는 또마쉬의 큰누나도 함께 겸상을 했다. 서모는 삶은 고기를 더 가져오고 내가 사과를 잘 먹으니까 쥐알만한 사과를 떨어질 새 없이 가져다가 광주리를 채웠다. 나는 이미 또마쉬의 큰누나에게 많은 말을 한 터여서 그도 생각이 좀 달라졌다 싶었으나 서모가 자기 친 큰아들 내외와 손자들의 사진을 우리에게 보여주자 그는 말없이 자리를 떴다. 그래서 나는 서모에게 여기 살고 있는 동안에는 그런 것을 잊고 이 집 식구들만 생각하는 것이 좋지 않겠느냐고 말했더니 그는 상관없다고 했다. 밖은 어두워지기 시작했다. 겨울 5시 30분은 밤이었다. 그러나 시간은 아직 이른 때였다. 나는 저들의 만류를 물리치고 자리를 떴다.

3시간은 달려야 프라하에 도착할 수 있었다. 얼마쯤 오니 비가 내리었다. 또 얼마쯤 오니 눈이 내리기 시작했다. 앞이 안 보여 운전하기가 어려울 줄 알았으나 걱정과는 달리 눈이 달리는 차의 속도 때문인지 앞 유리창에 덮이지 않았다. 그러나 겁이 났다. 차는 아주 드물게 다녔고, 길은 미끄러웠으며, 나중에는 눈비가 섞여 내렸다. 거기에다 휘발유도 거의 다 떨어져갔다.

8시 30분쯤 우리는 프라하에 다았다. 기숙사에 오니 내 집에 온 것처럼 마음이 놓였다. 프라하의 크리스마스 이브는 의외로 매우 조용했다. 학생들도 모두 자기 집으로 돌아간 기숙사는 허전하기까지 했다. 몇몇 남아 있는 다른 나라에서 유학 온 학생들이 모여 맥주를 마시며 떠들고 있었을 뿐이다. 나는 희미한 등 밑에 앉아 정문을 지키고 있는 늙은 수위를 보았다. 평상시에는 매우 무뚝뚝해 보이던 이 남자 수위는 우리가 들어오자 반갑게 맞았다.

나는 방에 들어와 문득 그에게 무엇을 주고 싶었다. 그래서 또마쉬네서 싸준 과자를 주려다가 그만 두고 검은 양말 한 켤레를 봉투에 넣어 갖다 주었다. 그는 고마워하며 받았다. 우리는 비싼 것, 큰 것이라야 선물인 줄 알지만 여기서는 오히려 그런 것은 부담스러워 했다. 이들은 작은 아름다움을 알았다. 나도 이제는 무엇이고 작은 것이나마 남에게 주는 즐거움을 가져 보리라 내심 다짐해 보았다.

나는 또마쉬 큰누나와의 대화를 다시 한번 되새기며 처음과는 달리 그의 외로움을 달래주고 싶었다. 내가 체코어로 편지를 쓸 수 있었다면 아마도 이 날밤 긴긴 편지를 써서 그에게 보냈을 것이다.

7. 두 중국인 교수

나는 두 중국인 교수를 알게 되었다. 한 분은 이비인후과 의사 문삼립(文三立) 교수였고, 다른 한 분은 중국어과 서종재(徐宗才) 교수였다.

하루는 뜻밖에 문삼립 교수가 내 집을 찾아왔다. 그는 그날도 내 어깨와 귀에 침을 주었다. 이날 나는 옆방의 서종재 교수를 불러 함께 필담을 즐겼다. 서종재 교수는 중국 고전문학을 전공하는 북경어언학원 부교수였다. 그는 지난 8월 촬스대학 극동학 강좌 중국어과 교수로 왔다. 그는 왕은보(王恩保) 교수의 후임으로 왔는데 나이는 54세였다. 그는 2년간 프라하에 있을 예정이었다. 서 교수는 1995년 10월 북경에 돌아가면 나를 북경대학으로 초청하겠다고 했다. 그는 조용하고 겸손했다. 이날 나는 이들에게 서울서 보내 온 무궁화 향을 1갑씩 주었다. 그리고 나서 이번 토요일 셋이서 주말여행을 한번 가자고 했다. 이에 이들은 흔쾌히 동의했다.

우리는 1993년 11월 20일 아침 9시 블란이세 기숙사 주차장에서 만나 주말여행을 떠났다. 형태가 운전을 했다. 그날 우리는 프라하 동북쪽에 있는 관광지 꾸뜨나 호라와 약수로 유명한 뽀제브라디를 다녀 왔다. 날씨는 음산하고 추웠다. 이들은 체코 지방 여행을 별로 안 했는지 매우 즐거운 표정이었다. 문 교수는 신사복을 입고 있었는데 사진을 찍을 때마다 겉의 잠바를 벗었다.

꾸뜨나 호라에는 13세기에 건축된 왕관처럼 생긴 첨탑이 여러 개 솟아 있는 아름다운 교회가 있어 관광객이 많았다. 옛도시로서의 모습도 그대로 간직하고 있었다. 좁은 골목길은 모두 잔돌로 포장되어 있었는데 그 무늬가 매우 아름다웠다. 그 돌길에는 담장이가 입혀진 돌담이 예스럽게 돌아가며 있었고, 낙엽이 떨어져 수북히 덮여 있었다. 나는 이 길이 좋았다. 성 밑에는 작은 강이 있었고, 그 너머에는 큰 숲이 있었다.

여기는 아주 고풍스러운 기념품 상점과 레스토랑도 있었으며, 주택은 모두 고급스러워 보였다. 사과가 붉게 익어 운치를 더한 가운데 감 또한 가지가 휘도록 달려 있었다. 한마디로 가을 냄새를 흠뻑 풍기고 있었다. 나는 기념품 가게에서 이 도시의 옛지도를 한 장 샀다. 이 지도는 우리의 수선도와 아주 흡사했다. 천연색이었는데 집이며, 골목길이 실제의 모습 그대로 그려져 있었다. 나는 이 지도를 내내 책상머리에 붙여 놓고 보았다.

우리는 꾸뜨나 호라의 관광을 마치고 거기서 5km 떨어져 있는 꼴린(Kolin)에 와서 멋진 생선요리를 먹었다. 이 식당은 고급스러웠다. 흰 식탁보에 빨간 조각 수건과 하얀 조각 수건이 놓여 있었으며, 잔잔한 고전음악이 들려 왔고, 식탁마다 촛불이 켜 있었다. 식후 서 교수는 크고 탐스러운 사과 2개를 그의 가방에서 꺼내 껍질도 안 깐 채 4쪽으로 쪼개 나눠주었다. 사과는 맛있었다.

우리는 식사를 마치고 약수물을 마시러 뽀제브라디로 갔다. 여기서 뽀제브라디는 10Km 떨어져 있었다. 형태는 약수물을 받고, 우리는 뽀제브라디의 공원과 주택가를 돌아보았다. 집들은 부러울 정도로 아름다웠고, 단단해 보였으며, 모두 붉은 기와에 흰 벽이었다. 창유리는 맑게 닦이어 있었고, 창과 창 사이에는 흰 커튼이 쳐진 가운데 화분의 빨간 꽃이 곱게 피어 있었다. 11월의 엷은 저녁 햇살이 흰 벽과 유리를 환하게 비쳤다.

공원은 잘 다듬어져 있었다. 4그루의 향나무는 피라밋형을 하고 있었고, 아름드리 고목은 나뭇잎이 무성한 숲을 이루고 있었다. 아이들은 나무사이를 돌며 술래잡기를 했고, 노인들은 두터운 오버코트를 입고 햇볕을 따라 거닐었다. 공원 가운데에는 분수대가 있었는데 물은 솟아오르지 않았지만 나체의 여인 동상은 예뻐보였다. 공원에는 여기저기 동상과 조각들이 놓여 있었다. 여기의 공원은 장식품이 아니었다. 생활공간으로서의 공원 구실을 그대로 해내고 있었다.

우리는 강가로 가 보았다. 강에는 백조와 오리가 떼를 지어 떠돌고 있었는데 노인들은 모이를 던져주며 여가를 즐기고 있었다. 강 가운데로 석탄을 실은 큰 철선이 서서히 떠내려갔다. 강물은 매우 검어 보였지만 크게 오염돼 보이지는 않았다. 바닥이 한국의 강처럼 하얀 모래가 아니어서 물빛이 검을 뿐이었다. 강바닥은 흙이 검고 매우 기름져 식물이 잘 자랐다. 강가에는 갈대가 무성했고, 여러 종류의 나무가 숲을 이루고 있었다. 그 중에는 백양나무도 많이 있었는데 나는 특히 백양나무 숲이 보기 좋았다. 백양나무 잎은 은행나무 잎처럼 노랗게 물이 들어갔다. 백양나무는 어딘가 모르게 향수를 자아냈다. 나는 굵은 백양나무 줄기를 손으로 만져 보았다. 저녁 석탄 연기와 함께 매캐한 석탄 내가 코끝을 스쳐갔다.

약수물은 도시 가운데 2곳 있었다. 한 곳은 도시 중심지에 있었고, 다른 한 곳은 공원 옆 길가에 있었다. 물을 받는 사람들은 5-6명씩 꾸준히 모였다. 겨울철이라 가물어서 그런지 물은 아주 적게 나왔다. 물은 수도꼭지에서 가늘게 흘러 나왔다. 형태는 가지고 간 통에 물을 받느냐고 손이 얼지경이었다.

뽀제브라디 약수물은 한국의 설악산 오색약수와 똑같았다. 이 물로 밥을 지으면 쌀밥이 파란색으로 변했다. 밥은 차지고 소화가 잘 되었다. 특히 이 약수물은 위장병에 좋았다. 저들은 병을 여러 개씩 가지고 와서 물을 받았는데 병이 모두 쇳빛으로 물들어 있었다. 이 물은 그만큼 여러 가지 광물질이 많이 녹아 섞여 있었다. 체코에는 온천이 없었다. 그러나 약수는 여러 곳에서 나왔다. 따뜻한 약수가 나오는 곳도 있었다. 그 유명한 곳이 아름다운 도시 까르로비 바리와 휴양 도시 마리안스께 나즈네다.

어느덧 11월의 해가 뉘엿뉘엿 넘어가고 있었다. 넓은 들에 지는 해가 고와 보였다. 두고두고 나는 지는 해의 아름다운 빛을 보았다. 지나는 마을마다 석탄 연기가 굴뚝에서 솟아났다. 우리는 어둠이 질 때 기숙사 블란이세 앞뜰에 도착했다. 문 교수는 돌아오는 금요일 침을 한번 더 맞아야 한다며 그의 침통을 장난삼아 꺼내어 내 귀에다 대고 쩔렁쩔렁 흔들었다. 하지만 나는 별로 침을 더 맞을 생각이 없었다.

그 다음날 아침 일어나 보니 많은 눈이 내렸다. 어제 밤 많이 내린 눈은 프라하의 첫눈이었다. 눈은 하루 종일 내렸다. 눈이 이렇게 내리려고 어제 하루 종일 음산하고 그렇게 추웠던가싶다.

8. 몽골인 죽대리 교수

찰스대학에서 함께 근무한 몽골학과 죽대리 루프산 도르지(Jugder Luvsan Dorj) 교수는 프라하에 온지 5년째였다. 그는 영어는 하지 못했으나 체코어는 그저 인사말을 할 정도였지만 노어는 썩 잘 했다. 죽대리 교수는 체코인들과 노어로 말했다. 나는 그와 이야기를 하고 싶었지만 말이 통하지 않아 서로 답답한 심정으로 마주 앉아 있기가 일쑤였다. 하지만 가끔 부젝 교수를 통해 이야기를 할 수 있었기 때문에 나는 그에 대해 어느 정도 알고 있었다. 마지막 학기에는 매주 화요일과 수요일 그와 같은 시간에 강의가 있어 자주 만날 수 있었다.

그는 늘 벽돌 색의 반코트에 낡은 검회색 양복을 입었고, 코트와 같은 색의 빛낡은 중절모를 썼으며, 손에는 나일론 천으로 만든 여인들이 시장에 갈 때 들고 가는 푸른색의 쇼핑 가방을 들고 다니었다. 교수라기 보다는 늙어 할일 없는 가난한 할아버지가 노점으로 파, 감자, 담배를 사러 가는 모습이었다. 나는 그것이 처음엔 측은해 보였다. 그러나 그는 언제나 태연자약했다. 그는 나를 만나면 반갑게 먼저 손을 내밀어 악수를 청했으며, 무엇인가 말하고 싶어하는 표정이었다. 하지만 우리는 서로 웃고 말았다. 그도 프라하에 식구를 다 데리고 와 있었는데 그의 딸도 형태가 다니는 체코어 연수부에 다니었다.

죽대리 교수는 1995년 가을 몽골로 돌아갈 예정이었다. 그러면서 1996-7년에는 서울에 갈 수 있다며 나보고 서울대학에서 몽골어교수가 필요하면 자기를 불러달라고 했다. 그는 "Mongolia, Ulanbatar, Mongolian Naciomal University, Department Mongolian Langvigi,

Docent. J.Luvsandorj"로 연락하면 된다면서 내게 그의 주소를 적어 주었다. 죽대리 교수는 몽골국립대학 몽골어과 교수로 있으면서 나처럼 촬스대학에 와 있었다. 그는 몽골대학에서서는 한푼도 받지 못하고 촬스대학의 봉급으로만 살아갔다. 당시 촬스대학 정교수 봉급이 1달에 9,000꼬룬 정도였는데 여기서 공제금이 2,000꼬룬 정도였으니 7,000꼬룬을 가지고 1달을 살아가야 했다. 이 돈은 200달러도 안 되는 돈이었다. 한화로는 160,000원이었으니 아무리 물가가 서울보다 싸다고 해도 우리의 형편으로는 1주일 살기도 어려운 돈이었다. 내가 그때 살아보니 1달에 최소한 먹는 것만 해도 500달러 정도는 있어야 했다.

그해 봄 저들은 부활절이라 해서 서로 선물을 주고받았다. 나는 학생들로부터 예쁘게 색칠한 삶은 계란을 받았다. 나는 그에게 내가 쓰던 검은 가방을 주고 싶었다. 사실 이 가방은 별로 쓰지도 안았다. 서울서 올 때 새로 산 것이었고, 여기 와서는 줄곧 어깨에 메고 다니는 작은 가방을 사용했기 때문에 이 가방은 새 것이나 다름없었다. 하지만 나는 생각뿐이었지 차마 그에게 이 가방을 줄 수가 없었다. 그가 어떻게 생각할 지가 내겐 의문이었다. 내 것 주고 뺨 맞는다는 식으로 안 주는 것마지도 못하게 되면 어쩌나 싶어서였다.

사실 나는 그때 그 가방이 필요 없었다. 로마 여행 때 나는 벼르고 벼르던 고급 가죽가방을 내 딴에는 거금을 주고 샀다. 이 가방은 깜뽀(Campo)였다. 이 상표를 사용하는 오퍼만(Offermann) 회사는 1842년 설립이래 오직 가방 만들기만 전념해 독일 가죽가방의 톱 메이커가 되었다. 나는 이상하게 가죽제품이 좋았다. 그래서 소용도 없는 돈지갑이나 혁대 같은 것을 몇 개 사기도 했다. 이와 반대로 털옷은 별로 좋아하지 않았다. 하지만 러시아에 갔을 때 여름이었지만 털모자를 하나 산 일이 있었다.

나는 죽대리 교수의 의향을 떠볼 양으로 그가 늘 들고 들어와 의자 뒤에 걸어 놓는 그의 천가방을 내가 들어보며 이것이 좋으냐고 했더니 그는 조금도 얼굴을 붉히지 않은 채 그 가방의 좋은 점을 몇 가지 지적하면서 내 가방을 가리키며 이것도 좋지만 자기 것도 좋다는 것이었다. 그는 그 천가방이 손잡이가 길어 벽에 걸기가 편하고, 팔에 끼고 다닐 수도 있으며, 가벼워 좋다는 것이었다. 그래 이것을 몇 년이나 썼느냐니까 그는 손가락 넷을 펴 보였다. 그러면서 손잡이가 다 헌 것을 내게 보여주기도 했지만 내 고급 가죽가방을 부러워하는 기색은 전혀 없었다. 그의 태연한 모습에서 나는 많은 것을 보았다. 이를 본 나는 그에게 내가 쓰던 검은 가방을 주려던 생각이 싹 사라졌다.

그의 생김새는 나와 똑같았다. 그는 나보다 한살이 아래였는데 나이는 더들어보였고, 성자처럼 늘 미소지었다. 그는 내게 그가 가지고 있는 백과사전만한 크고 두툼한 책을 내보이며 웃었다. 보니 중국인의 몽골어 교본이었다. 물론 고문헌이었다. 그가 펴 내게 보여준 부분은 내가 늘 듣던 『몽어노걸대권5』(『蒙語老乞大卷五』)였다. 보니 옛 몽골 문자 옆에 옛 한글자가 몽골어음을 따라 적혀 있고, 그 밑에 그 뜻이 씌어 있었다. 그 내용 중에 "큰형이 어디로 가니, 왕경으로 간다. 너는 어디서 왔니"같은 것이었다. 음달린 한글을 내가 읽으니 그는 맞는다는 듯이 응응거리면서 신기하다는 표정을 지었다.

몽골은 1950년부터 소련의 통치하에 들어가 몽골 문자를 없애고 러시아 문자로 몽골어를 표기했지만 50년이나 지난 오늘에 와서는 소련의 붕괴와 함께 독립을 해 요즈음은 다시 몽골 문자를 쓰고 있다. 고대 몽골 문자는 전혀 한자와 달랐다. 내 보기에는 오히려 산스

크리트어 같았다.

몽골은 한문화권과는 거리가 아주 먼 것같이 느껴졌다. 몽골은 오히려 일본이나 한국보다도 중국과 아무런 관계가 없는 듯이 보였다. 그들은 한자를 섞어 쓰지도 않았고, 한문화적 발상도 하지 않았다. 다시 말하면 유교와는 관계가 전혀 없는 듯했다. 나는 몽골에 대해 많은 관심을 갖게 되었다. 그러나 전혀 이에 접근할 수가 없었다. 언어라는 것이 얼마나 큰 존재인가를 다시금 깊이 느끼었다.

우리는 서로 말을 하지 못하면서도 심정적으로 깊은 동정심을 느끼었다. 이 문제가 실로 의문이었다. 그 방에는 일본인 이와자와라는 중년의 교수도 있었고, 중국인 서종재 교수도 있었다. 우리는 다 같이 서로 동정적이었지만 서로 말이 통하지 않아 거북해 했다. 하지만 서양인에 비해 어딘가 이들은 서로 동족애 같은 것을 느끼고 있었다. 그것은 외형과 내면 즉 육체와 문화의 상동성 때문이었을 것이다. 하지만 몽골인은 문화의 상동성을 거의 찾을 수가 없었다. 특히 유교와 한문 문화권에서 그랬다.

그해 봄 나는 사진기를 가지고 가서 기념으로 우리 사진이나 찍어두자고 제의하고 몽골학과 여교수 알래나에게 샤터를 눌러주길 부탁했다. 그 당시에는 몰랐는데 사진을 보니 우리가 입은 와이셔츠 색깔이 파란 하늘색으로 똑같은 것을 알게 되었다. 나는 그에게 사진을 건네주며 파란색의 와이셔츠 칼러를 손가락으로 가리켰더니 그도 털털하게 허허 웃었다. 사진은 이렇게 자기를 객관적으로 보게 해주었다.

당시 체코정부에서는 평양에 있던 체코대사관을 철수시켜 거의 북한과는 국교를 단절한 때였으나 몽골이나 중국, 베트남과는 여전히 원만한 상태를 유지하고 있었다. 특히 유럽인들이 나보고 어느 나라에서 왔느냐고 물었을 때 내가 코리아라고 하면 이들은 반드시 사우스냐 노드냐를 번거롭게 꼭 물었다. 내가 서울이라고 대답하면 그들은 그제야 고개를 끄덕였다. 이런 가운데서 나는 분단국가인으로서의 비애감을 느끼기도 했다. 특히 당시 핵 보유 문제로 남북이 긴장된 가운데 전쟁 위기마저 느끼게 되었을 때 나는 저들에게 매우 부끄러움을 느끼었다. 이제 죽고 사는 것은 우리들만의 문제가 아니었다.

오늘날의 몽골인들이 아직도 세계를 지배한 당시의 영광을 되새기며 긍지를 지니고 있는지 모르지만 징기스칸이 천하를 통치할 때 그 위력이 얼마나 컸을까 싶었다. 그러던 몽골이 오늘날 세계에서 가장 가난한 나라 중의 하나가 되었으니 그 까닭이 어디에 있을까.

Ⅸ. 프라하의 한국인들

1. 한국인은 한국인답게

당시 프라하에는 한국인이 많지 않았다. 다만 일시적으로 거처하거나 상사 임직원으로 와 있는 경우가 대부분이었다. 하지만 한국인으로 체코 국적을 가진 사람이나 영주권을 가지고 있는 사람 중에는 공산당 시대 체코인과 결혼한 몇몇 북한 여인들이 있었다. 그 중에 내가 만나 본 이로는 김경숙, 김혜순 여사 두분이었다.

프라하에 정착하고 있는 한국인으로는 무역회사 키맥스의 김만석 사장과 레오 프라하의 김정선 사장 및 그 가족과 현대 자동차 허환, 삼성전자 정인철, 대우전자 남성동, 삼성물산 신영한 지점장 등과 그 가족들이 있었다.

이밖에 대사관의 임직원과 그 가족 및 국비 유학생 김은해와 김인천 부부, 어학연수차 와 있던 한국외대 체코어과 학생 남종우, 김학범, 지상훈, 서수환, 윤동석, 임세연, 이정현, 김주영 등이 있었으며, 유리 그림 공부를 하기 위해 온 김동석, 신학 공부를 하기 위해 온 이종실 목사와 그 가족이 있었다.

한국에 관련된 기관으로는 체코주재 한국대사관(민병석 대사), 한국무역회관(코트라) 프라하 지사(김형수 관장), 민간 단체 한체협회, 촬스대학의 한국학과(1950년 설치)가 있을 뿐이었다. 당시 프라하에 살고 있던 한국인들은 어른 아이 합해 약 30여명 정도였다. 이들은 대사관 주체 개천절 야유회, 망년회, 신년회와 한인교회 주체 봄 야유회 때 모두 모였다. 특히 한인교회는 김만석 사장의 돈독한 신앙심과 투철한 사명감으로 설립된 이래 프라하의 한국인들의 정신적인 위안처가 되었다. 더욱 이종실 목사의 헌신적인 노력과 봉사로 교회의 터전이 굳건하게 닦이어 가고 있었다.

2. 김경숙 여사

나는 부젝 교수의 소개로 김 여사를 알게 되었다. 김 여사는 50대 후반이었다. 남편 체르니 선생은 의사였다. 그는 지금 70대 후반의 고령이어서 아무 일도 않고 집에서 쉬고 있지만 6 · 25 전쟁 당시 군의관으로 북한 청진에서 일하기도 했고, 그후 아프리카에 가서 의료봉사를 했을 뿐만 아니라 영어, 독어, 불어, 노어, 한국어에도 능통하였다.

김 여사와의 만남은 체르니 선생이 청진 병원에 근무할 때였다. 당시 김 여사는 같은 병원의 간호원으로 있었다. 부젝 교수는 6 · 25 당시 까렐 체르니(Karel Cerny) 선생과 함께 함경도 청진(淸津) 병원에 근무하고 있었기 때문에 김 여사와 체르니 선생과의 로맨스를 누구보다도 잘 알고 있었다. 체르니 선생과 김 여사는 열열한 연애 끝에 결혼하려 했지만 공산당에서 이들의 결혼을 반대하자 체르니 선생은 귀국을 거부하고 청진 공산당위원회 당사로 짐을 싸들고 들어가 밤

낮 10여일 농성을 한 끝에 겨우 결혼 허가서를 받아내 김 여사와 함께 프라하로 돌아왔다고 한다. 이후 김 여사는 프라하에서 40여 년간 살고 있다.

내가 김 여사 댁을 방문한 것은 1993년 7월 16일 점심 때였다. 여름비가 내리고 있었다. 김 여사와 체르니 선생은 우리를 반갑게 맞아 주었다. 그날 나는 그가 차려 주는 점심을 맛나게 먹었다. 김 여사는 나를 맞아 우정 만두를 만들고 한국식 반찬을 준비했다. 조금은 억센 함경도 사투리로 말하는 김 여사의 말투에는 공산당식 말이 많이 섞여 있었다. 위원장 동무라든가 선생 동무라는 말이 자기도 모르게 튀어나와서인지 한국말을 안 쓴지가 오래돼서 말이 서툴다며 내게 미안하게 생각했다.

김 여사의 집은 흐라드차니 궁성 뒤편 고급주택가의 2층집이었다. 정원은 한 200평은 될까 싶으리 만치 넓어 보였다. 정원에는 사과, 배, 감 등 여러 가지 과일나무와 꽃나무들이 무성하게 자라 있었다. 마침 비에 젖어 나무들은 더 푸르러 보였다. 손이 모자라서인지 정원은 가지런히 가꾸어져 있지 않았지만 자연스러워 보였다. 큰 집에 노인 두 내외만 살고 있어 좀 적적해 보였다.

체르니 선생은 몸이 불편해 우리와 함께 식사를 할 수가 없었다. 그는 아담하게 꾸며진 거실에서 우리가 점심을 먹는 동안 소파에 앉아 있었다. 동양화 족자 2폭과 한문 글씨 1폭이 걸려 있는 거실 분위기는 매우 친근감을 갖게 했다. 내가 이 그림과 글씨의 연고를 물으니 청진에 있을 때 환자가 퇴원하면서 선물로 준 것이라고 했다. 금강산도 비슷한 산수화와 탐스런 목련화가 특히 좋아 보였지만 명품은 아닌 듯했다. 하지만 보기 드문데서 눈에 익은 그림을 보니 신기하기까지 했다. 체르니 선생은 한국어를 다 잊었다면서 몇 마디 할 뿐 주로 영어로 말했다.

모처럼 정담을 실컷 나누고 내가 자리를 뜨려 하자 김 여사는 마치 친정 식구가 왔다가 가기나 하는 듯 주방의 여기저기를 뒤져 된장, 참깨, 만두, 무, 배추 등을 싸 주며, 타국에서 고생이 많겠다며 자주 들러달라고 했다. 나는 그의 마음 씀이 눈물겹도록 고마웠다. 김 여사는 병구완에 시달려 그런지 소화가 잘 안 된다며 라면만 자셨다. 서울의 라면이 그렇게 좋다며 좀 많이 구했으면 좋겠다고 했다. 나는 원래 라면을 별로 좋아하지 않아 아예 가지고 가지를 않았기 때문에 이럴 때 어찌하면 좋을 지 몰랐다. 그러나 서울서 오는 학생 편에 좀 구해 보겠다고 했다. 그러나 나는 그후 라면을 구할 수가 없어 보내주지 못했다. 아직도 그 일이 미안하다.

체르니 선생은 부젝 교수가 회장으로 있는 한체협회 모임에는 노구를 이끌고 가끔 참석했다. 대전 엑스포에 체코 기업인들을 유치하기 위해 그해 대사관과 코트라에서는 자주 모임을 가졌다. 한편 체코 정부에서도 자신들의 산업을 홍보하기 위해 한국의 형편을 알려 했기 때문에 회원들이 많이 참석했다. 나는 체코 정부에서 작성한 체코의 홍보문(부젝 교수가 한국어로 번역한)을 교정하면서 윤문을 해 주기도 했다. 이들의 선전 문구나 홍보 내용은 아주 정직하고 교과서적이었다. 하지만 디자인과 색채는 매우 효과적이었다.

체르니 선생은 김 여사와 항상 동부인해 이 모임에 참석했다. 체르니 선생은 별로 말이 없었다. 처음 김 여사를 이 모임에서 만났을 때 나는 체르니 선생을 제쳐놓고 김 여사와 너무 말을 많이 해 체르니 선생에게 미안하기도 했다. 한체협회원은 약 70여명 정도였다. 이들은 봄과 가을에 정기적으로 모이는 것이 통례였지만 그해에는 대전 엑스포 때문에 매달 모이었다. 큰 모임으로는 한국대사관에서 주최한 한국을 소개하는 영화 시사회와 코트라에서 주최한 대전 엑스포 선전 영화 상연 겸 간담회였다. 이밖에 “한국의 주간”이라 해서 일주일간 매일 한국영화가 작은 영화 시사실에서 상연되었다. 그때 <달마가 동방으로 간 뜻은>, <바보선언>, <그해 겨울은 따듯했네> 등 7편의 영화가 상연되었다.

나는 김경숙 여사를 그후 1997년 겨울에 또 만났다. 나는 아직 형태가 체코에 남아 있었기 때문에 그해 겨울을 프라하에 가서 아들하고 함께 지냈다. 형태의 진로가 계속 불투명하여 무엇인가를 확실하게 결정하지 않으면 안 되었다. 나의 솔직한 심정은 그 애가 체코에서 자리 잡고 살아가 주기를 바랬다. 하지만 형태는 적응을 잘 하지 못했을 뿐만 아니라 그럴 생각도 별로 없는 듯했다. 그 애가 체코에 머문지도 벌써 5년째가 되었다. 이제 어느 정도 적응력이 생겼으려니 했다. 하지만 여전히 잘 적응하지 못했다. 체코어는 많이 늘어 회화는 어느 정도했지만 생활력이 없었다. 나는 정말 걱정이 되었다.

나는 그해 겨울을 김경숙 여사 댁 근처 촬스대학 기숙사에서 보냈기 때문에 어느 때보다도 김 여사를 자주 만날 수 있었다. 김 여사는 특히 우리 부자를 친정 식구처럼 대하여 주었다. 그해 겨울 프라하에는 눈이 많이 왔다. 춥기도 몹시 추웠다. 그러나 기숙사 안은 늘 훈훈했다. 김 여사는 우정 뜨겁게 쇠고기국을 끓여서는 식지 않는 그릇에 담아 아들편에 보내고는 했다. 내가 귀국한다니까 자기네가 쓰던 트렁크를 내 주었다. 그야말로 일제시대 쓰던 낡은 트렁크였다. 차마 그걸 들고나설 수 없을 정도로 낡고 오래된 것이었다. 그걸 2개나 주었다. 짐은 많이 넣을 수 있지만 겉모양이 흉에서 쓸 수가 없었지만 나는 고맙게 받아 들었다. 그리고 잘 이용했다. 지금도 내 헌옷을 넣어 보관하고 있다. 김 여사는 전형적인 한국 주부였을 뿐만 아니라 또순이 이상으로 생활력이 강했다. 언제 또 뵐 수 있을지, 건강하시기 바란다.

김혜순 여사는 화가 부부였다. 체코인 남편이 돌아간 후 김 여사는 프라하 교외 저택에서 작품 활동을 중단한 채 노후를 보내고 있었다. 나는 김 여사를 한체협회 모임에서 한번 만난 적이 있었는데 고향은 개성이었지만 서울서 학교를 다니다 6·25 때 체코인 화가를 만나 프라하에 와 살게 되었다고 한다. 그에 대한 자세한 내력은 듣지 못했다. 김 화백은 성격이 매우 활달해 보였고, 말씨도 시원시원했다. 나를 민 대사와 함께 교외의 자기 집으로 한번 초청을 한다더니 그 후 소식이 없었다. 나는 우정 그의 집을 한번 방문해 보고 싶었지만 차일피일 하다가 끝내 가 보지 못했다. 내가 그의 집을 방문했었더라면 그에 관한 이야기도 많이 들었을 터인데 못내 아쉽다.

당시 프라하에는 북한 대사관이 아직 남아 있었다. 체코에서는 북한과 외교관계를 단절해 평양에서 대사관을 철수한 터였다. 북한 국적을 가진 이들 중 태권도 손 사범은 도장을 운영하고 있었다. 부제오비스까에 있는 이 도장을 나는 한번 가 보았다. 체코의 젊은 남녀가 우렁차게 구령을 한국어로 외치며 연습을 하고 있었다. 앞질러 차기, 옆차기, 태권도 등의 구령을 들을 때 나는 나도 모르게 가슴이 뭉클했다. 특히 어린이들과 예쁜 여자들이 태권도를 배우는 것을 보았을 때 체코에도 태권도가 많이 보급된 것을 알 수 있었다. 내게 한국어를 배우던 촬스대학의 또마쉬군은 태권도광이었다. 내가 그 도장을 방문했을 손 사범은 없었다. 20대의 체코인이 30여명을 가르치고 있었다. 이들은 1년에 한번씩 운동장을 빌어 태권도 시범대회를 열었다. 형태는 이 도장을 다니면서 새로운 체코인 친구들을 사귀었다.

3. 민병석 대사

한국 대사관저에서 1993년 12월 20일 체코 교민 망년회가 있었다. 나는 이날 처음 관저를 찾아가느냐고 고생했다. 관저는 커서 낮이면 쉽게 찾을 수도 있었다. 관저는 밤에 봐서 그런지 개인 집이라기 보다는 옛 성주의 대 저택 같았다.

민병석 대사 내외는 우리를 정중히 맞아 주었다. 그곳에 모인 모든 이들은 지난 10월 2일 슬라피의 교민 야유회 때 만난 처지라 얼굴이 익었다. 김만석 사장는 누구보다도 나를 반갑게 대해 주어 내 마음이 한결 편안했다. 우리는 둘러앉아 취향대로 술을 골라 마셨다. 나는 체리 드라이진을 한 모금 마셨다. 시장끼가 있어서였던지 취기가 금방 돌았다.

민 대사는 서울 태생으로 말씨가 부드럽고, 성격이 매우 온순했다. 그는 서울 본토박이 민씨로서 명문가 자손이었다. 서울법대를 나와 미국서 공부를 했지만 그는 매우 예의 바르고 한국적인 정서에 젖어 있었다. 그는 나와 젊은 목사를 앞에 서게 하고 부페식 저녁을 시작했다. 이날 모인 사람 수는 정확히는 모르겠지만 한 30명은 되었다. 음식은 한국식 부페였다. 음식 맛은 내 입에 맞았다. 그러나 나는 한 접시밖에 먹지 않았다.

모인 사람들은 모두 4군데로 나눠 앉아 이야기하였다. 자연히 40세 이상쯤 된 이들은 민 대사를 중심으로 둘러앉았고, 30대들은 여기서 조금 떨어져 있었으며, 여자들은 식단이 차려 있던 긴 테이블에 모여 앉아 있었다. 남쪽 구석방에는 주로 유학생들이 모여 앉아 먹고 떠들었다. 이날 음식과 술을 나르는 일은 체코인 2사람이 다 해내었다. 한 분은 60이나 돼 보이는 정중한 모습이었고, 다른 이는 30대의 중년이었는데 몸이 잿다. 술을 가져오고 빈 그릇을 가져가고 하는 일들을 그들은 능숙하게 했다.

민 대사는 청와대 비서관으로도 일을 했으며, 독일 프랑크푸르트 영사를 지내기도 했다. 그는 지난 봄 체코 주재 한국 대사로 부임해 슬로바키아 겸임 대사로 있었다. 나는 그의 연설을 두번 들은 일이 있었다. 한번은 그해 봄 한체협회 모임에서였고, 두 번째는 대전 엑스포 관계 모임에서였다. 그때 인상 깊게 들은 이야기는 흰 돼지 새끼 이야기와 한밭 이야기였다. 그는 한국문화를 체코인들에게 소개하면서 우리는 특별한 것처럼 생각하지만 그것은 농부의 어리석음과 같을는지도 모른다고 겸손히 저들에게 말하기도 했다. 이를 그는 한 농부의 흰 돼지 새끼 이야기에 비유해 말했다. 한국의 근대화를 그는 한밭을 예로 들어 저들에게 설명했다. 그 비유가 내게는 훌륭해 보였다. 한밭과 흰 돼지 새끼, 그것은 오늘의 한국을 단적으로 은유한 것이었다. 그는 그만큼 의미 깊은 이야기를 할 줄 알았다.

그 이야기는 대충 이러했다. 한 농부가 돼지를 길러 새끼를 냈는데 열 마리의 새끼 중에 유독 한 마리가 흰 돼지었다. 농부는 이 흰 돼지 새끼를 신기하고 귀하게 생각해 현감에게 바치려고 관청으로 몰고 갔다. 가다가 날이 저물어 여관에 서 묵게 되었는데 가만히 보니 여러 마리의 흰 돼지 새끼들이 있었다. 이 농부는 자기의 흰 돼지 새끼가 별다른 것이 아님을 깨달았다. 그래서 현감에게 주려던 흰 돼지 새끼를 도로 자기 집으로 몰고 왔다는 이야기였다. 다른 한 이야기는 대전 엑스포가 농업의 상징이다시피 했던 대전 즉 한밭에서 치러짐을 일컬어 한국이 농업국가에서 공업국가로 탈바꿈하고 있음을 단적으로 지적해 한 말이었다. 한밭이 농업의 대명사였듯이 이제 대전은 첨단공업단지화 되어가고 있음도 그는 암시했다. 사실 오늘날 많은 공업단지가 대전지방에 있지 아니한가.

말이란 정확하기도 해야하지만 많은 것을 느끼고 생각하게 해야 한다. 민 대사의 연설은 많은 것을 생각하게 하는 말이었다. 옛 성현들의 말씀이 그러했듯이 민 대사의 말도 퍽 은유적인 것이 많았다. 그는 아마도 젊은 시절 시나 소설을 많이 읽었는 듯싶다. 그렇지 않고 어떻게 그런 좋은 은유를 쓸 수 있었을까. 이는 한마디로 그의 교양이었다.

민 대사는 이날도 재미있는 말을 많이 했다. 자기가 여름 휴가 때 겪은 일 중 독일 국경을 넘을 때의 일과 이태리에서 당한 일 그리고 체코에서 있었던 일들을 우리에게 들려주었다.

민 대사가 이태리의 한 호텔에 묵었을 때였다. 그 호텔에서는 담배를 팔지 않았기 때문에 담배를 사려면 멀리 나가야 했다. 그러나 그는 담배를 참을 수가 없어 프런트에서 일하는 직원에게서 담배 한 개피를 빌려 피려했다. 그래서 그에게 담배 한 개피만 달라고 했더니 그 직원은 그의 새 담뱃갑에서 몇 가치를 빼서 자기 포켓에 넣고 담배갑채 주더라는 것이었다. 민 대사는 조금전 콘드라를 탈 때 엉뚱한 값을 낸 것이 몹시 기분이 어쨚았던 터이지만 이 담배 일로 그 일을 싹 잊을 수 있었다고 했다. 그러면서 그는 이태리인에 대한 감정은 그리 나쁘지 않았지만 독일인들의 무례한 짓에는 끝까지 분노를 참을 수 없었다고 했다.

독일 국경을 넘을 때 그는 자기 자신이 한국의 체코 대사임을 밝혔고, 태극기를 차 앞에 꽂고 있었으며, 벤츠 200의 위엄을 갖추고 있었음에도 독일 경찰은 뒤트렁크를 열어 조사를 하겠다는 것이었다. 뒤트렁크에 술이나 담배 등 그들이 금하는 물품이 있느냐고 그에게 물었을 때 아무 것도 없다고 부인이 대답했음에도 불구하고 그의 말을 믿지 않고 구태여 조사를 한다는데 그는 매우 불쾌했다는 것이다. 그는 더욱 그들이 믿어줘야 할 위치에 있는 사람이 아니었던가. 하지만 독일 국경 경찰관은 이를 전혀 싹 무시하고는 제멋대로 하는 것에 대해 민 대사는 더욱 불쾌감이 컸다. 결국 민 대사는 뒤트렁크를 열어 보여주고서야 국경을 통과할 수 있었지만 불쾌한 감정은 여전했다고 했다.

민 대사는 이날 체코인에게 당한 이야기도 했다. 그 일은 말하자면 술집에서의 바가지였다. 그는 그날 서울서 온 친구 10여 명과 점심을 하고 간단히 술 한잔을 하려고 술집에 들렀다가 일인당 100달러씩 술값을 냈다는 것이다. 그러면서 민 대사는 내가 체코인들을 늘 좋게 말하니까 이를 경계하기도 했다.

이날 모임은 밤 10시가 넘어서 끝났다. 밖에 나오니 함박눈이 펑펑 쏟아졌다. 모두들 의외란 듯 탄성을 질렀다. 넓은 뜰의 가로등에 비쳐 보이는 밤눈은 먼 북국을 연상케 했다. 세워 놓은 차도 눈으로 덮여 있어 어느 차가 누구의 차인지 알 수가 없었다. 헤어질 때 민 대사는 문밖까지 나와 가는 사람들에게 일일이 악수를 하였다. 그는 나에게 다음에 체코 돼지 족발을 한번 먹으러 가자고 했다.

4. 김만석 사장

김만석 사장은 프라하의 한국인 대부였다. 그는 한국인으로서는 제일 먼저 프라하에 정착했다. 그는 럭키 금성사 부장으로 독일에 근무하면서 1987년부터 당시 공산국가였던 동유럽 여러 나라를 드나들기 시작했다. 그는 체코가 공산국가 중에서 가장 풍요롭게 살아가는 것을 보았다. 그뿐만 아니라 김 사장은 이미 농업국가 경제 형태를 벗어난 체코의 선진국형 경제체제를 남달리 중요하게 인식했다. 더욱 그는 체코는 국민들의 빈부차가 거의 없고 농촌과 도시의 생활수준이 균등함을 알게 되었다. 그러던 차 1989년 드디어 체코의 자유화가 실행되고 한국과 국교가 정상화되자 그는 누구보다 먼저 체코에 들어갔다. 처음에는 역시 럭키 금성사 부장 일을 보았으나 1990년 이를 그만두고 자영 무역회사 키맥스(KIMAX)를 설립했다.

나는 1993년 5월 5일 김만석 사장을 찾아갔다. 김 사장은 나를 매우 반갑게 맞아 주었을 뿐만 아니라 자기가 찾아뵈려 했지만 늦어 죄송하다는 말까지 했다. 나는 의외의 그의 말을 듣고 아 이런 사람도 있나 싶었다. 나는 다소간 마음이 놓여 그의 사무실에 앉아 이 이야기 저 이야기를 했다. 그의 사무실은 무역회관 8층에 있었는데 805호와 806호를 쓰고 있었다. 805호는 사무실이었고, 806호는 견본 전시장이었다. 사무원은 체코인 남녀 2명이 있었다.

김 사장은 경기도 용인이 고향이었다. 4남매의 장남으로 태어나 일찍 아버지를 여의고 홀어머니를 모시고 고학을 하다시피 해 서울대 농과대학 농업기계학과를 졸업했다. 럭키 금성사에 있기 전에는 율산실업에서 일을 했다. 그는 자라나는 동생들의 학비를 대야 했고, 그들이 성장하면서는 결혼을 시켜야 했다. 말하자면 아버지의 일을 그가 다 한 것이었다. 그는 그만큼의 생활 경험을 통해 이 세상을 살아가는 방법을 터득하였으리라. 직장을 럭키 금성사로 옮긴 후로는 주로 해외 근무를 했다. 그는 이 회사의 부장이 되면서부터는 독일 프랑크푸르트에서 7년간 근무했다.

김 사장은 대학을 다닐 때는 연극, 문학, 음악 등을 좋아 해 이들 서클을 돕기도 했다. 그는 연극 공연을 위해 수원 시내를 돌며 성금을 모았고, 각계 요로 관서장에게 기부금을 받으러 다니기도 했다. 한때는 신문 배달원 일도 해 보았으며, 시를 밤새껏 써 학교 신문사에 보내 당선되기도 했다. 그만큼 그는 문학, 연극, 음악에 관심이 있었다. 지금도 양명문의 <명태>를 제일 좋아 해 자주 노래한다고 했다. 그래서 그런지 장사꾼답지 않게 나와 재미있게 대화를 나눌 수 있었다. 그가 하는 말은 내게는 모두 진실 같았고 홍미로웠다. 그만큼 김 사장과 나는 의외로 감정이 통했다.

김 사장은 나를 만난 첫날 자기 집으로 데리고 갔다. 그의 집은 내가 있는 기숙사에서 그리 멀지 않았다. 그는 형태와 나를 태워 가지고 손수 운전을 했다. 나는 그때 차를 하나 사려고 이것저것 보고 있었던 차라 차에 대해서도 그에게 여러 가지를 물어 보았다. 그는 나보고 체코 차를 사는 것이 좋겠다고 했다.

그날 나는 전혀 그의 집을 가리라고는 생각지 못했기 때문에 아무런 마음의 준비도 없었다. 그 집 뒤에는 작은 슈퍼마켓이 있었다. 거기서 나는 쇠고기를 좀 사 가지고 들어가려 했지만 마땅치 않아 그만 두고 맥주를 한 상자 샀다.

나중에 안 일이지만 김 사장은 프라하에 한국인 교회를 처음으로 연 독실한 기독교 신자일 뿐만 아니라 장로였다. 그때 그는 자기 집을 예배당으로 쓰기도 했다. 그러나 그후 옛 교회를 빌려 20여명의 한국인 신자가 모여 일요일이면 예배를 보았다. 나보고도 여러 번 교회에 나오라고 했지만 나는 한번도 교회에 나가지 않았다. 그런 그에게 나는 맥주를 한두 병도 아닌 한 상자 24병을 사다 주었으니 얼마나 잘못 된 일이었는지 모른다. 그러나 그는 아무 말 없이 나와 함께 즐겁게 맥주를 마셨다.

김만석 사장은 연립주택에 살았다. 겉에서 보기에는 한 집 같았다.

현관을 들어가 2층으로 올라가야 살림집이 있었다. 앞은 탁 트여 시원했고, 거실은 남향이라 햇빛이 잘 들어 환했다. 길 건너편에는 공원이 있었지만 다른 데처럼 잘 다듬어져 있지는 않았다. 그는 회사를 설립한 후 집을 주려 이리로 이사를 했다. 거실에는 찬장과 장식장이 있는 가운데 내 눈에 번쩍 띈 것은 조선조 때 쓰던 목물궤였다. 장식쇠도 두꺼웠고 칠도 잘 되어 있었다. 그의 거실에는 다른 집에서 볼 수 없는 가라오케 음향기기가 있었고, 그릇은 체코 특유의 국화 무늬 자기였다.

그보다도 나는 이들 부부의 말씨가 더 좋았다. 어느 결에 부인은 저녁을 차리었다. 여기 와서 나는 처음으로 생선요리를 먹었다. 나는 염치없이 홍어 찜을 다 먹어 버렸다. 부인은 마치 우리가 친정 식구나 되는 듯 식사 대접을 했다. 김 사장은 그때 42세였고, 그의 부인은 39세였다. 하지만 그의 부인은 두 아들의 엄마답지 않게 젊어 보였다. 그는 늘 명랑하게 웃고 다정하게 이야기했다. 부인은 사업가의 아내답게 붙임성이 있었다. 그는 막내딸로 맏이에게 시집 왔지만 막내딸의 귀염성을 결코 잃지 않고 있었다. 그만큼 그는 남편을 늘 편안하게 해주었다. 그는 아들만 둘을 두었는데 큰아들의 이름은 현일이었고 나이는 12살이었으며, 작은아들 준일은 9살이었다. 이들은 모두 인터내쇼날 스쿨에 다녔는데 학비가 년간 1만달러였다. 아이들은 한국말와 영어는 잘 했지만 체코어는 한마디도 하지 못했다.

이날 김 사장 내외는 우리를 태워 가지고 내가 살고 있는 기숙사까지 왔다. 나는 그의 마음 씀에 다시 한번 놀랐다. 이들 내외는 내 방까지 들어와 살펴보았다. 부인은 내가 봄꽃을 따다 말려 놓은 것을 보고는 나보고 자상하다며 마른 꽃내를 맡아보기도 했다. 이 꽃 이름을 나는 모른다. 다만 기숙사 뒤뜰에 이 꽃이 노랗게 지천으로 피어 있었는데 하루는 한 할머니가 이 꽃을 따고 있었다. 무엇에 쓰려고 따느냐니까 차를 끓이면 그렇게 좋다고 했다. 그래서 나도 얼마만큼 따다 그늘에 말려 책상 위에 놓아두었던 것이다. 이날 나는 그들 부부가 내가 사는 걸보고 돌아 갈 때 아무것도 줄 것이 없었다. 그래서 나는 두어권 가지고 온 나의 수상집 『빈 항아리 속의 진실』을 봉투에 넣어 주었다.

그후 나는 김 사장과 무엇이고 의논해도 될 것같은 생각이 들었다. 프라하에 또 하나의 대부가 생긴 셈이었다. 하지만 나는 일상적인 나의 일은 어느 정도 스스로 알아 할 수 있었기 때문에 별로 그의 신세를 지지 않았다. 다만 내 아들 형태의 문제가 늘 나는 걱정 거리였다. 나는 형태를 그의 회사에서 일을 하게 하고 싶었다. 그래서 하루는 김 사장을 찾아가 이 문제를 의논했더니 그는 쾌히 승낙했다. 나는 동생처럼 생각하고 데리고 있어 봐 달라고 간곡히 부탁했다. 그날도 나는 그의 집에서 술이 취해 늦게 돌아왔다.

다음날 일요일 하루 종일 나는 김 사장에게 감사와 부탁의 편지를 길게 썼고, 따라서 형태의 영문과 국문 이력서를 작성했다. 그 다음날 5월 31일(월요일) 아침 8시 형태를 말끔히 신사복을 입혀 출근시켰다. 나의 편지와 형태의 이력서를 본 김 사장은 형태에게 아버지의 뜻에 따라 열심히 일해 보라며 자리를 만들어주었고, 자기가 없을 때는 이 회사의 주인 노릇을 하라고까지 했다고 한다. 하지만 형태는 회사를 1주일 나가고는 그만 두었다. 회사 일이 적성에 안 맞아 못하겠다는 것이었다. 나는 다시 골칫거리가 생겼다.

나는 2주일 후 그의 말대로 체코 차를 사 가지고 김 사장 회사로 갔다. 나는 형태가 회사에 나가지 않은 일을 사과할 겸 새 차를 보여줄 겸 겸사겸사 해서 갔다. 그날도 나는 그의 집까지 끌려가 배불리 먹고 밤늦게 돌아왔다. 나는 왠지 그의 집에서는 마음이 편했다. 그래서 염치없이 퍼덕이고 앉아 내 집처럼 보냈다. 지금 생각하면 내가 그때 그만큼 내 집이 그리웠었던 것같다.

그해 여름 1달 동안 김 사장은 서울에 가 있었다. 나도 여행을 하느냐고 서로 만날 수가 없었다. 그러던 차 내가 운전면허증을 취득하던 날 나는 또 그의 집을 찾아갔다. 그 날은 서울서 온 아내도 함께 갔다. 나는 면허증을 얻은 기쁨을 그와 함께 나누고 싶었다. 나는 체코 운전면허증을 꺼내 우선 그에게 보여주고 그간의 우여곡절을 말했다. 자기는 독일 운전면허증을 가지고 있다며 참 어려운 일을 했다고 나를 위로해 주었다. 이 날은 내가 운전을 하고 그의 집까지 갔다.

이렇게 나는 프라하에 있을 때 김 사장을 의지하고 지냈다. 그해 여름 내 딸이 외손자 보리를 데리고 왔을 때 김 사장은 우리를 자기 집으로 초청했다. 딸은 교회에 나가기 때문에 그들과 또 다른 의미에서 친숙해질 수 있었다. 그러나 그 애는 계속 여행을 했기 때문에 별로 만날 기회가 없었다. 가을이 되어서 김 사장은 회사 일로 무척 바빴다. 우리는 다만 공식석상에서만 주로 만나게 되었다.

그해 가을 9월 16일 통일사절단의 교민초청 모임이 프라하 호텔에서 있었다. 이같은 모임에서 김 사장은 남다르게 나를 감싸주었을 뿐만 아니라 특별히 대접해주었다. 내가 미처 모자나 겉옷을 벗지 않으면 벗도록 일러주었으며, 늦게 갔을 때는 자기 자리를 내게 내주기도 했다. 그것은 어디까지 그의 교양이었다. 더욱 나는 공식석상이나 대중적인 모임을 별로 좋아하지 않아 서울에 있을 때는 거의 참석하지 않았지만 여기 와서는 그럴 수가 없어 오라는 데는 거의 빠짐 없이 나아갔다. 하지만 모든 것이 어색했다. 그같은 나의 어색함이 김 사장의 눈에 늘 띈 것이다.

김 사장은 설날에도 우리 식구를 초청해 주었다. 김 사장은 오전 중 대사관에 다녀왔다고 했다. 나는 그간의 소식을 들었다. 이날도 우리는 푸짐하게 차려준 맛난 음식을 먹었다. 그리고 서울서 그에게 보내온 테이프를 통해 서울의 년말연시 풍경을 보았다. 우리는 거의 1년동안 서울과는 별로 상관없이 지내왔기 때문에 서울 TV의 프로그램을 전혀 볼 수가 없었다.

우리는 설날 저녁 노래방을 차려 놓고 직접 노래를 신나게 불렀다. 김 사장이나 그 부인은 노래를 잘 불렀다. 나는 저들이 시키는 대로 노래를 불렀으나 박자나 음정이 잘 맞지 않았지만 김 사장은 내게 노래를 자꾸 부르게 했다. 물론 나의 기분을 돋아 주기 위함이었다. 이 또한 나는 고맙지 않을 수 없었다. 현일과 준일은 내게 큰절로 세배까지 했다. 이놈들도 우리가 자주 드나드니까 남같지 않았던 모양이다. 현일이는 오디오 기기를 잘 조정했고, 준일은 어리광을 부리면서도 노래를 부르고 싶어했다. 이렇게 가족적인 분위기에서 설날 저녁을 보내게 배려해준 김 사장에게 새삼 다시 한번 고마움을 표한다.

그후 우리 내외는 김 사장 회사를 방문했다. 그쪽에 일이 있어 갔다가 마침 생각이 나서 들렀다. 그때 아내는 음력이 있는 달력이 없어 갑갑하다며 성화를 부렸다. 생일이며 제사며 일상적인 가족행사를 음력으로 치르던 버릇이 있어 자주 음력 날짜를 내게 일일이 물었다. 여기 와서는 그런 행사를 할 수 없으면서도 그날들을 알고 싶었던 모양이다. 그때마다 나는 귀찮아 김 사장 회사에 가서 음력이 들어 있는 달력을 얻어다 주고 싶었는데 마침 그날 그 생각도 나서 함께 회사에 들렀다.

마침 김 사장은 자리에 있었다. 그는 3시에 상담이 있어 마음이 바쁜 것같았다. 하지만 우리를 반겨주었고, 내가 달력 이야기를 하니 그는 음력이 들어 있는 달력 하나와 금성사 달력을 주었을 뿐만 아니라 내가 안경 이야기를 하니 견본실에 가서 안경테를 가져다주기도 했다. 한국제였으나 새로 나온 것이어서 디자인도 재료도 좋았다. 나중에 거기에 선글라스 렌즈를 끼워 쓰고 다니니 멋있어 보였다. 유물각주라는 말이 옳을 듯했다. 이날은 이렇게 김 사장에게서 물건만 얻어 가지고 총총히 돌아왔다. 나중에 안 일이지만 그의 부인은 한번도 회사에 나온 일이 없다고 한다. 그만큼 김 사장은 보수적이었으며, 가부장적이었다.

94 월드컵 때 우리 식구는 김 사장 댁에 가서 한국과 독일 대항 축구 경기를 미국에서의 우주중계로 독일 방송을 통해 직접 보기도 했다. 그날 축구 경기는 한국이 전반전에 독일한테 3대 0으로 지고 있었다. 이를 보던 김 사장 부인 현일 어머니는 가슴이 아프다며 눈물을 흘리면서 안방으로 들어갔다. 그는 후반전에 한국 팀이 키퍼를 바꿔 2꼴을 넣어 3대 2가 되자 그때서야 나와 다시 축구 경기를 보기 시작했다. 나는 한국 팀의 유니폼이 마음에 들지 않았다. 바닷물처럼 파란색의 아래 위 유니폼에다 어깨 한 부분에는 독일 국기 색과 같은 무늬가 놓여 있었다. 나는 그것이 싫었다. 독일하고 경기를 하는데 왜 그들의 국기 색깔이 들어 있는 유니폼을 입혔는지 알 수 없었다. 축구 경기 중개는 자정이 되어서야 끝났다.

우리는 이렇게 흉허물없이 김 사장 댁을 드나들었다. 김 사장은 7월 3일 여름휴가를 서울서 보내기 위해 식구들과 함께 떠났다. 그때 그는 자기 집과 회사 및 차의 열쇠를 형태에게 맡기었다. 이들은 8월 1일 서울에서 돌아오기로 되어 있었다. 김 사장 가족이 모두 서울로 가자 나는 왠지 허전함을 느끼었다. 나는 그만큼 이들을 의지하고 지냈던 듯싶다.

김 사장은 8월 8일 우리 식구와 당시 프라하에 와 있던 MBC-TV 촬영반을 그의 집으로 불러 함께 저녁을 했다. 이 자리는 김 사장과 나의 석별의 만찬이기도 했다. 이날 우리는 새벽 2시까지 취해 이야기를 했다. 우리 내외는 김 사장에게 형태를 동생처럼 여겨달라고 부탁했고, 김 사장 내외도 나의 뜻을 십분 이해하여 걱정 말라고 했다. 이날 나는 김 사장이 겪었던 여러 가지 체험 이야기를 듣고 가슴이 뭉클했다. 그가 자수성가하기까지의 숱한 고생과 고난은 그만이 아는 일이었다. 이날 그가 우리에게 들려준 체험은 형태에게 큰 용기와 교훈이 되었다.

김 사장은 우리가 프라하를 떠나는 날 바쁜 가운데도 우정 공항까지 나와 주었다. 김 사장은 손수 내짐을 운반해주기도 했고, 출국수속을 도와주기도 했다. 마치 늙은 부모를 전송하는 태도였다. 그는 그만큼 우리 내외를 가족처럼 대해 주었다. 김 사장은 우리가 탑승장으로 나갈 때까지 지켜 봐주었다. 언제 다시 김만석 사장을 만나 또 이런 이야기를 하게 될는지 모른다. 그때를 기다리며 이 자릴 빌어 진심으로 감사한다.

5. 김형수 관장

나는 당시 프라하 주재 코트라(Kotra) 김형수 관장을 알게 되었다. 그는 공식적인 모임에 늘 나왔다. 나는 그의 집을 두번 방문했다. 첫 번째는 10월 23일 한국외대 유학생들과 함께 그의 초청을 받아 갔었고, 두 번째는 12월 30일 프라하 주재 상사(商社) 직원 망년회를 그의 집에서 가졌을 때 역시 나를 특별히 초청해줘 아내와 함께 갔다.

나는 처음에 그를 잘 몰랐었다. 그러나 알고 보니 매우 소탈하고 강직한 분이었다. 그는 음악을 좋아해 최고급 소니 오디오와 많은 콤팩트 디스크를 가지고 있었다. 그는 고전음악을 즐겨 들었다. 나는 그의 취향이 생각보다 고급스러운 것을 보고 약간 놀라웠다.

김형수 관장은 경상도 영주인으로 한국외대 스페인어과를 졸업하고 코트라에 들어간 후 이제까지 외국에서 주로 근무했다. 그는 코트라에 첫입사해 남미 브라질의 통상사절을 따라가 거기서 일하기도 했고, 남유럽 스페인에서 코트라일을 보다가 체코 주재 코트라 관장으로 지난 2월 강영중 관장 후임으로 부임했다. 한국외대에 다닐 때는 스페인어보다는 경제학을 더 열심히 공부했으나 스페인어과 졸업 덕으로 코트라에서 일하게 되면서부터는 스페인어를 새로 배우기 시작했다. 그는 한때 교수가 되려고도 했었다.

김 관장은 억센 경상도 사투리에 안경을 끼었고, 깡마른 편이었으나 두주불사였다. 그는 대전 엑스포 일로 몹시 바빴다. 하지만 그런 가운데도 그는 늘 망중한의 여유를 즐겼다. 그의 망중한은 고전음악 듣기와 술 마시기였다. 그는 영어도 잘 했다. 나는 그의 영어 연설을 한번 들은 적이 있다. 그것은 대전 엑스포를 체코인에게 알리는 모임에서였다. 그는 흘러간 노래도 썩 잘 했는데 그 중에서도 백치 아다다는 일품이었다. 1993년 10월 2일 체코 교민 야유회 때 나는 처음으로 그의 백치 아다다를 들었다.

그날 나는 술이 취해 들꽃을 한웅큼 꺾어들고 블따바 강가 백사장을 돌며 소리 높여 동요를 불었다. 강가에 매어 놓은 배에 올라서는 김소월의 시 「산유화」와 「엄마야 누나야 강변 살자」를 읊기도 했다. 아무도 없는 곳에서의 짓이었지만 그의 부인이 나의 서글픈 모습을 보았던지 그후 김 관장은 내게 그날의 일을 이야기하며 "내자가 김 교수님을 아주 멋진 시인으로 생각한다."고 했다. 나는 정말 부끄러웠다. 이 말을 듣고서는 내가 그에게 나의 수상집 『빈 항아리 속의 진실』을 그래도 한 권 전한 것을 다행으로 생각했다. 그후 김 관장은 나의 책을 잘 읽었노라면서 좋은 글을 많이 써주기를 바랬다.

이로부터 우리는 더욱 친숙해졌다. 나는 그의 처가에 대해서도 이야기를 들을 수 있었다. 그의 장인 경당(景堂) 선생은 이승만 시절 국무총리를 지낸 백두진(白斗鎭)과 함께 동경대 철학과 출신이었지만 한번도 정계나 학계에 나가지 않고 저술에만 전념했다. 경당은 신의주가 고향이었지만 8·15 해방과 더불어 월남했다. 그는 따님만 셋을 두었었는데 막내 따님이 김 관장의 부인이다.

그의 처가는 세검정에 있었다. 그 집 서쪽 창가에 있었던 노송은 일년 내내 푸르정정했고, 대문도 없이 헐어진 돌담에 봄이면 감나무꽃만 무성했다. 그 가운데 앉아 경당은 아무도 알아주지 않는 저술에 전념했다. 여러 번 친구들의 꾀임이 있었지만 그는 다 물리치고 오직 자신의 외길만 걷다가 천명을 다해서는 자신의 운명 날까지 알고 고이 눈을 감았다. 그의 얼굴은 나이 이미 칠십이 넘었지만 늘 어린애 얼굴과 같았다. 비록 그 부인이 헐어져가는 집 한 귀퉁이에서 재봉침을 밤낮으로 돌려 무용복을 만들어 팔아 생계를 유지했고, 딸 셋을 모두 공부를 시켰지만 본인은 조금도 그런 일에는 아랑곳하지 않고 깨끗하게 조신했다. 가족들에게는 가장 무능한 가장이었지만 자신의 신념대로 살다간 경당이었다.

나는 그의 이야기를 듣고 돌아와 그 이튿날 그에게 긴 편지를 썼다. 감사하다는 말과 함께 그의 호를 서송(西松)이라 지어 보냈다. 내가 그때 김 관장에게 보낸 편지는 다음과 같다.

김 관장님께

지난 금요일(10. 22) 저녁은 즐겁고 유익한 시간을 보냈습니다. 더욱 따듯한 인정과 솔직한 대화를 나눌 수 있었던 그 순간들을 영원히 기억하고 싶습니다. 거기에는 음악과 우정과 정성이 있었습니다. 이 세상에서 가장 아름다운 사랑이 있었고, 좋은 술이 우리 곁에 있었습니다. 아름다운 시구가 또한 따로 있지 않았습니다. 우선 그 자리에 저를 불러 주신데 진심으로 감사합니다.

김 관장님의 소탈한 모습은 진정 영주, 풍기, 희방 폭포의 물줄기처럼이나 내 가슴을 시원하게 했습니다. 거기서 나는 문득 소백산맥 울울창창한 솔숲의 향기로운 바람과 너러바위 밑을 우르쾅쾅 흘러내리는 산골짜기의 맑은 물소리를 들었습니다. 여기서 나는 푸르정정한 노송 한 그루를 얻었습니다. 나는 김 관장을 김형수 코트라 관장으로서보다는 서쪽 뜰에 심겨진 노송으로 인식되어 내심 서송 "西松" 이라 부르고 싶었습니다. 그 의미는 이러합니다. "西"는 물론 서쪽을 뜻하지만 "서"는 서반아어와의 인연, 주로 해외 서구 사회에서의 삶, 한편 "서"는 색깔로는 백(白), 사계절로는 가을을 뜻하며, 오행으로는 금(金)에 해당합니다. 나는 이른바 호를 지어 부르고 싶었던 것입니다. 나는 내가 느낀 김 관장에 대한 이미지 그대로 서송(西松) 선생으로 부르기고 싶었습니다.

우리에게는 언제 어디서고 오랜 시간 넉넉한 시간을 가질 수는 없습니다. 프라하에 있는 동안 재미있는 일을 우리가 만들어야 합니다. 한번 이를 계기로 장사(돈)나 권력이나 권위나 그런 너절한 세속의 일은 떨쳐버리고 틈틈이 멋진 시간을 가져보고 싶습니다. 여름 방학 동안 꽤나 돌아다녀 보았습니다. 보고 느낀 것도 많았지만 무엇보다도 내게는 교양과 문화 그것이었습니다. 결국 삶의 질은 돈이나 권력으로 측정할 수는 없었습니다. 지금 우리는 너무나 잘못 살고 있는 것같었습니다. 조지훈 선생은 한국의 멋을 신라 화랑도의 풍류에서 찾았습니다. 그러나 나는 교양이 결국 멋이라고 생각합니다. 교양에는 국경이 없습니다. 서송 선생의 멋스러운 삶을 위해 축배를 들고 싶습니다. 더욱 이런 글을 쓸 수 있게 해주신데 대하여 심심한 사의를 표합니다. 기회가 주어진다면 세검정 경당 선생의 삶의 향기를 좀 더 맡고 싶습니다. 겨울을 재촉이나 하듯 밖에는 비가 내립니다.

이것저것 쓰다보니 길어졌습니다. 서송 선생 댁의 평안을 삼가 빌면서 이 글을 마치고자 합니다. 아이가 우산을 찾으러 간다기에 몇자 쓴다는 것이 이렇게 되었습니다. 양해 있으시길. 따로 부인께 진심으로 감사합니다. 안녕히 계십시오. <1993. 10. 24>

김 관장 댁에서 있었던 망년회에는 주로 체코 주재 상사 직원들이 참석했다. 이날은 별다른 이야기 없이 먹고 노래 부르고 춤추었다. 가장 망년회답게 보냈다. 나와 아내는 이날 첫 손님이었다. 나는 작은 포도주 한 병을 가지고 갔었다. 다른 사람들도 모두 작은 선물을 가지고 왔다. 그리고 음식을 한가지씩 만들어 가지고 왔다. 이들은 모두 한 교회에 다녔기 때문에 미리 서로 약속을 했던가 보다. 우리 내외만 음식을 장만하지 않았다. 우리는 가지고 온 음식을 차려 놓고 덜어다 먹었다. 차려 놓은 음식은 모두 한국음식이었다. 애호박부침, 잡채, 김치, 흰떡, 파무침 등등 내 입에 맞는 음식이었다.

키맥스 김 사장은 가라오케 오디오를 가져와 흘러간 노래를 틀어 놓고 따라 부르도록 했다. 나는 그가 하라는 대로 부를 줄 모르는 노래지만 분위기에 따라 노래도 부르고 춤도 추었다. 여기서도 우리 내외가 나이가 제일 많았다. 김 관장은 나보고 무슨 노래를 좋아하느냐고 물었다. 그래서 나는 그리그가 좋다고 했더니 많은 CD판에서 그리그를 찾아 솔 베이지의 노래를 들려주었다. 이날 나는 담백한 스페인 포도주를 많이 마시었다. 나는 10시 30분 그들의 만류에도 불구하고 자리를 떴다. 밖에 나오니 형태가 차를 가지고 와 기다리고 있었다. 김 관장은 밖에까지 따라나와 자주 들러달라고 했다. 이것은 그의 진심인 듯했다. 나는 하는 일없이 프라하에서 이렇게 대접만 받으며 1993년도 연말을 보냈다.

그후 나와 김 관장은 자주 만날 수가 없었다. 그도 물론 코트라 일로 바빴지만 나 역시 하는 것 없이 나름대로 시간을 보내야 했다. 나는 주말이면 주로 체코 지방 도시를 돌아다녔다.

김 관장은 내가 서울로 돌아올 무렵 8월 3일 송별회식을 베풀어주기도 했다. 이날은 마침 프라하에 온 그의 고등학교 동창 한국외대 체코어과 김규진 교수와 독일에 와 있던 한국외대 독일어과 김충남 교수도 함께 참석했다. 나는 이날 그의 배려에 감사하며 이를 계기로 앞으로도 우리의 정의를 잊지 말자고 했다. 김 관장은 무뚝뚝한 듯하면서도 정에 약한 사람같았다. 모임에는 언제나 제일 먼저 나와 있는 그는 그만큼 예의 바르기도 했다. 이날도 나보다 먼저 나와 있었고, 두 김 교수를 손수 자기 차로 태워왔다. 이날 나는 모처럼 포식을 했다. 더욱 김충남 교수는 6시간이나 기차에서 굶어 온 터라 아주 맛나게 먹었다. 그가 독일 본에서 타고 온 기차에는 식당차가 없었다. 이날 나는 말로만 듣던 이 식당의 북경 오리찜 요리, 생선조림, 해물잡탕 등 배불리 먹었다. 김 관장은 내게 귀국하기 전에 또 만나자는 말을 했으나 나는 부인에게 안부를 전해주길 부탁했다. 나는 내심 김 관장 부인에게 들꽃 향기를 선물하고 싶었다.

6. 이종실 목사

내가 이 목사를 처음 만난 것은 1993년 12월 20일 오후 6시 한국 대사관저에서 있었던 체코 교민 망년회에서였다. 그날 교민들은 거의 모였다. 그 가운데 처음 보는 얼굴이 있었다. 그가 바로 이종실 목사였다. 나는 그가 목사인지 학생인지도 몰랐다. 다만 새로 체코에 온 유학생쯤으로 알았을 뿐이었다. 회식이 시작되자 민 대사는 그에게 기도를 부탁했다.

그후 나는 그를 전혀 기억하지 못했다. 그런데 음력 그믐에 그는 내게 전화를 해왔다. 그해의 설날은 2월 10일이었다. 그는 전화로 내일 오후 내게 세배를 오겠다는 것이었다. 나는 의외라 어리둥절했다. 나는 "오시는 것은 좋지만 객지라 설날이라 해도 우리는 아무 것도 차린 것이 없노라."고 했다. 그 말끝에 그는 "그냥 선생님을 뵙고 싶어 그런다."고 했다.

이 목사는 과연 다음날 오후 나를 찾아 왔다. 이 목사는 말씨가 부드러웠고, 예의가 밝았다. 키는 그리 큰 편이 아니었지만 체구가 당당했고, 목소리도 우렁찼다. 목사는 여러 층의 사람들이 모인 자리에서 목회를 해야 했기 때문에 교사와는 달리 지식만으로는 어렵다는 말을 들었지만 이 목사는 그 일을 충분히 해낼 수 있을 것같았다.

이날 우리는 많은 이야기를 했다. 그가 영국에 있을 때 가장 많이 번민한 것이 예수의 사랑에 대해서였다고 한다. 그들의 심한 인종차별과 인간학대를 보면서 사랑이 어째서 그렇게 분별적인가 하는 문제로 한동안 고통을 받았노라고 했다. 기독교인에 의해 학대받는 인간을 아이러니컬하게도 기독교인이 구원해야 하는 이 문제는 매우 심각한 문제라는 것이다.

기독교의 샤머니즘화도 문제지만 인간의 기독교화도 큰 문제란 것이 그의 지론이었다. 특히 한국 기독교가 안고 있는 현실적인 제반 문제들은 기독교인과 교회에서 야기되는 비기독교적 행위 즉 반기독교적 양상을 어떻게 척결하느냐의 문제가 한국 기독교회의 장래를 좌우한다고 했다. 그는 그같은 문제들을 체험적으로나 실례적으로 너무나 잘 알고 있었다. 그만큼 그는 기독교의 구원적 목자가 되어 있었다. 그러면 그같은 반기독교적 현실을 타개할 수 있는 대안이 뭐냐고 내가 묻자 그는 한마디로 개혁이라고 했다.

이 목사는 공산사회에서 어떻게 기독교가 생존했는가를 연구하려 했다. 다시 말하면 공산당과 기독교회의 상관관계를 탐구해 그 공존성의 문제를 알아보려 했다. 그 좋은 실례가 체코의 공산당과 교회의 결합 상태에서 볼 수 있었다. 그 때문에 그는 그가 소속되어 있는 교회의 장학금을 지원 받아 촬스대학 신학부에 적을 두게 되었다. 나는 그가 이 대학에서 신학박사 학위를 취득하길 권장했다.

이 목사는 현상을 보는 눈이 밝았다. 그는 체코의 공산당과 교회의 관계를 이미 파악하고 있었다. 당시 체코의 교회 목자들은 3파로 나뉘어 있었다. 목자들 중에는 유물사관에 의해 기독교를 개조하려는 개혁파가 있었고, 이에 반대하여 기독교의 원리를 고수하려는 반개혁파가 있었으며, 이를 절충하려는 중간파가 있었다.

당시 프라하의 한인교회에는 주로 주재 상사 직원들의 가족과 유학생이 전부였다. 그 중에 영주하고 있는 이는 김만석 사장과 김정선 부부가 있을 뿐이었다. 그런 만큼 교회 운영이 어려웠다. 전체가 모여야 20여 명도 안 되었다. 이들은 매주 일요일이면 프라하 중심가에 있는 옛 교회를 빌려 목회를 가졌다. 이들은 목사 없이 유명한 목사들의 설교집 카세트 테이프를 틀어 놓고 예배를 보았다. 이 사실을 보고 이 목사는 그냥 있을 수가 없었다.

이 목사는 3월부터 체코어를 배우기 시작했다. 그는 형태가 다니는 촬스대학 부속 체코어 연수부에 입학했다. 이 목사는 형태를 통해 얼마 전 서울서 그의 아내가 올 때 가져 온 것이라며 멸치와 저린 깻잎을 보내왔다. 은박지에 싼 깻잎 저림과 잔 멸치는 얼마 되지는 않았지만 그 정성에 나는 감동하지 않을 수 없었다. 물론 우리 식구는 이 목사의 배려에 감사하며 그날 저녁밥을 저린 깻잎에 싸서 맛나게 먹었다. 나보다 아내가 더 저린 깻잎을 좋아했다. 나는 오랜만에 본 잔멸치를 아껴 며칠을 두고 조금씩 밥에 얹어 먹었다.

다음날 아침 형태 편에 나는 깐 호도를 이 목사에게 보내면서 작은 쪽지에 "이 목사님 감사합니다. 보내주신 귀한 저린 깻잎과 잔멸치를 잘 먹겠습니다. 이보다 더 귀한 것은 목사님의 저에 대한 배려입니다. 부디 큰 뜻 이루시기 빕니다. 안녕히 계십시오. 1994. 3. 9"라고 써 넣었다.

그후 나는 부활절 휴가에 폴란드 크라코프에 갔다가 다 빈치의 <흰 담비를 안은 귀부인>의 초상화(Portrait of a Lady with an Ermine)의 엽서를 그곳 국립 미술관에서 한장 구해 이 목사에게 형태편에 보냈다. 그는 의외라는 듯이 매우 감사하는 표정을 짓더라는 것이다. 그만큼 이 목사는 조그만 일에도 잘 감동했다. 이것은 아주 좋은 생활 태도 같았다. 비교적 나도 감동을 잘 하는 편이지만 감동을 겉으로 표현하기는 힘들었다. 특히 어려운 사람들의 정직성 앞에서, 그들의 착함을 보았을 때, 나는 나도 모르게 눈물이 나거나 목이 메었다. 이는 그들이 나를 감동시켰기 때문이다. 그러나 스스로 감동한다는 것은 실로 어려운 일이 아닐 수 없었는데 이 목사는 스스로 감동할 줄 아는 분이었다. 이는 하나님이 그에게 준 보배인지도 모른다.

이종실 목사는 부인이 서울서 온 후 동부인해 나를 두 번째 찾아 왔다. 그날은 4월 15일이었다. 그는 내 집에 오면서 라면과 꿀 1병을 가져 왔다. 부인은 부잣집 맏며느리 타입으로 후덕스러워 보였다. 키는 보통이었지만 얼굴은 그에 비해 크고 희었다.

우리는 만나면 이야기가 많았다. 오늘도 밤 10시 반까지 여러 가지 이야기를 두서없이 했다. 이 시간은 결코 짧은 시간이 아니었다. 물론 성경에 대한 이야기도 있었지만 인간살이에 대한 일반적인 이야기가 대부분이었다.

오늘날 많은 신학자들은 성경에 대한 언어학적 접근을 시도하고 있다. 물론 원전을 찾아 그것을 정확히 해석함으로써 예수의 실체를 우리는 정확히 알 수 있음은 물론이요, 예수교의 원리도 재정립할 수 있게 될 것이다. 이 목사와 내가 이런 식의 이야기를 하고 있는 동안 부인은 우리들의 이야기를 듣기보다는 내 아내와 살림살이에 대한 이야기를 주고받았다. 이곳에서 나는 참나물, 쑥, 질경이 등 봄나물과 여기의 식품에 대해 아내와 이 목사 부인은 더 흥미를 가지고 이야기를 했다.

나는 이 목사 부부가 돌아갈 때 나의 수필집『빈 항아리 속의 진실』을 주었다. 이것은 여기 가지고 온 것 중에 마지막 것인 동시에 내가 가지고 교정을 보던 책이었다. 그들이 그 책을 읽을 시간이나 있으며, 읽기나 할는지 모르지만 약수 한 병과 함께 이 책을 나는 그들에게 주었다. 젊은이들의 성공은 그만큼 우리의 보람이었다. 나는 이 목사의 얼굴이 처음 만날 때보다 퍽 안된 것을 보고는 이런 생각이 들었다. 물론 그는 나의 말을 어떻게 들을런지 모르지만 나는 그를 격려하느냐고 나의 체험과 진심을 숨김없이 이야기했다. 그러노라니 자연 나의 말이 많아지고 길어질 수밖에 없었다. 이렇게 5시간을 끊임없이 말을 하고 나면 나는 왠지 허전한 느낌이 들었다. 그래 다시 내가 한 이야기들을 되새겨보면서 술 한잔을 혼자서 또 마시었다. 이는 나의 습관이기도 했다. 말을 되새겨보면 스스로 자기가 한 말을 정리할 수 있어 좋았다.

그후 나는 이 목사에게 내가 쓰는 메모지가 좀 남을 것같아 반을 덜어 형태 편에 쑥과 찔레열매와 함께 보내면서 "쑥은 이제 한창 새순이 돋으니 뜯어 그늘에 말려 쓰면 좋은 쑥차가 될 것이나 찔레열매는 가을이나 돼야 나올 터이니 아껴 쓰시기 바랍니다. 필요하면 더 드릴 수도 있습니다. 언제 한번 함께 오페라를 보러 갑시다."라고 써 보냈다. 그랬더니 그는 형태 편에 대단히 고맙다는 말과 함께 그 부인이 전에 찔레열매를 다려 먹고 다리의 신경통이 나았는데 요즘 다시 다리가 저린 듯해 걱정 중이었다며 의외로 교수님께서 귀한 것을 보내주셔서 고맙다는 것이었다. 그 말은 듣고 나는 집에 남겨두었던 찔레열매를 전부 비닐봉투에 넣어 보냈다.

기숙사 앞마을 길가에 찔레덤불이 몇 그루 있었다. 봄에는 향기로운 하얀 찔레꽃이 피었다. 늦가을에는 찔레열매가 빨갛게 익었다. 하루는 아내와 함께 배드민턴을 하고 오는데 한 중년의 체코인이 찔레열매를 따고 있었다. 내가 다가 가서 이 열매를 무엇에 쓰려고 따느냐고 물었더니 그는 차로 다려 먹으면 좋다는 것이다. 이 열매는 비타민이 많다며 차를 만드는 방법까지 자세하게 일러주었다. 그날 우리 내외는 그와 함께 찔레열매를 두되쯤 따 가지고 왔다.

사실 이 찔레열매는 따기가 힘들었다. 찔레열매를 따려면 손등을 가시에 찔리고 손가락 끝에 피가 매쳐야 먹을 만큼 딸 수 있었다. 그것도 서리가 내리기 전 발갛게 농익을 때 따지 않으면 안 되었다. 찔레열매는 비타민이 많아 이것만 넣고 끓이면 떫어서 마실 수가 없었다. 그래서 쑥과 함께 넣고 끓여 먹었더니 빛깔도 발가스럼해 보기가 좋았고, 쑥 냄새와 잘 어울려 맛이 상큼해 마시기가 좋았다. 우리는 커피 대신 이 쑥차를 상식으로 마시었다. 이 목사 부부가 왔을 때도 우리는 이 쑥차를 내놓았었다. 의외로 이들도 좋아했다. 이것도 우연찮은 일이었다. 적어도 나는 그렇게 생각했다. 그것이 마침 그 부인이 찾던 찔레열매이었음에랴. 이런저런 일로 우리는 이 목사와 정신적으로 동락하며 지낼 수 있었다.

나는 한국의 일들을 까맣게 잊고 지냈다. 추석이고 설날이고 더욱 어린이날이니 어버이날이니 스승의 날이니 하는 날들은 기억조차 할 수가 없었다. 그러나 그해 5월 8일 어버이날은 일요일이었다. 이 목사는 형태 편에 어버이날 못가뵙는다며 영국제 차 1통을 보내왔다. 나는 전혀 뜻밖의 일이어서 그제야 어버이날을 기억해 낼 수 있었다. 나에게 줄 선물을 고르냐고 하루를 그는 보냈단다. 아 이 일을 내 어찌 기억하지 않으랴.

나는 그후 5월 22일 이 목사 부부가 세 들어 살고 있는 집을 찾아갔다. 이들은 프라하 동북쪽 작은 마을에 살고 있었다. 이 집은 촬스대학 신학부 부학장네 집이었다. 위층에는 그들이 살고, 아래층을 이 목사 가족들에게 빌려주었다. 이 지역은 고급 주택지대는 아니지만 주거환경은 좋았다. 오래된 낡은 아파트였지만 집안은 아늑하고 편안했다. 그만큼 이들은 집을 튼튼하게 지었다. 이들은 원래 중세의 벽돌집을 오늘날에 맞게 수리해 살아가는 습관이 있어 집수리 기술이 뛰어났다. 따라서 새로 짓는 집보다는 옛집을 수리해 쓰기를 이들은 더 좋아했다.

현관은 두툼한 나무문이었으며, 길가로 면한 쪽의 낮은 울타리 안에는 작은 꽃밭이 있었다. 화단에는 파란, 노란, 붉은 작은 꽃들이 어지럽게 피어 있는 가운데 내게 가장 친근감 있게 다가오는 것은 가지를 낮게 드리운 복숭아나무였다. 집을 가운데로 하고 안 쪽에도 길 쪽보다 넓은 뜰이 있었다. 거기에는 내가 좋아하는 백양나무가 2그루 서 있는 가운데 늙고 무성한 대추나무 같은 큰 고목이 1그루 곁에 있었다.

이날 나는 그 동안 틈틈이 이곳에서 쓴 시 형식의 글을 인쇄해 가지고 갔다. 무엇이고 새로운 것을 가지고 보람있는 시간을 보내고 싶었다. 이날 우리는 나의 시를 읽으며 저녁식사를 했다. 부인은 이미 나의 수필집을 다 읽은 터이라 이 시들을 쉽게 이해했다. 그것이 나는 눈물겹도록 고마웠다. 어느 누가 나의 분신과도 같은 나의 시를 그렇게 감동적으로 읽어 줄 것인가 싶어 나는 이들 부부에게 다시 한번 감사했다.

이 목사 부인은 우리를 위해 이날 너무나 많은 음식을 차렸다. 더욱 내가 좋아하면서도 여기 와서는 먹어본 지가 오래된 북어구이하며, 생선구이도 있었고, 그것도 간이 내 입에 딱 맞았다. 붉은 포도주와 함께 먹은 그날의 생선요리는 별미였다. 그밖에 젓갈, 잡채, 갈비찜, 김, 시금치무침, 된장국, 배추김치, 상추쌈 등 귀한 음식이 상에 가득했다. 식후에는 싱싱한 청포도가 나왔는데 그 송이가 어찌나 크고 탐스러웠던지 포도송이를 따먹기가 아까웠다. 부인은 우리를 위해 정성껏 음식을 장만한 것을 나는 한눈에 알 수 있었다. 옛말에도 가난한 집 음식이 맛나다는 말이 있듯이 없어도 정성을 다하면 이렇게 맛난 음식을 만들 수 있는가 싶었다.

이 목사는 아침 햇살을 나뭇잎 사이로 보는 습관이 여기 와서 생겼다. 그는 그날의 아침 빛을 나무 그늘과 함께 보기 시작하면서 햇살의 아름다움을 여기서 새삼 느끼었다고 했다. 나는 그의 말을 듣자 그날 내가 써 가지고 간 「아침 그늘」이란 시를 그에게 읽어 주었다. 그 시구에는 "숲 속의 작은 새는 아침 그늘을 먹고 자란다."라는 대목이 있었다. 그만큼 숲속의 아침 그늘과 햇살은 함께 있었다.

우리의 만남은 늘 새로움을 가져왔다. 이 목사는 여기에 오기 전에 인도에 가서 종교적인 분위기에 젖어 보고 싶어 유학원서까지 냈었으나 인도 정부에서 목사 자격으로의 입국을 반대해 포기했다. 인도인들의 종교적 삶은 어느 누구도 감히 흉내낼 수 없을 만치 독특했다. 삶과 죽음을 동일시하는 그들의 생사관은 이미 죽음의 공포를 떨쳐버렸다. 그런 가운데 인도의 북부 산속 한 마을은 완전히 기독교촌을 이루고 있었다. 그들은 한국인의 모습을 닮아 있었을 뿐만 아니라 그들의 원형적 문화 생활은 우리와 아주 흡사했다. 인도 정부에서는 이들을 경계하여 격리시켜 놓았다. 그러나 그들은 독자적인 생활권을 이루며 오늘날도 살고 있다.

9시가 넘어 내가 자리를 뜨자 부인은 정결한 그릇에 북어구이, 잡채, 갈비찜을 담아 주었다. 자기를 생각하지 않고 남에게 줄 줄 아는 이 젊은 부인에게 나는 나의 인색함을 다시 한번 부끄러워했다. 옛날 큰며느리들은 이렇게 모였던 일가 친척들에게 음식을 싸 나눠주었다. 이것을 못하면 그 집 며느리 욕먹기 일쑤였다. 근래로 오면서 남에게 음식을 주는 습관이 사라지고 있다. 그만큼 서로가 살기가 넉넉해져 남의 음식을 빌어먹지 않고 또 주려고도 하지 않게 되었다. 음식이 귀할 때, 배고픈 때가 많았을 때 음식공덕만큼 큰 것은 없었다. 그러나 아무리 음식이 풍부하다 손치더라도 음식을 아껴 먹고 맛난 것을 서로 나눠 먹는 것은 미덕이 아닐 수 없다. 음식은 그만큼 귀한 것이다.

나는 음식을 남겨 함부로 버리거나 음식을 깨끗이 먹지 않는 사람들을 보면 미워진다. 아무리 음식이 풍부해도 밥 한톨 국물 한 모금을 허술하게 여겨서는 안 될 것같다. 오늘날 우리가 즐겨 먹는 뷔페가 음식을 절약하는 방법도 되지만 어떤 경우에는 많은 음식을 낭비하는 경우도 있다. 자기가 먹을 수 있을 만큼 적당한 양을 가져다 먹으면 절약이 되지만 식탐이 많은 경우 먹지 못할 음식을 낸 돈이 아깝다고 한 접시 수북히 갖다 놓고 먹다가 결국 다 먹지 못하고 그냥 남겨 놓는 것을 많이 보게 되는데 이런 경우 스스로 부끄러움을 알아야 할 것이다. 예전처럼 상전이 음식을 남겨야 아랫것이 먹던 시대는 이미 아니잖는가. 먹다 남긴 음식은 결국 버려야 한다. 예전 같지 않아 개밥도 따로 있다. 나는 다음날 아침 현우 어머니가 싸준 북어구이 한가지로 밥 한 그릇을 달게 먹으며 이런저런 생각을 해보았다.

그후 이 목사와 다시 만난 것은 5월 29일 체코 한인교회 야유회 때였다. 이날 나는 처음으로 이 목사의 설교를 들을 수 있었다. 이 목사는 이날 시편을 낭송하고 설교를 시작했다.

이 목사는 예의가 분명했다. 이날 나는 김 사장이 준 안경테에다 선글라스를 끼어 쓰고 갔었다. 나는 이 안경의 내력을 이야기해주고 내 선글라스를 한번 써보라고 했더니 다른 사람들은 집어다 제멋대로 써 보았지만 이 목사는 다시 내게 '제가 써봐도 되나요.'라고 되묻고 한번 써보았다. 예의라는 것은 결코 형식이 아니라 아름다움이었다.

부인은 음악을 좋아했다. 야유회에서 돌아오는 버스 안에서 그는 아름다운 목소리로 부드럽게 우리의 가곡을 불렀다. '운명처럼 만나 도박처럼 산다.'는 말도 그는 했다. 이 목사와의 만남을 운명으로 생각하는 부인은 목사 부인으로서의 모든 일에 보람을 느낄 것이다.

이 목사는 내가 귀국한다니까 우정 7월 31일 나를 찾아 왔다. 그는 부인이 담근 오이속배기와 속배기김치를 가져왔고, 최근 프라하에 도착한 <조선일보> 3일치를 내게 보여주었다. 신문을 보니 아들이 자기 부모를 50번이나 난자해 죽인 사건이 있었다. 신문을 안 본것만 못했다. 나는 서울가기가 겁났다.

우리는 저녁을 같이 하면서 그간 체코에서 지난 이야기를 했다. 이 목사는 체코인들의 폐쇄적이고, 인종차별적인 행위에 대해 염증을 느끼었다. 이들은 가난하면서도 문화적 우월감이 대단했다. 이에 반해 우리는 우리의 습관에 젖어 있어 저들과 사소한 일로 마찰을 일으켰다.

우리는 더위도 잊고 문을 열어 놓은 채 무려 4시간을 이야기했다. 그는 자기 막내동생과 아버지의 일에 대해서도 말했다. 동생은 한양대 아이스하키 코치로서 8월 3일 프라하에 온다고 했고, 아버지는 일을 하다가 떨어져 거의 1년간 치료를 받고 있다고 했다. 아버지는 전화를 하면 그냥 울음부터 터져 전화를 할 수 없다는 말까지 했으며, 개망난이같던 막내동생이 이제 자기의 일을 찾아 열심히 일하기 때문에 마음이 흐뭇하다고 했다.

그날은 나보다 그가 더 말을 많이 했다. 체코 신학대학 교수와 만나 체코어 공부하는 거며, 체코인 10여명을 모아 놓고 성경 공부하는 거며, 한인교회 일 하며, 자기의 생활비와 학비 염출(捻出) 내력하며, 실제적인 삶의 이야기를 많이 했다. 그는 몇 교회에서 보내주는 후원금 700달러를 가지고 한 달을 살아갔다.

이날도 나는 그에게 줄 무엇이 없었다. 아내와 함께 그날 오전 중에 따온 빨간 체리를 빈 김치통에 담아 주었다. 그는 내가 서울로 가기 전에 다시 한번 찾아오겠다며 문을 나섰다.

7. 김정선 · 박미령 부부

나는 이들을 좋아했다. 이들의 투지가 좋았고, 이들의 패기가 좋았으며, 이들의 성취욕이 좋았다. 나는 만나는 사람마다 이들에 대해 침이 마르도록 칭찬을 했다. 나는 내 자식에게 이들처럼 열심히 무엇이고 하길 타일렀다. 더욱 여기서 살아가자면 체코인들보다 몇 배 더 노력하지 않으면 안 되었다. 이들 부부는 일찍 이것을 터득했다. 나는 이들을 악바리라고 불렀다. 이들은 무엇이고 안 하는 일이 없었고, 이를 다 이루어냈다. 그는 스스로 네오 프라하를 부르짖고 스스로 새로 떠오르는 프라하의 태양임을 자처했다. 이들은 그만큼 프라하에서 자신만만하게 살아갔다.

프라하에서 나는 첫 번째 새해를 맞았다. 어제 밤 자정에는 곳곳에서 하늘 높이 치솟는 불꽃놀이도 보았다. 체코인들은 자정이 되자 각 집마다 불꽃을 튀기었다. 새해맞이 풍습이었다. 집집마다에서 튕겨 나오는 불꽃은 어두운 밤하늘을 아름답게 수놓았다. 불꽃은 작았지만 아름다웠다. 이들은 무엇이나 크게 하기보다는 작게 했다. 그 작은 것은 언제나 진실하고 아름다워 보였다. 나는 그것이 싫지 않았다.

새해 아침은 조용했다. 길에 차도 거의 다니지 않았다. 나는 아무런 준비도 없이 평상시와 다름없게 아침을 차려 먹었다. 나는 일어나면 의례히 창가로 가서 창밖을 내다보았다. 그날도 나는 언제나처럼 창밖을 내다보았다. 변한 것은 아무것도 없었다. 그러나 1993년에서 1994년이 되었다. 나도 무엇인가 달라져야 하지 않을까 하고 생각해 보았다.

어젯밤 꿈이 묘했다. 불꽃이 튀어 일어나기 전의 꿈은 끔찍한 악몽이었지만 새벽에 꾼 꿈은 아주 기분 좋은 길몽이었다. 힘센 검은 돼지꿈이었다. 드물게 꿔어지는 돼지꿈은 나를 기쁘게 했다. 새해 1994년을 나는 돼지와 함께 살리라 내심 다짐도 했다. 돼지는 건강하고 밉지 않으며 12마리씩 새끼를 낳기도 한다. 나도 무엇인가 돼지처럼 만들어 내야겠다고 다시 한번 다짐해 보았다.

점심 때 김정선 내외가 갓난아기를 데리고 내게 세배를 왔다. 아이의 이름은 민형이었다. 딸 아이었다. 지난 가을 박미령은 귀국하여 이 아이를 낳아 가지고 크리스마스 이브인 12월 24일 프라하로 돌아왔다. 며칠전 우리 내외는 아이를 보려고 국화꽃 한 송이를 들고 그의 집을 찾아갔었다. 이들과 나는 프라하에서 누구보다 가까이 지냈다. 나는 이들 부부를 프라하의 영웅이라 불렀다. 그만큼 이들은 내게 영웅처럼 보였다. 나는 내 아들 형태에게 늘 이들의 영웅다운 점을 이야기해 주었다.

체코 교민들에게 김정선, 박미령 부부는 유학생 부부로 불리어졌다. 이들은 열렬한 연애 끝에 결혼을 했고, 결혼식을 올리자마자 남보다 먼저 체코의 자유화와 함께 1991년 봄 프라하로 달려 왔다. 이들 신혼 부부는 별거를 해가며 체코어를 배우기 시작한 지 1년만에 박미령은 촬스대학 중국학과에 편·입학하여 2년만에 우리에게는 석사과정에 해당하는 4, 5학년 과정을 마치고 언어학과 박사과정에 입학을 했으며, 김정선은 경제학과에 들어가 체코 경제를 공부하며 실제로 사업을 하면서 5학년 석사과정을 이수했다. 그는 학생신분으로 학비도 벌어야 했고, 살림도 해야 했다.

김정선은 네오 프라하(Neo Praha)라는 무역회사를 설립했다. 그는 쉬코다 승용차도 한대 마련했다. 이 차는 오래된 것이었지만 그는 사고 한번 내지 않고 늘 새 차 이상으로 요긴하게 사용했다. 그는 이 차로 동유럽 어디고 갔다. 학생사장이 된 김정선은 전에 근무하던 효성물산의 전자제품을 체코로 무역 중개하는 한편 여행사 일도 대행했다. 그는 Praha-5 Lamadova 913에 아파트 2채를 얻어 4층은 살림집으로 쓰고 2층은 사무실로 썼다. 그의 사무실에는 한국 유학생이나 프라하에 처음 와 방을 얻지 못한 상사 주재원들이 잠시 머무는 곳이기도 했다. 그만큼 이들 부부는 널리 알려져 있어 찾아오는 한국인이 많았다. 이는 그들에게 매우 귀찮은 일이었지만 이들은 저들에게 임시 거처를 마련해 주는 것으로 보람을 느꼈다.

나는 프라하에 오기 전 서울서 이들에 대한 이야기를 들었다. 그 이야기 중에 박미령이 졸업논문을 쓰는데 나의 도움이 필요할 것이라는 이야기도 있었다. 하지만 이들의 생활 형편이나 이름도 알지 못했다. 다만 그런 사람이 있는가보다 했을 뿐이었다.

내가 김정선을 처음 만난 것은 1993년 2월 18일이었다. 내가 프라하에 온지 1주일쯤 되어서였다. 그는 우정 내 기숙사를 찾아 와 여러 가지 프라하에서의 생활에 대해 말해 주었다. 그는 자기 차로 우리를 시내로 데리고 가서 나의 은행계좌 개설을 도와주었다. 이 일을 마치고는 그는 시간에 쫓기듯 어디론가 부지런히 갔다. 나는 그가 몹시 바쁜 시간을 내게 할애했음을 알았다.

김정선은 작은 체구에 약해 보였다. 하지만 며칠씩 밤을 새워가며 일을 해도 까딱도 않는 강한 체력을 지니고 있었다. 그는 붙임성이 있어 처음 만난 터이지만 결코 서먹하거나 어색하지 않았다. 내가 그를 처음 보았을 때 매우 생활적이며 사교적인 듯했지만 그는 결코 학생티를 벗어나 있지 않았다. 그는 한국에서 대학을 이미 졸업했고, 직장 생활도 했던 터이지만 체코에 와 대학원 과정을 다니고 있어서인지 내게는 학생같이 생각되었다. 그의 사회인다운 점과 학생다운 점은 그의 장기이자 능력이었다.

김정선은 늘 이렇게 바쁘면서도 나를 찾아 주었다. 또 한번은 우리를 데리고 프라하에서 50km 정도 떨어져 있는 베네소브로 갔다. 이날은 3월 27일 토요일이었다. 아직 일러서 별로 관광객들은 많지 않았다. 그날도 김정선은 자기 차를 손수 운전하고 갔다. 나는 그가 내 집에 왔기에 어디 교외를 좀 나가보았으면 좋겠다고 했더니 그는 즉시 나를 자기 차에 태워 가지고 나갔다. 여기는 아름다운 숲과 호수가 있고, 호화로운 성이 있었다. 당시 성 내부를 공개하지 않아 못 보았지만 우리는 정원과 건축을 보는 것만으로도 만족했다.

그후 나는 무슨 일만 있으면 그의 집으로 전화를 했다. 그는 늘 바빴지만 나의 일을 성의껏 도와주려고 애썼다. 한번은 가지고 온 프린터가 고장이 나서 수리를 부탁했더니 프라하 전화번호부의 광고란에서 캐논 프린터 대리점을 찾아내어 내 프린터를 가지고 가 고쳐다 주기도 했다. 한번은 그해 여름 컴퓨터가 고장이나 이의 수선을 부탁했더니 곧 고쳐다 주었다. 그때 그의 도움이 없었다면 한동안 나는 아무 일도 못했을 것이다. 이들은 이렇게 나를 도와주었을 뿐만 아니라 내가 아들하고 둘이서 지내는 동안은 김치, 깍두기를 담가다 주기도 했고, 한번은 쇠족발을 구해 곰국을 끓여다 주기도 했다.

박미령은 과연 졸업논문을 쓰고 있었다. 내가 그를 직접 만나기는 그가 나를 그의 집으로 초대해 저녁을 함께 하면서였다. 내가 프라하에 온지 얼마 안돼서의 일이었다. 이것이 내가 여기 와서 한국인에게 대접받은 첫 번째의 저녁이었다. 이들은 내 생각과는 달리 알뜰하게 살림을 하고 있었고, 컴퓨터와 프린터를 갖추어 놓고 열심히 공부했다. 방이 셋에 부엌과 거실이 있었으며, TV와 전축도 있었다. 나중에 안 일이지만 여기서는 한국과는 달리 집을 얻으면 살림살이도 딸리어 있었다. 심지어는 이부자리나 식기도 그대로 갖추어져 있었다. 이 집의 생활 집기도 거의 집주인의 것이었다. 나는 이날 여자가 차려주는 저녁밥상을 오랜만에 받았다. 그날 저녁 나는 된장국과 생선구이 그리고 깻잎저림 등을 맛나게 먹었다.

이후 박미령은 논문을 나름대로 완성해 내게 가져왔다. 논문은 중국의 근대작가 라오서의 장편소설 『낙타는 죽어서 가마를 탄다.』와 한국의 근대작가 현진건의 단편소설 『운수좋은 날』에 대해 쓴 것이었다. 나는 논문은 어느 정도 완성되었기에 약간 수정하여 『라오서의 "낙타상자"와 현진건의 "운수좋은 날"의 대비적 연구』라 했다. 나는 말하자면 박미령의 한국어 논문 지도교수였다. 그는 이 논문을 제출해 9월에 석사학위를 받으려 했지만 지도교수가 1년간 북경에 가 있게 되었고, 해산이 가까워 오면서 몸이 안 좋아 논문제출을 보류한 채 서울로 돌아가 10월에 해산을 했다.

박미령은 한마디로 악바리 여인이었다. 그는 몸도 여위고 체구도 작았지만 성취욕은 대단했다. 그는 체코에 온지 6개월만에 체코어 학습을 다 마치었고, 강의도 들을 수 있게끔 되었다. 이만큼 그는 외국어 학습에 천부적인 소질이 있었다. 그는 무엇이고 한번 듣거나 보면 잊지를 않았다. 그만큼 암기력이 좋았다. 그는 촬스대학 중국어과 석사과정에 입학해 저들과 똑같이 2년만에 전 학습과정을 마치고 석사논문을 준비하였다. 그는 졸업과 동시에 촬스대학 언어학과 박사과정에 장학생으로 입학했다. 그뿐만 아니라 딸을 낳아 기르면서 논문을 쓰는 한편 새로 언어학연구를 시작했다. 그는 무엇이고 한번 결정해 시작하면 이루고야 마는 악착같은 성미였다.

이들 부부는 1993년 6월 서울의 부모님를 모셔다 유럽 여행을 시켜드렸다. 학비를 벌어 공부하기도 힘들고 자기네 생활하기도 힘겨운 터였지만 이들은 자기네 부모님들을 늘 생각했다. 부모님의 나이가 더 들기 전에 관광을 시켜드리려고 이들은 없는 돈에 1만달러를 모아 놓고 서울로 비행기표를 사서 보냈다. 이들의 부모님들은 1달간 유럽을 관광하고 7월초에 서울로 돌아갔다. 박미령은 임신 8개월이라 함께 다니지 못하고 김정선이 모시고 다니었다. 그는 자기 차로 가까운 폴란드, 헝가리, 스위스, 독일, 오스트리아는 부모님을 모시고 다녔지만 좀 먼 로마, 파리, 런던은 기차로 또는 비행기로 모시고 다니었다. 그때 자기 아버지는 69세였고, 어머니와 장모는 50세 후반이었으며, 막내 처남은 20대였다. 나는 그들과 함께 프라하 비쉐흐라드성에서 하루를 보낸 일이 있다.

유학생들이 자기 부모에게서 돈을 타다가는 한 달에 1천달러씩 쓰고 돌아다닐 때 이들 부부는 단 200달러로 한 달을 살아갔다. 그러면서 회사를 운영하고 학비를 내고 저축을 해 양가 부모님을 모셔 와 유럽 관광을 시켜드렸다. 체코는 자국인에게는 거의 학비를 받지 않았지만 외국인에게는 1학기에 1,300달러씩 받았다. 당시는 한국 물가와 체코의 물가가 4대 1정도여서 얼른 보기에는 한국보다 모든 것이 싸 보였다. 그래서 처음 온 유학생들은 돈을 헤프게 쓰다가는 나중에는 돈이 떨어져 곤란을 당하는 일이 종종 있었다.

이들 부부와 나의 관계는 논문이 중개적 역할을 했다고 볼 수 있지만 나는 사실 그들을 별로 도와 준 것은 없다. 다만 저들의 삶이 갸륵해 보여 내가 저들을 도울 수 있는 일이 있다면 도와주고 싶었지만 그런 것이 별로 없었기 때문에 그들에게 제일 어려운 일의 하나인 논문을 봐 준 것뿐이다. 실제로 프라하 생활에서 나를 직접적으로 많이 도와 준 사람은 마르타 교수와 김정선, 박미령 부부였다.

1994년 새해 아침 이들 부부가 아이를 안고 내게 세배를 왔을 때 나는 진정 그들의 사람됨을 발견할 수 있었다. 당시 유학생이 7명이나 와 있었지만 나를 찾아온 이는 이들 부부밖에 없었다. 나는 그들에게 덕담밖에 할 것이 없었다. 떡국도 못 끓인 우리는 그저 다과와 차를 놓고 두어 시간 일상적인 이야기를 했다. 그들이 자는 아이를 안고 나갈 때 나는 다만 봄에 뜯어 간직했던 파란 쑥을 한줌 주었다. 이것이 내가 그들 부부와 딸 민형이에게 준 새해 선물이었다. 그들이 쑥이 무엇인지를 아는 지 모르는 지 알 수 없지만 내가 그들에게 준 쑥의 의미는 매우 컸다. 쑥은 마늘과 함께 한국인의 상징물이었다. 웅녀는 쑥 한줌과 마늘 한쪽의 신령스러움으로 생명을 얻었다. 이들 부부는 지금 웅녀가 21일간 겪은 시련보다 더 큰 시련을 겪고 있다.

그후 이들 부부는 1994년 5월 15일 스승의 날 우리 부부를 중국식당 장성(長城)으로 초청해 저녁을 대접했다. 여기 와서는 스승의 날이고, 어버이의 날이고 기억할 수도 없어 나는 모든 것을 까맣게 잊고 지냈으나 이들 부부는 잊지 않고 나를 찾아주었다. 그날 이들은 우리가 고추장이 떨어진 것을 알고는 고추장과 쌀을 가지고 왔었다. 우리 식구는 저들의 안내로 파로나마 호텔 맞은 편에 있는 장성반점으로 갔다. 여기 와서 중국음식을 먹기는 이번이 두 번째였다. 제법 중국집다운 분위기를 느끼게 꾸며 놓은 이 장성반점은 모두 그 집 식구들이 종업원으로 일했다. 박미령은 어린 딸 민형이를 데리고 갔었는데 중국인 여자는 이미 구면인지 아이를 돌봐주었다. 나는 4가지의 중국 음식을 맛나게 먹었다. 그 음식 이름은 잊었지만 주로 튀김이었는데 좀 매콤했다. 사실 나는 중국음식을 좋아했다. 하지만 내가 주로 먹었던 것은 사천식이어서 해물이 많이 들어간 중국음식이었다.

내가 프라하를 떠나올 무렵에는 이것저것 차에 사고가 많았다. 그래서 보험 보상금 관계로 골머리를 앓던 중 한번은 김정선을 찾아가

의논했다. 그는 하던 일을 멈추고 체코인 매니저를 시켜 내 일을 챙기게 했다. 이것도 여간한 성의가 아니었다. 하지만 그의 말대로 제대로 보상금을 받지 못하고 말기는 했어도 나는 그의 성의만으로도 위안이 되었다.

이들 부부는 더욱 열심히 일해 마침내 프라하 6구역 신흥 시가지 래삐(Repy)에 대우전자 프라하 총대리점을 내었다. 당시 남성동 대우 지점장은 프라하에 온지 얼마 안 돼 교통사고를 당해 곤경에 빠져 있었다. 그때 김정선은 체코어를 십분 발휘해 경찰서에서 유리하게 진술해 주었다. 그 덕분으로 교통사고 문제가 무사히 해결되었다. 이런저런 인연으로 해서인지 남 지점장은 김정선을 적극적으로 지원해 주었다.

김정선의 대우전자 프라하 총대리점 개업은 1994년 6월 13일이었다. 나는 이들의 개업을 축하하고 사업이 더욱 번창하길 누구보다도 진심으로 빌었다. 하지만 나는 그날 귀 수술을 위해 입원했다. 내가 래삐에 있는 김정선의 대우 총판매점을 찾아 간 것은 퇴원한 지 1주일 후인 7월 4일이었다. 이즈음에는 날씨가 이상하리 만치 계속 더웠다. 이날도 섭씨 35c도나 되었다. 우리 세 식구는 처음 찾아가는 곳이지만 새로 지은 아파트 단지 큰 길가여서 쉽게 찾을 수 있었다.

김정선은 작은 체구에 맑은 눈을 가지고 상점 부속실에 있었다. 나는 이때 비로소 그에게 개업 축하인사를 했다. 그는 체코인 40대 지배인 외에 4명의 내무직원과 2명의 외무직원을 거늘이고 있었다. 말하자면 당당한 경영자였다. 그는 아직 사무실 정리가 안 되었다며 우리를 상가건물 3층에 있는 다방으로 데리고 갔다.

이 상가건물은 새로 지은 것으로 경찰서, 우체국 등도 바로 그의 상점 위아래 있었다. 아직은 그리 번화하지 않으나 전차 정류장이 바로 앞에 있어 주민의 왕래가 많았다. 길목은 좋은 것같으나 주민들이 얼마나 대우전자를 선호할는 지는 알 수 없다. 그는 상품의 선전을 위해 주민들의 세탁물을 오후 3시부터 5시까지 무료로 세탁해 주기도 했다. 이같은 선전 방법은 매우 효과적이었다. 하루에 최소한 11대의 TV를 팔아야 현상 유지가 된다며 걱정하던 그는 마침내 이같은 선전 방법을 생각해 낸 것이다. 물론 이와 같은 일들은 그 혼자의 힘만으로 되는 것은 아니었다. 무엇보다도 상품의 이미지가 좋아야 했다.

나는 이들의 생활을 지켜보며 많은 것을 그들로부터 배웠다. 이렇듯 이들 부부는 착착 자신들의 계획을 진행시켜 나갔다. 박미령은 다시 학업에 전념하기 위해 1달에 5,000꼬룬씩 주며 아이보기 아주머니를 구해 아이를 그에게 맡기고 석사학위 논문 쓰기에 골몰했고, 김정선은 낮에는 학교에 가는 한편 회사 일을 보았고, 밤을 새워가며 사업 계획을 세웠다. 이들 부부는 권태기도 모르는 듯 김정선은 아직도 연애 기분이었으며, 박미령은 이 세상에서 자기 남편이 제일 잘난 남자로 생각했다.

박미령은 1994년 6월 10일 프라하 한국외대 동문회 발족에 크게 기여하기도 했다. 그는 선배 제씨에게 동문회 발족을 제의하기도 했고, 일일이 동문들에게 전화를 해 이날 모두 나오게 했다. 당시 한국외대 동문은 모두 9명이었다. 김형수 코트라 관장, 허환 현대자동차 지점장, 정인철 삼성전자 지점장, 이상학 영사, 이밖에 외대를 졸업하고 프라하에 와 있는 김진한, 박미령, 김형태, 김인천, 김은해, 김준현 등이 그들이었다. 이 모임에 민병석 대사도 참석해 격려해 주었다. 이들이 모인 주목적은 9월에 있을 한국외대 창립 40주년 기념행사에 해외동문으로서 조금이라도 성금을 모아 보내려는 것이었다. 이날

회장에 김형수 관장, 총무에 박미령이 뽑혔다.

이들 부부는 스스로 자신의 일들을 추진하면서도 이렇게 주변 일에도 큰 관심을 가지고 있었을 뿐만 아니라 가정 일에도 충실해 여름이면 시아버님 모자를 사 보내고, 풀어졌다 말렸다하는 자동개줄을 사 서울 가는 인편에 보내기도 했다. 효도는 만행지본이라 했던가. 김정선은 사업에 성공해 서울 가 늙은 부모님을 모시겠다고 내게 말하기도 했다.

박미령은 석사논문을 완성해 내가 프라하를 떠나기 며칠 전에 내게 가져왔다. 이미 논문은 거의 완성되었기 때문에 내가 별로 봐 줄 것도 없었다. 그는 그만큼 논문 쓰기도 어느 정도 익숙해졌다. 그가 자기 뜻대로 촬스대학에서 박사학위를 받자면 어려운 일이 많을 것이다. 물론 그는 이일을 충분히 해내리라 여기지만 나는 이 문제까지 걱정이 되었다. 여기서는 아직도 박사를 학문의 완성자로 보았기에 미국식 학위와는 전혀 성격이 달랐다. 학문의 시작으로서의 학위거나 학문의 완성으로서의 학위거나 결국 학문에 순사한다는 뜻에서는 같을 것이다. 하지만 이를 이루어 내는 편에서 보면 논문의 수준은 전혀 같지 않다. 유럽식 학위가 초보자에게는 매우 힘들었다.

나는 이들 부부의 이야기를 여기에 다 옮길 수가 없다. 사랑은 이렇게 위대하고 아름다웠다. 이들과 함께 보낸 나의 프라하 생활은 윤택하지는 못했어도 아름다웠다. 더없이 나는 이들에게 감사하며 프라하를 떠날 수 있었다. 내가 프라하를 떠나던 날 박미령은 우정 작은 선물꾸러미와 꽃다발을 가지고 루지네 공항까지 전송나와 주었다. 언젠가 다시 만나 그 시절의 이야기를 하게 되면 우리는 더 많은 이야기를 하게 될 것이다. 나는 그날을 기다리며 이들의 이야기를 우선 멈춘다.

X. 여행일지

1. 프라하

프라하는 크게 3지역으로 나뉘어 있으나 행정 구역은 10개 구로 되어 있었다. 프라하는 시청앞 구시가지, 바츨라프 광장을 중심한 신시가지, 블따바강 건너 흐라드차니 언덕 밑에 형성된 왕궁 지역으로 이루어져 있었다. 이 도시 가운데를 가로질러 흐르는 블따바강은 체코의 중심 젖줄로 남쪽에서 북쪽으로 흐르고 있다. 주요 관광 명소는 이 3지역에 산재해 있었다.

프라하에는 국립 박물관 9개, 미술관 3개, 크고 작은 기념관과 교회가 수없이 많다. 작은 로마, 도시의 어머니, 100개의 첨탑 도시로 불려지는 프라하는 중세의 돌포장길로도 유명했다. 이중에서 가장 유명한 광장은 바츨라프 광장과 구시청앞 후스 광장이지만 공원의 도시라 불리어질 만치 곳곳에 크고 아름다운 공원이 많았다.

프라하에는 서쪽으로 17km 정도 떨어진 곳에 루지네 국제 공항이 있고, 기차역은 중앙역 흘라브니 나드라지, 동부역 마싸리꼬브, 서부역 스미호브스께, 북부역 홀레쇼비세 등이 있다.

프라하성은 말라스트라나 흐라드차니 언덕 위의 왕궁으로 14세기 때 황제 까렐 Ⅳ세가 건립한 고딕 양식의 궁전 및 중세풍의 성벽과 교회로 되어 있었다. 현재는 대통령궁, 교회, 미술 박물관 등으로 쓰인다.

프라하성안에는 다음과 같은 관광 명소가 있다.

1. 왕궁 미술관(Obrazama Prazskeho Hrad)
2. 성십자가 교회(Kaple st. Krize) 보물관(Klenotnice)
3. 성 비트 대성당(St.Vitus Cathedral)은 까렐 Ⅳ세가 짓기 시작한 후 500년이나 걸려 1929년에 완성된 고딕 양식의 교회로서 내부의 스테인드 글라스가 걸작이며, 성당 탑은 96m, 80m이다.
4. 성 이르지 교회(Brazilika St Jiri)는 프라하성 내에서 가장 오래된 교회로서 특히 나무 천장이 아름답다. 여기서는 <프라하의 봄> 기간 오라트리오(종교 음악), 실내악이 연주되었다.
5. 국립 미술박물관(Narodni Galorie Muzeum)은 10-18세기간의 체코의 회화와 조각품이 전시되어 있으며, 고딕 및 바로크 시대의 건축 양식으로 유명하다.
6. 황금 골목(Zlata Ulicka)은 황금 세공업자와 성의 일꾼들의 주택거리었으나 현재는 기념품 상가로 되어 있다. 카프카의 막내 여동생 오뜨라가 22번지에 살고 있었는데 카프카는 구시가지 광장 근처에 있는 시끄러운 자기 집을 떠나 1916년 11월부터 1917년 5월까지 이 집에 살면서 많은 단편소설을 썼다고 한다.
7. 달리보르까(Daliborka)는 유일한 중세의 감옥이다.
8. 서유럽 고미술관은 13-18세기의 유럽회화가 전시되어 있다. 고야, 렘브란트 등의 작품도 있다.
9. 프랑스 미술관은 슈테른 베르크궁 1층으로 고흐, 세잔르, 피카

소, 샤갈의 작품이 전시되어 있다.

프라하성에서 남쪽으로 내려오면 성 니콜라스 교회가 있는데 여기에는 성체가 모셔져 있다.

프라하의 명물 까렐 돌다리는 블따바강 15개의 다리 중 가장 아름다운 돌다리로서 길이가 약 520m, 너비 10m이며, 1357년 까렐 Ⅳ세 시대, 당시 교회 건축가 팔레지가 직접 건축한 것으로 중부 유럽에서 가장 오래된 돌다리다. 다리 양쪽에는 고딕 양식의 문이 있고, 다리 좌우측 난간에는 성서에 나오는 12사도 석상이 각각 15개씩 서 있다. 이 석상은 17-19세기 약 200년에 걸쳐 만들어진 것으로 구시가에서 보아 우측 4번째, 좌측으로 보아 2번째와 10번째, 12번째 석상이 특히 걸작으로 일컬어진다. 이 다리 위쪽에는 프라하의 베니스라고 불리는 깜빠(Kampa)섬이 있다.

구시가지에는 스메따나 기념관과 후스 광장 및 천문 인형 시계탑이 유명하다. 이 시계탑은 14세기에 세워진 고딕 양식의 건축물로서 70m의 첨탑에는 정교한 천문 시계가 있어 매시 정각마다 은은한 종소리와 함께 창문이 열리면서 크리스토의 12사도 인형이 성구를 들고 나와 인사를 한다. 이 시계탑은 세계적인 명물이다.

이 시계탑은 15세기 하스주(까렐대학 수학과) 교수가 설계해 만들었다. 이 시계가 너무나 아름답고 신기하게 보이자 다른 나라 도시에서도 하스주 교수에게 이와 똑같은 시계를 만들어 달라는 주문이 많아지자 프라하 시장은 하스주 교수가 다시는 이와 똑같은 천문 시계를 만들 수 없게 하려고 그를 장님으로 만들어버렸다. 그러나 장님이 된 하스주 교수는 자기가 만든 시계를 한번 만져 보려고 시계탑으로 더듬더듬 올라가 시계에 손을 대자마자 시계는 그대로 그 시각에 멈춰 400년 동안 가지 않았다. 이 시계가 다시 가기 시작한 것은 1860

년부터였는데 그때부터 12사도의 인형들이 비로소 관중들 앞에 모습을 드러내게 되었다고 한다.

이 광장에 있는 틴 교회(Marie Pred Tynem)는 1365년에 창건된 교회로 종교 개혁 당시 후스 종교 개혁파가 모여 예배를 보던 교회로서 현재의 교회는 14-16세기에 걸쳐 개축된 고딕 양식의 건축이다. 그 옆에는 킨스키 백작의 저택이었던 킨스키궁(Palac Kinskych)이 있는데 현재는 국립 미술관 판화 전시관으로 쓰이고 있다. 초기 바로크 양식의 궁전이다.

이 광장 가운데는 최초의 종교 개혁자이며 체코인의 정신적 지주인 얀 후스(Jan Hus 1370-1415) 동상이 있다. 동상대에는 "진실을 사랑하고, 진실을 말하고, 진실을 지켜라."는 후스의 말이 새겨져 있다. 후스는 가난한 보헤미아 농부의 아들로 태어나 까렐대학 총장(1402)을 지내기도 했으며, 카톨릭의 면죄부 발매를 반대하다 교황 요한 23세 때 파문 당했다. 후스는 종교 개혁 운동을 벌이다 1415년 화형 당했다. 후스 데이 7월 6일은 공휴일로 되어 있다.

이 광장 북쪽에는 프란츠 카프카 생가 기념관과 촬스대학 철학부 건물과 유태인 거주지역(Josefov)으로 되어 있다. 많은 유태인들이 묻혀 있어 오늘날 유태인의 성지 순례지역으로 되어 있다. 유럽에서 가장 컸던 게토지역이었다. 유태인 묘소(12,000개의 묘비와 6개의 유태교회)와 기념관 및 지하교회가 있다.

이 광장 남쪽에는 까렐대학 본부와 모차르트 음악당이 있다. 까렐대학은 1348년 황제 까렐 Ⅳ세에 의해 창립된 600년의 역사와 전통을 자랑하는 세계적 명문 대학이다. 이 대학 후문 곁에 있는 모차르트 음악당은 모차르트가 직접 그의 오페라 <돈죠반니>를 초연한 국립극장이다. 르네상스 양식의 화려한 건축물이다. 이밖에 성문과 르네상스 건축으로서 15세기에 건축된 구시가의 성문이 있다. 이 성문은 화약탑(Prasna Brana)이라 부르기도 한다.

신시가지는 마이 백화점 거리와 국립극장(르네상스 건축) 및 바츨라프 광장으로 이루어져 있다. 프라하의 중심 광장으로 체코 10세기 때 왕 바츨라프 기마상과 프라하를 대표하는 아름다운 국립 자연사 박물관이 있다.

프라하 남쪽에는 국립묘지 비세흐라드성(Vysehrad)이 있다. 여기에는 역대 체코 위인들이 안장되어 있을 뿐만 아니라 성곽에서 프라하 전시가를 조망할 수 있다.

2. 체코의 지방 도시와 성

1. Karlstejn Hrad. 2. Benesov Konopiste. 3. Podebrady. Ceskabord. 4. Nymburk. 5. Dobris, Tabor. 6. Melik. 7. Terezin, Teplice. 8. Karlovy Vary, Marianske Lazne. 9. Bratislava. 10. Ceske Budejovice. 11. Cesky Klumlov. 12. Orlik. Zvikov. 13. Krivoklat. 14. Turnov, Cesky Ray. 15. Caslav. 16. Kutna Hora. 17. Pisek. 18. Novy Bor.

1) Karlstejn Hrad. ▶1993. 3. 14.◀

내가 체코에 와서 처음 가본 곳은 까를스떼인성이다. 나는 또마쉬 빨라띠 군의 안내로 이곳을 찾아갔다. 스미호브스께 서부역에서 플젠 가는 기차를 타고 40여분 가 까를스떼인역에서 내렸다. 이날은 주말이라 기차가 만원이었다. 체코에 와서 이날 기차도 처음 탔다. 기차 삯은 쌌다. 기차 안의 사람들은 모두 무엇이인가 읽고 있었다. 이들은 실내에 들어오면 모자와 겉옷을 벗는 것이 예의였다. 아직 날씨가 추운 탓인지 두터운 옷을 입은 사람이 많았다. 기차 안은 저들이 벗어 놓은 옷으로 가득했다. 그러나 비교적 조용했다. 나는 겨우 비좁은 자리를 내어 앉았다.

또마쉬군은 내 곁에 걸터앉아 창밖에 풍경과 마을을 설명해 주었다. 그는 체코 민족 형성에 대해서도 말했다. 체코는 보헤미아(Bohemia), 모라비아(Moravia), 실레시아(Silesia)가 체코공화국(Czech Republic)을 이루었고, 체히(Cechy), 모라바(Morava), 슬레즈스꼬(Slezsko)가 합하여 체코연방공화국(Ceska Republika)을 형성하고 있다고 내게 말해 주었다. 따라서 체코어로 말하면 체코의 정식 국가 명칭은 체스까 리퍼블리까다. 또마쉬 말에 의하면 이들은 원래 슬라브족 계통에서 분파되어 각기 다른 유사 민족을 형성했다. 하기 때문에 게르만족인 독일하고는 거의 상관이 없었으나 근래에 그들의 정치권에 예속되어 오면서 독일의 생활권에 더 가까워졌다.

까를스떼인역은 간이역이다. 역사는 관광지역답지 않게 모든 것이 낡고 허술했다. 개찰구도 없었고, 역사의 울타리도 없어 아무데로나 나갈 수 있었다. 성까지는 역에서 한참 걸어가야 했다. 강보다 작은 내가 있었고, 다리를 건너 언덕을 오르면 이 마을 공동묘지와 교회가 있었다. 이를 지나 계속 올라가면 산 위 요새를 이룬 곳에 성이 있었다.

원래 이 성은 체코의 신화를 나은 까렐 Ⅳ세 황제의 왕관을 보관하고 제관식을 거행했던 성으로서 외적이 침입할 수 없는 요새에다 성을 세웠던 것이었으나 근래에 모두 파괴되고 도난 당해 안에는 아무 것도 없었다. 다만 까렐 황제 전성기의 옛 체코 영토가 지도상에 남아 있을 뿐이었다. 그 지도에는 전 유럽이 체코의 영토로 되어 있었다. 그가 로마의 황제였던 만큼 로마의 영토가 곧 체코인이었던 까렐황제 Ⅳ세의 영토이기도 했다. 당시 그는 유럽의 중심지로 프라하를 만들려 했다. 따라서 프라하는 중세의 모든 유풍이 그대로 보존되어 오늘에 이르게 되었다. 체코는 까렐황제 Ⅳ세의 신화 속에 묻혀 천여년을 꿈꾸어왔다.

성안에 들어가니 음산하고 어둡고 추웠다. 관광객도 이른봄이라 별로 없어 20여명이 모여야 함께 성안으로 들어갈 수 있었다. 절벽 위에 지은 성이라 매우 높았고, 견고했으며, 신비했다. 그러나 막상 성안은 비좁고 썰렁했다. 절벽 위라 물이 귀했던지 그 시절 우물의 깊이가 뒷면에 흐르고 있는 산골짜기 시내까지 닿아 있었다. 거의 50m는 될 것같았다. 성안은 당시 수리 중이었다. 옛날 왕관은 오스트리아에서 약탈해 간 후 아직도 반환을 하지 않는다고 한다.

우리는 성에서 마을까지 내려와 골짜기를 끼고 올라가는 길가에 있는 음식점에 가서 잉어튀김을 아주 맛있게 먹었다. 그러나 시내보다 값은 배나 비쌌다. 돌아올 때도 우리는 기차를 탔다. 여기서는 왕복표를 많이 이용했다. 왕복표도 2달 동안 사용할 수 있었기 때문에 자기가 필요할 때 언제고 이용할 수 있었다. 매우 편리하게 되어 있었다. 그날 돌아오지 않으면 무효가 되는 그런 기차표가 아니었다. 나는 이날 또마쉬의 안내로 관광을 잘 했다.

2) Benesov Konopiste. ▶1993. 3. 27.◀

프라하에서 서남쪽으로 50km 지점에 있는 베네소브는 오스트리아 왕족의 저택이었던 꼬노삐스떼 저택과 그 숲으로 유명했다. 여기는 프라하에서 비교적 가까운 거리었기 때문에 많은 관광객으로 늘 붐비었다. 하지만 내가 갔었을 때는 이른봄이라서 그런지 관광객들은 그리 많지 않았으나 마침 그 아름다운 저택에서 결혼식이 거행되었다.

나는 체코인들의 결혼식을 처음 보는 거라 호기심이 생겨 결혼식 광경을 살펴보고 싶었다. 마을 사람들이 꽃과 축하 케이크를 들고 와서 결혼 선물로 신랑과 신부에게 주었다. 우리처럼 접수대가 있고, 돈을 받는 곳은 없었다. 여기서의 축의는 꽃이면 되었다. 결혼식에도 하객들이 많지 않았다. 그러나 식만은 매우 엄숙하게 진행되었다. 건물 자체가 웅장하고 호화로워서 그런지 적막감마저 도는 분위기였지만 결혼식답게 온화했고, 바하의 오르간 합주가 은은하게 울려 퍼졌다.

식을 주재하는 주례가 있고, 여자 사도가 있어 먼저 무엇을 낭랑하게 외니까 신랑, 신랑 아버지, 신부 어머니, 신랑 어머니, 검은 제복을 입은 청년 2명, 그리고 맨 뒤에 신부와 신부 아버지가 들어 왔다. 신부를 신랑에게 인계하면 이들은 두줄로 서서 주례의 지시에 따라 신랑 신부는 서로 반지를 끼어주고 뺨을 서로 대었으며, 혼인 서약서에 사인을 했다. 그러고 나서 2청년이 나가 증인으로 또 사인을 했다. 이러는 사이 계속 바하의 오르간 음악이 들려왔다. 그 다음 주례사가 간단히 있은 후 식은 끝났다. 식이 끝나니 이들은 다시 악수를 나누고 각기 헤어져 어디론가 갔다.

나는 모처럼의 나들이에서 뜻하지 않게 체코인들의 결혼식을 보았다. 날씨가 아직 쌀쌀했지만 나는 성곽과 숲을 거닐었다. 나는 이때만 해도 정말 어디가 어딘지 전혀 알지 못했다. 여기서는 동서남북을 가리기가 몹시 어려웠다. 내가 동쪽이라고 가리키면 대개는 그와 반대였다. 나중에 해가 뜨는 것을 보고 동쪽이 틀림없다고 생각했으나 어떻게 차가 돌면 해가 반대쪽에 있기도 했다. 시내의 길에서도 그랬다. 아직도 그 이유를 나는 모른다.

숲속의 큰 호수는 얼어 있었고, 앙상한 고목가지만 무성한 사이로 엷은 햇살이 비쳤다. 이후 나는 이 숲과 호수가 좋아 가끔 찾아갔었다. 여름이 매우 좋았다. 그러나 여름 숲은 위험했다. 작은 진득이 같은 것이 나뭇가지에서 떨어져 사람 살로 순식간에 파고 들어가 피를 빨면 순간 기절하고 죽기까지 한다고 한다. 유럽 전역의 숲에 이 벌레가 있어 여름 숲은 좋았지만 내게는 그림의 떡과 같았다. 하지만 저들은 그것을 그리 무서워하지 않았다. 그 벌레가 살에 떨어져 살속에 들어가면 그곳에 기름칠을 하면 꼼짝을 못하기 때문에 그때 빼내면 된다고 했다. 나는 여름 숲에 들어갈 때는 반드시 모자를 쓰고 긴소매의 옷을 입었으며, 중국에 갔던 친구가 준 호랑이 연고를 가지고 다녔다.

호수가에는 좋은 레스토랑이 있었다. 값은 조금 비쌌지만 맛 좋은 사슴 고기도 있었고, 산돼지 요리도 있었다. 이 음식점의 벽에는 사슴뿔 장식이 많았다. 체코 음식은 간단했다. 오늘 우리는 김정선 덕에 바람도 잘 쐬고 뜻하지 않게 체코인의 결혼 풍습도 보았다.

3) Podebrady, Ceskabord. ▶1993. 6. 18.◀

차를 산 후 처음 지방 나들이를 갔다. 뽀제브라디는 프라하에서 동쪽으로 약 50km 정도 떨어진 약수가 나는 아름다운 도시다. 이 도시의 약수는 유명했다. 아내가 서울서 온 후는 이 물이 소화가 잘 되고 밥도 차지게 된다며 물을 뜨러 가길 졸라 물이 떨어지면 이리로 물을 뜨러 갔기 때문에 체코의 어느 지방보다 많이 갔었다. 겨울에는 날이 가물어 물이 아주 적게 나와 줄을 서서 3시간 이상 기다려야 했다. 하지만 그들은 추운 날에도 마냥 줄을 서서 기다려 1L씩 받아 갔다. 공중 약수터는 시내 한복판에 2곳 있었다.

뽀제브라디는 약수뿐만 아니라 촬스대학 부속 어학당이 있어 외국인에게 널리 알려졌다. 여기서는 외국인에게 체코어를 전문으로 가르쳤는데 완벽한 기숙사와 교수진을 갖추고 있었다. 나도 형태를 이 학교에 입학시켜 체코어를 가르쳐 보려고 그해 봄 처음 찾아갔었다. 지도만 가지고 길을 물어가며 차 운전하기도 이때가 처음이었다. 이후 나는 지도 한 장만 있으면 어디고 찾아 갈 수 있었다. 이곳의 지도는 그만큼 완벽했다. 그러나 이날은 지도 보기에 서툴러 많이 헤매었다. 그 대신 그쪽 길은 잘 알게 되었다.

프라하에서 뽀제브라디로 가는 길은 고속도로 E67번과 국도 611번 도로가 있다. 처음 나는 국도로 들어서 33, 38, 12번 국도를 헤매다가 겨우 체스키 브로드에서 330번 국도를 타고 올라가 E67번 고속도로를 발견해 12시가 넘어서야 뽀제브라디에 도착했다. 그 덕에 체스키 브로드에서 체코에 와서 처음 식당에 들어가 점심을 사 먹었다. 체코는 지방의 식당 음식은 값이 더 쌌다. 어디나 맥주 맛은 좋았다.

식당은 시골답게 수수했다. 식당 안은 맥주를 마시는 이 마을 사람들로 왁자지껄 했고, 담배 연기가 자욱했다. 우리가 들어서니 모두 취한 얼굴로 우리를 바라보았다. 저들에게는 낯선 사람들이었던가 보다. 나는 노동복 차림의 중년이 맥주를 마시고 있는 테이블로 가서 앉아도 좋으냐고 눈짓으로 물었다. 그들은 고개를 끄떡였다. 그들은 점심은 안 먹고 맥주만 마시었는데 뚱뚱한 사람은 계속 맥주를 마셨으나 마른 사람은 술을 받아만 놓고 마시지 않았다. 나는 그에게 맥주를 마시겠다고 손으로 시늉을 하니 그는 웨이터에게 맥주를 시켜 주었다. 나는 그들 것까지 맥주 3잔을 시키려 했으나 그들은 막무가내로 나를 말리었다. 맥주 1잔에 6꼬룬이었으니 우리 돈으로는 180원이었다. 물 값보다 쌌다. 나에게는 그들의 삶이 매우 건전해 보였다.

나는 이들이 쉬꼬다 자동차 정비소 직공인 것을 알고 내 차의 엔진을 좀 점검 해 달랬더니 그는 술을 마시다 말고 나가서 차 엔진 덮개를 열어 놓고 시동을 걸어 보기도 했다. 나는 내심 참으로 친절하고 순진하다고 생각했다. 이후 나는 후딱 하면 체코인들에게 차를 봐달라기도 했다. 이들은 그만큼 기계에 대해 잘 알고 있었다. 그러면 저들은 대부분 내 말대로 엔진을 봐주거나 바퀴에 바람을 넣어 주었다. 이날 우리는 감자와 쇠고기로 된 한 접시의 음식을 먹었는데 맛이 좋았다. 그후 다시 한번 가보고 싶었지만 이내 가지 못했다.

뽀제브라디에는 강도 있고, 크고 넓은 숲과 공원이 있으며. 아름다운 집들도 많았다. 숲 가운데로 난 도로가 무려 6km나 되었다. 여기는 좋은 골프장도 있어 많은 골퍼들이 주말이면 모여들었다. 김만석 사장은 나보고 체코에 있는 동안 골프를 배우라고 했다. 회비도 싸고 잔디도 좋으며 서로 자주 만날 수도 있다며 골프를 함께 다니길 권했지만 선뜩 나서지를 못했다. 그는 이 일 말고도 나보고 교회에 나오길 자주 권했으나 이 역시 그의 말을 듣지 않았다.

4) Nymburk. ▶1993. 6. 20.◀

뽀제브라디에서 얼마 안 되는 님부륵에도 아름답고 큰 공원과 숲이 있었다. 숲안에는 스포츠 센터가 있었고, 새로 지은 오스뜨로브(Ostrov) 호텔은 숲속의 궁전 같았다. 이곳도 전형적인 체코의 고도(古都)였다. 교회를 중심으로 센트름이 형성되어 있었다. 중세 고딕양식 교회는 현재 폐쇄되어 있었지만 그 위용을 자랑하고 있었다. 체코 지방 도시에는 이렇게 안 쓰는 옛교회가 많았다. 이것도 공산사회 40년의 영향이었다. 하지만 지방에 따라 매우 큰 교회가 그대로 많은 신자를 가지고 번영하는 곳도 있었다. 폴란드에 갔다오다가 들린 올로무스(Olomuc)라는 도시에 있는 매우 큰 교회는 부활절 기간이어서 그런지 교회 안이 백합꽃으로 화려하게 장식되어 있었고, 기도대도 반들반들 하게 닦이어 있었으며, 사람들의 운기가 서리어 있었다. 아무리 화려한 교회도 사람이 없으면 썰렁하고 음산했다.

나는 점심으로 생선구이를 먹었다. 1893년부터 만들기 시작한 리또베(Litove)라는 맥주는 맛이 참 좋았다. 리또베는 이 도시 근처에 있는 작은 마을 이름이었다. 나는 리또베를 여러 병 사가려고 슈퍼마켓으로 갔으나 일요일이라 문이 닫혀 있었다. 체코의 맥주 맛은 전체적으로 다 좋았지만 지방마다 조금씩 그 맛이 달랐다. 마치 막걸리가 그렇듯이 물맛과 상관이 있는 것 같았다. 체코의 맥주 제조 비법에 관한 책은 1583년 학자 타데아슈 하예크에 의해 최초로 저술되었다. 이는 유럽에서 가장 오래된 문헌상의 전통 맥주 제조기술책이었다.

나는 숲을 산책하다가 스포츠 센터와 호텔에 들렀다. 스포츠 센터는 이 도시의 시민이면 누구나 무료로 사용할 수 있었다. 늙은 수위는 나보고 님부륵의 시민이 되면 수영장을 이용할 수 있다며 여유있게 농담을 했다. 나는 수영보다 사우나를 하고 싶다니까 그는 호텔 오스뜨로브로 가면 시설 좋은 사우나가 있다고 했다. 나는 그가 가르쳐주는 대로 테니스장을 지나 푸른 잔디에서 에어로비를 즐기며 깔깔대는 어린 여학생들을 바라보며, 고목 그늘을 거쳐 강다리 앞에 있는 호텔을 찾아갔다. 여주인은 나를 반갑게 맞았다. 그는 새 호텔의 경영을 위해 몹시 애를 쓰는 듯했다. 나는 그의 안내로 객실과 회의장도 돌아보았다. 방은 모두 크고 깨끗했을 뿐만 아니라 아늑했다. 사우나는 시설 중이어서 아직 개장을 안했으나 15일이면 문을 열 예정이니 미안하지만 그때 다시 와 달라며 그는 밝게 웃었다. 나는 내심 언젠가 한번 이 호텔에 와서 하룻밤을 보내리라 다짐하며 호텔

문을 나섰다. 그때 아내와 아들의 얼굴이 저쪽 나무 그늘 아래 보였다.

그후 나는 님부륵에 자주 갔었다. 한번은 고풍스런 식당에서 60이 넘은 한 노인을 만났다. 그 노인은 맥주를 3잔째 마시며 창밖의 봄바람 소리에 귀를 기울이고 있었다. 그는 이 도시에서 태어나 자랐고, 대대로 여기서 살았다. 나는 그날 그 도시의 숲속에 있는 새로 지은 호텔에서 사우나를 하고 저녁을 먹고 돌아갈 양으로 이 식당에 들렀다. 이 식당은 그전에도 한번 들러 점심을 먹은 적이 있었다. 이 식당은 늘 사람이 많았다. 홀이 둘 있었는데 다 만원이었다. 큰 홀에서는 담배를 피워대며 많은 손님들이 맥주를 마셨기 때문에 우리 세 식구는 작은 옆의 방으로 갔다. 거기는 아랍인 비슷한 사람들이 무엇을 하는지 떠들고 있었는데 창가에 한 노인이 점잖게 앉아 맥주를 혼자 마시고 있었다. 나는 큰 방에서 떠드는 사람들과 섞여 앉아 저녁도 먹고 맥주도 마시고 싶었지만 거기는 자리가 없었다.

우리는 가운데 테이블에 앉았다. 내가 먼저 노인께 인사를 했다. 그는 의외라는 듯이 자기도 따라 '도브리덴'했다. 그러고 나서 식사가 나올 때까지 나는 형태의 체코어를 연습시킬 겸 끊임없이 말을 시켰다. 그도 신기한 듯 계속 대꾸를 해주었다. 그때의 대화는 대충 다음과 같은 것이었다.

"우리는 세 번째 이 도시에 왔다. 저 강 이름이 뭐냐. 당신의 고향은 어디냐. 딸이 있느냐. 이 도시의 숲과 강과 집들이 아름답다. 언제 오면 또 만날 수 있느냐. 나는 체코 처녀와 결혼해 체코에서 살고 싶다. 나의 체코어를 알아들을 수 있느냐. 나는 체코어를 배우기 시작한 지 7개월째다. 체코어가 너무 어렵다. 이분들은 저의 부모다." 등 간단한 말이었지만 형태는 더듬더듬 간신히 말을 했다. 그는 형태의 말을 받아 이어주기도 했고, 알아듣지 못하는 부분은 되묻기도 했다.

그는 우리가 식사를 끝내자 자기도 자리를 떴다. 그는 몸집이 매우 컸다. 특히 손이 크고 두터웠으며, 배가 불룩한 거인이었다. 그는 형태에게 성공을 빈다고 했고, 우리에게는 재미있게 지내다 가라고 했다. 이 도시를 가로질러 흐르는 강은 라베(Labe)였고, 그 노인의 이름은 블라디미르 말리(Vladimir Maly)였다.

우리는 숲속의 호텔로 갔다. 지난가을 한번 거길 들러 여주인과 시설을 둘러본 일이 있었는데 그들은 나를 아직도 기억하고 있었다. 이 호텔은 지은 지가 얼마 안 돼서인지 손님이 별로 없었다. 그래서 나는 숲속의 조용한 이 호텔이 좋았지만 영업이 잘 안 되는지 늘 여주인은 여기 없었다. 그러나 환경이 좋아 머지 않아 널리 알려지고 손님들로 벅적일 것이다.

이날 나는 뽀제브라디에 가서 약수를 떠 가지고 오던 차에 아무런 준비 없이 여기에 들렀기 때문에 볼펜 한 자루 없었다. 하지만 맛나게 생선요리를 먹었고, 우연히 좋은 노인을 만나 재미있게 시간을 보낼 수 있었으며, 오붓하게 3식구가 단란히 사우나도 할 수 있었다.

그후 한번은 그곳 테니스장 시설이 하도 좋아 보여 김만석 사장댁에서 테니스채와 공을 빌려 가지고 여기로 가서 하루 종일 테니스를 하며 좋은 시간을 보냈다. 이날도 바람 한 점 없는 봄 하늘은 푸른 숲을 더 푸르게 했고, 라베강 위를 떠가는 석탄 실은 배는 더 느리게 흘러갔다. 아내는 흰 공을 나비처럼 날리며 배드민턴을 신나게 했으며, 나와 형태는 테니스를 하다가 또 아내와 배드민턴도 했다가 했다. 그날은 토요일이어서 그런지 테니스를 하는 사람이 많았다. 코트가 11개나 되었는데 1번 코트만 비었고, 모두 찼다. 이렇게 사람이 많아지자 우리는 벽치기를 시작했다. 나는 테니스를 해본 지가 하도 오래돼 공이 제대로 맞지 않았으나 형태는 누구와도 테니스를 할 정도였다.

나중에 안 일이지만 이곳은 체코의 선수촌이었다. 말하자면 우리나라 태릉 선수촌 모양 되어 있었으나 체육 시설을 시민에게 공개해 누구나 국가 시설을 이용할 수 있었다. 여기에는 테니스장뿐만 아니라 스포츠 센터를 이루고 있어 각종 운동 시설을 다 갖추고 있었다. 그 중에는 합숙소도 있고, 사우나도 있으며, 수영장도 있었으나 외국인은 이용할 수 없었다. 나는 수영장에 들어가고 싶었지만 거절당했다. 나는 거절을 당했지만 그리 기분이 나쁘지는 않았다.

이날도 우리는 먼저 갔었던 마을 식당에 들러 식사를 했지만 그때 만났던 노인을 볼 수는 없었다. 그 대신 그날은 건장한 젊은이들 한 떼가 가운데 넓은 테이블에 앉아 떠들썩하니 맥주를 마시고 있었지만 우리가 들어가자 처음 힐끔 보았을 뿐 관심 밖이란 듯 거의 우리를 의식하지 않았다. 이날도 내가 주로 운전을 하고 다녔지만 별로 피곤한 줄 몰랐다. 하지만 그 다음날부터 팔이 다시 아프기 시작했다. 나는 더럭 겁이 났지만 며칠 지나니 괜찮았다.

그후 님부르크에 몇 번 더 가 그 좋은 숲을 거닐었지만 호텔과 스포츠 센터는 들르지 못했다. 하지만 나는 아직도 그 숲과 강과 다리 그리고 그날 들려오던 기차 소리며 호텔 여주인의 밝은 미소를 잊지 못하고 있다. 그날도 라베강에는 석탄 실은 화물선이 느릿느릿 가고 있었다. 석양 무렵의 석탄배는 어딘가 나의 애수를 자아냈다. 더욱 가을이라 많은 나뭇잎이 싸늘한 저녁 바람에 눈처럼 흩어졌다. 나는 지는 낙엽을 멍하니 바라보기도 했다. 나그네는 어디서나 나그네일 수밖에 없었다.

5) Dobris, Tabor. ▶1993. 6. 26.◀

이 두 도시는 프라하에서 그리 멀지 않은 아름다운 옛도시다. 도브리쉬는 공산당 작가동맹에서 이용하던 작가의 집이 있었고, 따보르에는 맑고 넓은 호수가 있었다. 나는 이 도시를 일찍 알고 있었다. 2년전 세계펜크럽대회를 여기서 가졌었고, 스메따나의 곡에 따보르가 있었기 때문이다. 실상 말만 듣던 도브리쉬를 방문했을 때 나는 별다른 감흥을 느끼지 못했다. 주말이어서 그런지 썰렁한 가운데 푸른 숲과 맑은 호수가 고딕 교회와 어울려 무엇보다 아름답다는 느낌이었다.

도브리쉬는 작은 도시였지만 작가의 집은 매우 크고 웅장했다. 주위는 호수와 숲으로 둘러싸여 있었고, 정원에는 꽃밭과 석조상이 있었으며, 외부인의 출입이 금지되어 있었다. 지금은 그 안에 아무도 없었지만 이들은 관광객에게도 내부를 공개하지 않았다. 나는 겨우 안에 들어가 정원과 복도를 보았을 뿐이다. 1950년대 이기영이 여기 와서 보고 몹시 부러워했던 글을 읽은 적이 있었다. 그 당시만 해도 당의 작가뿐만 아니라 당의 허가를 받으면 세계의 어느 나라 작가도 여기 와서 기숙하며 집필할 수 있었다고 한다. 그만큼 이 작가의 집은 유명했다. 이는 붉은 벽돌집으로 현관 앞의 정원과 가운데 정원 그리고 후원이 따로 있었고, 바로 앞에 맑고 푸른 호수가로 산책로가 있었다. 이 집은 3층 건물로 예전에는 귀족의 저택이었으나 지금은 작가들을 위해 회의실 · 집필실 · 도서실 · 식당 · 휴게실 등 시설을 갖추고 있었다.

이 도시 입구에는 잘 가꾸어진 공동묘지가 있었다. 마침 부활절이 가까워서 그런지 많은 사람들이 꽃다발을 들고 묘지를 찾아 와서는 대리석 묘표를 물로 닦기도 하고 꽃다발을 무덤 위에 놓기도 했다. 한 아주머니는 집의 꽃밭에서 장미꽃을 한 다발 꺾어가지고 자전거를 타고 이 묘지를 향해 갔다. 내가 "아호이" 하고 손을 들며 외치니 그도 웃으며 "아호이" 하며 손을 흔들었다. 이 아주머니는 좀전에 내가 그 집 울타리 밑을 지나가자 붉은 장미꽃 한 송이를 내게 꺾어주기도 했다. 이들은 대부분 집 앞에 작은 꽃밭을 가꾸었다. 그만큼 이들은 꽃을 생활화했다. 애인을 만나러 가거나 축하할 일이 있으면 자기 꽃밭에서 꽃을 꺾어 꽃다발을 예쁘게 만들어 가지고 갔다. 이날 공동묘지는 꽃밭이 되었다. 한 뚱뚱한 아주머니는 열심히 무덤의 검은 대리석을 닦았다. 자기 남편의 무덤을 그는 윤이 나게 닦았다.

이들의 무덤은 이렇게 마을 입구나 길가에 있었다. 한 집안이 한 무덤을 가지고 있었다. 우리같이 산에다 묘를 쓰지 않았다. 한평 남짓한 대리석관이면 이들은 족했다. 대리석관에 시체를 그냥 넣기도 하고 화장을 해 넣기도 했다. 이들은 묘때문에 많은 국토를 낭비하지 않았다. 유럽 도시의 관광명소의 하나가 묘지공원이기도 했다. 특히 파리나 런던의 국립묘지나 예술가의 묘지공원은 유명했다. 이들도 자기 조상에 대한 존경심이 대단했다. 그 방법은 우리와 같지 않았지만 정신적인 영향은 오히려 더 큰 것같았다.

우리는 이날 호텔식당에서 모처럼 점심을 잘 먹었다. 주말에는 호텔식당밖에 문을 열지 않았다. 호수는 이끼가 뒤덮여 있었다. 이제 작가의 집은 작가의 집이 아니었다. 옛 명성은 사라지고 다만 그 흔적만 간직한 채 유물로 남아 있을 뿐이었다.

따보르의 호수는 넓고 컸다. 주위를 둘러싼 고목 숲은 누가 보아도 일품이었다. 내가 갔었을 때는 일요일이었지만 별로 호수에는 사람들이 많지 않았다. 나와 형태는 호수가를 한바퀴 돌아보려고 숲속 길을 따라 가며 보니 한 할머니가 손녀와 손자를 데리고 와서 모래가 모여 쌓인 호수가에서 쉬고 있었다. 가을이었지만 날씨는 쌀쌀했다. 우리는 계속 호수가를 걸어갔다. 풀만 누렇게 깔린 언덕 평원이 나타나더니 철로가 보이고 녹슨 기차가 있었다. 호수는 다른 작은 호수를 만들며 한없이 펼쳐졌다. 건너편에는 휴양소같은 건물이 있었는데 울긋불긋한 깃발이 휘날리었다. 간혹 보트를 탄 젊은이들이 지나갈 뿐 호수는 잔잔했다.

나의 따보르의 하루는 말하자면 호수와의 만남이었다. 스메따나가 예찬한 이 호수는 그때나 이제나 말없이 하늘과 맞닿 푸르기만 했다. 언덕을 올라와 운전연습장에서 나는 운전연습을 좀 하고는 프라하로 돌아왔다.

6) Melnik. ▶1993. 6. 27.◀

체코의 지방 도시들은 제각기 특색이 있어 좋았다. 그 규모와 생김새는 비슷했지만 건물 양식과 보존 상태는 결코 같지 않았다. 반드시 그 도시에는 교회를 중심으로 센트룸이 형성되어 있었고, 크고 넓은 광장이 있었다. 여기에 많은 사람들이 모였기 때문에 옛부터 상가가 형성되어 있었다.

멜닉(Zamek Melnik)성은 프라하 북쪽에 있었다. 프라하에서 25km쯤 떨어져 있는 이 도시는 고급 포도주의 명산지였다. 아직도 이곳의 포도주는 명품으로 일컬었다. 그 중에서도 루드밀라(Ludmila)를 제일로 쳤다. 나는 여기서 포도주 2병을 사 가지고 와서는 오랫동안 방에 놓아두고 바라만 보다가 마침 친구의 초대가 있어 가지고 가서 함께 마셨다. 체코에 와서 나는 사실 포도주와 맥주는 실컷 마셨다. 그러나 포도주 맛보다는 맥주 맛이 더 내게는 좋았다. 나는 포도주가 잘 맞지 않는 체질이었던가보다.

그후 그 친구가 프랑스 포도주라며 주기에 마셔 보아도 내 입에는 체코 맥주보다 못했다. 그래서 1병 남겨두었던 것도 미련 없이 다 마셔버렸다. 얼마 지나서 코트라 김 관장 댁에 갔더니 스페인 포도주라며 마셔 보래서 몇 모금 먹어보니 그것은 좀 입에 맞는 듯했다. 무슨 포도주냐고 물어보니 김 관장은 드라이한 포도주라 했다. 그렇게 달지도 않고 조금 알코올 도수가 높은 것같았다. 그날은 그 스페인 포도주 1병을 즐겁게 마시었다. 이렇듯 멜닉은 포도주로 이름이 나 있었다.

멜닉에는 또 하나 유명한 사원이 있었고, 큰 숲이 있었으며, 아늑한 음식점이 있어 관광객이 끊이지 않았다. 사원은 폐허가 되다시피 했지만 옛 풍모를 그대로 지닌 바로크 양식의 교회 건물이었다. 사원은 높고 웅장했는데 절벽의 언덕 위에 있어 그 위용을 더 했다. 겉벽의 많은 성인 조각은 마모되어 헐어져 있었지만 형체는 그래도 아직 남아 있어 그 견고함을 오히려 자랑하고 있었다.

교회 문은 굳게 닫혀 있었다. 하지만 그 옆의 요사채로 쓰였던 듯한 회랑식의 옛 건물은 박물관으로 쓰이었다. 이곳은 옛 생활 용구를 모아 놓은 지방 민속박물관이었다. 나는 여기서 여러 가지 민예품을 보았지만 별로 마음에 들지 않았다. 하지만 옛 무덤에서 발굴한 토기들을 보았을 때 우리 것과 매우 비슷하다는 생각이 들어 호기심이 있었다.

이 도시도 센트름을 중심으로 회랑식 상가가 형성되어 있었지만 이날은 주말이라 한 곳도 문을 연 가게가 없었다. 다만 호텔식당과 성안의 식당이 문을 열었을 뿐이다. 성안 식당은 매우 고풍스럽고 아늑한 분위기였다. 여기서 아래로 블따바강과 넓은 숲을 한 눈에 내려다 볼 수 있었다. 그때 내가 마신 체코 생맥주와 수프 맛은 잊을 수가 없다. 그후 나는 그곳을 서너번 더 찾아갔었다. 하지만 내가 처음 느끼었던 멋이 아니었다.

7) Terezin, Teplice. ▶1993. 7. 5.◀

테레진과 테플리세는 체코 북부 국경 도시다. 북부 독일과 접경을 이룬 이 도시들은 베를린으로 가는 길목에 있어 히틀러 시대는 남다른 수난을 겪기도 했다. 그 수난은 오늘날에도 역사의 증인으로 존재하고 있다. 특히 테레진은 수많은 유태인이 화장을 당한 현장이었다. 그래서 그런지 내가 그 도시에 갔던 날도 군인막사만 덩그마니 있고, 별로 사람들이 나다니지 않아 마치 무덤의 도시 같은 느낌이 들었다. 유태인들을 화물차로 태워와 화형장으로 밀어 넣어 기차터널같은 화형로를 지나게 하면 그 많은 사람들은 순식간에 재가되었다. 뼛가루는 마치 석탄더미처럼 쌓였다. 그 곳에서는 슬라이드 필름으로 당시의 유태인의 화형장면을 보여주었다. 차마 끔찍해 눈뜨고는 볼 수없는 장면이 많았다. 특히 아이들의 외침과 부녀자들의 아우성과 늙은 이들의 침묵이 실로 무서웠다. 멸종을 시키다시피 한 유태인들은 그래도 살아남아 나라를 되찾아 살아가고 있음을 볼 때 격세지감이 없지 않았다.

나는 그날 이들이 투쟁하다 묻힌 무덤도 가 보았고, 박물관에 전시된 항독인사들의 사진전도 보았다. 히틀러의 만행과 이에 무참히 희생된 선량한 시민의 상극된 삶을 보면서 나는 우리의 독립기념관을 연상했다. 인간은 최대의 악도 최대의 선도 가진 존재라는 사실을 나는 이 자리에서 다시 확인할 수 있었다. 히틀러는 확실히 광인이었다. 이 인류가 다시는 그런 광인의 손에 휘말려서는 안 되겠다. 오늘날 많은 유태인 관광객이나 당시 수난을 당한 후손들이 이 도시를 찾아 와 이 무덤에 참배하고 화형 현장을 확인하며 아무 말이 없었다. 그들의 얼굴은 조용해 보였으나 가슴은 분노로 가득 차 있을 것이다. 나는 이날 어두운 마음으로 이 도시를 벗어나 동독의 북부 국경 도시 드레스덴으로 갔다.

8) Marianske Lazne, Karlovy vary. ▶1993. 7. 9.◀

나는 독일 여행을 마치고 체코에 도착해 말로만 듣던 마리안스께 라즈네에서 하룻밤을 보냈다. 이곳은 휴양도시로서 손색이 없었다. 약수는 우리가 머문 데서 위쪽에 있었다. 나는 마치 시골장터같은 시장거리를 지나 걸어서 약수터까지 올라갔다. 약수터는 산등성이에 있었다. 약수공원에는 아름드리 고목과 파란 잔디에 르네상스식의 호텔이 즐비했다. 오전 11시에는 분수음악을 들려주었다. 음악에 따라 분수가 춤을 추었다. 약수탕은 호텔보다 더 화려한 옛 건물이었다.

약수는 노천에 있는 것이 아니라 위생시설을 갖춘 건물 안에 있었으며, 종업원이 위생복을 입고 곁에 서 있었다. 물은 얼마든지 마음대로 마실 수 있었다. 모두 둥근 수도꼭지에서 물을 받아 마시었다. 이들은 물을 바가지나 병에 받아먹지 않고 물 받아먹는 용기가 따로 있었다. 꽃병처럼 생긴 자기병에 빨대가 달려 있는 빨대병에 물을 받아서는 다니면서 조금씩 약 먹듯이 마시었다. 나도 그같은 자기병을 하나 샀다. 그러고는 저들처럼 다니면서 물을 마셔보았다. "물에 체면 약이 없다."는 말이 생각났다.

나는 여기서 며칠 머물면서 이렇게 약물탕이나 하면서 지나다 가고 싶었다. 나는 약물탕을 해보았다. 외국인에게는 150꼬른씩 받았으나 체코인에게는 50꼬른씩 받았다. 나는 당시 거류증을 가지고 있었기 때문에 50꼬른만 내어도 되었다. 하지만 1시간 이상 기다려야 했다. 이곳은 마치 병원의 물리치료실 같았다. 사실 이들은 그런 식으로 생각했다. 나는 물을 계속 마셨더니 소변이 자주 마려웠다. 그러나 화장실은 집안에 있었다. 이런 일이 불편했다.

약수탕에 입장을 하니 독탕에 위생복을 입은 중년 아주머니가 있었다. 그는 약수를 탕에 받아 온도를 재보고는 나보고 들어가서 몸을 담그고 가만히 누어 있으라고 했다. 나는 하라는 대로 옷을 벗고 약수탕 안으로 들어갔으나 물은 미지근했고, 겨우 몸을 담글만했다. 탕의 크기는 일반 가정에서 쓰는 독탕 욕조 그것이었다. 그러고 50분 정도 있으니 그는 다시 들어와 나를 모포에 둘둘 말아 놓고는 또 나갔다가 20분만에 들어 와서는 다 끝났다고 했다. 내보기에는 아무 것도 아닌데 이들은 무슨 큰 효과나 있는 듯이 굴었다.

우리는 다시 길을 떠나 체코에서 가장 아름다운 도시 까르로비 바리로 왔다. 이곳은 산이 제법 높고 길도 꼬불꼬불 했다. 이 도시 안으로는 차가 들어갈 수 없었다. 그만큼 이들은 이 도시의 보존에 신경을 썼다. 좁은 계곡에 있기도 했지만 차의 매연으로 인한 건물의 손상을 막기 위해서였다. 이 도시는 예로부터 많은 유럽의 명사들이 찾아 머물던 휴양도시로 유명했다. 도시 가운데로 계곡의 물이 풍부하게 흘렀고, 양쪽의 산 경치는 그런 대로 절경이었으며, 아름다운 르네상스식 대리석 건축물이 즐비했다. 호텔이 중심인 이 도시는 휴양도시답게 좋은 레스토랑과 위락시설이 갖추어진 가운데 약수풀장으로 또한 유명했다. 나는 시내 가운데까지 약 2km를 계곡을 따라 내려가 한 바퀴 돌았다. 날씨가 제법 더워 걷기도 힘들었다.

다음에 아내가 오면 한번 더 오리라고 벼르면서 프라하로 돌아왔다. 까르로비 바리와 마리안스께 라즈네는 체코가 자랑하는 일급 휴양도시로서의 손색이 없었다. 그러나 우리는 휴식은 취하지 못하고 피곤만 더하여 돌아왔다. 내게는 휴양과 관광은 전혀 다른 일이었다. 이번 독일 여행은 더욱 그랬다. 적어도 휴식관광을 하려면 이들처럼 한곳에 가서 1주일씩 머물면서 쉬엄쉬엄 다녀야 할 것만 같았다. 나는 우리네 습관대로 마치 풀무당처럼 여러 곳을 급하게 돌아다니었다.

또마쉬는 마리안스케 나즈네의 명과 2통을 사 가지고 왔다. 그는 그것을 자기 부모님께 드린다며 꼬기꼬기 뭉쳐 가지고 있던 돈 50꼬룬를 꺼내어 이 과자를 샀다. 그는 이 과자 이외에 이번 여행기간 동안 아무 것도 산 것이 없었다. 돈도 든 것 없었다. 그는 프라하 우리 기숙사에 6시쯤 도착했는데 동승차를 한다며 짐을 꾸려 200km나 떨어져 있는 그의 집으로 곧바로 떠났다. 나는 차가 없으면 기숙사로 돌아오라고 일렀으나 그는 그날 되돌아오지 않았다. 그는 동승차하기의 명수였다.

또마쉬 호락은 얼굴이 수려하고 외모가 단정해 보는 이로 하여금 호감을 갖게 했다. 그는 공부도 제일 잘해 부젝 교수나 마르따 교수도 아끼는 제자였다. 그는 내게 3학기의 한국어 회화를 1주일에 4시간씩 매학기 배웠다. 나는 그가 있음으로써 체코에서 한국학을 가르치는 보람을 느끼었다.

9) Bratislava. ▶1993. 7. 23.◀

브라띠슬라바의 도나우강은 도도하게 흘렀다. 높은 성 위의 정부청사는 매우 위엄 있게 보였다. 나는 슬로바키아의 브라띠슬라바와 오스트리아의 빈과 헝가리의 부다페스트를 다녀오려고 형태, 아내,

외손자 수리를 더불고 아침 10시에 집을 나섰다. 딸애는 오자마자 스칸디나비아 4개국 여행을 떠났다. 나는 체코 남부 모라비아지방은 대충 다녀 보았기 때문에 슬로바키아로 가는 길은 훤했다. 우리는 브르노를 걸쳐 형식적으로 있는 국경을 지나 오후 4시쯤 브라띠슬라바에 도착했다.

한 나라였지만 갈라진 후로는 여기서도 환전을 해야 했다. 돈은 같은 돈인데 인지를 붙여 구별했다. 나는 영업 마감 시간이 가까워진 환전소를 돌아다녔으나 꼭 한곳에서만 체코 돈을 취급했다. 주차 때문에 시간을 보내고 언덕 위에 있는 대통령궁과 박물관을 올라 시내로 들어오느냐고 시간이 좀 걸렸으나 도시 규모가 작아서 별로 거리감을 느끼지는 않았다. 아내와 외손자 보리는 말없이 내 뒤를 따라 부지런히 걸었다. 돈은 겨우 1,500꼬룬밖에 없었다. 숙박비가 시내는 850꼬룬이었다. 여기서 달러를 슬로바키아 돈으로 바꿔야 쓸데도 없어 체코 돈 가지고 있었던 것을 슬로바키아 돈으로 환전했더니 이렇게 궁색하게 되었다. 돈을 아껴 쓰려면 역시 고생을 해야 했다.

나는 보다 싼 숙소를 구하려고 유스호스텔을 찾았으나 이들은 유스호스텔을 아지 못했다. 관광버스의 운전사는 시내에서 30km쯤 떨어진 유원지에 가면 싼 숙소가 있다고 했다. 우리는 이미 늦은 시각에 이렇게 도시와 교외를 헤매고 다니었다. 세넥(Senec)라는 이 유원지는 작은 호수가 있고, 뱃놀이를 할 수 있는 시설과 캠핑장이 있었다. 이곳 관광안내소도 이미 문을 닫았다. 난감하게 된 나는 만나는 사람마다 숙소를 물어보았다. 마침 안내소 옆집 문이 열리며 중년남자가 나왔다. 나는 그에게 애걸하듯 안내원에게 연락할 수 없느냐고 물었다. 그는 잠깐 기다리라고 하더니 자전거를 타고 나와 어디론 가로 갔다. 나는 그를 기다리고 있을 수밖에 없었다. 그는 얼마 만에 한 아주머니와 함께 왔다. 그가 관광안내원이었다.

우리는 그의 안내로 어느 집 지하방을 얻어 들어갔다. 지하방은 크고 침대도 6개나 있었으며, 부엌이 따로 있었고, 그릇과 전기스토브도 완비되어 있었다. 이는 소개비도 받지 않았다. 숙박비는 300꼬론으로 헐값이었다. 이제 돈의 여유가 생겼다. 나는 안내원 아주머니와 그 옆집 아저씨에게 맥주라도 사주려 했으나 이들은 술을 전혀 하지 못했다. 그래서 수박과 복숭아를 사주었더니 그것도 이들은 받지 않았다. 일이란 언제나 궁즉통이었다.

각자 하나씩 침대를 차지하고 그런 대로 누웠다. 지하라서 그런지 좀 을씨년스럽고, 구질구질한 느낌이 들었지만 공간이 넓어 시원했다. 잠을 청하고 눠 있으니 앵앵 모기 소리가 났다. 이불을 뒤집어쓰자니 갑갑하고 그냥 있자니 모기 소리에 잠이 안 왔다. 나는 수건을 꺼내 얼굴 위에 얹었다. 보리도 잠을 못 자고 뒤척이었다. 나는 식구들에게 미안한 생각이 들었다.

그때 우리는 결국 헝가리 국경까지 갔었으나 외손자 보리의 여권이 없어 입국을 하지 못하고 브라띠슬라바로 되돌아와 이 도시와 접해 있다시피 한 오스트리아 국경을 넘어 빈으로 갔다. 헝가리 국경 검문소와 오스트리아 국경 검문소는 전혀 분위기가 달랐다. 헝가리가 자유화와 노비자를 선언했지만 아직도 공산주의적 인간 불신과 경직성을 떨쳐버리지 못한 반면 오스트리아 쪽은 인간다운 부드러움과 밝은 미소가 있었다.

이만큼 인간을 이데올로기화한 공산당들의 도그마는 인간성을 마멸시키었다. 인간은 오직 인간일 뿐 이데올로기의 도구이거나 종교의 화신일 수는 없지 않은가. 한 젊은 목사는 내게 자기는 인간의 종교화가 얼마나 무서운 마귀인줄 모른다고 했다. 결코 인간의 종교화나 이데올로기화는 인간 그 자체를 잃고 말게 할 뿐이다. 인간의 이데올로기화는 다시는 이 땅 위에 있어서는 안 되리라 믿는다.

10) Cesky Budejovice. ▶1993. 8. 28.◀

이날 아침은 흐리고 비가 가늘게 내리었다. 그러나 나는 형태와 아내를 데리고 길을 떠났다. 체코에서 가장 아름다운 도시의 하나요, 유네스코에서 보존 도시로 지정했다는 체스키 끄르믈로브(Cesky Krumlov)를 가 보기 위해서였다. 10시 30분쯤 출발한 우리는 계속 E55 고속도로를 따라 달리었다. 이 길은 가다가 브르노와 빈으로 갈라졌다. 우리는 오스트리아 빈으로 가는 길로 들어섰다. 말하자면 이 길은 오스트리아 국경으로 연결된 국도였다.

비는 계속 내리었다. 우리는 먼저 체스키 부제오비세에 정오가 넘어 빗속에 도착했다. 이 도시는 체코 남부지방의 중심도시였다. 우선 우리는 어느 도시를 가던지 센트룸으로 들어가 주차장에 차를 세웠다. 오늘도 길을 따라 센트룸으로 들어갔으나 어찌된 일인지 다른 도시의 센트룸과는 달랐다. 교회는 있었으나 회랑을 이룬 상가가 없었다. 우리는 빗속에 우산을 하나 겨우 구해 셋이서 머리만 비에 안 맞게 썼다. 이 도시에 있는 줄만 안 르네상스식 건물을 찾아 좀 헤매다 물으니 여기 있는 것이 아니라 10km쯤 떨어진 흘루보까(Hluboka)성에 있다는 것이다.

나는 시가지를 돌아 비 내리는 공원의 분수대를 보았을 뿐 곧 차로 돌아와 흘루보까성으로 향했다. 이 도시를 벗어나는 지점에서 나는 많은 군중들이 강가에 모여 무엇을 하는 지 떼를 지어 있음을 보고 차를 세우고 그곳으로 가 보았다. 그날이 이 지방의 체육대회였으나 비가 내려 운동경기는 하지 못하고 여러 군에서 버스로 온 주민들이 강가의 주차장으로 내려오고 있는 모습이었다. 그러나 이들은 모처럼의 나들이어서 그런지 주위의 노점상에서 물건을 사느냐고 떼를 지어 몰려다녔다. 그러나 비가 더 심하게 내려서인지 이들은 버스가 주차한 곳을 향해 좁은 다리를 건너느냐고 북적거렸다. 나도 덩달아 그들을 따라 가보았으나 별것이 아니었다. 이들은 계속 공원 쪽에서 쏟아져 나왔다. 이렇게 체코인들이 많이 모여 있는 것은 그날 처음 보았다.

나는 가던 길을 재촉해 흘루보까성으로 갔다. 성은 역시 높은 산 위에 있었다. 사진에서 본대로 르네상스식 궁전은 화려했다. 전체가 대리석 조각이었는데 희고 환했다. 보존이 잘 되어서인지 별로 겉은 파손된 것같지 않았다. 하지만 안은 거의 헐어서 수리 중이었다. 그곳은 사슴뿔 장식벽이 많았다. 그것도 한 두개가 아니라 곳곳에 여러 개가 모두 모양이 달리 되어 있었다. 나는 여기서 돌을 갈아 만든 소주잔 6개를 샀다. 안은 금칠을 했고, 밖은 자주색 무늬였다. 돌결을 따라 무늬가 졌는데 모두 같지 않았다.

별채는 식물원이었다. 야외 조각공원이기도한 이곳의 조각들은 매우 오래된 것같은 느낌이었다. 한쪽 벽에는 동판이 붙어 있었는데 말을 타고 떠나는 사나이와 아이를 데리고 말고삐 옆에 서 있는 여인상이 조각되어 있었다. 나는 이 동판 조각과 벽의 사슴뿔을 찍었다. 여기는 빗속임에도 불구하고 제법 많은 관광객이 모여들었다. 성에 딸린 숲은 아름드리 나무로 울창했고, 궁전 앞뜰은 붉은 장미가 잘 가꾸어져 있었다.

더 머물고 싶었지만 이미 저녁때가 되었다. 비는 어느 정도 그치었다. 성안을 한 바퀴 돌다가 내려오다 보니 큰 호수가 보였다. 이쪽으로는 호수가 많았다. 내가 러시아에서 본 호수와는 달리 이곳 호수는 비교적 작고 아름다웠다. 러시아의 호수가 바다라면 여기의 호수는 강이었다. 차를 세워 놓고 나는 호수가로 가서 물을 들여다보았다. 물은 흐리었으나 숲으로 둘러싸여 더욱 신비감을 자아냈다. 바닥은 진흙이었다.

여기서 30km 더 가야 오늘의 목적지 끄르믈로브에 간다. 우리는 길을 재촉해 체코에서 제일 큰 호수가 있다는 니쁘노(Nipno) 길을 따라 달리었다. 끄르믈로브에 도착했을 때는 어둠이 지기 시작했다. 이 도시는 구릉을 이루고 있었다. 다만 성만이 높은 언덕 위에 있을 뿐 도시 자체는 산에서 흘러내리는 시내를 따라 형성되어 있었기 때문에 성으로 가자면 가파른 절벽 길을 오르지 않으면 안 되었다. 절벽은 동서 양쪽으로 이루어져 있었다. 주차장은 동쪽에 있었다. 말하자면 이쪽은 신도시였다. 구도시는 성 밑에 있는 굴을 따라난 두개의 시내 다리를 건너야 갈 수 있었다. 성 밑 굴문은 높고 위엄이 있었으나 이제는 헐어져 위험할 뿐이었다.

나는 성에 오르는 것보다 숙소를 구하는 것이 더 급했다. 여기도 주말에는 관광객이 많아 민박도 꽉 찼다. 할 수 없이 우리는 교외로 나왔다. 가다가 길가에 써 붙인 민박촌을 따라들어 갔으나 이미 시각도 늦고 주말이고 해서 방구하기가 몹시 힘들었다. 여기는 민박촌을 이루고 있는 곳이었으나 집집마다 만원이었다. 겨우 사정해 한곳을 얻었다. 그는 자기네 부부가 쓰는 안방을 우리에게 내 주고 자기들은 별채 헌 방에서 잤다. 우리는 미안하기도 하고 불편하기도 했다. 아내는 안주인과 벌써 사귀었는지 쌀을 꺼내 씻고 있었다. 나는 조심스러워 그 날밤 제대로 잠을 이룰 수가 없었으나 아내는 잠자리가 편안하다며 잠을 잘 잤다. 나는 좀 쉬고 주방에 나와 주인 아주머니에게 맥주좀 없느냐니까 그는 2병을 내게 가져다주었다. 그 소리를 들었던지 주인 아저씨도 나와 함께 맥주를 마시었다. 그는 순식간에 1병을 다 마시었다. 그리고는 내가 하는 말을 한마디도 알아듣지 못하면서도 재미있게 웃고 떠들다 잤다. 아침에 우리가 떠날 때 그들 부부는 대문 밖까지 나와 손을 흔들어 주었다.

이 집은 고급주택은 아니었지만 체코인의 살림살이를 한눈에 볼 수 있었다. 체코인의 집을 많이 다녀보지는 못했어도 이들의 살림차림은 비슷했다. 이들은 장식하길 좋아했다. 값나가는 것도 아닌 보잘것 없는 것이었지만 진열장이나 벽걸이에 늘어놓았다. 내 보기에는 너절하고 귀찮은 것들이었다. 하지만 가만히 보면 그런 대로 그들의 살림살이의 참 모습을 볼 수 있었다. 그러나 그로 말미암아 공간이 좁아 운신에 불편하기도 했다.

11) Cesky Krumlov. ▶1993. 8. 29.◀

아침 일찍 나는 어제 저녁에 못 오른 성을 올랐다. 그런데 우리보다 먼저 와 있는 관광객이 있었다. 그것도 버스로 대절해 온 손님들이었다. 의외로 성안은 크고 넓었다. 절벽 위의 성곽들은 헐어 있었지만 매우 웅장했다. 이를 옛것대로 복원하거나 보존하자면 많은 돈이 있어야 할 것만 같았다. 그래서 유네스코에서는 해마다 얼마의 원조금을 주고 있었다. 하지만 그것으로는 떨어진 벽의 흙을 바르는데도 모자랐다.

성안에는 큰 장미공원이 있었다. 성안의 박물관에는 옛날 여기서 쓰던 기물을 보관하고 있었는데 장서각에는 어마어마한 책이 그대로 보관되어 있었다. 그중에서도 성경은 모두 금박으로 장식되어 있었고, 대형판의 백과사전들도 있었으며, 주인공의 책상머리에는 그가 늘 즐겨보던 책이 놓여 있기도 했다. 나는 이 서실에 우두커니 서서 많은 잡념에 사로 잡혔었다. 러시아의 문호 도스토예프스키의 서실이나 푸슈킨의 서실 그리고 독일의 프랑크푸르트의 괴테의 서실도 이 서실 보다는 화려하지 못했다.

성에서 내려다보이는 옛마을은 이를 데 없이 아름다웠다. 붉은 기와와 잘 어울리는 흰 벽 그리고 수량이 많은 시냇물은 우리의 귀를 시원히 적셔주며 소리내 흘렀다. 나는 다리 밑으로 흐르는 푸른 물과 헐어진 성벽을 아울러 바라보았다. 인간이 만들어 놓은 것은 저렇게 헐어지는데 저 시냇물은 오히려 더 푸르고 맑게 흐르는가 싶었다. 일요일이라 상점은 모두 문을 닫았지만 관광객들만 잠자는 듯한 옛마을 골목길을 서성이고 있었다.

이날은 비온 끝이라 날씨가 매우 화창했다. 말끔하게 씻긴 기와 지붕과 흰 벽은 오늘따라 유난히 깨끗해 보였다. 길에 깔린 청석은 사람들 발길에 닳고 닳아 푸른 빛을 더했을 뿐만 아니라 매끄러움이 고무창에 느껴졌다. 점심때가 가까워 오니 음식점이 문을 열기 시작했다. 나는 생선전문 음식점에서 이른 점심을 맛나게 먹었다. 생선은 이곳의 특산물이었다. 감자와 캐비지를 곁들인 튀김 생선요리였다. 생선에는 뼈가 하나도 없어 먹기가 좋았다. 그 생선토막은 원형 그대로였다. 이 곳뿐만 아니라 체코에는 잉어가 많았다. 이들은 잉어를 까뻐르라 불렀는데 생선요리는 모두 어떻게 했는지 뼈가 없었다.

나는 이날 이 아름다운 옛 도시를 떠나 체코에서 제일 크다는 니쁘노 호수로 갔다. 니쁘노 호수는 여기서 그리 멀지 않은 곳에 있었으나 길은 넓지 않았다. 니쁘노는 요트 경기장으로 유명했다. 이 호수는 듣던 바와 같이 매우 컸으나 어제 본 호수보다는 아늑하지 못했다. 호수에는 많은 요트들이 형형색색으로 떠 있었다. 호수 가운데를 가로질러 다리둑이 놓여 있었는데 건너편에 그림 같은 호텔이 있었다. 호텔은 조용했다. 로비에는 중년의 남녀가 붉은 카페트 위에 놓인 탁자 앞에 앉아 김이 오르는 커피잔을 바라보고 있었다. 비교적 유원지 호텔치고는 고급스러워보였다. 사진 찍기를 좋아하는 아내는 건너편의 요트 풍경을 배경으로 사진을 찍었다.

여기서 나는 사이클 여행자를 만났다. 그는 전 유럽을 자전거로 여행을 하는 중이었다. 건강해 보이는 이 청년은 호수가에서 햄과 빵을 맛나게 먹고 있었다. 그는 호텔에서 칵테일 하는 일을 했는데 그만두고 새 일거리를 찾아 여행길을 떠났다는 것이다. 덴마크의 청년인 그는 프라하에 가서 1주일 정도 머물며 칵테일 일을 해 여비를 벌어 또 여행길을 떠날 예정이라 했다. 이들은 자기 직업을 숨기거나 부끄러워하지 않았다. 내 보기에는 고등학교를 나와 곧바로 직장생활을 한 것같은데 전혀 속된 티가 보이지 않았다. 이것은 그들의 직업관과 교양의 탓같았다. 잔잔한 저 호수가 수평을 이루듯 우리 인간들의 교양이 평준을 이루었으면 했다.

오늘 나는 프라하로 돌아가야 했다. 갔던 길을 따라 되돌아오는 길은 결코 지루하지 않았다. 차가 밀리거나 교통이 복잡하지 않았기 때문이다. 이들은 이만큼 여유 있게 지냈다. 우리의 주말 여행처럼 피곤과 짜증을 몰고 오지도 않았고 월요병이니 휴가 후유증이니 하는 말은 이들에게 없었다. 이들은 한꺼번에 많은 욕심을 내지 않았다. 말하자면 이들은 한번에 왕창 벌어보자는 한탕주의를 몰랐다. 여행 패턴도 그랬다.

우리는 한번 떠나면 5개국을 돌았느니, 유럽 10개국을 여행하는데 얼마냐라는 말을 많이 듣는데 저들은 한번 떠나 한곳에 가서 또는 한곳만을 돌아보고 오는 것이었다. 그리고 또 다음 기회에 다른 곳을 관광하는 것이었다. 이렇게 이들은 휴양 삼아 여행을 했다. 저들은 우리같이 숫자 채우기식의 여행이 아니었다. 따라서 저들은 자기가 여행한 곳을 소재로 글도 쓸 수 있었고, 스케치해 그림을 그릴 수도 있었으며 자기 친구들에게 그곳에 대해 재미나게 이야기할 수도 있었다. 하지만 우리는 하도 여러 곳을 짧은 시간에 돌아다녔기 때문에 무엇하나 깊게 인상에 남길 수가 없었다. 다만 피곤했던 기억과 차안에서 떠들던 것, 호텔에서 먹고 잔 일들만이 어렴풋이 꿈속같이 기억날 때가 많다. 여행은 결코 누가 말했듯이 즐거운 낭비일 수만은 없다. 여행도 역시 하나의 투자다. 여행한 만큼의 효과와 새로운 인식은 스스로를 살찌게 하기 때문이다. 그런데 그것이 피곤한 일이 되어버리면 아무런 효과를 기대할 수 없게 된다. 우리도 여행을 즐겁게 하는 방법을 생각할 때가 되지 않았나 한다.

12) Orlik, Zvikov. ▶1993. 9. 11.◀

이 두 도시는 프라하에서 서남쪽으로 95km 쯤 떨어져 있는 휴양관광 도시다. 이 두 성은 블따바강 상류로 사자바강과 갈라지는 지점에 위치하고 있었다. 체코는 서남쪽이 산악지대이다. 두 강이 갈라지는 언덕 산 위에 즈비꼬브성이 있다. 이 성은 14세기에 건축된 것으로 매우 높고 견고했으며 컸다. 이 성을 가리켜 사람들은 'Castles on the Vltava'라고 했다.

나는 아침 9시 30분 집을 나서 계속 내가 운전을 해 2시간여를 걸려 오르릭에 도착했다. 나는 길이 좋아 보통 120km씩 달리었지만 저들은 보통 160km씩 달렸다. 산과 산을 잇는 높고 긴 강다리를 지날 때 우리는 비로소 체코에서 강다운 강과 산을 보았다. 그만큼 체코는 평야의 나라였다. 도로가는 그저 푸른 들과 숲뿐이었다. 강물은 깊고 검푸르며, 산은 강쪽으로 절벽을 이루고 있었다. 소나무와 갈참나무가 산에는 무성했다. 차를 숲속 길가에 세워 놓고 나는 강과 다리를 배경으로 사진을 찍었다. 아내는 늙어갈수록 사진 찍기를 좋아했다. 다리난간은 온통 노랬다. 위험 표지인 듯싶었다.

즈비꼬브성은 양쪽이 푸르고 깊은 절벽강을 이루고 있는 강언덕 산 위에 우뚝 솟아 있었다. 주차장에서 성까지 가는 숲속 길은 가을이라 더욱 정취가 있어 보였다. 성은 외침을 막기에 안성마침이었다. 높은 망루가 성문으로 되어 있었고, 성안 벽은 돌로 쌓여져 있었는데 강 양쪽으로 구멍이 나 있었다. 그곳으로 강을 내려다보니 그야말로 절경이었다. 강과 산이 그렇게 잘 어울릴 수가 없었다. 성안에는 아무 것도 없이 그저 옛성터와 건물뿐이었다. 성안을 가로질러 걸어가면 후문이 있었는데 거기는 강으로 이어져 있었다. 현재는 유람선 선착장으로 쓰였다.

우리는 언덕진 산으로 올라가 소나무 그늘진 바위에 앉아 쉬었다. 관광객들이 끊임없이 들어왔다. 이들은 거의 체코 사람들이었다. 저들은 가족과 함께 와서 하루를 여기서 보내고 갔다. 나는 강원도 어느 산골을 연상했으나 그보다 산의 규모는 작았지만 강물과 절벽은 더 좋았다. 모처럼 소나무 냄새도 맡고, 강다운 강과 산을 보았다. 강에는 잉어가 많았다. 강물은 흐르는 것 같지도 않았다. 호수처럼 물은 잔잔했다. 여기저기 강가에 낚시터가 있었고, 보트가 매어 있었다. 왼쪽 강은 사자바고 오른쪽 강은 블따바였다. 사자바강은 삐색으로 흘렀다. 그래서 오르릭, 즈비꼬브, 삐색을 한데 묶어 휴양지역을 만들기도 했다.

오르릭은 넓은 호수를 이룬 블따바강 상류로서 여기도 울창한 숲속에 아름다운 성이 있었다. 지역적으로 오르릭은 평지였다. 우리는 여기서 저녁을 먹었다. 길가의 식당이었는데 들어가 보니 만원이었다. 옆 테이블에는 젊은이 둘이서 맥주를 마시고 있었다. 그들은 이미 상당히 취해 있었다. 나는 맥주 한잔을 시키고 그들에게 건배하자고 했다. 이들은 나를 따라 건배를 하고 함께 앉아 술을 마시자고 했다. 나는 다시 맥주 석잔을 시켜 그들과 나눠 마시었다. 이들은 택시 운전사였다. 내가 프라하에서 왔다니까 일본인이냐고 물었다. 그러면서 자기 차가 마즈다라고 했다. 이들은 나보고 다음주에 또 오면 잉어를 많이 잡아 줄 수 있다고 했다. 우리는 잉어 튀김을 시켜 저녁을 잘 먹었다.

체코인들은 일본을 상당히 높이 평가했다. 당시 일본과의 교역량이 2억달러에 달했다. 젊은이들은 마즈다와 소니를 갖고 싶어했다. 당시 일본인들도 체코 여행을 많이 왔다. 일인들은 언제나 그룹을 지어 다니면서 체코의 명품 크리스털을 많이 샀다. 체코에서는 아직 상품 안내문이 일어로 된 것은 없었지만 이들은 일인 관광객들에게는 특별한 후의를 베풀었다. 그만큼 일인들은 가는 곳마다 대우를 받았다. 그들은 늘 여유 있게 웃는 표정을 지었고, 지하철이나 상점에서 만나면 젊은이가 먼저 인사를 했다. 나는 이들의 왜소한 몸과 그들의 정신적인 여유가 잘 어울리는 것같지 않았지만 저들의 몸보다는 저들의 교양이 돋보였다.

나는 건물이나 박물관만 보고 다니는 것보다 체코인들과 만나 이야기하는 것이 더 즐거웠다. 이들은 먼저 내게 말을 붙이지 않았다. 언제나 내가 먼저 저들에게 말을 걸었다. 그만큼 이들은 폐쇄적이긴 했어도 한번 말을 하면 끝까지 대꾸를 해주었고, 정직하게 말했다. 이들은 거짓말을 하지 않았을 뿐만 아니라 자기가 말한 것 그것이 전부였다. 말에 다른 뜻이 섞여 있지 않았다. 내가 한번 싫다고 하면 이들은 두번 다시 권하지 않았다. 밖에서 형태와 아내가 기다리고 있는 것도 잊은 채 나는 이 청년들과 술이 취해 이야길 했다.

13) Krivoklat. ▶1993. 9. 18.◀

끄리보끌라뜨성은 12세기에 건축한 체코에서 가장 오래된 바로크 양식의 성이다. 현재 성은 낡고 헐어 수리 중이었으나 유물관과 도서관은 관람시키었다. 마치 폐허와 같은 기분이 드는 성이었지만 안은 화려한 벽화가 선명했다. 성 밑의 아름다운 작은 마을 앞에는 맑은 계곡물이 넘쳐흘렀다. 이날 나는 프랑스 니용에서 온 버스 관광객들과 함께 이 성을 관람했다. 프랑스인들은 주로 노인들이었다. 성안의 도서관과 유물관은 여러 방으로 나뉘어 있었다. 안내원이 일일이 설명해 주었다. 벽화와 가구 등 눈에 띄는 집기는 매우 아름답고 고풍스러웠다. 끄리보끌라뜨성은 그리 크지는 않았지만 유서 깊은 유적지었다. 나는 성안의 서재에서 많은 생각을 했다. 성주의 교양을 한눈에 볼 수 있었다. 성경은 모두 금칠이 되어 있었고, 백과사전 같은 큰 책들이 많았으며, 책장은 매우 화려했다.

프라하에서 이 성까지 가는 길은 두 갈래 길이 있었다. 라니(Lany)를 거쳐 좁은 숲속 길로 가는 것과 플젠 가는 고속도로를 따라 가다가 베른(Bouraun)에서 계곡을 따라 올라가는 길이 그것이었다. 거리는 비슷했다. 나는 이 길들을 한바퀴 돌아왔다. 라니 쪽으로 가서 베른 쪽으로 왔다. 가는 숲속 길은 일품이었다. 나는 초보운전이었지만 별로 어려움이 없었다. 하지만 길이 좁아 차끼리 비킬 때는 겁이 났다. 한번은 낭떠러지로 내려구를 뻔했다. 옆에 앉았던 형태가 재빠르게 핸들을 꺾어 무사했다.

숲속 길은 보통 10km가 넘었다. 가로수는 대부분 사과나무였는데 가을이라 붉은 사과가 달려 있었다. 이들은 이상하리 만치 가로수의 사과를 따지 않았다. 나는 차를 길가에 세워 놓고 마을 앞 사과나무에서 굵은 사과를 한 자루 따 가지고 왔다. 풀을 베던 노인은 우리에게 사과를 따라고 장대까지 집어주었다. 체코에 있는 동안 나는 나쁜 사람을 별로 만나지 않았다. 모두 나를 도와 주려했다. 상점에서 물건을 살 때 말이 잘 통하지 않으면 옆에 섰던 누가 영어로 내게 말해주고는 했다. 이날도 우리는 구경 잘하고 사과도 따 가지고 와서 잘 먹었다.

14) Turnov, Cesky Raj. ▶1993. 9. 19.◀

뚜르노브는 체스키 라이를 형성하고 있는 체코의 유명한 휴양도시다. 여기는 유일하게 산이 높고 석회석바위가 많이 있어 산악지대를 이루고 있었는데 이곳을 세드미호르키라 불렀다. 내가 여기를 찾아갔을 때는 늦은 여름이었다. 피서객이나 관광객들은 이미 끊어진 때였으나 마침 주말이어서 많은 체코인들이 이 산을 찾아 왔다.

나는 체코에 와서 별로 산을 보지 못했던 터라 아내와 형태를 데리고 무작정 산정으로 올라갔다. 그러나 생각보다 가파랐고, 바위는 석회석이라 잔 흙이 깔려 있어 미끄러웠다. 그전 북한산 바위 오르던 생각만 하고 민듯한 바위에 올랐다가 발이 떨어지지 않아 벌벌 떨다 그만 되내려오고 말았다. 그러나 바위는 비가 올적마다 깎기여 기둥처럼 또는 촛대같이 뾰족하게 하늘을 찌를 듯이 솟아 있어 장관이었다. 곧은 나무와 맑은 샘과 우거진 풀들이 마치 원시림 같았다. 그러나 골짜기에 우리 나라 산처럼 맑은 냇물이 흐르지 않았다.

아내는 쇤 고사리가 아까운지 몇 번이고 "내년 봄 이리로 고사리를 꺾으러 와야겠다"고 뇌까리었다. 아닌게 아니라 고사리 밭이 많았다. 이들은 나물 종류를 잘 몰랐다. 심지어는 쑥, 질경이, 씀바귀 등도 먹을 줄 몰랐다. 내가 지난 봄 기숙사 근처 들에서 쑥과 질경이를 뜯으니까 지나가던 아주머니는 약으로 쓰느냐며 자기 팔을 걷어 쑥으로 문지르는 시늉을 했다. 그러나 이들은 버섯은 먹을 줄 알았다. 그날도 소나무 숲에서 한 여인이 아이를 데리고 버섯을 바구니에 따 담고 있었다.

그 산속에는 아파트도 있었고, 아담한 호텔도 있었으며, 방갈로가 집단으로 수십채 넓은 터전에 있었다. 방갈로촌에는 아직 주말이라 여러 식구들이 와서 머물고 있었는데 하루 수박료을 물어보니 별로 비싸지 않았다. 그 방갈로촌에는 큰 연못이 있어 낚시를 하는 사람이 여럿 있었다. 나는 그날 한 소년이 잡은 큰 잉어 1마리를 사 가지고 왔다. 소년은 잉어를 3마리나 잡아 가지고 있었는데 그 중에서 제일 큰 것을 내게 50꼬른에 팔고는 좋아했다. 자기가 돈을 벌었다는 듯이 싱글벙글했다. 다른 것도 팔라니까 자기 집으로 가져가야 한다며 팔지 않았다.

나는 걸어오다가 한 아주머니와 할머니가 손녀를 데리고 벤치에 앉아 포도주를 마시며 쉬고 있는 것을 보았다. 나는 그들과 말을 하고 싶어 햇볕 바른 맞은편 벤치에 가 앉았다. 그랬더니 그들은 자기 쪽으로 앉으라며 의자를 내 주었다. 나는 자릴 옮기며 "도브리덴"하고 인사를 했다. 그러니 그는 내게 포도주를 따라주며 뭐라고 말을 했으나 나는 알아들을 수가 없었다. 그래서 형태와 아내도 이리오라고 불러 앉혀 놓고 그들과 인사를 나누게 했다. 그때 형태는 체코어를 배우기 시작한 지 한 달도 안 된 터이지만 저들에게 말을 하도록 내가 독촉을 하니 뭐라고 몇 마디 했으나 그들은 잘 알아듣지 못했다. 그래서 체코어로 된 안내책자를 가져오게 해 발음연습을 그들과 같이 했다. 젊은 여인은 열심히 형태의 발음을 시정해 주었다. 잠깐이었지만 형태는 현장에서 체코어 연습을 할 수 있었다. 이들은 나보고 포도주를 자꾸 마시라고 했다. 그러나 나는 포도주를 별로 마시고 싶지 않았다.

이들은 이만큼 누구랄 것 없이 친절했고, 무엇이고 열정적으로 했다. 나는 이것이 결코 싫지 않았다. 나는 이날 모처럼 체코에 와서 아름다운 산과 바위를 보았다. 돌아오는 길에는 호도와 버섯을 사 가지고 와 일거양득이었다. 호도 값은 아주 쌌다. 안 깐 것은 1kg에 25꼬룬이었으니까 한화로 750원 정도였다. 그것도 가을에는 더 싸고 봄에는 좀 값이 올라 비쌌지만 깐 호도 1kg에 70꼬룬 정도 했다. 그날 나는 길가에서 팔고 있는 것을 샀는데 호도를 떨이하니까 그는 좋아서 빨간 사과 3개를 더 주기도 했다. 이것은 아주 드문 일이었다.

이들은 덤이나 에누리를 전혀 몰랐고, 식료품은 무엇이고 정확히 달아 팔았다. 추운 겨울날이나 비가 내리는 날에도 길가에서 몇 개 안 되는 사과나 귤을 팔 때도 반드시 추저울에 올려놓고 왔다갔다하는 저울추를 바라보고 값을 계산했다. 말하자면 대충해버리는 일이 이들에게는 죄악이나 되는 듯이 거의 없었다. 나는 그냥 얼른 봉지에 넣어 주었으면 했을 때가 여러 번이었다. 이날 호도장사는 키가 크고 손이 거칠었다. 그러나 호인다웠다. 버섯은 여러 종류가 있었다. 대공이 길고 갓이 작고 둥근 것도 있었고, 소나무 밑에서 나는 송이도 있었다. 나는 한국 버섯과 비슷한 것을 몇 송이 골랐다. 버섯바구니에는 몇 송이 더 남아 있었으나 먹어보지 않은 것이라 그냥 남겨두니 그는 그것마저 다 사라는 것이었다.

그날 저녁은 모처럼 잉어백숙을 끓여 맛있게 먹었고, 아침은 버섯볶음을 해 먹으니 그렇게 맛있을 수가 없었다. 산 속에서 자란 말하자면 자연산이라 양식한 버섯과는 그 맛이 전혀 달랐다. 역시 잉어도 그랬다. 그후 다시 한번 봄에 간다면서도 가지 못하고 나는 체코를 떠났다.

15) Caslav. ▶1993. 9. 25.◀

이 도시는 프라하에서 동쪽으로 70km쯤 떨어진 곳에 있다. 물론 차슬라브에도 아름다운 교회와 회랑식 상가로 이루어진 센트름이 있었다. 이곳은 도시 가운데 분수대가 있었고, 고딕 양식의 웅장한 교회가 있었으며, 사자바강이 도시 가운데를 가로질러 흘렀다. 말하자면 프라하 교외의 전원도시였다. 강가로 나 있는 작은 돌포장 골목길은 아직도 내 머릿속에 기억되어 있다. 헐은 토담이 있고, 그담에는 불란서식 가로등이 있었으며, 정원의 담쟁이넝쿨이 무성하게 담을 둘러싸고 있었다. 아내는 돌담과 돌포장길을 배경으로 독사진을 찍었다. 강가에는 한창 갈대꽃이 피었으며, 빨간 찔래열매같은 것이 한 덤불 있었다. 강 건너에는 노송이 무성한 산기슭에는 파란 잔디가 깔린 축구장과 여러 대의 테니스장이 있었다. 우리는 노송 아래 놓여 있는 나무 벤치에 앉아 쉬었다.

다시 시내로 들어와 호텔식당에서 점심을 먹었다. 나는 맥주를 한 잔 시켜 놓고 옆자리 청년에게 말을 걸었다. 이 청년은 우크라이나인이었다. 그 청년은 영어를 더듬더듬 했지만 매우 서툴렀다. 자기는 이 근처 마을에서 집 짓는 일을 한다며 주로 벽돌을 쌓는다고 했다. 한 달에 얼마나 받느냐니까 12,000꼬룬을 받는다고 했다. 당시 체코는 고급 직장인이라고 할 수 있는 의사나 교수의 월급이 상대적으로 매우 낮았다. 50이 넘은 의사의 월급이 1만 꼬룬 정도였고, 정교수가 9,000꼬룬을 받았지만 제하고 나면 6,500꼬룬 정도였다. 그러나 막노동을 하는 이들과 버스, 전차, 지하철, 기차 등의 운전기사나 공장의 기술자들은 이들에 비해 훨씬 월급이 많았다. 내 생각에 특히 의사의 월급이 너무 적은 것같았다. 내가 가르친 여학생 부모는 다 의사였는데 지내기가 어려웠다. 25년전의 아파트에서 그는 딸 셋을 대학까지 보냈지만 모두 저들이 고학해 다녔다. 이들의 한달 기숙사비가 겨우 350꼬른 한화로 10,000원 정도였다. 이것도 비싸다고 이들은 불평이 컸다. 학비는 전혀 없었다.

이와 같은 임금체제는 많은 노동인구를 갖게 되었다. 그러나 자유화되면서 이들은 모두 할 일이 없어졌다. 무능자가 돼버렸다. 이 문제가 당시 매우 심각했다. 그러나 이들은 몸에 꼭 끼는 낡은 푸른색의 노동복을 입고 대로를 활보하고 다녔다. 공산당에서 말하는 노동자 제일의식을 아직도 떨쳐버리지 못하고 있었다. 공동농장에 심어놓은 체리는 자라서 붉은 열매를 탐스럽게 달고 있으나 그것을 딸 사람이 없었다. 나는 체코에 있는 동안 바다같이 넓은 이 체리 밭에서 아내와 함께 저녁나절 나가 체리를 한 바구니씩 따다 먹었다. 이 열매는 보리수 열매와 같이 작고 빨갰으나 몹시 시었다. 식후에 한수깔씩 듬뿍 담아 입안에 넣으면 신맛이 돌면서 입안이 개운했다. 보리나 밀밭도 그랬다. 몇 만평이나 되는 공동농장에 기계로 씨를 가을에 뿌려 놓고는 그만이었다. 여름에는 곡식을 베지 못해 그냥 밭을 묵히었다.

나는 벽돌쌓기 청년과 이런저런 이야기를 하느냐고 제대로 점심도 못 먹었다. 이 청년은 술이 세었다. 우크라이나는 당시 몹시 어려운 경제 사정으로 많은 실업자들이 생겼다. 그는 체코에 불법 체류하면서 벽돌쌓기 등 막일을 했다. 호텔식당에는 제법 손님들이 많았다. 이들은 음식값이 쌌기 때문에 부담 없이 가족들이 함께 나와 외식을 했다. 그리고 언제나 생맥주집은 손님들로 초만원이었다. 이들은 아침이고 저녁이고 언제나 맥주를 마셨다. 특히 배가 뚱뚱한 노동자들이 많았다. 옷이 작아 배꼽이 밖으로 다 보였지만 이들은 부끄럼도 없이 앞단추를 풀어놓은 채 큰 맥주잔을 기울였다. 한편 측은한 생각도 들었지만 그들은 당당했다.

이날도 나는 지는 해를 바라보며 저녁 들의 아름다움을 만끽했다. 여기는 산이 없어 해가 그냥 유야무야하게 구름 속에 들어가면서 없어졌다. 지는 해가 하도 붉고 고와 차를 길가에 세워 놓고 나는 한동안 해만 바라보았다. 나는 이상하게 저녁 들이 좋았다. 가을이거나 여름이거나 언제나 저녁 들은 나의 향수를 자아냈다. 들에서 이는 저녁 연기는 더 그랬다. 나는 아침 그늘과 함께 저녁 어스름이 언제 봐도 좋았다. 특이 오늘 지는 해는 몹시 더 아름다웠다. 프라하의 하늘은 서울 하늘보다 맑고 푸르렀으며 높았다.

16) Kutna Hora. ▶1993. 10. 8.◀

꾸뜨나 호라는 프라하에서 50km 밖에 안되는 가까운 곳으로 옛도시답게 아담하고 고풍스러웠다. 나는 이곳을 2번 방문했다. 첫 번째는 늦가을 사과가 담너머로 붉게 익어 늘어지던 때였고, 두 번째는 그해 겨울눈이 제일 많이 내리던 전날 매우 음산한 날이었다. 모두 주말에 갔었기 때문에 도시는 조용한 가운데 관광객들만 더러 서성이었다. 특히 두 번째는 두 중국인 교수와 함께 갔었다. 이들은 여기가 처음이라 내가 안내했다.

이 도시는 왕관교회로 유명했다. 교회의 건축양식은 바로코식이었지만 겉모습이 왕관처럼 생겼다. 안은 호화로운 벽화로 장식되어 있었지만 교회로 안 쓰인 지가 오래되어서인지 매우 썰렁해 찬 기운이 돌았다. 그러나 이들은 이제 이 건물이 돈이 된다는 것을 알았다. 입장료를 받아 수리비로 쓸 정도로 이들은 관광자원으로 이를 개발할 생각이었다. 이렇게 보면 체코에는 이곳 말고도 관광명소로 개발할 곳이 많았다. 그러나 거의 내팽게처버린듯 훼손된 그대로였다. 그러나 문짝이 녹슬고 벽이 헐어지고 주위의 풀이 무성히 자란 마치 폐허 같은 시골교회의 시계탑의 시계는 정확히 맞았다. 나는 그것이 참으로 이상하기도 하고 신기했다. 시계가 움직인다는 것만으로도 신기한 노릇인데 시간이 맞는 다는 것은 더욱 그랬다. 나는 가는 곳마다 의식적으로 시계탑의 시계를 확인하다 시피했다. 너무나 신기했기 때문이다.

꾸뜨나 호라는 사자바강 기슭에 있었는데 큰 숲과 들이 있어 이 지방의 중심이 되어 있었다. 그 도시의 옛 지도를 보면 이 사실을 확인할 수 있다. 도시는 하나의 성을 이루고 있어 외적의 침입을 막을 수 있었고, 들은 비옥해 식량이 풍부했었을 것같다. 도시 길은 모두 돌길이었는데 좁고 꼬불꼬불했으나 깔린 돌들은 닳고 닳아 윤기가 날 정도였다.

이들은 집의 사과를 별로 알뜰히 따지 않았다. 아예 사과를 따먹지 않았다. 이 사과나무의 사과가 저절로 떨어지면 두엄으로 쓰지도 않고 땅을 깊이 파고 한 곳에 모아 묻었다. 그해 가을 나와 아내와 형태는 주말이면 사과를 따러 다니기도 했다. 가로수에도 사과나무가 많았다. 그러나 차가 많이 다녀 해롭다며 거의 사과를 따지 않았다. 우리는 주로 마을 주변 사과나무의 사과를 땄다. 말하자면 마을 공터나 사람이 살지 안는 헌집의 뜰에 붉게 익어 가는 사과를 주인처럼 따기도 했다. 따지 말라고 말리는 사람은 거의 없었다. 오히려 이들은 거기보다 더 많이 사과가 있는 곳을 가르쳐주기도 했다. 그러나 우리는 마치 남의 사과를 서리하는 기분으로 조급하게 사과를 따서 연신 차 뒤트렁크에 실었다. 이것은 일종의 버릇이었다. 이렇게 따 모은 사과는 여러 상자가 되었다. 그래 우리 집에 왔다가는 이들에게 마치 사과농사나 지은 듯이 몇 개씩 집어주곤 했다. 한동안 사과를 사 먹지 안았다.

우리는 물론 사과 맛이 썩 좋지는 안았지만 사과 따는 재미와 지방 나들이 삼아 주말이면 사과를 따러 다니었다. 한번은 남이 다 따 간 듯한 과수원에서 사과와 배를 따오기도 했다. 날씨가 매우 좋은 가을이었다. 이 밭에는 굵고 붉은 사과가 나무마다 성큼성큼 달려 있었다. 이날 우리는 맛 좋은 사과를 모처럼 많이 편안히 따 가지고 왔다. 이 사과 밭 옆밭에서는 트랙터로 한 농부가 가을 밭을 갈고 있었다. 그는 우리를 아랑곳도 하지 않고 자기 일만 했으나 우리는 그 농부가 어쩔가봐 겁을 먹으면서도 계속 무어라고 그랄 때까지 사과를 따려했다. 그러나 우리가 사과를 차 뒤트렁크에 다 실을 때까지 그는 우리를 쳐다보지도 않았다. 오히려 내가 떠날 때 "아호이"하고 크게 외치니 그때에서야 그는 손을 흔들어 주었다. 이렇게 늦가을 우리는 사과 이삭도 주우면서 그해 가을을 보냈다.

17) Pisek. ▶1994. 5. 21.◀

그 동안 별러만 오던 삐섹에 갔다. 지난 1월부터 가보려고 제자 스떼빤까와 약속까지 했었는데 로마 여행과 겹쳐 못 갔었다. 그곳이 휴양 옛도시로 경관이 좋다는 말은 삐딸 교수에게서 들어 일찍부터 한번 가보려던 참이었다. 더욱 내가 1년 동안 한국어를 가르친 여제자 스떼빤까의 고향이어서 그의 안내를 받으며 구경을 할 수 있어 어느 곳보다 내게 관심 있던 곳이었다. 아침에 일어나 보니 비가 온 끝이어서 그런지 너무나 하늘이 맑고 들이 푸르렀다. 나는 나도 모르게 입속말로 오늘 날씨도 좋고 한데 삐색이나 가볼까고 중얼거렸다. 그러나 그 말은 들은 형태는 "오늘 삐색에 가요."하고 내게 되물었다. 나는 말꼬리를 잡힌 것이다. 그래서 "한번 가보지 뭐" 라고 대답할 수밖에 없었다. 이 말을 들은 아내는 세수를 부지런히 하고 떠날 차비를 했다. 이렇듯 나는 떠밀리듯이 길을 떠났다.

삐색은 프라하에서 서남쪽으로 약 100km 떨어져 있었다. 이날도 올적갈적 내가 운전을 했다. 한번도 쉬지 않고 달리니 2시간 정도 걸려 10시반 쯤 삐색에 도착했다. 가는 길은 프라하에서 베네소브를 걸쳐 따보르를 지나가는 길과 도브리쉬를 걸쳐 가는 길이 있었다. 나는 갈 적에는 따보르 쪽으로 가서 올적에는 도브리쉬 쪽으로 왔다. 걸리는 시간과 도로 사정은 꼭 같았다.

나는 아침 8시 30분에 길을 떠났다. 길가의 푸른 숲과 노랗게 핀 유채화를 바라보며 나는 여유 있게 운전을 했다. 토요일이라 나가는 차들이 많았다. 하지만 이들은 느리게 가는 차를 말없이 앞질러 갈 뿐이었다. 뒤에서 경적을 울리며 성화를 대거나 재촉하는 일은 결코 없었다. 그러나 규칙을 지키지 않을 때 이들은 큰 소리를 지르거나 경적을 울렸다. 그럴 때 보면 내 차가 차선을 벗어나 있을 때가 많았다.

생각보다 우리는 일찍 삐색에 도착했다. 삐색에 다 가서 예상치 않은 고개가 하나 있었다. 나는 고개를 넘어가 차를 세우고 삐색 쪽을 바라보았다. 그러나 삐색은 생각했던 것보다 나를 감동시키지 못했다. 우리는 우선 센트름으로 들어갔다. 이것은 우리가 유럽 여행할 때 하는 버릇이었다. 삐색에는 센트름이 두 곳 형성돼 있었다. 한곳은 보다 뒤에 형성된 것같으나 그곳도 거의 13세기에 이루어졌다.

나는 독일 뮌헨에서 여행 온 두 할머니를 만났다. 이들은 벤치에 앉아 햇볕을 쬐고 있었다. 이들은 버스로 이곳에 와서 일주일 동안 머물고 있다고 했다. 프라하는 하루아침에 갔다가 저녁에 돌아 왔을 뿐 오직 이 작은 옛도시 삐색에서 1주일을 지내고 오늘 오후 집으로 돌아간다는 것이었다. 이 작은 도시에 무엇이 볼게 있어 1주일씩 있었느냐고 책망이나 하듯 내가 물으니 그들은 한결같이 좋았다고 내게 대답했다. 이들은 이렇게 휴양삼아 여행을 했다. 사실 이곳은 독일에 비해 물가가 쌌을 뿐만 아니라 경관이 좋았다. 강물이 풍부했고, 붕어, 잉어, 뱀장어, 쏘가리 등 민물고기가 흔했으며, 물이 맑고 좋았다. 특히 독일인들은 이곳 물맛이 매우 좋다고 했다.

나는 우선 이곳 박물관으로 갔다. 박물관 뜰에는 살아 있는 부엉이를 여러 마리 발목을 묶어 푸른 잔디밭 위에 내 놓았다. 나는 처음에는 박제가 아닌가 했었다. 하지만 그것은 착각이었다. 부엉이는 눈알을 돌리며 우리를 쏴 보았다. 안으로 들어가 이곳 소개책자를 1권 사 보니 여기는 전에 우리가 가본 일이 있는 오르릭, 즈비꼬브와 함께 묶여 유원지를 이루고 있었으며, 그밖에 쁘로띠빈(Protivin), 밀레브스꼬(Milevsko)와 연결돼 휴양 유적지로 돼 있었다. 그뿐만 아니라 오따바강과 블따바강이 갈리는 상류로서 경관이 뛰어나 예로부터 많은 성과 자맥(귀족들의 저택)이 있었다.

이 박물관에는 다른 데서 볼 수 없었던 것이 많았다. 체코는 지방마다 박물관이 있었는데 대개 그 지방의 특산물과 역사적 사실을 보여주고 있었다. 여기서 우리는 어족관, 광산관, 기계관, 역사관 등을 보았는데 진열된 것들이 다양했다. 자청해 우리를 안내한 한 중년 신사는 일일이 진열물들에 대해 1시간여 동안 친절히 설명해 주었다. 그러나 그는 영어를 한마디도 하지 못했기 때문에 우리는 그의 설명을 그의 손짓과 표정으로 알 수밖에 없었다. 형태가 옆에서 떠듬떠듬 말을 알아듣긴 했어도 내겐 크게 부족했다.

나는 그의 지나친 친절이 문득 겁이 났다. 그는 내가 생선 전문 식당을 물으니 그도 함께 박물관 구내에 있는 한 식당으로 우리를 안내하고 들어갔다. 처음에 나는 그가 외국인을 안내하는 박물관 직원인줄 알았으나 그가 영어를 하지 못하는 것으로 보아 그것이 아닌 것을 알았다. 구내 식당은 관광객으로 만원이었다. 앉을 자리가 없었다. 그는 우리에게 잠깐 기다리자고 했지만 나는 그곳을 벗어나고 싶었다. 그래서 문밖으로 나와 그에게 고맙다는 인사를 하고 헤어졌다. 그의 지나친 친절이 나를 이렇게 만들었다. 그것은 로마에서의 악몽 같은 경험이 되살아나서였는지도 모른다. 하지만 나는 곧 후회했다. 내가 남의 친절에 감사할 줄 모른다는 것은 몰염치한 일임을 곧 깨달았다. 나는 그가 가르쳐준 다른 식당에서 점심을 먹으며 그를 불러 함께 먹고 싶었지만 갈 때 맥주나 한잔 사주겠다는 생각으로 바뀌었다.

나는 시내를 한바퀴 돌다가 수영장을 발견하고 거기에 들어가 1시간을 보내고 나오니 벌써 오후 4시가 되었다. 여기서는 수영장 입장료가 1시간에 10꼬른 약 300원이었다. 수영팬티가 없는 사람에게는 수영팬티까지 빌려주었다. 물은 섭씨 30도였는데 매우 맑았다. 수영장은 크고 넓었으나 사람은 그리 많지 않아 마음대로 헤엄을 칠 수 있었다. 나는 개헤엄일망정 수영장을 휘젓고 다닐 수 있었다. 저들은 어린애들도 할머니 같은 여인들도 헤엄을 잘 쳤다.

우리는 걸어 오따바강가를 지나 돌다리에 가서 바람을 쏘이고 다시 광장으로 걸어가 아름다운 숲과 공원을 지나 우리가 점심을 먹은 식당 우레루너루 앞으로 가서 세워 놓았던 차를 타고 삐색을 떠났다.

오는 길에 소나기가 한줄기 내렸다. 아내의 성화를 못이겨 나는 길가에 차를 세우고 유채꽃을 배경으로 사진을 4장이나 찍었다. 오는 길에 도브리쉬에 들러 체코 작가의 집을 보니 언제나처럼 문이 굳게 닫혀 있었다.

이들은 아직도 제도면에서 공산주의 시대의 관습을 버리지 못한 것이 많았다. 그만큼 개혁이 늦고 신중했다. 지금은 그곳이 텅비어 있었으나 옛날 공산주의 작가들이 머물러 당의 지시에 따라 글을 쓸 때 외부인의 출입을 금지했던 그 팻말을 그대로 붙여 놓고 관광객들에게도 출입을 허가하지 않고 있었다. 이런 것을 볼 때 나는 화가 나기에 앞서 딱해 보였다. 더욱 현장의 관리인의 의식 상태가 매우 의심스러웠다.

다음날 아침 나는 박물관 안내인의 생각이 또 났다. 내가 왜 그에게 고마워할 줄 몰랐을까 하고 나 자신에 대해 부끄러웠다. 맥주 한 잔 사주지 못한 것이 못내 아쉬웠다. 함께 찍은 사진이나 보내주어야겠다고 결심했다. 부엉이는 낮눈이 어둡다느니 내가 푸른 박물관 앞뜰에 잡혀 와 있는 부엉이를 닮아 낮눈이 그날 어두웠었던가싶다. 다시 한번 삐색에 가게 되면 꼭 그를 찾아 맥주라도 한잔 대접하리라 다시 한번 별렀다.

18) Novy Bor. ▶1994. 7. 27.◀

날씨가 계속 섭씨 34도였다. 후덥지근하지는 않았으나 살을 말리는 더위였다. 우리 세식구는 노비 보르로 크리스털을 사러갔다. 갈 때는 내가 운전했고, 올 때는 형태가 했다. 아침 10시에 집을 나서 E65번 도로를 따라 믈라다(Mlada)를 거쳐 체스 리빠(Ces. Lipa)를 지나 1시에 노비 보르에 도착했다. 고풍스러운 식당에서 점심을 간단히 먹었다. 맥주를 마셨더니 더 더워 더위에 지치기만 했다. 우리는 친절한 중년의 남자가 손수 자전거를 타고 가서 가르쳐준 크리스털 공장으로 갔다. 공장은 상당히 컸다. 직매장에서는 프라하보다 30% 싸게 판다고 했다. 판매원은 중년의 여자였는데 상당히 인내심이 있었다. 별로 사람들은 없었지만 우리는 물건을 고르는데 적어도 30분 이상 걸렸다. 이들은 이렇게 오래 홍정하는 것을 좋아하지 않았다. 더욱 물건을 만지작거리거나 꺼냈다 넣었다 하는 것을 싫어했다. 어떤 경우는 물건을 안 판다고 문을 딱 닫아버리는 수도 있다.

한 한국 관광객은 크리스털 목걸이를 20개 사려했지만 그들의 비위를 건드려 결국 1개도 사지 못했다. 또 한 한국의 젊은이가 백화점에서 물건을 만지며 고르다가 손등을 판매원이 때리며 진열장문을 닫아버리는 바람에 역시 물건을 못 사고 말았다. 이 일로 시비만 벌였으나 결국 저들에게 망신만 당하고 말았다. 지배인을 데려오라고 이 한국인은 외쳤으나 저들은 눈 하나 깜짝하지 않았다. 이들의 물건을 사려면 저들이 하라는 대로해야 했다. 줄을 서라면 줄을 서고 기다리라면 기다려야 했다. 이들은 정확하게 정가대로 계산을 해 주었다. 한국에서처럼 우수리는 깎자던가 많이 샀으니까 덤을 더 달라던가 자주 와서 사니까 값을 좀 덜받으라든가 해봐야 아무 소용이 없었다.

한마디로 체코에서 지내자면 저들의 생활 습관대로 대금이나 거스름돈은 돈그릇에 땡그랑 던져주는 것을 습관화하고, 그들이 손에 돈을 쥐어주지 않고 돈그릇에 던져주는 것을 서운하게 여겨서도 안 되었다. 나는 이런 것이 매우 서툴러서 늘 기분을 잡치었다. 저들은 아무렇지 않게 하는 일이지만 내게는 아주 기분이 나빴다. 그러나 오늘 직매점 여점원은 매우 인내심이 컸던지 우리가 이것을 보여달라 저것을 보여달라며 오랜 시간을 끄니까 그는 3시면 문을 닫는다고 일러줄 뿐 화는 내지 않았다. 나는 내심 어디 얼마나 이 여자가 견뎌내나 한번 보자는 심보로 그 말에는 모른 척하고 다른 물건을 계속 꺼내 놓게 했다.

결국 우리는 이날 크리스털 포도주잔 1개에 1,121꼬른씩 6개를 샀다. 총액 6,726꼬른 한화로치면 약20만원이었다. 비자카드로 대금을 지불하려 했지만 받지 않았다. 이 돈은 당시 촬스대학 나의 한 달치 실수령액이었다. 나는 내가 무엇 때문에 이렇게 비싼 술잔을 사는 지 내 자신 알 수 없었다. 술은 맥주 아니면 소주인데 잔은 최고급 크리스털 포도주잔이라 생각하니 스스로 우스웠다. 이 포도주잔은 내가 체코에서 산 물건 중 가장 값비싼 것이었다. 이 크리스털 잔은 한 개에 3만 5천원이었다. 이 포도주잔은 그들이 말하는 핸드 메이크(손으로 만든 것)로 이 공장 제품 중 가장 비싼 것이었다. 이것을 보다가 다른 유리 제품을 보면 마치 장난감 같아 살 수가 없었다. 체코의 크리스털 제품은 세계적으로 유명했다. 지갑에 있던 7,600꼬른이 다 나가고 집에 올 때는 지갑에 100꼬른이 남아 있을 뿐이었다. 나는 어이없어 웃음만 나오는데 아내는 무엇이 좋은 지 싱글벙글이다. 자기가 이 잔에 술을 받아 마시는 것도 아닌데 아내는 그렇게 좋아했다.

지겹도록 더운 날 우리는 이렇게 비싼 술잔을 사 가지고 돌아왔다. 노비 보르는 크리스털 도시답게 작은 도시였지만 크리스털 상점이 많았다. 우리는 고목으로 우거진 공원에 차를 세워 놓고 시내를 한바퀴 돌아보았다. 한 할아버지는 누렇게 낡은 신사복 차림에 여름 모자를 쓰고, 검은 선글라스를 낀 채 공원 벤치에 앉아 있었다. 그에게 크리스털 공장을 물으니 그는 몇 군데 공장을 가르쳐 주었지만 알 수 없었다. 공장도 전문제품이 서로 달랐다. 컵을 만드는 공장은 컵만 만들고, 병을 만드는 데서는 병만 만들었다. 이들은 상품에 자기네 상표를 써넣지 않았다. 내가 찾아간 공장은 컵을 주로 만들었지만 크리스털 제품만 만든 것이 아니라 유리 제품도 많이 만들었다. 이 공장은 노비 보르 크리스털(Novy Bor Crystal)이었는데 상표는 두개의 반달이 서로 등을 댄 것같은 모습의 그림이었다. 하늘색 푸른 바탕에 흰 글씨와 반달이었다.

이날 돌아올 때는 멜닉쪽으로 가는 산속 길로 왔다. 이곳에는 산이 깊었다. 오다가 길가 집에서 할머니가 파는 아카시아꿀 한 병을 샀다. 하도 더워 그 집에서 물을 달래 꿀을 타 먹으니 좀 나았다. 멜닉에 들러 그전에도 몇 번 들렀던 성밑에서 좀 쉬었으나 바람한점 없었다. 오다가 유학생 부부 김인천네 아파트에 들러 그간의 소식을 듣고 저녁까지 얻어먹고 9시 30분에 나와 집으로 돌아왔다. 이때쯤 되니 좀 서늘했다. 그해 프라하의 여름은 더웠다.

3. 독일.

1) Dresden. 2) Berlin-Potsdam. 3) Leipzig. 4) Fankfurt
5) Goethe-Haus-Museum. 6) Dusseldorf. 7) Munichen.

1) 1993. 7. 5. ▲프라하에서 드레스덴까지▼

나의 첫 자동차 여행은 독일행이었다. 1993년 7월 5-9일간의 4박 5일 독일 여행은 내게는 모험이었다. 그러나 이것은 내게 자동차 여행의 가능성을 일러주는 매우 유익한 것이었다. 나는 이 여행을 아들 형태, 제자 또마쉬(Tomas Horak)군과 함께 했다. 이때 나는 아직 자동차 운전면허를 취득하기 전이라 형태와 또마쉬가 번갈아 가며 운전했다. 이번 여행은 또마쉬의 안내를 받았다. 그는 무전여행도 많이 해보았고, 남의 차를 동승해 영국까지 가기도 했다. 그는 나와 여행을 떠나면서 "하늘을 이불 삼아 땅을 침대 삼아 다닌다."고 했다. 내가 먼저 함께 여행하자고 제의했을 때 그는 즐겁게 대답했다.

우리는 프라하를 오전 9시에 출발하여 체코 북부 지방으로 뻗친 E55 고속도로를 따라 하루 종일 달려 체코와 독일의 국경 도시 테레진에 도착하여 유태인의 학살 현장을 보았다. 시체 소각로와 묘지를 보았고, 당시 유태인들의 참혹상도 함께 보았다. 도서관에서는 히틀러와 러시아군에 항거하는 체코인들의 사진이 전시되어 있었다. 국경은 약간 높은 언덕으로 이루어진 곳이었다. 이때 나는 처음으로 유럽의 국경 검문소 풍경을 보았다. 우리는 무사히 국경을 통과해 독일 북쪽의 국경 도시 드레스덴에 오후 3시쯤 도착했다.

드레스덴 중앙역 앞에 우리는 일단 차를 세워 놓았다. 그리고 여행 안내소와 환전소를 찾아 나섰다. 역 근처는 매우 살벌한 가운데 넓은 광장과 대형 백화점이 있었다. 유럽 도시는 대체로 역을 중심으로 발달되어 있었다. 갑자기 소나기가 내리면서 바람이 심하게 불었다. 오도가도 못하게 되었다. 우리는 백화점에서 비가 그치기만 기다렸다. 당시 이 백화점에서는 세일을 실시하고 있었는데 밖에 내놓은 많은 물건들이 바람에 날리고, 비에 젖었다. 소나기는 조금 그치는 듯했으나 비는 계속 내렸다. 나는 마냥 비 그치기만 기다릴 수 없어 비를 맞으면서 여행 안내소와 환전소를 찾아가 민박을 정하고 환전도 했다. 나는 당시 500달러을 가지고 독일 여행을 떠났다. 셋이서 차까지 가지고 다니며 500달러로 4박 5일의 여행을 기획한 것은 무모한 짓이었다. 여행 안내소 여직원은 전화로 집주인에게 연락하고, 지도에 집 위치를 표시해 주고는 찾아가라는 것이었다.

날이 저물면서 비는 더 심하게 내렸다. 우리는 여행 안내소에서 얻은 지도를 펴들고 강을 건너 민박집을 찾아 나섰다. 그래도 또마쉬가 여행 경험이 많아 그런지 형태보다 나았다. 그는 생전 처음 찾아가는 민박집을 손쉽게 찾아내었다. 민박집은 큰 길가에 있었으나 집 자체는 길가에서 들어가 있었다. 우리는 길가에 차를 세워 놓고 또마쉬와 형태가 먼저 가서 집을 확인한 다음 가방을 차 뒤트렁크에서 꺼내 각자 하나씩 들고 들어갔다. 우리는 밥을 해 먹을 작정이었기 때문에 집에서 각자 자기가 먹을 것을 준비해 왔다.

주인은 중년 부인이었는데 비교적 친절했다. 2층방에 침대가 3개 있었고, 밥을 해먹을 수 있게 스토브와 그릇도 준비되어 있었다. 나는 점심도 부실하게 먹었기 때문에 시장끼를 느끼었다. 여기서 나는 처음으로 독일인의 내부 생활 양식을 볼 수 있었다. 거의 체코인들의 살림 모습과 같았다. 주방 입구에 마른행주가 여러 개 똑같이 걸린 거며, 벽에 크고 작은 그림을 걸어 놓은 거며, 화장실에 세면도구와 함께 화장품, 비누, 샴푸 등을 진열해 놓은 거며가 그대로였다. 제자 일망정 외국인과 함께 기거하며 여행하는 것도 이번이 처음이었다. 우리는 내일 관광할 곳을 대충 적어 정리해 놓고 잠을 잤다.

또마쉬는 말수가 적고 공손했으며, 한국말을 썩 잘하지는 못했으나 내가 천천히 말하면 잘 알아들었다. 그는 스스로 자기가 먹을 것을 만들었다. 그러나 내가 만든 음식을 함께 먹기도 했다. 나는 주로 양배추와 쇠고기를 썰어 넣어 국을 끓였다. 하지만 또마쉬는 고기를 전혀 먹지 않았다. 생선이고 쇠고기고 육류를 전혀 입에 대지 않았다. 그는 아침저녁으로 요가를 했다. 그는 그만큼 생명의 존엄성을 알았고, 자비심을 키워갔다. 나는 그의 그같은 행위가 좋아 보였다. 나 스스로도 한번 그래 보았으면 했다.

2) 1993. 7. 6. ▲드레스덴에서 베를린까지▼

우리는 오전 중에 드레스덴을 관광하고, 오후에 베를린으로 떠났다. 즈윙거(Zwinger) 미술 박물관은 아우그스트 황제궁이었으나 지금은 박물관, 미술관, 역사관으로 쓰였다. 알베르티눔(Albertinum) 미술관, 젬퍼 오페르(Semper Oper), 귀금속관(Grunes Gewolbe) 등을 대충 둘러보는데 점심때가 되었다. 독일인들은 전쟁으로 무너진 옛 건축물을 원래의 모습 그대로 다시 복원하고 있었다. 벽돌장마다 번호를 붙여 공사장 현장에 쌓아 놓은 것을 볼 수 있었다. 동독 시절에는 손도 못 대던 것을 이들은 시작한 것이다.

드레스덴은 옛 건물이 그래도 많이 남아 있었다. 하지만 멋없는 공산주의 시대의 건물이 마구 섞여 있어 고도로서의 분위기를 많이 손상시키고 있었다. 그러나 박물관 내부의 진열물들은 모두 게르만족의 고유한 분위기를 그대로 자아냈다. 역사 박물관에 보존되어 있는 많은 전쟁 도구 즉 칼, 방패, 창, 총, 말, 투구 등등은 실로 이들의 투쟁사를 한 눈에 볼 수 있게 했다. 나는 이같은 진열물 앞에서 저들의 잔인성과 호전성을 보는 듯해 소름이 끼쳤다. 귀금속관에는 아름다운 보석과 황금 세금속을 보았다. 정교하고 화려한 이 장신구들은 또 다른 저들의 예술성과 기술성을 드러내었다. 건물밖에 장식된 조각들도 그들의 민족주의에 입각한 영광의 역사를 보여주는 것이 많았다. 이들은 이런 식으로 아동들에게 게르만족의 우수성과 선민의식을 고취했다. 근대 회화와 조각을 비롯해 많은 중세의 회화를 보았다. 하지만 많은 시간을 할애할 수 없었던 우리는 주마간산격으로 모든 것을 볼 수밖에 없었다.

점심을 차안에서 간단히 우유와 빵으로 때우고 우리는 베를린으로 떠났다. 드레스덴에서 베를린까지는 189km였으나 넓은 평지에 고속도로여서 계속 120km로 달릴 수 있었다. 우리는 오후 5시 30분에 동베를린에 도착했다. 여행 안내소를 찾아보았으나 찾을 수가 없었다. 서베를린에 가서야 겨우 여행 안내소를 찾아 숙소 안내를 받았다. 값은 70마르크, 드레스덴과 같았으나 수수료는 5마르크로 배가되었다. 유럽에서는 침대 수대로 매인당 숙박료를 받았기 때문에 한국보다 비싼 편이었다. 당시 1마르크가 500원이었으니까 숙박료가 일인당 35,000원 정도이었다.

우리가 안내 받은 숙소는 서베를린에서 동쪽으로 12km나 떨어진 동베를린 지역이었다. 거의 밤 9시가 되어서야 겨우 숙소를 찾았다. 숙소는 마을 뒤쪽 숲에 있었는데 개인집이 아니라 새마을운동 합동숙소 같은 곳이었다. 공산당 시절 합숙훈련소였던 듯싶은 건물이 여러 동 있었다. 접수실에서 열쇠를 받아 방을 찾아가 보니 교실 만한 방에 침대가 나란히 놓여 있었다. 욕실, 화장실, 휴게소는 모두 공동용이었다. 숙박인들은 많아서 욕실과 화장실에 가면 늘 사람들이 있었다. 우리가 든 방은 2층이었는데 창밖에는 은사시나무같은 가는 활엽수가 바람에 휠 정도로 흔들리었다. 한마디로 썰렁하고 을씨년스러웠다.

우리는 밥을 해 먹을 수 없어 국만 겨우 끓여 빵을 썰어 먹었다. 또마쉬가 가져온 비상식을 함께 먹었더니 배는 고프지 않았다. 그의 누님은 천연 주스도 잘 만들고 바느질도 잘 했다. 그가 마시는 주스를 조금 달래서 먹어보니 시중에서 파는 주스보다 좀 색깔이 희었으나 맛은 아주 담백했다.

3) 1993. 7. 7. ▲포츠담과 라이프치히에서▼

베를린은 한마디로 자유사회와 공산사회의 모습을 한눈에 보여주었다. 우리는 차로 동베를린과 서베를린을 몇 바퀴 돌아다니었다. 물론 큰 길로 다녔기 때문에 다른 곳은 어떤지 모르겠으나 동베를린에는 공산당 시절의 흔적이 그대로 남아 있어 매우 황량했다. 그러나 문화유적은 동베를린에 많았다. 길은 넓었으나 창고 같은 멋없이 지어진 건물들이 눈에 수없이 띠었다. 그러나 서베를린으로 들어서면서 사람들도 많고 거리와 집들이 윤택해 보였다. 말로만 듣던 베를린 장벽을 넘어 가로수가 무성한 거리를 달리면 개선문이 있고, 광장을 돌아 들어가면 번화한 상가 지역이 나타났다.

우리는 박물관 지역으로 갔다. 국립 박물관을 중심으로 모든 미술관, 역사관 등 컬렉션이 모여 있었다. 짧은 시간에 여러 곳을 볼 수 있어 좋았다. 하지만 워낙 소장품이 많고 광장이 커서 이들 11개의 박물관을 다 보자면 한 달은 걸려야만 할 것 같았다. 8마르크만 내면 다 관람할 수 있었다. 국립 박물관에서 나는 희랍문화의 진수라 할 대리석 신전의 원형과 벽화, 대리석 조각상, 에집트의 고대 예술품을 볼 수 있었다. 독일 것보다 이런 고대 희랍과 에집트의 유물로 가득찬 1층과 2층은 실로 인류의 보배가 모여 있었다. 물론 이는 이들이 그곳에서 노획한 약탈물이지만 원형 그대로 조립해 인류의 공동 유산으로 길이 보존되어 갈 것이다.

서베를린에는 빌헤름황제 기념 교회, 티어가르텐 공원의 승리의 기둥, 부란데부르크문, 베를린 장벽, 전통 독일인의 삶을 볼 수 있는 빌헬름 거리, 바로크식 궁전 샤르덴부르크성, 왕실 묘지, 궁전정원, 식물원 등이 볼만했다.

우리는 점심을 간단히 차안에서 먹고 포츠담(Potsdam)으로 갔다.

포츠담은 제2차세계대전 종결 협상의 역사적 현장답게 많은 관광객들이 모여들었다. 장개석, 루스벨트, 처칠 등이 마주 앉아 회담을 했다는 회의실과 그들이 쓰던 집기가 그대로 보관된 옛 궁전은 아름다운 대리석 르네상스식 건축이었다. 이를 중심으로 황금칠로 된 별궁과 높이 솟아오르는 분수와 잘 다듬어진 정원 등 실로 광대하게 넓은 이 공원 숲은 걸어서 곳곳을 다 다니자면 이틀은 걸릴 것 같았다. 나는 유럽 여행을 하면서 저들의 공원문화가 실로 매우 부러웠다. 이들은 인공적인 가꿈도 있었지만 숲을 그대로 보존하면서 공원을 형성해 마치 밀림지대 같으면서도 인간의 휴식공간으로 꾸며져 있었다. 그만큼 고목 숲이 많았다. 그러니까 오랜 역사와 문화적 전통의 유럽 분위기와 이 공원 분위기는 썩 잘 어울리었다. 포츠담은 큰 호수가 있어 한가롭게 많은 요트와 배가 떠 있었다. 시내는 다녀보지 못했지만 작아 보였다. 다시 한번 더 가보고 싶은 인상 깊은 곳이었다.

우리는 다시 라이프치히(Leipzig)를 향해 떠났다. 라이프치히는 베를린에서 170km였고, 포츠담에서는 120km쯤 되었다. 고속으로 달리었으나 밤 9시가 넘어서야 라이프치히에 도착했다. 관광 안내소에는 무뚝뚝한 할머니 혼자 앉아 있었다. 할머니는 여기저기 민박집으로 전화를 하더니 두 사람만이 잘 수 있는 방이 있다는 것이다. 이렇게 되니 또마쉬는 자기가 차안에서 잘 터이니 우리 부자보고 방에서 자라며 그 방이라도 얻자고 했다. 나는 누가 방에서 자든지 좌우간 그 방이라도 가 보자고 했다.

여행 안내소에서 일러주는 대로 지도를 들고 우리는 민박집을 찾아 나섰다. 이 집은 교외 작은 마을 거리에 있었다. 겨우 찾아 들어가기는 했는데 주인은 아주 엄격한 독일인 중년 부부였다. 집안에 들어서자마자 개 냄새가 내 비위를 건드렸다. 주인은 2사람밖에 집안에

들이지 않았을 뿐만 아니라 "밥도 못해 먹는다. 식사도 방에서 할 수 없다. 오직 잠만 잘 수 있다."는 것이다. 나는 이같은 그들의 말과 행동에 매우 불쾌했다. 나는 우리는 지금 배가 고프니 식사를 방에서 같이 하고 한 사람은 다른 곳을 구해 보겠다고 말했지만 그는 그것도 안 된다는 것이었다. 나는 이들의 냉혹함에 실로 게르만족을 저주하고 싶었다. 그러면서 부인은 욕실을 열어 보이며 이것저것 쓰는 법을 일러주었다. 나는 화가 났으나 생각할 시간이 필요했다. 우선 밥을 먹어야 했기에 배낭을 들고 우리는 다시 길로 나와 길가에 세워 놓은 차안으로 들어갔다.

나는 다시 그 집에 들어가기가 싫었다. 우리는 숲을 찾아가기로 했다. 또마쉬는 다시 지도를 꺼내 내가 시키는 대로 이 도시에서 제일 큰 공원을 찾아내었다. 이미 10시가 넘어 어두웠다. 숲 입구 조금 한적한 곳에 차를 세워 놓고 우리는 우선 우유와 빵으로 간단히 저녁을 때었다. 숲속이라 더 어둡고 컴컴했으나 희미한 가로등이 멀리서 비치었다. 나는 차안에서 셋이서 함께 잘 결심을 했다. 여름이었지만 서늘했다. 형태와 또마쉬는 앞의자를 뒤로 제치고 누웠고, 나는 뒷좌석에 가로 누웠다. 처음에는 그런 대로 견딜만하더니 새벽이 되면서는 온몸이 뒤틀리었다. 다리를 쭉뻗지를 못하니 이상하게 갑갑증이 났다. 차안도 점점 추워 왔다. 엔진을 켜고 히터를 틀었다. 얼마쯤 있으니 밖이 환해지면서 새소리가 들리었다.

나는 일어나 밖으로 나왔다. 온 몸이 찌뿌듯했다. 이제서야 공원길이 보이고 공원의 크기도 짐작할 수 있었다. 아침 조깅을 하는 사람들과 자전거 타는 사람들이 보였다. 나는 뻗쳐 있는 숲속 길로 달리었다. 얼마만큼 달려왔더니 쌍갈래길이 나왔다. 몸도 어느 정도 풀리었다. 나는 밀림지대 같은 이 공원의 한가운데 서 있었다. 조금 휜히 보이는 곳을 향해 또 달리어 나가보았다. 거기는 숲 가운데를 가로질러 나무를 베어내 이쪽과 저쪽을 갈라놓은 큰 길이었다. 나무는 없고 풀만 무성한 말하자면 완충지대였다. 워낙 숲이 크니까 이런 완충지대를 이들은 2㎞정도마다 만들어 놓았다. 여기에 전신주와 수로 등이 있었고, 한편으로 자동차 길도 나 있었다. 이 숲속 길에도 자동차 길 표지판이 곳곳에 붙어 있었다. 물론 자전거 전용도로 표지판도 있었으며, 어린이 보호구역, 짐승 보호지역 표지판도 있었다. 말하자면 이 숲은 시민의 생활공간이었다.

나는 2시간여를 이 숲과 공원을 돌아다니었다. 이 공원 이름은 라이프치히 대공원로서 시민공원이었다. 이 공원에는 어린이 놀이터, 승마장, 식당, 사슴과 산돼지 사육장, 연못, 골프장, 숙소 등 위락시설이 있었다. 내가 한 바퀴 돌아 왔을 때에도 형태와 또마쉬는 잠에서 깨어나지 않았다. 공원에는 벌써 많은 사람들이 모여들었다. 길가의 풀을 베는 차소리에 이들도 잠이 깨었다.

숲속에서 하룻밤을 지낸 우리는 시내로 들어왔다. 식당을 찾으니 모두 11시나 돼야 식사를 할 수 있다고 한다. 할 수 없이 우리는 빵과 소시지 등 식품을 파는 가게에서 뷔페식으로 이것저것 골라 접시에 담아 먹었다. 내가 찾아간 간이식당 겸 식품점은 생선 종류의 젓갈도 있고, 생선을 구워서 팔기도 하는 곳이었다. 나와 형태는 생선 한 마리를 구워달래 빵과 함께 먹었으나 또마쉬는 빵과 우유만 먹었다. 먹음직한 젓갈이 있어 먹어보니 몹시 짜서 도저히 먹을 수가 없었다. 나는 물을 부어보았으나 역시 먹을 수가 없었다.

우리는 박물관 순례를 시작했다. 라이프치히도 문화도시로서 볼거리가 많았다. 바하가 연주했다는 니콜라이 교회에서는 바하의 오라트리오 오르간 연주를 들을 수가 있었다. 사실 나의 유럽 여행은 중세 교회와 박물관 순례였다. 물가는 비싸고 상품은 고급이어서 거의 쇼핑은 불가능했다. 가는 곳마다 오래된 명문대학이 있었고, 많은 동상이 있었으며, 거리마다 중세기의 고딕 건물이 우중충하게 거인처럼 버티고 서 있었다. 만나는 사람들은 다 친절한 편이었지만 이들은 매우 검소해 보였다. 때로는 무뚝뚝하게 말하는 촌스러운 사람을 만나기도 했지만 중년의 부녀자들은 매우 자상하고 상냥했다. 이들은 영어를 모르면서도 열심히 우리가 묻는 길이나 건물을 가르쳐 주려고 애를 썼다. 나는 내가 찾는 곳의 이름을 독일어로 적어 가지고 다니었다.

라이프치히 관광을 오전 중에 끝내고 우리는 체코 국경을 향해 떠났다. 이 길은 상당히 먼 길이었다. 길도 상당히 복잡했다. 라이프치히는 내게 고통과 시련을 준 도시였지만 내게는 그만큼 인상적인 도시이기도 했다. 밤잠을 설친 우리는 불쾌했던 그 독일인의 일을 떨쳐버릴 수가 없었다. 적어도 나는 그랬다. 이제 나의 주머니에는 412마르크밖에 남아 있지 않았다. 어제 차안에서 잠을 잔 덕으로 80마르크를 번 셈이지만 이 돈으로 하루를 더 독일서 지낼 수는 없었다. 당시 독일과 체코의 물가 수준은 거의 5배에 가까웠다.

나는 체코 국경을 넘자 마치 내 고향에나 온 것처럼 마음이 놓였다. 국경 환전소에서 412마르크를 체코 돈 크라운으로 바꾸었더니 6,630꼬른이 되었다. 이 돈은 당시 나의 촬스대학 한달 월급과 맞먹은 돈이었다. 갑자기 부자가 된 느낌이었다. 우리는 체코의 유명한 휴양 도시 마리안스케 나즈네에 도착해 아담한 펜숀에 들었다. 방도 크고 깨끗했으며, 주방도 딸려 있었다. 숙박비도 3인에 600꼬른이었다. 약18,000원, 독일의 3분의 1이었다. 여기서는 구태여 밥을 해먹을 필요가 없었다. 우리는 근처의 식당으로 갔다. 우선 값싸고 맛좋은 시원한 맥주를 한잔 마시었다. 이날 저녁은 푸짐하게 잘 먹었다. 나의 첫 유럽 자동차 여행은 매우 고생스러운 것이긴 했어도 보람된 일이었다.

4. 빈

1) 1993. 7. 23. ▲프라하에서 브라띠슬라바까지▼

프라하를 아침에 떠나 브라띠슬라바에서 하루 밤을 잤다. 지금은 슬로바키아의 수도이지만 작년만 해도 체코슬로바키아에 속해 있었다. 이들은 같은 슬라브족이었지만 말과 풍습이 조금씩 달랐다. 원래 체코, 모라비아, 슬로바키아인은 체코왕국의 백성이었다. 이들이 독립국가를 형성하게 된 것은 왕국의 패망으로부터였다. 하지만 히틀러와 스탈린에 의해 다시 강제로 합치어졌었다. 공산국가체제가 붕괴되자 지도자들의 뜻에 의해 1992년 다시 분리되었다. 국민들은 체코와의 연방을 더 바라고 있었다. 내가 슬로바키아의 수도인 브라띠슬라바를 간 것은 빈과 부다페스트를 가기 위해서였다.

2) 1993. 7. 24. ▲국경에서 국경으로▼

아침에 일어나 보니 외손자 보리의 이마와 팔에 모기에 물린 자국이 빨갛게 서너 군데 나 있었다. 아침을 서둘러 먹고 우리는 헝가리를 향해 떠났다. 여기서 부다페스트로 가는 길은 그리 멀지 않았다. 우리는 여유 있게 시골길로 접어들어 국경을 찾아갔다. 브라띠슬라바에는 오스트리아 국경과 헝가리 국경이 바로 시와 접해 있었다. 우리는 강만 건너면 부다페스트 북쪽 국경선에 도착할 수 있었다. 도나

우강은 넓고 컸다. 국경에는 차가 많이 밀려 있었다. 이들은 아직 공산시대의 때를 벗지 못했다. 국경 순경들은 몹시 무뚝뚝하고 까다로웠다. 이들은 보리의 여권과 비자를 보자고 했다. 그 애는 여권을 따로 내지 않고 제 어미 여권에 보리의 사진이 붙어 있을 뿐이었는데 제 어미가 스칸디나비아 여행을 떠났으므로 보리는 여권을 가지고 있지 않았다. 이 일로 우리는 결국 입국이 허가되지 않아 되돌아 올 수밖에 없었다. 난감하게 되었다.

이는 일차적으로 나의 무지와 불찰이었지만 저들의 융통성 없음이 더 원망스러웠다. 브라띠슬라바로 되돌아오면서 나는 곰곰이 생각했다. 뒤에 앉아 있는 외손자 보리도 자기 때문인 줄 알고 미안한 표정으로 제 할미에게 "미안해"라고 귓속말을 하더라는 것이다. 갔던 길을 되돌아오는 일처럼 맥빠지는 일은 없다. 그렇다고 부다페스트행을 포기할 수도 없었다. 나는 브라띠슬라바에 접해 있는 헝가리 국경으로 가 보았다. 여기는 너무나 많은 차가 밀려 있어 해지기 전에는 갈 수 없을 것같았다. 또 입국이 거절되면 어쩌나 싶어 나는 방향을 돌려 오스트리아 국경 쪽으로 갔다. 헝가리행을 포기한 것이다.

나는 빈으로 갈 생각이었다. 오스트리아 국경에는 별로 차도 없었을 뿐만 아니라 검문도 없이 무사 통과였다. 이들은 조사하는 일도 없었다. 우리는 이제서야 살았다 싶었다. 보리도 이제 목소리가 커지고 재롱을 부리기 시작했다. 국경을 넘자 환전을 하려 했으나 토요일이라 은행 문이 닫혀 있었다. 휘발유도 거의 다 떨어졌다. 빈까지 가야 환전을 할 수 있다. 나는 가다가 휘발유가 떨어질까 바 마음이 조마조마 했다.

빈은 생각했던 것보다 컸다. 우리는 환전소와 여행 안내소를 찾아갔다. 걱정은 휘발유가 떨어지는 것이었다. 서부역을 겨우 찾아 환전도하고 숙소도 얻고, 휘발유도 넣었다. 우리는 요셉 반호프 앞에 있는 빈대학 여자 기숙사의 방 둘, 침대 셋을 480실링을 주고 얻었다. 여기는 주로 대학생 여행자들이 많았다. 방은 좁았으나 책상이 2개 있고 세면대와 옷장이 있었으며, 작은 침대가 양쪽으로 하나씩 놓여 있었다. 다른 한방은 침대 한 개가 놓여 있었다.

이 기숙사는 시내 한복판에 있었다. 토요일이라 모든 상점이 문을 닫았다. 먹을 것이 없는데 야단났다. 하여간 밖으로 나와 봤다. 슈퍼마켓도 물건만 밖에서 환하게 보일 뿐 문이 굳게 닫혀 있다. 한 아주머니가 아이에게 아이스크림을 먹이면서 걸어오기에 어디 문을 연 가게가 있느냐고 물으니 역전에 가면 있다고 했다. 역전은 그리 멀지 않았다. 역전 앞에는 작은 광장이 있었는데 비둘기 떼가 날았다. 보리는 천진스럽게 내려앉은 비둘기를 쫓아 다니었다.

역안으로 들어가니 기차들이 머리통을 내밀고 멈추어 있었다. 나는 이것이 신기해 보였다. 시내 한복판에 기차가 들어와 있는 기분이었다. 그 아주머니가 가르쳐준 가게는 말하자면 역구내 매점이었다. 나는 원래 이런 곳에서 물건을 잘 안 사는 습관이 있어 다른 곳에 혹시 가게문을 연 곳이 있나 찾아보았으나 역 광장 간이판매점뿐이었다. 여기서는 구운 빵과 과자를 팔았다. 할 수 없이 나는 다시 역안으로 들어가 매점에서 이틀 먹을 빵과 우유를 샀다. 빈도 독일과 같이 물가가 몹시 비쌌다. 서부역에서 300달러를 실링으로 환전했는데 숙비 주고 빵과 우유를 사니 몇 푼 남지 않았다.

3) 1993. 7. 25. ▲웨르너 박사와 함께▼

일요일 아침 빈은 조용했다. 가까이서 맑은 종소리가 들렸다. 숙소 앞이 바로 국립 현대미술관이 있었다. 우선 우리는 그리로 갔다. 9시나 돼야 문을 연다고 했다. 정원 벤치에는 개관을 기다리는 사람들이 몇 앉아 있었다. 나는 혼자 신문을 보고 있는 노인에게로 다가가 개관 시간을 물었다. 그는 내가 묻는 말에 친절히 대답해 주었을 뿐만 아니라 우리에게 호의를 보였다. 나는 빈에 대해 전혀 모른다고 대답했더니 그는 스스로 우리의 빈 관광을 안내해 주겠다고 자청했다. 나는 더럭 겁부터 났다. 나는 당신의 호의에 대단히 감사하지만 아무런 보수를 줄 수 없다고 했다. 자기는 돈을 바라고 하는 것이 아니라 시간이 있어 우리를 도와주려는 것이라며 나보고 아무런 부담을 갖지 말라고 했다. 자기는 여기서 친구를 만나기로 했는데 잠깐 만나고 올 터이니 기다리라는 것이다. 그 사이 우리는 미술관에 들어가 관람을 하고 나와 보니 그는 이미 와서 우리를 기다리고 있었다.

그의 이름은 웨르너(Werner Mildschvh)이었다. 그는 의학박사였다. 나이는 한 60이 넘은 것같았으나 건강한 모습에 좀 부대한 편이었다. 매우 소탈한 분으로 작업복같은 허름한 옷에 망원경을 목에 걸고 손에는 신문을 말아 쥐고 있었다. 그는 관광소가 모두 이 근처 중심가에 있기 때문에 걸어서 다녀도 충분하다며 자기가 앞장을 섰다. 그는 지하도를 건너면서 갓구운 빵을 사서 우리에게 하나씩 주기도 했다. 이날 우리는 그의 안내로 시청, 예술사 박물관, 프란즈 요한(Franz Johan) 교회, 궁중 보물관, 왕궁 등을 관람했다. 웨르너 박사는 우리를 박물관에 입장시켜 주고는 자기 사무실로 가면서 내일 아침 오늘 만난 장소에서 9시에 만나자고 약속하고 먼저 갔다. 나는 바쁘신데 그럴 필요가 없다고 사양했으나 그는 괜찮다며 꼭 나오겠다고 했다.

우리는 이날 하루종일 궁성과 박물관만 보았다. 많은 그림과 조각 그리고 보석뿐만 아니라 왕족 유물들을 관람했다. 건물들은 프라하의 것보다 규모가 크고 웅장했으며, 광장도 더 넓고 잘 꾸며져 있었다. 시청 앞 광장에는 음악 연주대가 설치되어 있었는데 많은 의자들이 줄 맞추어 놓여 있었다. 저녁이면 이곳에서 음악회가 열린다고 한다. 그 옆에는 높이 솟아오르는 분수가 있고, 각나라 음식을 만들어 파는 가판점이 늘어서 있었다. 나는 더위에 지쳐 벤치에 앉아 몇 가지 음식을 사다 먹었다. 외손자 보리는 아이스크림을 하나 들고서는 좋다고 이리 뛰고 저리 뛰면서 비둘기를 쫓아 다녔다. 마치 이곳은 축제기분이었다.

날씨가 흐려지면서 저녁 때 소나기가 내렸다. 소나기는 계속 가는 비로 바뀌어 우리가 숙소로 돌아올 때까지 내리었다. 나는 궁성 교회를 마지막으로 보려고 찾았으나 쉬 찾아지지가 않아 헤매다가 아주 멋있는 교회와 건축물을 발견했다. 비를 맞으며 교회 안으로 들어가니 많은 사람들이 예배를 보고 있었다. 과연 크고 웅장한 교회였다. 비는 계속 내리고 배는 고파서 다과점에서 큰 식빵을 하나 사서 식구들에게 나눠주었다. 이제 나는 방향을 알 수가 없었다. 왔던 길을 더듬어 전차길까지 왔다. 우선 아무 전차고 탔다. 한번 바꿔 타니 숙소에 올 수 있었다. 같은 방에서 우리는 또 하룻밤을 보냈다.

4) 1993. 7. 26. ▲베토벤 기념관에서▼

웨르너 박사는 어제 약속대로 현대미술관 벤치에 정말 우리보다 먼저 와 있었다. 오늘은 차로 다녔다. 형태가 길을 잘 모르니까 웨르너 박사는 자기가 운전을 하여 베토벤의 마지막 집과 빈 시가지를 한눈에 볼 수 있는 서울의 남산 같은 산으로 올라갔다.

베토벤의 집은 프로부스가세(Probusgasse)에 있었다. 베토벤 생시에는 포도주 양조 구역로 유명했다고 한다. 변두리지만 유서 깊은 마을로 중세 교회와 고가가 있어 운치를 더했다. 원래는 월요일은 휴관이었으나 웨르너 박사의 주선으로 특별히 우리만 관람을 시켜주었다. 우리가 나오는데 일본인들 관광단이 골목으로 올라오고 있었다.

웨르너 박사는 멋있는 분이었다. 그는 베토벤의 집 정원의 무성한 나뭇잎을 2개 따 내게 주기도 했고, 피아노에 손을 대고 사진을 찍게 하기도 했다. 그 나무는 린데(Linde)였는데 라틴어로는 틸리아(Tilia)라고 한다고 했다. 나는 린데잎을 받아서 들고 있던 책갈피에 넣었다.

이 집은 2층으로 규모는 큰 편이지만 아담하지는 않았다. 어둡고 후락해 말년의 베토벤의 어두운 삶을 그대로 보여주는 듯했다. 나는 베토벤의 친필 편지 복사본을 하나 얻어 가지고 여자 관리인에게 사인을 해 달랬더니 그는 날짜만 써 주었다. 오전 중이라 포도주 맛은 못 보았다.

우리는 다시 카인부르그(Kainburg) 산으로 갔다. 이 산은 서울의 남산과 같았다. 차로 정상에 오르니 빈을 한눈에 내려다 볼 수 있었다. 산의 정상은 넓어서 여러 곳에 관광시설이 되어 있었다. 우리는 옮겨가면서 시내를 구경했다. 도나우강과 시내의 곳곳을 웨르너 박사는 자신의 망원경으로 샅샅이 보여주었다. 우리는 간이판매점에서 포도주를 1잔씩 마시었다. 그는 12시가 가까워 오자 직장에 가야 하는지 좀 서둘러 사잇길로 내려왔다. 나는 민수네 집을 방문해야겠기에 그에게 주소를 보여주니 안다면서 시내로 들어와 민수네 집 앞까지 데려다 주고는 총총히 갔다. 나는 퍽 미안하기도 하고 고맙기도 해 주머니에 남았던 실링을 주려했지만 그는 막무가내로 받지 않았다. 우리 차로 가는 데까지 가라고 했으나 그는 조금 나가면 전차가 있다며 작별의 악수를 하고 뒤도 안 돌아보고 왔던 길로 내려갔다.

민수 엄마는 우리를 친정 식구가 오는 것처럼 기다리고 있었다. 민

수 엄마는 연어찜, 쌀밥, 생선구이, 김치, 김, 양주, 맥주 등을 준비해 놓고 우리를 기다리고 있었다. 우리는 민수 엄마가 정성껏 차려준 점심을 오랜만에 달게 먹었다. 밥을 그 동안 꼬박 6끼를 못 먹었다. 보리도 모처럼 배불리 먹고 신이 났던지 노래를 마구 불렀다. 나도 약간 주기가 돌아 외손자의 재롱을 보는 것이 즐거웠다. 흐뭇한 한 때였다. 역시 산다는 것은 이런 것인가 보다. 이것이 민족의 동질성이 아닌가 싶다.

민수 아버지는 당시 삼성전자 슬로바키아 합작공장 건설현장에서 근무했다. 민수 엄마는 우리 옆집에 살았다. 민수 아버지가 해외 근무를 하게 되어 나보다 3개월 전 먼저 빈에 왔다. 어제밤에도 우정 내가 묵는 빈여자대학 기숙사로 두내외가 아이를 업고 찾아 왔었다. 그들은 우리보고 꼭 오늘 점심 때 자기네 집에 들러 달라고 했다. 우리는 오늘 프라하로 돌아갈 생각이었지만 한번 그들의 사는 모습도 볼 겸 이렇게 온 것이다.

민수네 집은 새로 지은 빌라였다. 마루 바닥은 대리석이었고, 벽, 천장, 창문틀도 모두 고급스러웠다. 하지만 식구는 셋뿐이었는데 민수 아버지는 월요일 공사현장에 나가면 주말에나 돌아왔다. 나는 마루 진열장안에 있는 양주를 꺼내 우선 한 모금 마셨다. 이때 나는 웨르너 박사 생각이 났다. 그는 술을 좋아하는 것같았다. 함께 들어오지 못한 것이 후회스러웠다. 거실은 한 7평 정도 되어 보였는데 그 한 귀퉁이에 식탁이 놓여 있었고, 창가로 안락한 소파가 놓여 있었다. 나는 민수네서 점심을 배불리 먹고 국립묘지에 들러 프라하로 돌아왔다.

나는 그해 연말에 웨르너 박사에게 인사 겸 감사의 편지를 보냈다. 그때 내가 그에게 보낸 편지는 다음과 같다.

웨르너 박사님께

그간 안녕하셨습니까? 어느덧 1993년도 저물어 갑니다. 즐거운 크리스마스와 새해가 돌아옵니다. 나는 한국인 김종균 교수입니다. 나는 지난여름 1993년 7월 25-6일 양일간 빈에 갔었습니다. 그때 나는 웨르너 선생을 우연히 현대미술관 앞뜰에서 만났습니다.

내가 선생이 앉아 있는 벤치로 가 개관 시간을 물었을 때 선생은 자리에서 일어나 친절히 알려주었을 뿐만 아니라 아무 것도 모르고 있는 우리를 보자 걱정이 되었던지 우리 일행(아들과 아내와 외손자)의 빈 관광안내를 자청하였습니다. 그때 우리는 얼마나 고마웠는지 모릅니다. 선생의 덕분으로 우리는 즐겁고 유익한 빈 여행을 마치고 프라하로 무사히 돌아왔습니다.

웨르너 선생! 다시 한번 진심으로 감사합니다. 그날들의 일은 결코 잊을 수 없습니다. 아내는 자주 그때의 일들을 이야기합니다. 선생의 높은 인격과 교양은 우리에게 많은 것을 깨닫게 했습니다.

나는 1993년 8월 1-12일까지 러시아 여행을 했습니다. 나는 독일의 프랑크푸르트와 두셀도르프를 거쳐 모스크바에서 생트 페테르부르크까지를 향해 여행을 했습니다. 이 배의 주인은 나의 친구 한국인 강사장이었습니다. 이 배에는 약 450명의 피서객이 탔었는데 스페인 사람들이 많았습니다. 나는 서울에서 온 딸과 함께 여행했습니다. 사흘째 되는 날 나는 섬에 내려 한 어부의 집을 찾아갔었습니다. 그 집 식구들은 처음 보는 나와 내 딸을 반갑게 맞아 주었고 그의 모터보트로 아름다운 저녁 호수를 한 바퀴 돌아주었습니다. 여기서도 나는 좋은 사람을 만나 즐겁게 한 때를 보냈습니다.

러시아에서 돌아와 나는 가족들과 함께 부다페스트에 가서 여름 온천욕을 즐겼습니다. 그리고 발라톤 맑은 호수에서 수영도 했습니다. 헝가리 독립기념일인 8월 22일 밤에는 좋은 불꽃놀이를 보았습니다. 밤하늘에 불꽃이 퍼질 때 나는 웨르너 선생의 얼굴을 보았습니다.

웨르너 선생! 나는 선생을 친구로 생각하고 말씀드리는 것입니다. 내가 프라하에 있을 때 한번 이곳을 방문해 주십시오. 나는 프라하에서 선생과 만나 좋은 맥주을 마시며 이야기를 하고 싶습니다. 연락 주시기 바랍니다.

웨르너 선생! 년말년시를 즐겁게 보내십시오. 새해에는 더욱 건강하시고, 댁의 가정에 행운이 늘 깃들기 바랍니다. 안녕히 계십시오.
<1993. 12. 12.>

정말 우연히 웨르너 박사를 만나 우리는 빈 관광을 잘 했다. 그뿐만 아니라 나는 그에게서 실로 많은 것을 배웠다. 나는 어떻게 사는 것이 인간적인 삶인가도 생각하게 되었으며, 남에게 친절을 베푸는 방법도 알게 되었다. 그리고 나는 좋은 분을 알게 되어 빈이 결코 남의 도시로 느껴지지 않았다.

5. 러시아

1) Moscow. Kremlin. 2) Kity, Baram, Minsk, Radoga.
3) Fyodor Dostoyevsky's Last Flat. St. Petersburg.
4) Pushkin Museum Flat. St. Petersburg.

1) 1993. 7. 30. ▲러시아 여행 떠나다.▼

나는 러시아를 1993. 8. 1일부터 12일까지 여행했다. 그때 나는 내 딸 혜련이 하고 함께 러시아를 갔다. 나의 실질적인 러시아 여행은 7월 30일부터 시작되었다. 이번 여행은 여러 가지 위험부담이 있어 독일 두셀돌르프에 있는 교포 여행사 부배를 이용하기로 했다. 딸애도 이 여행사를 이용해 계속 여행을 했다. 이들은 독일서 여행업을 시작한지 20여년이나 되어 유럽에 있는 교포 여행사 중 가장 컸다. 딸애의 스칸디나비아 4개국 여행이 7월 31일 끝나게 되어 있어 프랑크푸르트에서 합류하여 함께 러시아 여행을 떠나기로 했다.

나는 7월 30일 낮 12시 40분 프랑크푸르트행 기차를 탔다. 프라하 중앙역에는 아내, 형태, 외손자 보리가 전송을 나왔다. 나는 식구들에게 위로 삼아 아이스크림을 하나씩 사주었다. 짐은 여행가방 1개와 작은 손가방 1개였다. 나는 유럽에 와서 말로만 듣던 EC 기차를 처음으로 탔다. 기차 칸은 우리의 기차 칸과 똑같았다. 손님은 별로 없었다. 이 기차는 프라하를 기점으로 하여 독일 도르문트(Dortmund Hbf)까지 운행하는 독일 급행열차였다.

정시에 프라하를 출발한 이 기차는 저녁 8시 35분 프랑크푸프트(Frankfurt Hbf)에 무사히 도착했다. 약 8시간 30분 걸렸다. 혼자서 전혀 새로운 도시에 온 나는 모든 것이 눈설고 두려웠으나 식구들과 같이 다닐 때보다는 홀가분했다. 나는 자연히 체코와 독일을 비교하게 되었다. 차창에 비치는 독일 도시나 마을의 집들은 모두 붉은 기와에 하얀 벽이었다. 그리고 산골의 작은 집들도 창가에 빨간 꽃의 화분이 놓여 있었고, 정원은 아담하게 가꾸어져 있었다. 모든 것이 내가 그 동안 보았던 체코의 그것과 아주 흡사했다. 나는 이미 7월 5일부터 1주일간 내 차로 동독을 여행한 바 있었기 때문에 자연히 동독과 서독을 비교해 보게 되었다. 동독 여행 때 느끼었던 황량함이 거의 없었다.

여름이라 8시가 넘었으나 어둡지는 않았지만 내가 가려는 유스호스텔 노선의 버스는 이미 끊어져 있었다. 함께 버스를 기다리던 캐나다 젊은이와 택시를 합승했다. 12마르크의 택시요금을 반씩 내었다. 나는 여행하면서 별로 택시를 타지 않았다. 그러나 여기서는 주로 택시를 탔다. 모든 택시는 콜제였으나 요금은 같았다. 전화를 걸면 빈 차로 가는 택시 중 손님이 있는 지점에서 가장 가까운 택시가 다가왔다. 아주 편리했다. 운전사들도 친절하고 차도 모두 벤츠였다.

내가 호텔에 들어온 것은 9시가 넘어서였다. 이 IYHF 호텔은 젊은이들로 붐비었다. 나는 다행히 독방을 얻을 수 있었다. 배정 받은 방을 가보니 6명이 자는 방이었는데 각인각색의 젊은이들이 들어 있었다. 그래서 내려와 프런트의 젊은 안내원에게 독방을 찾았더니 이 방을 내주었다. 이 방은 아주 조용하고 아늑했다. 그러나 숙박비는 배가 넘었다. 6인실이 일인당 23.50마르크인데 비해 1인실은 52마르크였다. 방에는 그림이 한장 있었고, 흰 벽에 두꺼운 베지색의 커튼이 드리워 있었으며, 수돗물은 틀고 손을 씻으면 자동으로 물이 끊기었다. 밤중에 비가 내리기 시작했다. 비는 나그네의 마음을 더욱 자아냈다.

2) 1994. 7. 31. ▲괴테 기념관에서▼

아침 8시 공동식당에서 간단히 식사를 했다. 유럽 호텔에서는 아침식사를 포함해 숙비를 받았다. 아침이라야 커피 1잔, 치즈 1개, 빵 2개였다. 비가 내렸으나 나는 짐을 모두 꾸려 가지고 호텔을 나섰다. 마인강 물이 출렁이었다. 나리를 건너 관광지도를 따라 걸었다. 니콜라이 성당, 역사박물관, 미술박물관을 둘러보니 점심때가 되었다. 비는 간간이 내리다 그치다 했다. 나는 미술박물관 뒤뜰에서 가지고 다니는 물과 식빵을 꺼내 먹었다. 그리고는 또 걸어서 중심지인 로마 돔, 시장거리, 괴테 하우스로 갔다. 비는 다시 세차게 내리었다.

나는 괴테 하우스에서 시간을 많이 보냈다. 그의 집은 3층이었는데 당시의 유물들이 그대로 보존되어 있었다. 그의 부유스러움을 한눈에 볼 수 있었다. 이 집은 괴테 기념관과 유물관으로 나뉘어 있었다. 괴테 기념사업회에서는 유물은 물론 그후에도 그들의 기금으로 괴테와 관련된 유품들을 사들여 완벽한 괴테 기념관을 만들어 놓았다. 당시의 시계는 지금도 똑딱이며 가고 있었으나 옛주인은 없는 가운데 괴테 애호가들의 발길만 끊이지 않았다. 이 방에는 크고 작은 시계가 여럿 눈에 띄었다. 주방, 거실, 서재, 응접실 등에는 당시의 모든 유품이 쓰던 그대로 진열되어 있었다.

한 젊은 여인은 복도 의자에 앉아 무엇인가를 열심히 쓰고 있었다. 내가 거의 1시간이 넘도록 관람하고 있는 동안 그는 제자리에 앉아 노트에 글을 쓰고 있었다. 나는 그 여인의 여유로움이 부러웠다. 관람객은 계속 들어왔다. 그 중에 일본인들이 제일 많이 내 눈에 띄었다. 이들은 버스 1대를 문 앞에 대놓고 짧은 시간에 이 집을 돌아보았지만 무엇인가를 열심히 메모했다. 나는 기념관에 있는 괴테 석고상 앞에서 기념으로 사진을 찍었다. 작은 뜰에는 그 옛날의 모습 그대로 석물과 담이 보존된 가운데 벽에는 동(銅)으로 만든 인물상이 박혀 있었다. 입구 뜰에는 동으로 만든 가렬핀 여인나상 조각상이 하나 있었다. 나는 단체 일인 관광객들보다는 여유가 있었으나 이미 시간은 5시가 가까웠다.

나는 아쉬운 대로 괴테 하우스를 나와 중앙역을 향해 걸었다. 주말이라 관광객 이외에는 거리에 별로 사람들이 없었다. 상가도 모두 문을 닫았기 때문에 거리는 몹시 한산했다. 거기에 비까지 내려 여름날씨였지만 서늘했다. 중앙역 근처에 이르니 흑인 젊은이들이 한떼 내게 다가 왔다. 나는 겁이 나서 길을 건너 반대쪽으로 가니 그들은 나와 상관없이 저쪽 골목으로 사라졌다. 나는 늘 젊은이들을 경계했다. 독일인이나 체코인이나 유럽인이나 아메리카인이나 나는 젊은이들을 별로 좋아하지 않았다. 특히 나는 머리를 박박 깍은 젊은이들을 보면 겁이 더 났다. 그래서 가능하면 나는 그들을 피해 다녔다.

중앙역에서 나는 딸애를 만나기로 했다. 역으로 가다가 마침 문을 연 큰 기념품 상점이 있기에 들어갔다. 어깨에 멘 가방이 무겁기도 하고 무엇하나 살 것이 없을까 하고 들어갔다. 주인은 늙은이었는데 내게 일본말을 하며 다가 왔다. 나는 우선 어깨에 메었던 가방을 상점 한 구석에 내려놓았다. 그리고는 주인이 있는 판매대로 가서 쌍둥이 상표 다용도 칼을 하나 보자고 했다. 그는 소중한 것이나 꺼내 듯이 약장 같은 서랍을 열더니 곽에 든 칼을 꺼내어 내게 보여주었다. 정가는 65마르크이었으나 50마르크에 판다는 것이었다. 약 25,000원이었다. 좀 비싸다고 생각했으나 오리지널 쌍둥이 칼이거니 하고 나는 이 칼을 샀다. 더욱 정중한 주인의 태도에 나는 차마 비싸다고 이 칼을 사지 않을 수 없었다.

프랑크푸르트 중앙역은 매우 컸다. 부배 여행사 버스가 어디에 정차하는 지를 알 수가 없었다. 약속 시간은 6시로 되어 있었으나 우선 버스가 들어오는 정류장을 알아야 했기에 나는 이리저리 다니며 지역을 살펴보았다. 정류장은 두 곳 있었는데 살펴보니 외부에서 오는 모든 버스는 동쪽 택시 공동주차장 근처에 있음을 알았다. 여기서 나는 딸애를 기다리기로 하고 오는 버스마다 살펴보았다. 약속 시간이 1시간이 넘어도 그 애는 오지 않았다. 마음이 달아 나는 가방을 길 귀퉁이에 놓고 이리저리 왔다갔다했다. 딸애는 8시가 되어서야 내가 기다리는 정류장에 작은 미니버스로 도착했다. 나는 화가 나 있었으나 우선 반가움에 모든 것을 잊고 어제 호텔로 가는 버스 노선을 알아두었기 때문에 그리로 갔으나 오늘도 역시 버스는 끊어지고 없었다. 딸애가 가지고 다니던 짐이 있고 해 더욱 움직이기가 불편했다. 그래서 오늘도 택시를 타고 IYHF 호텔로 갔다.

겨우 침대 2개의 방을 얻어들었다. 이것도 어제 낯이 익은 젊은 안내원 덕이었다. 돈을 꺼내려고 큰 가방에 넣었던 작은 손가방을 꺼내보니 카메라가 없다. 나는 깜짝 놀랐다. 호텔 프런트에는 사람들이 붐비었다. 가방이 열려 있었다. 언제 어디서 잃버렸는지 전혀 알 수가 없었다. 나는 엉뚱하게 딸애만 야단을 쳤다. 나는 그 동안 가방에 너무 무관심했던 생각이 났다. 나중에 안 일이지만 프랑크푸르트 중앙역에 솜씨 좋은 소매치가 아주 많다고 했다. 그러나 내가 가방을 떠난 것은 단 1분도 안 되었다. 곰곰이 생각해 보니 칼을 사던 상점에서의 일 같았다. 그때 나는 상점 안이고 해서 전혀 내 가방 더욱 두개를 들고 다니기가 불편해 돈과 여권 등이 들어있는 작은 손가방을 큰 가방 속에 넣고 다녔다. 작은 가방 밑바닥에는 2,000달러 정도가 봉투에 들어 있었다. 만약 이 작은 가방을 송두리째 소매치기가 가져갔다면 어찌되었을까 아찔한 노릇이었다. 그러나 그 가방에 들어 있는 그리 좋지 않은 카메라만 없어진 것을 보면 상점의 필리핀 여종업원의 짓 같았다. 그는 내가 가방을 가지러 갔을 때 물걸레를 치며 내게 인사를 하며 웃었다. 그때까지도 나는 가방을 열어보지 않았다. 하여간 필름을 새로 넣어 괴테 하우스에서 기념 사진 찍은 필름이 들어 있는 카메라를 이날 도난 당했다. 천만다행으로 작은 가방을 통째로 잃어버리지 않은 것만으로도 위로가 되었다. 그러나 나는 내내 마음이 찜찜했다.

3) 1994. 8. 1. ▲딸과 함께 러시아에 가다▼

아침을 IYHF 호텔 식당에서 주는 대로 간단히 먹고 우리 부녀는 짐을 꾸려 가지고 거리로 나와 버스를 타려했으나 일요일이라 1시간씩 운행 간격이 있어 할 수 없이 지나가는 택시를 불러 타고 중앙역으로 갔다. 거기서 부배 여행사장 김부배씨를 만나 그의 차로 우리는 두셀도르프로 갔다. 이때 우리는 전에 감사원에서 일했던 허훈도 노부부와 동행했다. 이들은 프랑크푸르트에 있는 딸네 집에 와서 유럽 여러 나라를 관광하고 있었다. 딸과 사위는 모두 내가 있는 외대 말레지어과 출신이었다. 김부배씨가 직접 운전하는 승용차는 벤츠 503으로 180km씩 달렸다. 프랑크푸르트에서 2시간여 걸려 우리는 두셀도르프 공항에 도착했다. 공항은 생각보다 크고 복잡했다. 여기서 우리는 벨기에서 온 부산에 사는 노기원씨 부부와 합류했다.

러시아 모스크바행 비행기는 1시 55분 출발했다. 우리 일행은 이제 6명이 되었다. 모두 처음 만난 이들이지만 우리는 곧 친숙해졌다. 3시간정도 걸려 우리가 탄 비행기는 모스크바 공항에 무사히 도착했다. 시차는 2시간이나 앞당겨졌다. 2시간을 번 것이다. 공항에는 비가 내리었다. 비행기는 좁고 불결했으나 별로 불편하지는 않았다. 공항

입찰구는 매우 우중충하고 어두웠다.

우리 일행은 모두 무사히 입국했다. 말로만 듣던 러시아, 크레믈린, 철의 장막에 온 것이다. 예전 같으면 어림도 없는 일이었다. 모스크바 소리만 해도 붙잡혀 가 조사를 받아야 했던 그때를 나는 살아왔기에 남다른 감회가 들었다. 우리 일행을 마중 나온 이는 독일 함부르크에 사는 교포 이영원씨였다. 그는 여름 휴가를 얻어 오늘 우리보다 조금 먼저 남매를 데리고 모스크바에 도착을 했다.

우리 일행은 부배 여행사와 계약이 되어 있는 교포가 경영하는 모스크바 선상호텔로 갔다. 비는 계속 내렸다. 우리는 호텔에서 보낸 미니버스에 짐을 싣고 러시아 안내원을 따라 모스크바강에 떠 있는 선상호텔로 갔다. 가면서 차창으로 내다보니 모스크바 시내는 여태껏 내가 보았던 유럽의 그것이 아니었다. 매우 우중충한 가운데 황량했다. 한마디로 폐허와 같이 썰렁했다. 마침 일요일이어서 그런지 거리에는 별로 사람들이 없었다. 나는 마치 납치되어 가는 기분이었다.

선상호텔은 생각보다 크고 시설도 좋았다. 러시아국 배를 임대해 관광호텔 겸 관광선으로 개조한 이 배는 한국인이 주인이었다. 이 배를 관리하고 관광업을 총지휘하는 이는 경상도 사투리를 억세게 쓰는 강신춘 사장이었다. 배 이름은 알렉산더(Alexander Griboedov)였는데 길이가 70m가 넘는 4층 배였다. 배 가운데 복도가 있고 양쪽으로 침대 2개씩의 방이 죽 있었다. 450명이 탈 수 있는 큰 배였다. 넓은 식당과 극장도 있었고, 오락시설을 다 갖추고 있었다. 옥상은 일광욕장으로 쓰였다.

우리는 특별히 대접을 받았다. 방도 특실로 마음대로 고를 수 있었다. 나와 딸애는 각각 독방을 차지했다. 이 방은 노부부들의 방과 떨어져 카지노실 옆에 있었다. 방은 비좁았지만 선장방보다 크고 깨끗했다. 배는 워낙 커서 흔들림이 전혀 없었다. 나는 더욱 배에서의 생활은 처음이라 모든 것이 신기하기만 했다. 여기 있는 동안 우리는 내내 주방장의 특별 배려로 한국음식을 먹었다, 주방장은 작은 키에 상냥했다. 그는 자기의 주방장 경력을 자랑했다. 일본 여자와 사는 그는 조선호텔 주방장을 비롯해 유명 호텔 주방장을 거쳐 1년전에 여기에 왔으나 식구는 서울에 그냥 있다고 했다. 그는 매일 메뉴를 바꿔가며 우리가 먹고 싶은 것을 주문하여 특별히 만들어 주었다.

이날밤 12시가 넘어 250여명의 스페인 여행단이 들어오면서부터 배안은 왁자지껄 했다. 이밖에 유럽 각나라의 관광객 200여명이 더 타 이 배에는 450여명이 타고 있었다. 하지만 가득 차 보이지 않았다. 식사시간에만 서로 얼굴을 대할 뿐 저들은 저들대로 지냈다. 배안에 동양계인은 한국인 10명뿐이었다.

4) 1994. 8. 2. ▲모스크바 크레믈린에서▼

배 위에서 자고 배 위에서 일어나기는 내 생전 처음이다. 잠은 잘 잤다. 깨어 시계를 보니 4시인데 해는 떠서 6시 같다. 오늘은 모스크바(Moscow) 시내 관광을 하는 날이다. 오전 8시에 20인승 미니버스를 타고 교포 사할린 2세 최씨의 안내를 받으며 크레믈린(Kremlin)궁에서, 붉은 광장, 모스크바대학, 기념품 노점거리, 야채시장, 백화점, 사원 등을 구경했다. 모스크바대학에 갔을 때부터 내내 비가 내리기 시작했다. 여기서는 시내를 조망할 수 있었다.

우리의 관광은 결국 러시아제국의 예술과 왕실의 생활 양상을 그들이 쓰던 유물을 통해 확인하는 일이었다. 공산사회의 유물은 레닌 동상 정도에 지나지 않았다. 크레믈린궁이나 니콜라이 황제 유물관을 보면서 나는 이들의 호사스러운 생활의 극치를 보았다. 이들은 집안을 모두 금으로 칠했고, 옷이나 왕관, 생활 집기를 호화롭게 장식했다. 호화사치가 극에 달했다. 이와 같은 호화의 극치는 반대로 농로의 피땀을 강요했다. 모든 대중은 기아선상에서 허덕이는데 궁중의 귀족들은 호화로운 생활을 하니 결국 그들이 망하지 않고 어쩌겠는가 싶었다. 이같은 생각은 러시아에서뿐만 아니라 유럽의 관광지의 왕실 유물관을 볼 적마다 내가 느낀 공통적인 생각이었다. 호화의 극치는 결국 과잉소비를 가져오고, 정신적인 타락을 불러오며, 생산이 중단될 수밖에 없다. 왕실은 결국 패망할 수밖에 없었던 것이다.

따라서 그 호화의 극치만큼 이들은 비참하게 최후를 맞았다. 더욱 러시아의 궁전은 실내가 모두 금칠이어서 더욱 그들의 사치스러움이 돋보였다. 이와는 반대로 공산화 후의 러시아는 지나치게 대중화됨으로써 저질사회가 되었다. 이를 조화시킬만한 중산층이 없었음으로써 하루아침에 천상에서 지상으로 떨어진 현상이 되었다. 공산사회의 유물은 오로지 거리의 동상과 혁명광장에 지나지 않았다. 당시 러시아는 자유화의 물결을 타고 갑자기 공산사회가 무너짐으로 인해 많은 부분에서 혼란이 엿보였다.

"The Great Palace of the Moscow Kremlin " 책 한 권에 12,000루블인데 궁밖에서는 10달러이었고, 노점에서는 7달러씩 팔았다. 1달러의 공식 환율은 960루블이었지만 보통 거리에서는 1,200루블이었다. 따라서 상인들은 달러를 더 요구했다. 관광지에는 소년들의 행상이 떼를 지어 따라다녔다. 이들도 이제는 상업 즉 돈이면 제일이라는 자본주의 의식이 팽배해 있었다. 그러나 상점이나 백화점에는 아직도 물건이 귀했다. 모스크바에서 제일 크고 화려하다는 백화점에 가보아도 썰렁했다. 진열대에는 우리의 50년대 상품 비슷한 물품들이 거의였다. 세계 양대 강국이라는 러시아의 후진성이 이런저런 데서 역력히 드러났다. 거리는 사람 안 사는 집처럼 설렁한 가운데 폐차가 다 된 전차가 덜거덩이며 경적소리 요란하게 달리었다.

야채나 식료품은 공산사회의 특징답게 무엇보다도 쌌다. 나는 보드카를 한 병 샀는데 좀 비싼 듯해서 상표를 보니 스웨덴 제품이었다. 이것은 1L짜리가 11,170루블이었지만 모스크바 제품은 단돈 25루블이었다. 한 식품점 앞에서 보았지만 중년의 노동자 차림의 사나이는 술이 취해 내게 술을 권하면서 지나가는 순경에게 뭐라고 마구 소리를 쳤다. 그는 공산주의는 싫다고 했다. 노동자들도 이제 공산독제를 싫어했다. 러시아는 이렇게 달라지고 있었다.

5) 1993. 8. 3. ▲톨스토이 만년 저택에서▼

톨스토이가 만년에 살았다는 이 집은 넓은 정원의 큰 저택이었다. 부호의 아들이었다는 말이 실감날 정도였다. 그가 쓰던 방과 서재 그리고 가족들의 방과 그들이 쓰던 생활 용구가 그대로 보존되어 있었다. 나는 별로 톨스토이를 좋아하지 않았지만 세계의 문호 톨스토이의 유적을 본다는 호기심으로 안내원의 설명을 자세히 경청했다. 여기서는 전속 안내원이 있어야 관람시켰다. 톨스토이는 많은 식구를 거느리고 있어 집안이 늘 시끄러웠다. 그래서 그는 북쪽 다락방에서 주로 집필을 했다. 이 집은 그가 직접 자기가 쓰기 편하게 개축한 집이다. 겉에서 보기에는 별로 좋아 보이지는 않았다. 러시아 특유의 우중충한 분위기가 느껴졌으나 실내에 들어가니 아늑했다.

모스크바탑은 황량한 들판 가운데 있었다. 높기는 높아 보였으나 아름다워 보이지는 않았다. 관광객도 별로 없었다. 비가 또 내리기 시작했다. 탑에 오르자면 2시간은 기다려야했다. 관관객을 모아서 한꺼번에 태워가지고 올라가야 했기 때문이다. 이들은 이것을 노동자들의 놀이거리로 만든 것이었다. 노동자들은 개인의 인격이 없었다. 단체로 와서 단체로 보고 떠났다. 이들은 아직도 그같은 편의로운 사고에 젖어 있었다.

지하철도 타보았다. 매우 빠르고 소리가 요란했다. 지하철 입구는 아주 살벌했는데 깨어진 술병이 여기저기 흩어져 있었다. 사람들도 모두 무엇엔가 화가나 있어 보였다. 웃는 사람들을 거의 볼 수 없었다. 대부분의 승객들은 소리치는 젊은이들이 아니면 노동자 차림의 남자들이었다. 여자들은 거의 노인들이 아니면 뚱뚱한 아주머니들이었다. 지하철은 한마디로 생활공간이라기보다는 지하방공호였다. 전차도 타보았는데 전차 철로가 헐어서 진동이 아주 심하고 사람들이 많았다.

우리는 오후 2시 모스크바를 출발했다. 배는 밤낮으로 갔다. 이번 여행코스는 모스크바에서 상트 페테르부르크까지 배로 여행하는 것이었다. 배로 5일 동안 여행하면서 강과 호수를 지나가며 크고 작은 도시와 유적지를 들러 관광하는 말하자면 해상 휴양관광이었다. 하기 때문에 한국식 속사포 관광이 아니라 쉬엄쉬엄 가는 거북이 관광이었다. 하루에도 많은 도시를 보고, 하루에도 몇 개의 나라를 둘러보는 한국식 관광에 젖어 있는 우리네에게는 매우 지루하고 답답한 여행이었다. 우리 일행은 모두 이같은 항해여행을 싫어했다. 더욱 짧은 시간에 많은 곳을 보고 서울로 돌아가려던 내 딸애는 한마디로 몹시 애타했다. 그러나 나는 모처럼의 피서 휴양관광에 느긋한 마음을 가지고 쉬고 싶었다. 더욱 삼시로 좋은 반찬에 밥을 먹을 수 있어 자고 먹고 할 정도로 망중한을 즐겼다.

배는 밤낮으로 갔지만 멀리 가지는 못했다. 모스크바강은 우리가 상상할 수 없을 정도로 컸다. 곳곳에 형성된 호수는 끝이 안 보여 바다와 같았다. 바다에는 섬이나 있지만 이들 호수는 망망 대해였다. 이 강에는 많은 갑문이 있었다. 갑문이 열릴 때마다 관광객들은 갑판에 올라가 배가 뜨고 내려앉는 것을 신기한 듯 모두 나와 보았다. 이 배에는 많은 서구인들이 탄 가운데 주인과 우리 일행만이 동양계였다. 이날부터 우리는 큰 식당은 저들에게 내주고 내실에서 식사를 했다. 마치 한 식구처럼 오붓하게 만나 이야기하며 밥을 먹었다.

6) 1993. 8. 4. ▲우그리지 섬에서 민스크 호수까지▼

나는 아침 6시에 눈을 떴다. 창 밖을 보니 배는 그대로 가고 있었다. 밖으로 나와 갑판에 오르니 바람이 차다. 나는 아침마다 수영팬티 바람으로 배 난간을 따라 달리기를 했다. 배를 한 바퀴 돌면 숨이 찰 정도였다. 승객들은 거의 깊은 잠에 빠져있었다. 이 일은 내가 이 배에 있는 동안 매일 아침 일과였다. 까마귀가 깍깍 짖었다. 강이 넓어지며 호수가 생겼다. 물이 서서히 흐르며 고기들이 뛴다. 배가 나타나니 마을 사람들이 나와 손짓을 한다.

우리는 우그리지라는 작은 마을에 내렸다. 이 마을에는 큰 사원이 있었다. 1462년 처음으로 러시아를 통일하여 제국을 건설한 이반(Ivan)대제의 횡포에도 살아남은 이 마을 사람들의 투혼이 서려 있는 사원은 관광객의 눈길을 끌만했다. 작은 시장이 있어 마을의 풍물을 한눈에 볼 수 있었다. 사람들은 순해 보였다. 농산물을 한 자루씩 가지고 앉아 파는 할머니들은 마치 우리네 5일장의 모습을 연상케 했다. 나는 마늘, 차, 아이스크림을 샀다. 널빤지의 그림을 사려했으나 가지고 나갈 수가 없다기에 그만두었다. 이들은 이것을 문화제 반출로 보았다.

배는 다시 떠나 민스크 호수에 접어들었다. 수평선이 맞닿은 이 호수는 바다 그것이었다. 물은 검고 기름이 떠 있었으나 바다의 정취를 그대로 느낄 수 있었다. 바다 아닌 호수 그것이 민스크였다. 해가 질 무렵인 10시에 나는 잠이 깨어 갑판에 올라갔다. 놀이 그야말로 아름답다. 붉은 빛이 나는 검은 구름이 사이사이 끼어 마치 불 속의 연기 같았다. 연기는 사라지고 노을이 서면서 어둠이 배위에 내려앉았다. 바람은 초겨울처럼 싸늘하다. 석탄배가 등을 밝히고 빠르게 지나간다. 지나가는 배는 아무 말 없이 마치 유령이 탄 배처럼 지나갔다. 이것이 북국 러시아의 침묵과 어둠과 광활함이었다. 버려진 땅, 얼어붙은 땅, 이제 지구상에 남은 마지막 땅이 되어버린 북국의 대지에 밤이 왔다. 우리가 타고 있는 아그노호는 이 밤에도 쉬지 않고 달려간다.

7) 1994. 8. 5. ▲크르이지 섬에서▼

나는 5시 30분 잠이 깨어 창밖을 보니 아침해가 붉다. 오늘의 아침은 호반 위의 태양으로 빛났다. 아침 일과를 마치고 방에 돌아와 보니 옷이 촉촉이 젖어 있었다. 이슬이 내린 것이다. 공기는 말할 수 없이 시원하고 맑았다. 단조롭다면 아주 단조로운 여행이지만 나름대로 특징이 있었다. 유럽인들은 아주 즐겁게 시간을 보냈다. 같은 여행인데 한쪽에서는 지루하게 느끼며 따분하게 여기는데 다른 한쪽에서는 아주 만족하며 나날을 보내는 것같았다. 그만큼 여행에 대한 인식이 달랐다.

10시쯤 배는 크르이지에 도착했다. 배에서 내려 5분 정도 걸어가서 버스를 타고 10분 정도 갔다. 스페인 사람, 슬로베니아 사람, 유고슬라비아 사람 등이 있어 버스는 5대가 넘었다. 이들은 서로 다른 여행사 안내로 여기에 왔는지 따로따로 안내원을 따라다니며 관광을 했다. 크르이지에는 황폐화한 큰 사원이 있었다. 예전에는 무척 컸던 것같다. 넓은 터전과 헐어진 담벽이 그것을 말해주고 있었다. 지금 우리가 보고 있는 유적관이나 사원 내부도 근래에 와서야 손질을 해 관광시키고 있었다. 버스는 낡았고, 주민들의 옷은 상거지의 그것이었다. 큰 체구에 기름투성이의 헌옷을 입고 긴고무장화를 신은 한 노인은 나보고 두 손가락을 나란히 하며 뭐를 달란다. 알고 보니 담배를 달라는 것이었다. 아이녀석들은 윗통을 내 놓은 채 맨발로 뛰어다니며 뭐를 사라고 매달린다. 한마디로 러시아의 가난히 한눈에 보였다. 무엇이 이들을 이렇게 만들었는가.

나는 1달러를 주고 이 지방의 민예품 사진 책자를 1권 샀다. 작고 얇은 것이었다. 한데 옆자리에 앉아 기념품 메달을 파는 청년이 내게 레닌 초상화 메달을 주었다. 나는 싫다고 사양했으나 그는 웃으며 내 옷에 그것을 달아주었다. 나는 할 수없이 사야될까보다고 생각하고 얼마냐니까 그는 역시 웃으며 그냥 내게 선물로 주는 것이란다. 그래서 나는 고맙다고 말하고 무엇을 팔아 줄 것이 없나 살펴보았으나 살만한 것이 없었다. 여기에도 인간의 정, 인간다운 감정은 있었다.

8) 1993. 8. 6. ▲키티 섬에서 만난 어부▼

배는 쉬지 않고 계속 갔다. 어제 점심에는 육회, 저녁은 갈비찜, 아침은 된장국. 이런 식으로 이번 여행은 먹이가 풍부한 가운데 야채와 과일이 퍽 부족했다. 여기서 우리가 먹는 음식의 자료는 거의 한국에서 다 가져온 것이라 한다.

오후 3시에 새로운 섬 키티에 도착했다. 22개의 양파모양의 탑봉오리가 있는 아름다운 옛 사원을 구경했다. 이 사원은 오로지 나무로만 만들어져 있었다. 그 나무결과 빛이 아주 고와 햇빛에 비치면 12

가지 색이 나는 가운데 붉게 보였다. 사원 내부는 볼 수 없게 문이 잠겨 있었으나 안내원에 의하면 비가 새서 거의 썩어 붕괴 직전에 있단다. 승려들이 살던 요사채와 민간인의 가옥들도 모두 비어 있었다. 공산주의 70년의 결과였다. 이들은 아주 작은 섬이라도 모두 공동주택에서 살았다. 즉 작고 보잘 것 없는 아파트일망정 이들은 똑같은 집에서 살고 있었다. 아파트가 러시아에서 처음 시작한 것도 이들의 평등사상 때문이다. 옛마을은 말하자면 이들에게는 주체스런 짐이 돼 있었다. 따라서 지금 우리가 둘러보고 있는 이 섬마을은 이제 한낱 러시아제국의 유물로 남아 있는데 불과했다.

이 마을에는 풍차, 작은 교회, 농가, 양반가, 어촌, 연자방아간 등이 있었으나 헐어진 그대로였다. 섬의 들은 온통 초원이었으며, 현재 이들이 살고 있는 마을도 풀이 무성했다. 이들은 지금 일하지 않고 먹고사는 길을 찾기나 하듯이 모두 빈둥빈둥 놀고 있었다. 들판에 서 있는 한 동의 공동주택에는 여인들이 모여 뭐라고 떠들고 있었다. 나는 거기서 한집을 기웃해보니 책장이 보이고 흩어져 있는 옷가지 들어 보였다. 이들은 별로 방치장을 하지 않는 것같았다.

나는 다시 걸어 외따로 떨어져 있는 어부의 집으로 갔다. 이 집은 맑은 호수가에 있었는데 흰옷들이 빨래줄에 많이 걸려 있었다. 열려 있는 사립문으로 나는 겁을 먹은 채 모험심을 발해 더듬더듬 안으로 들어갔다. 집은 멀리서 보았듯이 작은 판잣집이었다. 내가 뭐라고 소리를 지르니 한 소녀가 나왔다. 그는 우리를 이미 보았는 지 놀라는 표정도 없었다. 내가 방에 들어가도 좋으냐고 손짓을 하니 그는 나와 내 딸을 집안으로 들어오게 했다. 방은 좁고 누추했지만 TV, 전화, 냉장고가 있었다.

멀리서는 철판을 망치로 때리는 소리가 났다. 소리 나는 쪽을 바라보니 한 중년과 청년이 무엇을 고치고 있었다. 이 소녀는 영어를 조금했다. 누구냐고 물으니 아버지와 오빠라고 했다. 나는 장난삼아 술이 없느냐니까 그는 뜯지도 않은 작은 보드카 1병을 내게 주었다. 그러면서 찻물을 곤로에 들여놓았다.

그러는 사이에 소녀의 아버지와 오빠가 왔고, 어디에 갔다오는지 그의 어머니도 들어왔다. 집 가에는 버드나무와 물오리 나무, 백양나무가 무성하게 자라 있었고, 호수로 들어가는 데는 널빤지를 깔아 놓았으며, 뜰에는 작은 나무탁자가 하나 놓여 있었다. 우리는 이 탁자에 둘러앉았다. 나는 보드카 술병을 뜯어 내 술인 양 주인에게 따라주려 했으나 그는 술을 못 마신다며 나의 잔에 따라 주었다. 부인은 벽에 걸려 있던 말린 생선을 가져다가 뜯어 내 앞에 놓았다. 생선은 아직 덜 말려진 듯 비린내가 났다. 하지만 나는 그것을 안주로 독한 보드카를 한 모금씩 마시었다. 백양나무가지 새로 햇빛이 스며들었다. 푸른 잔잔한 호수가 끝없이 펼쳐져 있는 저녁이었다.

나는 주인에게 저 호수를 배로 한바퀴 돌 수 없느냐고 했더니 그는 고기잡이 모터보트로 나와 내 딸애를 태워 가지고 먼저 우리가 보았던 사원 쪽으로 해서 넓게 한바퀴 돌아주었다. 저녁 햇빛이 엷게 내린 키티 호수는 지극히 평화롭고 아름다웠다. 뜻하지 않게 나는 러시아의 어부집에서 단란한 가족적 분위기를 맛보았다. 나는 그의 주소와 이름을 물어 적었다. 어부의 이름은 영어로 오멜하크(Omelchak)였다. 서쪽 뜰에는 들꽃이 많이 피어 있었는데 부인은 꽃을 꺾어다 내 딸애에게 주기도 했고, 딸기를 따주기도 했다. 우리는 어부 가족과 함께 기념사진을 찍었다. 나는 떠나면서 그에게 고맙다고 인사하며 10달러를 주니까 그는 극구 사양했다. 부인은 말린 생선 3마리를 신문지에 싸 내게 주기도 했다. 여행 중 나는 이 생선을 내내 창가에 놓아 말려서는 프라하 기숙사까지 가지고 왔다. 나중에 먹어보니 별 맛은 없었으나 그 당시의 정취가 그대로 느껴졌다.

나는 그해 연말 러시아 어부에게 인사편지를 보냈다. 내가 한국어로 쓴 것을 나의 제자 러시아 국적의 알라가 러시아로 번역해 보냈더니 6개월 후인 94년 6월 내가 병원에 있을 때 답장이 왔다. 당시 내가 그들에게 보낸 편지는 다음과 같다.

오멜하크씨에게

오멜하크씨 그간 안녕하셨습니까? 지난여름 8월 6일 댁을 방문했던 한국인 교수 김종균입니다. 나는 오멜하크씨와 따님과 부인 그리고 아드님의 환대에 감사드립니다. 인사편지가 늦어 미안합니다. 내가 댁을 방문했을 때 따님은 혼자 집을 보고 있었고, 뜰에는 하얀 빨래가 널려 있었으며, 화단에는 붉은 꽃이 한창 피어나고 있었습니다. 잔잔한 넓은 호수에는 긴 백양나무 그림자가 드리워 있었고, 오멜하크씨와 아드님은 호수가 창고에서 배를 수선하고 있었으며, 부인은 외출 중이었으나 곧 돌아왔습니다.

그날 나는 서울서 온 딸과 함께 댁을 방문했었습니다. 그때 나는 모스크바에서 상트 페테르부르크까지 배로 여행 중이었습니다. 내가 키티 섬에 도착한 날은 사흘째 되는 날이었습니다. 나는 그날 딸과 함께 22개의 다이아몬드탑 사원을 보고 일행과 떨어져 귀댁을 찾아들어 갔었습니다. 나는 말로만 듣던 러시아인들의 생활을 보고 싶었습니다. 그러나 그럴 기회가 없었습니다. 나는 사실 댁을 방문했을 때 겁이 났었습니다. 그러나 뜻밖에 친절하게 우리를 맞아주어 마음이 편안해졌습니다. 따님은 나를 방까지 들어가게 했고, 내가 보드카를 찾자 냉장고에서 꺼내 왔으며, 차까지 끓여 주었습니다.

우리는 오래간만에 만난 친척인 냥 호수가 백양나무 숲 뜰에 놓인 탁자에 둘러앉아 말린 생선포를 뜯으며 정담을 나눴습니다. 내가 모터보트로 저녁 호수를 한바퀴 돌고 싶어하자 오멜하크씨는 손수 운전을 해 우리를 태워 가지고 아름다운 호수를 구경시켜 주었습니다. 나는 그날의 정경을 잊고 싶지 않아 장황히 이런 글을 씁니다. 기회가 주어진다면 여름에 다시 한번 가보고 싶습니다. 우리가 숙소로 돌아 가려하자 부인은 뜰의 딸기를 따다 주었고, 꽃을 꺾어다 주었습니다. 그리고, 우리는 꽃밭에 앉아 호수를 배경으로 사진을 찍었습니다.

나는 프라하에 1994년 7월까지 있습니다. 그 안에 한번 프라하에 오십시오. 따님의 이름을 잊었지만 아주 영리하고 귀여웠습니다. 우리가 최소 한도의 의사를 통할 수 있었던 것은 따님의 영어 덕이었습니다. 따님은 우리를 문밖까지 바래다주었습니다. 예쁜 따님에게 다시 한번 감사드립니다.

오멜하크씨가 내게 준 말린 생선 3마리를 나는 먹지 않고 프라하까지 가지고 와서 러시아 여행 기념물로 내 방 창가에 매달아 놓았습니다. 그날 나는 배로 돌아와 일행에게 댁을 방문했던 일들을 이야기했더니 모두 재미있어 했습니다. 그후 나는 상트 페테르부르크에서 3일간 머문 후 비행기로 프랑크푸르트를 거쳐 8월 14일 프라하로 돌아 왔습니다.

오멜하크씨! 연말 연시를 즐겁게 보내십시오. 새해에는 더욱 건강하시고, 댁의 가정에 행운이 늘 깃들기 바랍니다. 안녕히 계십시오. <1993. 12. 12.>

9) 1993. 8. 7. ▲페터 자브르스크에서▼

러시아에 온 지도 1주일이 되어간다. 프라하를 떠난 지는 9일째다.

페터(Petro) 자브르스크(Sovodsk)에 도착했다. 이 도시는 키티섬에서 2시간 30분의 항해거리었다. 이 지방의 중심도시었다. 군사공업도시로 페터 대제(大帝)에 의해 건설되었다. 도시는 제법 컸다. 여기서 배는 새로 주유도 하고, 급수도 했다. 도시는 언덕 위에 있었는데 작은 백화점 비슷한 상점이 있었지만 주로 식품을 팔고 있었다. 나는 혼자 떨어져 발길다는대로 걸었다. 구실은 보드카 1병을 산다는 것이었으나 거리를 구경하고 싶어서였다. 거리는 매우 한산했다. 집들은 묵중하게 문이 모두 잠겨 있었고, 가게들은 모두 철책을 한 가운데 작은 창구가 있었지만 이것도 다 닫혀 있었다.

한 식품점만 사람들이 벅적거렸다. 나는 무작정 물건을 보고 정가에 따라 돈을 내려했지만 무모한 짓이었다. 보니 돈 내는 곳이 따로 있고 물건 파는 곳이 따로 있었다. 돈 내는 창구 앞에는 길게 줄을 서 있었다. 여기서 나는 모스크바제 보드카 1병을 겨우 샀다. 병마개를 따 내게 이 가게를 가르쳐준 청년에게 1잔 따라주었다. 그는 기다렸다는 듯이 얼른 받아 마셨다. 여기서 나는 또 한 술주정뱅이를 만났다. 그는 빛바랜 신사복 웃옷을 걸친 채 술 한 병을 오른 손에 들고 쓰러질 듯이 걸었다. 식품점 빵 코너에는 많은 사람들이 줄을 서 있었는데 모두 남루한 옷차림의 서민들이었다. 여기서 나는 물건 사러 나온 배의 선원들을 만나 그들과 함께 택시를 타고 배로 돌아왔다. 택시 운전사는 내의 같은 너닝거 바람이었는데 그것마저 꿰맨 것을 입고 있었다.

배는 다시 떠났다. 오늘밤은 선원들이 연극을 한다기에 옥상에 있는 극장에 가보았다. 입장료를 1달러씩 받았다. 좌석이 꽉 차 뒤에는 설자리도 없었다. 연극은 아주 우스울 정도로 유치했다. 신파 그것이었다. 지루한 승객들을 위로하느냐고 하는 것인 지 자신들의 용돈을 위해 하는 것인 지 알 수 없었지만 30분도 안 돼 관객은 반으로 줄어버렸다. 나도 중간에 나와 허훈도씨 노부부의 방에 가서 술을 마셨다.

이번 여행 중 나는 허훈도씨와 벗이 될 수밖에 없었다. 이는 70이 가까운 분으로 한때 감사원에서 공무원 생활도 했고, 정치에 뜻이 있어 국회의원 출마도 했으나 이제는 다 그만두고 김해 허씨 문성공파 종친회장 일을 본다고 했다. 이는 한참 문제의 인물로 사람들의 입에 오르고 내리던 허문도, 허삼수 등과 4촌 관계에 있기도 했다. 허훈도씨는 매우 근엄했다. 경남 진주가 고향인 그는 서울에 오래 살았지만 사투리가 심했다. 그는 종친회 일을 헌신적으로 보았다. 우리가 모스크바에 도착한 다음날 허진(許眞)이라는 분이 그를 찾아 왔다. 허진씨는 현재 모스크바 국제종합대학교 이사장으로 있는 분으로 허훈도씨의 종친이었다. 그는 체구가 매우 부대하고 목소리가 굵었으며, 성격이 활달해 보였다. 내가 프라하 촬스대학에 와 있다니까 그는 모스크바 종합대학에도 한번 와달라고 했다. 허훈도씨는 허진씨가 선물로 준 양주를 내게 뜯어 따라주려 했지만 나는 사양하고 내가 사 가지고 다니는 보드카를 가져다 먹었다.

10) 1993. 8. 8. ▲바람 섬에서▼

여행 중 날씨는 계속 좋았다. 진주섬이라고 불리는 바람(Baram)섬은 이 여행 코스에서 가장 아름다운 곳이었다. 나는 배에서 제일 먼저 내렸다. 이미 우리가 타고 온 배만큼 큰 배들이 3척이나 정박하고 있었다. 말하자면 많은 이국인들이 이 섬 각처에 흩어져 있었다. 한 배에 거의 400명씩 타고 있었으니까 1,000여명의 피서관광객이 모여든 셈이다.

섬에는 택시와 버스가 다녔다. 큰 길이 숲 가운데 가로질러 나 있었다. 이 섬에는 6개의 큰 사원이 있었는데 이중에서도 가장 큰 사원은 이 항구에서 7km나 떨어진 섬 동쪽 끝에 있었다. 나는 혼자서 걸었다. 가도가도 사원은 나타나지 않았다. 거기를 다녀오는 젊은이들에게 물으면 더가야 한다는 말뿐이었다. 어차피 여기까지 왔으니 가보리라고 마음먹고 부지런히 걸었다. 버스가 오기에 손을 들어 탔다. 버스에는 손님이 2사람뿐이었다. 나는 겁이 더럭 났다. 무인지경에서 모르는 사람을 만났을 때의 기분이었다. 나는 사원 마을에서 내렸다. 버스는 사원을 돌아 어디론가로 갔다.

사원은 매우 컸다. 검은 옷을 입은 승려들도 보이고 석상에 대고 합장을 하는 부녀자들도 있었다. 사원 앞에는 기념품 가게가 있었으며, 선창가에는 보트와 음료수를 파는 작은 노점들이 있었다. 사원은 한창 중수 중이었다. 나는 구경보다 겁이 더 났다. 혼자 떨어진 나는 모든 것이 두려웠다. 한번간 버스는 내가 경내를 한바퀴 돌고 돌아 나왔는데도 안 왔다. 물어보니 언제 올지 모른다는 것이다. 나는 다시 사원 뒤 푸른 동산 쪽으로 난 길을 따라 버스 정류장을 찾아 가보았지만 소용이 없었다. 사원 뒤는 매우 우중충하고 한산했다. 검정색의 닭, 호박을 따는 늙은이, 그림을 그리는 청년이 있을 뿐 아무도 없었다. 멀리 길은 뻗쳐 있었으나 길에는 아무도 없었다. 다시 사원 앞으로 돌아오니 알바니아, 불가리아에서 온 관광객이 수박을 쪼개 먹다가 내가 버스가 언제 오느냐고 물으니 거기에는 대답이 없고, 수박 한쪽을 내게 건네주었다.

하는 수 없이 걸음아 날살려라고 나는 왔던 길을 부지런히 걸었다. 한 농부는 긴 검은 고무장화를 신고 나와 함께 걸어 마을 쪽으로 갔다. 얼마를 그와 함께 걸었다. 택시 한대가 오기에 손을 드니 섰다.

이들과 합승을 하고 배가 있는 데까지 오니 1달러를 달란다. 여기에 오니 낯익은 이들이 보였다. 아직 배가 안 떠난 것만 다행으로 여기고 안내원에게 언제 배가 떠나느냐니까 여기서 잔다는 것이었다. 나는 다시 다른 사원을 찾아갔다. 나는 여기서 내 딸애를 만났다. 그 애는 내가 없어져 걱정이 돼 구경도 제대로 못했다며 어디갔다왔느냐고 책망이다. 딸애를 달래어 함께 사원 경내를 돌아 오두막집 같은 외따로 떨어진 집이 있기에 가보았더니 의외로 젊은 여대생들이 토치카에 불을 피워놓고 노래를 부르고 있었다. 나는 무작정 고개를 끄떡이고 들어가 통나무에 걸터앉았다. 그들은 영어를 조금했다. 이들은 상트 페테르부르크 대학생들이었다. 남녀가 그룹 캠핑을 온 것이었다. 이들은 기타를 치며 팝송도 부르고, 러시아 민요도 불렀다. 나는 가지고간 술을 한잔 마시고 이들에게도 주려하니 안 마신다고 했다. 러시아 민요가 듣기 좋다며 볼가강의 뱃노래를 불러보라니까 그것은 모르고 자기가 아는 노래를 부르겠다며 기타의 반주에 맞춰 한 여학생이 힘껏 노래를 불러주었다. 나는 고마워서 무엇이 먹고 싶으냐니까 그는 초콜릿이 먹고 싶다고 해서 난 일부러 상점까지 가서 초콜릿을 한 갑 사다 주었다. 토치카에 나무를 더 넣고 매캐한 나무 연기 냄새를 맡으며 한동안 즐거운 시간을 보냈다. 이들은 내 딸애를 자기들이 쓰는 방으로 데리고 가서는 조개 목거리 같은 것을 하나 선물로 주기도 했다.

배에 돌아와 일행에게 이들과 지난 이야기와 동쪽 사원에 갔다 온 이야기를 했더니 그들은 이번 여행은 김 교수를 위한 여행이라며 부러워했다. 어제의 어부 집에서의 일과 함께 오늘의 일은 이번 여행 중 가장 즐겁고 보람된 일이었다. 건물을 보고, 사진을 찍고, 물건을 사는 관광도 좋지만 내게는 새로운 사람을 만나 그들과 함께 지내는 일이 더 좋았다. 그러자면 여럿이 함께 다닐 수가 없었다. 자유롭게 모험적으로 부딪는 낯선 사람은 결국 일대일로 만나는 것이 편했다.

11) 1993. 8. 9. ▲상트 페테르부르크에서▼

러시아에서 가장 서구화된 도시. 히틀러에게 다 약탈당한 도시. 푸슈킨과 도스토예프스키의 도시. 40개의 섬으로 이루어진 해상 도시. 500만명, 60개의 다리가 있는 러시아에서 가장 화려한 도시 상트 페테르부르크(Sankt Peterburg)는 이번 여행의 마지막 코스로서 손색이 없었다. 우리는 이 도시를 3일간 관광했다.

첫날은 버스로 시내 관광을 했다. 전문 가이드 할머니의 구수한 음성과 뚱뚱한 몸에서 내비치는 여유로움 속에서 그의 열정적인 시낭송을 들으며 유서 깊은 이 도시를 한바퀴 돌았다. 겨울궁이 있는 광장에서 시작해 레닌대학, 중세 감옥, 구리 말, 기마상, 뱀이 함께 그려진 이 도시의 상징탑, 여름궁의 화려한 금칠 등 러시아의 문화를 한눈에 볼 수 있었다. 궁전 금칠용 금이 9,000kg이나 들어갔다는 이 여름궁전은 광활한 정원과 큰 궁전에 비해 내부에는 별로 볼 것이 없었다. 그러나 관광객으로 초만원을 이루었다. 궁전밖에는 많은 기념품 노점들이 늘어서 있었고, 관광객 차로 붐비었다. 이제 러시아인들도 노동보다는 장사가 더 낫다는 것을 알게 된 모양이다. 돌아오는 길에 나는 빨간 장미꽃 한 송이를 사 가이드 할머니 가슴에 꽂아 주었다.

말하자면 오늘 우리는 상트 페테르부르크를 대충 살펴보았다. 저녁을 먹고는 일행과 함께 나가 근처의 지하철역으로 갔다. 이 지하철역도 매우 살벌했다. 여기는 모스크바보다 더 육중한 이중철문으로 되어 있었다. 지하철의 출입문은 깊은 에스카레이터를 타고 내려가 복도를 지나면 양쪽 철로가 있는 홈은 완전히 철문 벽으로 막혀 있었다. 차가 들어와야 차 출입문과 함께 벽문이 열렸다. 아주 밀폐되어 있는 느낌을 주었다. 우리는 3정거장을 갔다가 되돌아 왔다. 너무나 먼지가 많고, 소음이 심해 도저히 더 타고 갈 수가 없었다. 여기 정거장 이름은 보통 15자가 넘었다. 사람 이름도 몹시 길어 외기가 힘들었다. 지명과 인명이 모두 길었다. 배로 돌아와 샤워를 하고 자리에 누우니 곧 잠이 들었다. 관광은 즐겁기도 하지만 때로는 이렇게 몸과 마음이 피곤했다.

12) 1993. 8. 10. ▲도스토예프스키 기념관에서▼

우리는 엘바강 프롤레타르스카(Proletarskaia)에 머물고 있었다. 오전에 에메랄드 박물관을 2시간여 동안 관람했다. 러시아의 대표적인 박물관. 알렉산더 페터 대제가 각국으로부터 선물 받은 유품과 그 부인이 수집한 미술품을 중심으로 시작한 이 박물관은 현재 세계적인 박물관이 되었다. 처음 개관 당시에는 관람객을 유치하기 위해 오는 사람에게 보드카를 한잔씩 주었고, 여자들에게는 차를 한잔씩 주기도 했다고 한다. 이 풍습은 지금도 남아 있다. 어느 상점에서는 유리잔과 술병을 입구에 놓아두었다가 손님이 오면 종업원이 쟁반을 들고 잔에 술을 가득히 따라주기도 했다. 나도 이날 보드카를 한잔 얻어 마셨다. 이런 풍습은 아주 여유로와 보였다. 별로 손님에게 부담감을 주지도 않았다.

박물관에 입장하자면 2시간 이상 줄을 서서 기다려야 했다. 관광사를 이용하지 않으면 이런 불편이 있었다. 이 박물관은 미켈란젤로, 라파엘, 다빈치 등의 명화와 이태리, 스페인, 네덜란드, 프랑스, 영국 등의 작가의 작품과 장식도구로 가득 차 있었다. 박물관 뜰은 넓고,

많은 조각품과 기념탑이 있었다.

우리는 도스토예프스키 기념관(Dostoyevsky's last house)인 그가 마지막으로 살았다는 아파트로 갔다. 나는 톨스토이보다 도스토예프스키를 더 좋아했기 때문에 많은 관심과 호기심이 있었다. 이 아파트 2층 여기서 그는 마지막을 보냈고, 지금은 국립묘지에 묻혀 있다. 여기서 나는 그의 고통스런 삶을 보는 듯했으나 그러나 이곳도 하나의 장터에 불과했다. 그러나 보기에 따라서는 모스크바의 톨스토이의 마지막 집과는 달리 병자의 삶적 현실을 보는 듯한 고통이 있었다. 이의 위대성은 곧 러시아인의 그것이기도 했다. 오늘날 도스토예프스키는 인간의 심령을 그린 우상으로 남아 있다. 저녁을 먹고 나서 우리는 알렉산더 극장에서 관광객을 상대로 공연되는 차이코프스키의 "잠자는 미인" 발레를 감동 깊게 감상했다. 주연발레는 한국인 김씨였다. 우리는 맨 앞줄에 앉아 수준 높은 이들의 연기와 무대장치를 아울러볼 수 있었다. 극장은 매우 화려했다. 유럽의 극장들이 대부분 그렇듯이 내부장식이 화려했고, 벽화와 실내 조각이 모두 명품이었다. 극장 안은 여름 특별공연이어서 그런지 초만원을 이루었다. 대부분 관광객들이었다. 주연자에게 나는 인사라도 하고 싶었지만 번거로운 듯해 그만 두었다. 그러나 한국인으로서의 긍지를 가질 수 있었다.

13) 1993. 8. 11. ▲페터 대제 여름궁에서▲

아침 9시 30분부터 관광을 떠났다. 페터(Peter) 대체 여름궁은 시내에서 떨어져 북쪽 바다 발틱해에 접해 있었다. 주로 분수로 꾸며진 이 궁은 그 규모가 대단히 컸다. 많은 나무숲과 잔디와 400개의 분수대와 호화로운 고딕양식의 궁전이 산재하여 있었다. 넓은 땅에 마음대로 짓고 꾸민 흔적이 역력했다.

현재 본전은 유물박물관으로 쓰이고, 별궁은 바닷가에 있었는데 아름다운 대리석 건물이었다. 별궁의 부속건물은 역시 유물관으로 쓰였다. 이들의 호화로운 집기와 의상 및 가구가 그대로 공개되고 있었다. 나는 일행과 떨어져 더 많은 곳을 부지런히 돌아다녔다. 바다 너머는 스웨덴이라 했다. 오늘따라 날씨가 맑아 멀리 희미하게 바다 건너 도시가 보였다. 바닷가에는 검은 바위가 섬 비슷하게 되어 있고, 고운 모래가 깔려 있어 해수욕장으로도 일급이었다. 뜰에는 사람이 들어가면 분수가 솟아올라와 자연히 샤워가 되는 분수샤워가 있어 명물이었다. 소년 소녀들이 장난 삼아 들어갔다가는 옷을 다 적시고 나오기도 했다. 한 할머니가 벤치에 앉아 뜨개질을 하고 있었다. 나는 옆 벤치에 앉아 그 할머니에게 말을 걸었다. 그는 이 도시에 살고 있었다. 가만히 뜨개질하는 것을 보니 장갑손가락이 떨어진 것을 깁고 있었다.

오후에는 푸슈킨(Alexander Fuschkin)이 마지막 살던 아파트에 갔다. 당시 러시아인의 우상이었던 푸슈킨은 총 싸움을 하다 나이 39살에 왼쪽 가슴에 총을 마저 죽었다. 이 아파트에는 당시의 유품과 그의 죽음의 현장을 실감케하는 사진 등이 있었다. 나는 푸슈킨에 대해 전혀 모르기 때문에 안내원 할머니의 감동어린 푸슈킨 시의 낭송에 별다른 감동을 받지 못했다. 하지만 그의 죽음은 러시아인의 절망이었음을 감지할 수 있었다. 푸슈킨은 귀족출신이었지만 대중의 이익을 대변하고 민중적인 삶을 지향했기 때문에 당시로서는 진보적인 기상이 있었고, 제정러시아의 병폐를 신랄하게 비판했다. 말하자면 그는 제정러시아의 멸망을 예언한 시인이었다.

우리는 좀 늦은 시간이지만 이 도시에서 제일 큰 백화점에 갔다.

한국인들은 쇼핑을 좋아한다니까 마지막 관광 코스로 여기를 넣은 모양이다. 실상 백화점에 들어가 보니 모스크바와 마찬가지로 별로 물건다운 것이 없었다. 나는 여기서 겨울 털모자를 하나 샀다. 사고 보니 남자 것이 아니라 여자용인 것같았다. 털은 보드랍고 고왔다. 예쁜 것은 모두 여자들 것인가. 나도 한번 예쁜 모자를 써 보고 싶었다. 하지만 나는 이 모자를 쓰지 못했다. 프라하에 돌아와 그해 겨울 아내가 주로 썼다.

기념품은 오히려 거리의 노점의 액세서리 상점이 더 나았다. 나는 그림과 호박제품을 하나 사고 싶었지만 마땅한 것을 찾을 수가 없었다. 여기는 상트 페테르부르크에서 가장 번화한 거리였다. 이날은 사람들로 거리가 붐비었다. 노점에서 나는 투박한 호박반지를 하나 샀다. 별로 좋은 것은 아니지만 골동품다운 데가 있었다. 이것이 나의 유일한 러시아 여행 기념품이었다. 이때쯤에는 러시아에 대한 두려움이나 공포심 같은 것도 없었다. 오히려 러시아가 만만해 보였다. 그만큼 이상하게 서유럽에서보다 친밀감을 느끼었다. 물론 내가 너무나 그들에 대해 몰라서인지도 모른다. 하지만 10여일 있는 동안 점점 그런 느낌이 들었다.

14) 1993. 8. 12. ▲러시아를 떠나던 날▼

우리가 러시아를 떠나던 날은 비가 아침부터 내렸다. 강신춘 사장은 우리에게 석별의 술잔을 돌렸다. 그간의 불편했던 일을 술 한잔에다 씻고 우리 일행은 호텔에서 내준 소형 버스로 공항까지 왔다. 박씨가 서두는 바람에 1시 50분에 떠나는 비행기를 9시 45분부터 기다려야 했다. 러시아인 운전사는 박씨보고 서두르지 말라고 여러 번 일렀으나 그는 그의 짐을 낑낑대며 내리고 줄서 있는 사람들을 밀치고 앞으로 나가기도 했다. 러시아 운전사는 이 모습을 보고 쓴웃음을 지었다. 그는 전형적인 한국인의 속물근성을 그대로 드러내며 내내 여행을 했다. 무엇이나 자기 식으로 처리하고 생각했으며, 가는 곳마다 물건을 샀다. 심지어는 보드카를 10병이나 사 가지고 오다 서둘러 공항에서 폭삭 술병을 다 깨 공항 바닥에 술병 유리조각을 흩어 놓은 채 어디론가 재빨리 사라지기도 했다. 박물관에서는 큰 소리로 떠들고, 작품에 손을 자꾸 대어 직원에게 주의를 받기도 했으며, 술이 취해 주방장을 마구 욕하다가 망신을 당하기도 했다. 그는 자기 술병은 그대로 둔 채 내 술병을 마음대로 따 남에게 자기 술처럼 권하기도 했다. 나는 함께 다니면서도 이런 일들이 남의 일 같지 않았다. 비로 오늘의 한국적 속물근성을 한눈에 보는 듯했다. 그는 부동산 투기로 많은 돈을 벌어 가난을 면했다고 했다.

오늘도 공연히 박씨는 서울 생각만 하고 길이 막히느니 어쩌느니 해 이렇게 시간을 낭비하게 만들었다. 우리를 안내하고 공항까지 나온 이는 함부르크에서 온 노씨와 주방에서 일하는 김씨였다. 이들은 여행 중 내내 우리를 위해 애쓴 고마운 분들이다. 이 자릴 빌어 감사한다. 공항에는 면세점이 없었다. 우리 일행 중 아직도 루블을 가지고 있는 박씨는 또 몸이 달았다. 이들은 다시 시내로 들어가 쇼핑을 하자고 했다. 할 수 없이 우리는 다시 시내로 들어와 운전사가 안내하는 보석 기념품점으로 갔다. 거기서 이들은 푸른 보석 목걸이를 무려 15개나 샀다. 그러고는 다시 서둘러 공항으로 왔다. 나는 이런 어린애 같은 짓을 하는 이와 함께 12일간의 러시아 여행을 했다. 한편 재미있기도 하고 우습기도 했다. 언제나 우리가 마음의 여유를 가질 수 있을 까고 생각해본 적이 한두 번이 아니었다.

또 하나 우스웠던 것은 입국할 때 당시 러시아 공항에서는 가지고 있는 돈을 신고하라고 했다. 그러나 한국인들은 모두 가진 돈이 없다고 신고했다. 신고하면 다 빼앗기는 것으로 생각했던 것이다. 출국할 때는 입국할 때 신고한 돈의 금액과 대조해 보았다. 신고하지 않은 사람에게서 돈이 나오면 이들은 압수했다. 어느 한국인은 이런 일에 걸려 1년여 동안 5만달러를 압수당해 이를 찾으러 다시 모스크바에 오기도 했었다. 우리 일행도 신고를 하지 않았다. 나만 입국 때 1,000 달러를 신고했다. 그러나 나는 별로 쓰지 않았다. 그래서 저들의 돈을 받을 수가 없었다. 난처하게 된 이는 달러을 많이 가지고 있던 박씨였다. 몸이 단 그는 안내원을 시켜 공항 직원에게 돈을 몇푼 주고서야 출국할 수 있었다.

우리가 탄 비행기는 2시 20분에 출발했다. 3시간 걸려 프랑크푸르트에 내리니 여기 시간은 3시 20분이었다. 2시간 시차였다. 우리 부녀는 마중 나온 허 선생 사위(한국외대 말레이지아어과 졸업생)의 도움을 받아 프라하행 기차를 고생하지 않고 탈 수 있었다. 그는 딸애의 8월 26일 서울행 비행기표를 주선해주기도 했다. 감사하게 생각한다. 프랑크푸르트 공항에는 한국인 관광객이 많이 눈에 띄었다. 거기서 나는 부산대학에 있는 강 교수 일행을 만나기도 했는데 이들은 독일 각지를 관광하고 모스크바로 가는 길이었다.

15) 1993. 8. 13. ▲밤 기차에서 딸애를 보내다▼

나는 12일간의 러시아 여행을 무사히 마치고 프라하행 밤 기차를 딸애와 함께 탔다. 내가 탄 기차는 IC 급행이었다. 이 기차는 칸막이가 되어 있었다. 시간이 촉박해 나는 승차권을 미처 사지 못하고 막 떠나는 기차를 바삐 탔다. 차는 5시 15분 프랑크푸르트를 출발해 밤 11시 30분 드레스덴에 도착했다. 승차권은 차안에서 차장에게 샀다.

차장이 수시로 차 칸을 돌아다녔다. 칸막이 좌석은 편안했다. 6명이 함께 앉을 수 있는 공간이었지만 이 칸에는 우리 부녀뿐이었다. 가지고 다니던 미수가루를 물에 타 먹는 것으로 오늘 저녁을 때웠다. 여름 저녁 어둠이 지는 때의 푸른 들은 평화롭기만 했다. 기차역을 지날 때마다 나는 역명을 수첩에 적었다. 밤 기차는 더 빠르고 요란했다.

우리는 드레스덴에서 내려 프라하행 기차로 갈아타야 했다. 기차 안에서 만난 한 독일인은 나를 갈아타는 홈까지 테려다 주었다. 그는 우리 짐을 함께 들어다 주기도 했다. 고마운 분이었다. 말씨는 매우 무뚝뚝했으나 친절한 분이었다. 그는 자기 가족이 마중 나와 기다린다며 총총히 출구로 나갔다. 나도 따라가 보니 승용차에서 아들과 부인이 기다리고 있었다. 가정의 안락함은 그만큼 사람의 마음을 여유 있게 만들어주는 듯했다. 우리 부녀는 프라하행 12시 3분발 특급 기차를 탔다. 밤 기차는 그런 대로 나그네의 정취를 느낄 수 있었으나 피곤한 몸을 주체할 수 없었다.

기차가 체코 국경역에 이르렀을 때 여권 검사를 했다. 멀리서 떠들썩하는 소리 가운데 한국말도 들리었다. 체코 경찰관 2명이 우리가 타고 있는 칸 문을 열었다. 우리는 체코 아주머니 한 분과 함께 있었다. 이때 딸애는 단순 비자를 가지고 있어 재입국하자면 비자를 새로 내야 했다. 그러나 독일서 낼 틈도 없었고, 또 국경에서 비자를 발급한다기에 그냥 왔었다. 하지만 그것이 아니었다. 매우 강직하고 빈틈없어 보이는 이 젊은 경찰관은 딸애보고 다음 역에서 내려 베를린에 가서 비자를 발급 받아 오라는 것이었다. 내가 애걸하니 그는 어디론가 갔다 다시 오더니 여전히 같은 소리를 했다. 나 혼자 프라하로 가라는 것이다. 체코 아주머니도 우리 사정이 딱해 보였던지 경찰관에게 부탁하는 말을 했다. 나는 촬스대학 교수이며 딸애는 나와 함께 가야할 사정을 호소했으나 경찰관은 아주 냉정하게 다음 역에 기차가 도착하자 딸애보고 내리라는 것이다. 할 수 없이 나도 짐을 등에 지고 딸애하고 함께 내렸다. 나는 발끝까지 화가 났으나 어찌할 수 없었다. 우리를 내려놓은 기차는 말없이 떠나버렸다.

우리와 함께 밤 1시 30분 국경 기차역(Bad Schang)에서 강제로 하차당한 사람은 한국인 청년 1명과 캐나다인 젊은 남녀였다. 일생일대에 처음 당하는 이 불쾌감을 정말로 나는 주체할 수 없었다. 이렇게 되니 도통 말하기가 싫었다. 나는 무거운 짐을 끌고 철롯길을 겨우 건너 텅빈 국경 간이역 대합실에 주물러 앉았다. 한국인 청년은 나보다는 냉정히 사태를 수습했다. 그는 이신헌이라 했다. 봄에 육군 중위로 제대해 회사에 취직했으나 일은 9월부터 시작하기 때문에 그안에 단신 유럽 여행을 하고 있노라고 했다. 매우 믿음직스러웠다. 그는 내게 말하기를 자기는 프라하를 거쳐 비엔나까지 가려고 이 기차를 탔지만 이렇게 된 바에야 직접 비엔나로 가는 기차를 타고 가겠다는 것이었다. 나는 다음 프라하행 기차를 탈 터이니 내 딸애를 좀 데리고 함께 빈으로 가서 비자를 내 프라하로 돌아오게끔 도와 달라고 부탁했다. 그는 그러마고 대답했다. 나는 그의 서울집 주소와 전화번호를 물어 내 수첩에 적었다. 그의 부친은 목사님이었다. 나는 다음 프라하 가는 기차를 한번 다시 타 보자고 제의하기도 했지만 그는 무모한 짓이라며 이에 동의하지 않았다. 할 수 없이 나는 딸애를 이 청년에게 딸려보냈다. 우리 부녀는 이렇게 이별을 해야 했다. 나는 알 수 없이 몸이 떨리었다. 눈물이 핑 돌았다.

빈으로 가는 기차는 새벽 3시 16분에 있었다. 나는 딸애를 이 청년과 동행케 하기는 했지만 몹시 불안했다. 비엔나행 기차가 홈에 들어

오자 나는 불안감을 어찌할 수 없었다. 가지고 있던 북어 말린 것과 미역을 차창으로 겨우 줄 수밖에 없었다. 딸애는 작은 가방에 당장 필요한 것 몇 가지만 가져가고 큰 가방 2개를 내게 맡기었다. 나는 대합실로 돌아와 다시 미싯가루를 수돗물에 타 먹었다. 역무원에게 먹을 물을 찾으니 수도꼭지를 틀어주었다. 먹어도 되느냐니까 그는 매우 좋다고 대답했다. 그래서 그물을 빈 병에 담기도 했다. 그리고는 잠을 좀 자볼까하고 나무 벤치에 등을 붙이고 눈을 감고 있었으나 잠은 안 오고 몸만 떨리어 일어나 대합실 내를 서성이었다. 희미한 역구내는 역무원 외에 순찰 경찰관이 가끔 지나갔고, 기차를 타러 오는 이들이 더러 있었다. 역은 밤에도 쉬지 않았다. 기차는 거의 20분마다 들어오고 나갔다. 국경역이라서 그런지 대부분의 기차가 섰다. 역장인 듯한 뚱뚱한 역무원은 기차가 들어올 적마다 나와 등불을 흔들어 신호를 했다. 여자 차장들도 있었다. 이들은 단정한 복장에 밝은 모습으로 희미하게 비치는 차 복도를 빠른 걸음으로 오갔다. 나는 모처럼 밤중의 기차역을 볼 수 있었다.

나는 거의 4시간을 대합실에서 보내고 새벽 5시 12분 프라하행 기차를 탔다. 밤차는 모두 칸막이 차 같았다. 나는 차에 오르자 마자 자리에 그냥 쓰러졌다. 얼마쯤 있다 깨어보니 밖이 환한 가운데 낯익은 들판이 보였다. 그 동안 차안에서는 나의 잠을 깨워 무엇을 묻는 사람도 없었다. 나는 아침 9시 프라하 중앙역에 도착했다. 역시 악몽은 악몽일 뿐이었다. 내 말대로 다음 프라하행 기차를 타고 왔었어도 아무 일없었었을 것같았다. 내가 잠든 사이에 국경 경찰관이 지나갔는 지는 모르지만 아무도 조사하는 사람은 없었다.

나의 15일간의 러시아 여행은 완전히 피서 휴양관광이었다. 여러 가지 해프닝도 있기는 했어도 이렇게 돌아왔다. 딸애는 어떻게 되었을까. 내내 걱정이 되었다. 기차에서 내려 짐을 끌고 지하철을 타자니 엄두가 안 났다. 택시 운전사는 내게 할인을 해준다며 택시를 타라했지만 나는 형태보고 차를 가지고 나오라고 집으로 전화를 걸었으나 불통이었다. 할 수 없이 택시를 타고 집에 도착하니 식구들은 그제야 아침을 먹고 있었다. 외손자 보리는 제 어미를 찾으며 달려들었다. 그때 나의 눈에는 눈물이 글썽했다.

그후 딸애는 비엔나를 관광하고 그곳에서 만난 한국 학생들하고 짤스브르크까지 갔다가 그들과 함께 프라하로 왔다. 당시 유럽에는 많은 한국 대학생들이 자유롭게 여행을 했다. 나는 가는 곳마다 한국의 젊은이들을 만날 수 있었다. 이들은 물론 나름대로 많은 것을 보고 배웠겠지만 만나는 이들에게 나는 무엇보다도 자기의 체험을 기록하라고 일렀다. 우리는 기록하는 습성이 아주 없었다. 그냥 보고 느끼는 것으로 끝나는 경우가 많았다. 나는 이들이 장해 보였다. 혼자 무거운 배낭을 메고 땀에 전 옷을 입고 당당히 저들과 맞서 유스호스텔에 들어오는 것을 볼 때 나도 모르게 한국의 젊은이들이 장해 보였다.

4. 부다페스트.

1) 1993. 8. 18. ▲다시 찾아가는 부다페스트▼

나는 러시아 여행에서 돌아와 체코의 꾸뜨나 호라를 다녀와 며칠 쉬고는 부다페스트(Budapest) 여행을 떠났다. 이번에는 식구가 다 함께 갔다. 나, 아내, 형태, 혜련, 보리 이렇게 5명이 자동차 여행을 떠났다. 우리는 먹을 것을 다 준비해 가지고 갔다. 나는 500달러를 은행에서 찾아 이것으로 이번 여행 경비를 충당하려 했다. 헝가리 가는 길은 이제 뻔하기 때문에 우리는 거의 140km씩 달렸다. 헝가리에 도착한 것이 밤 9시었다. 가다가 오스트리아에서 속도 위반으로 1,400 꼬른의 벌금을 냈다. 우리는 오늘 헝가리에 가서 숙박을 해야겠다고 날이 저물자 마을 앞을 감속하지 않고 그것도 순찰차를 앞질러 달려가다가 벌금을 물었다. 나는 이 돈이 아까웠다. 하지만 벌금 액수가 큰 만큼 주의하게 돼 득이 됐는지도 모른다. 그후 우리는 차 사고가 없었다.

우리는 헝가리 국경을 넘어 민박촌에서 1박했다. 이곳은 방갈로식 민박촌으로 나란히 집들을 예쁘게 지어 놓았다. 마치 유원지 같기도 해서 유흥가도 형성되어 있었다. 오스트리아가 물가가 비싸 헝가리에 들어와 여행자들이 숙식을 많이 했다. 이런 때문에 이 민박촌도 활기를 띠었다. 하지만 듣던 대로 그렇게 물가가 싸지는 않았다. 여기서 우리는 일인당 1,000FT씩 주었다. 당시 1달러가 9,000FT였다. 말이 민박이지 내부는 별장식 통나무집이었다. 방은 아래위층에 4개나 있었다. 우리는 좀 늦었지만 준비해 가지고 간 것들을 꺼내어 밥을 지어 먹었다.

2) 1993. 8. 19. ▲궁전 같은 유스호스텔▼

국경 민박촌에서 일찍 떠났으나 정오가 넘어서야 부다페스트에 도착했다. 프라하와는 달리 부다페스트는 매우 번화했다. 우리는 시내로 들어가는 길목에서 유스호스텔 안내문을 보고 쉽게 호텔을 찾았다. 유스호스텔은 듣던 대로 옛 궁전 건물로 매우 웅장했다. 계단은 대리석이고, 청장이 높으며, 방들이 많았다. 여기도 젊은이들의 여행객이 많았다. 우리는 넷이서 함께 쓸 수 있는 방을 구했다. 물론 이층 침대에 낙서투성이의 방이었지만 우리 식구만 쓸 수 있었다. 밥을 해 먹을 수 있고, 세면시설도 되어 있었지만 샤워와 화장실은 공동용이었다.

짐을 풀고 점심을 먹은 후 우리는 딸애의 비자를 내려고 헝가리주제 체코대사관을 찾아갔다. 이 일도 쉽지 않았다. 묻고 물어 겨우 찾았으나 거기는 슬로바키아 대사관이었다. 거기서 체코대사관 주소와 전화번호만 알아 가지고 왔다. 이미 시간이 늦었다. 우리는 시민공원과 박물관을 관람하고 시민 온천탕에서 목욕을 했다. 부다페스트에는 온천이 100여군데 있었다. 말하자면 부다페스트는 온천도시였다. 나는 온천욕을 좋아했기 때문에 실은 그전부터 부다페스트에 오고 싶었다. 체코에는 온천이 없었다. 그 대신 약수탕이 있었지만 그것도 대중화되지 않고 물리치료로 쓰일 뿐이었다. 우리 식으로 뜨거운탕에 들어가 몸을 담글 수도 없었다. 오직 전기스팀탕이 있었으나 너무 뜨겁고 사람들이 많아 좋지 않았다. 프라하에 꼭 한곳 돌을 달구어 한증막처럼된 사우나탕이 있었다. 나는 이곳을 자주 갔었다. 하지만 여기도 뜨거운 물탕은 없었다.

부다페스트 욕탕은 내가 바란 대로 로마식 온천탕으로 물의 온도도 15-32-40도까지 여러 층의 탕이 있었다. 시설도 매우 화려하게 되어 있었으나 무엇보다도 물이 좋았다. 이 온천탕은 시민공원 가운데 있었으며 흰 대리석 건물이었는데 큰 온천 풀장도 있었다. 부다페스트는 도나우강을 중심으로 구시가와 신시가로 나뉘어 있었다. 내가 묵고 있는 호텔은 구시가 지구에 있어 강을 넘나들어야 했다. 상업, 행정, 생활권은 신시가에 형성되어 있었다. 구시가는 산과 언덕 위에 궁성과 고급주택가로 되어 있었다. 하지만 여기도 큰 서민시장이 있었다.

나는 숙소에 돌아와 외손자 보리를 데리고 이 시장을 한바퀴 돌아

보았다. 수박이 산더미처럼 쌓여 있고, 빵집에서 직접 궈내는 베개만 큼씩한 빵을 사려고 많은 사람들이 줄을 서 있었다. 나도 줄을 서서 빵을 샀다. 어디나 동구권에서는 식료품이 쌌다. 나는 큰 빵 1개, 우유 1통, 수박 1통을 샀으나 비닐봉투가 없어 가져올 수가 없었다. 이들은 물건만 팔았지 그것을 담아주지 않았다. 그래서 손님들은 반드시 시장바구니를 들고 다녀야 했다. 한데 우리는 그런 것이 습관이 안 돼 여러 번 낭패스러운 일을 당했다. 오늘도 나와 보리는 알 손에 빵, 우유, 수박을 들고 큰 길거리를 돌아 숙소까지 왔다. 보리는 오다가 몇 번이고 쉬었다. 나는 창피한 것도 모르고 이러고 다니었다. 잠자리는 크게 불편하지 않았다. 밖은 몹시 더운 편이었지만 실내는 서늘했다.

3) 1993. 8. 20. ▲밤하늘의 불꽃놀이도 보고▼

오늘은 헝가리 독립 기념일이라 시가지는 물을 끼얹은듯이 조용했다. 내일은 토요일 모래는 일요일 이렇게 연 3일 동안 이들은 일을 하지 않았다. 따라서 딸의 비자를 낼 수 없이 되었다. 우리는 뜻하지 않게 부다페스트에서 월요일까지 지내지 않을 수 없게 되었다. 오늘 우리는 궁전과 박물관을 구경했다. 이들의 기념식도 궁전 뜰에서 지켜볼 수 있었다. 이들은 아주 자연스럽게 행사를 치렀다. 작은 연단을 만들어 놓고 거기서 대통령이 연설을 하는 것을 시민들은 깃발을 들고 무질서하게 둘러싸서 듣고 있었다. 삼엄한 기분은 전혀 들지 않았다. 유럽에 와 있으며 이런 것들이 나는 몹시 부러웠다. 모든 것을 스스로 각자가 다 알아서 했다. 누가 이래라 저래라 하는 사람이 없었다. 자율정신과 자율생활 이것은 민주주의의 기본이었다. 거기에 자유스런 삶을 누리는 것 그것은 자유시민의 특권이 아닌가 싶었다.

그만큼 이들은 교양과 문화면에서 유럽공동의 수준을 지니고 있었다.

우리가 묵고 있는 호텔 위 언덕이 궁전이었다. 많은 시민들이 이리로 몰려들었다. 이 가운데 간이판매점원들은 역시 상혼에 밝아 많은 군중 가운데서 장사를 했다. 특히 기념품과 간이음식점이 붐비었다. 이들의 축제 기분에 우리들도 함께 휩쓸렸다. 나도 헝가리기를 한 손에 들고 다니었다. 이날 우리는 파도온천으로 유명한 Great Hotel에 갔다. 옥외 큰 온천 풀장과 실내 온천 풀장이 있었는데 역시 사람들이 많았다. 일정한 시간 간격을 두고 고요한 풀장의 물은 심한 파도를 일으켰다. 한쪽에서 세게 파도가 쳐오면 풀 안의 사람들은 아우성을 치며 파도에 밀려나갔다. 아이들이나 어른이나 재미있는 물놀이였다. 우리는 여기서 오후를 보냈다. 보리는 파도가 무섭다고 물에 들어오지 못했다. 그 애는 물을 무서워했다. 딸애와 내가 제일 많이 물 속에 있었고, 수영도 즐겼다. 시간 제한은 없었다. 풀장 안에 먹을 것과 휴식처가 있어 얼마든지 오래 있을 수 있었다. 밖이 추우면 실내 온천 풀장에서 수영을 할 수도 있었다. 오늘 낮은 이렇게 궁전과 박물관을 보고 파도온천 풀장에서 놀았다.

밤이 되었다. 10시쯤 되었는데 밖이 환해지며 기관총 쏘는 소리 같은 요란한 소리가 들렸다. 축제 불꽃놀이가 벌어진 것이었다. 나와 아내는 거리로 나왔다. 많은 사람들이 넓은 길을 꽉 메워 서울의 데모대처럼 어디론가로 빨리 갔다. 차도 다니지 않았다. 우리도 저들을 따라 내려갔다. 로터리서 궁성 쪽으로 불꽃을 튀기었다. 서울 남산에서도 불꽃놀이를 했지만 그 규모가 같지 않았다. 거의 30분 정도 계속 밤하늘에 오색 찬란한 불꽃을 튀기었다. 모양도 가지각색이었을 뿐만 아니라 오래 그려져 있었다. 불꽃이 튈 적마다 사람들은 탄성을 올렸다. 나는 모처럼 좋은 불꽃놀이를 보고 돌아와 깊은 잠에 들었다.

4) 1993. 8. 21. ▲발라톤 호수가에서▼

우리는 유럽에서 제일 크다는 발라톤(Balaton) 호수에 갔다. 2시간 정도 걸렸다. 넓은 호수가에는 군데군데 유원지가 형성되어 있었다. 우리는 차로 호수가를 한바퀴 돌면서 쉴만한 곳을 찾아보았다. 호수물은 바닷물만은 못했으나 푸르고 맑았다. 바닥도 민듯했고, 잔모래가 곱게 깔려 있었으나 백사장은 없었다. 우리는 사람들 가운데 자리를 잡았다. 동양계인은 우리밖에 없었다. 이들은 편히 누울 간이침대며 모포 등속을 다 준비해 가지고 와 온종일 여기서 보냈다. 우리도 저들과 같이 하루를 오붓하게 보내고 저들보다 먼저 자리를 떴다. 길이 막힐까 걱정했으나 전혀 그렇지 않았다. 날씨는 덥고 하늘은 맑았다. 호수 유원지에는 숙박비가 비쌌다. 한 민박집에 방을 보니 노인내외가 사는 집이었는데 1인당 2200FT를 달랬다. 유스호스텔의 1인숙박비는 520FT였다. 4배가 넘었다. 우리는 호수가에서의 숙박을 포기하고 다시 어제 묵은 숙소로 돌아왔으나 방은 다른 방이었다. 좀더 구석진 방이었으나 창밖은 뒤뜰이어서 무성한 해묵은 나무가 많았다.

5) 1993. 8. 22. ▲파도 온천욕도 하고▼

아침 일찍 유명한 로마식 돔 온천을 찾아갔으나 영업을 하지 않았다. 한 노인이 문밖으로 나오기에 다른 온천을 물으니 여기서 5정거장을 더 가면 문을 연 온천이 있다고 가르쳐 주었다. 나는 그 노인을 차에 태워 가지고 루카치라는 온천을 찾아갔다. 이 온천탕은 매우 컸다. 온천탕 이외에 스포츠 센터를 운영했다. 여기서는 남녀가 함께 온천을 했는데 모두 수영복 차림이었다. 처음에는 좀 어색했으나 여러 번 하다보니 오히려 여자가 없으면 이상했다. 온천물은 천연 그대로여서 그런지 그렇게 뜨겁지는 않았으나 물이 나오는 곳에 손을 대고 있으면 뜨거웠다. 탕 안은 깊고 넓어서 수영을 할 수 있었다. 그렇지만 작은 탕도 여러 개 있어 이 탕 저 탕 왔다갔다하며 온천욕을 즐길 수 있었다.

오후에 우리는 헝가리 민속촌을 갔다. 여기도 민속촌이라기 보다는 시장터였다. 온통 장사꾼들로 골목골목이 넘쳤다. 마을을 한바퀴 돌아보다가 우리는 조용한 교회로 들어갔다. 여기도 고도서 전시관이 있었다. 교회 뜰에는 벤치가 여러 개 놓여 있었고, 수도도 있었으며, 꽃밭이 잘 가꾸어져 있었다. 우리는 수돗가에서 세수를 했는데 그때 아내는 딸애가 러시아 여행 때 사다준 호박 반지 알을 잃어버리었다. 아내는 반지 알을 찾느냐고 애를 썼으나 끝끝내 찾지 못했다.

이 민속촌은 용인의 민속촌처럼 인위적으로 만든 곳이 아니다. 옛 마을 모습을 그대로 보존한 자연 마을이었다. 교회와 민가들의 배치 상태와 집들의 모습을 볼 수 있었고, 마을 공동묘지를 통해 마을의 옛 주인들의 정서를 느낄 수 있었다. 나는 헝가리인들의 살림살이를 보고싶어 문밖에 나와 있는 주인들에게 한번 집안을 볼 수 없겠느냐고 물어 보았으나 모두 거절했다. 다만 한 중년의 아저씨는 호인답게 우리 식구를 집안으로 들어오게 해서는 낡은 나무 의자에 앉게 하고 뜰의 토마토를 따 주기도 했다. 그러나 그도 우리를 옥내로 들이지는 않았다.

숙소로 돌아온 나는 외손자 보리를 데리고 먼저 갔던 시장엘 갔다. 시장은 묘지처럼 조용했다. 모든 상점은 다 문을 굳게 닫고 오직 길가에서 꽃을 파는 할머니 혼자 앉아 있었다. 돌아오다 보니 로터리 근처 한 식품점의 문이 열려 있었다. 나는 거기서 빵, 치즈, 사라다, 사과, 계란 등을 사 가지고 왔다. 이들의 반찬도 조금 짜기는 했어도 오이지 같은 것은 우리 입맛에 들었다. 유럽에서는 주말 여행이 이렇게 힘들었다.

6) 1993. 8. 23. ▲프라하로 돌아오다▼

기다리던 월요일이 되었다. 오늘 체코 입국 비자를 못 받으면 큰 낭패였다. 혜련이는 24일 오후 6시 비행기로 프라하를 떠나야 했다. 그런데 프라하에 오늘 가지 못하면 어떻게 되겠는가. 우리는 초긴장 속에 알아두었던 체코대사관으로 아침 일찍 가 문밖에 차를 대놓고 기다렸다. 의외로 대사관에서는 단 10분도 안 돼 비자를 내주었다. 이 길로 우리는 프라하를 향해 떠났다. 꼬박 하루가 걸리는 길이었다. 오는 길에 수박도 사먹고, 점심도 여유 있게 먹으면서 달려오니 프라하에 저녁 7시쯤 도착했다. 비자 때문에 부다페스트에 너무 오래 머물렀지만 잘 쉬고 왔다. 그후 나는 다시 한번 부다페스트에 가 온천을 하고 싶었지만 차일피일 미루다가 못 가고 말았다. 부다페스트는 한 마디로 온천욕을 즐기는 사람에게는 좋은 곳이었다.

5. 크라코프.

1) 1994. 3. 31. ▲크라코프을 찾아가다▼

나는 크라코프(Krakow)를 한번 가 보려고 별러오다가 1994년 부활절 휴가를 맞아 폴란드를 3박 4일 여정으로 다녀왔다. 나는 아내와 형태를 더불고 내 차로 갔었는데 듣기에 도둑이 많다고 해서 한편 겁이 나기도 했다. 찻길은 고속도로는 없고 모두 국도였지만 포장이 잘 되어 있었다. 하지만 좁고 굴곡이 심히 80km이상 달릴 수 없었다. 떠날 때 예상하기는 프라하에서 국경을 넘어 폴란드의 큰 도시인 우로클라우를 거쳐 갈 예정이었지만 형태가 질러간다고 국경선을 넘자마자 지름길로 접어들어 가는 바람에 거리는 단축되었지만 시간은 많이 걸렸다.

폴란드는 체코 동남쪽에 놓여 있는 나라로 러시아와 독일과도 국경을 접하고 있는 상당히 영토가 넓은 나라다. 폴란드인들은 체코인들과는 달리 성질이 급하고 거칠어 강대국과도 질 때 지더라도 싸워보는 저항적인 국민이라서 그런지 러시아나 독일과도 긴 전쟁을 벌여 영토를 지켰다.

크라코프는 폴란드에 유일하게 남아 있는 중세풍의 아름다운 옛 도시다. 크라코프는 현재 75만의 인구를 가진 비교적 작은 도시지만 중세에는 폴란드 왕국의 수도였다. 이 도시는 야기에오 왕조(1386-1572) 때는 프라하, 빈과 함께 중부유럽의 문화 중심지였다. 크라코프는 제2차 세계대전 때 폴란드에서 피해를 입지 않은 유일한 도시로서 귀중한 문화재가 그대로 보존되어 있다.

1. Praha-Kralove-Nachod(국경)-Nysa-Gliwice.
2. Gliwice-Oswiecim(수용소)-Jaworno-Krakow.
3. Krakow(관광)-Bielsko(염광촌)-Cieszyn-Mistek.
4. Olomouc(관광)-Hradec Kralove-Chlumec-Praha.

이 일정은 매우 촉박했다. 나는 이번에도 로마 때와 같이 먹을 것을 모두 준비해 가지고 갔었기 때문에 예정보다 경비가 적게 들었다.

나는 600달러를 은행에서 찾아 100달러를 음식 준비와 차 정비에 쓰고 500달러를 가지고 가서 100달러를 폴란드 돈으로 환전하니 2,155,000로젯이었다. 1달러에 21,800로젯이었으니 돈 단위가 어마어마하게 높았다. 이태리 돈이 1달러에 16,700리라, 러시아 돈이 9,700루블, 헝가리 돈이 9,000이었는데 이곳은 그 중에서도 제일 높았다. 김광균 시인의 시구에서와 같이 폴란드 망명정부의 화폐는 낙엽이었다. 맥주 1잔에 15,000로젯, 주차료가 310,000로젯, 하룻밤 숙비가 880,000로젯, 최하가 400,000로젯이었다. 갑자기 돈 단위가 높아지니 어리둥절해졌다. 화폐 단위가 높으니까 불안감마저들었다. 그러나 실제로 달러로 환산해 원화로 계산해보면 결코 물가가 높은 것은 아니었다. 엽서 1장에 500로젯이었으니 이는 18원에 불과했다.

나는 국경을 넘어 니사(Nysa)라는 지방 도시에서 처음 100달러를 환전했는데 그것을 가지고 내내 폴란드에서 쓰고 체코로 들어오면서 50달러를 체코 돈으로 환전해 썼으니 폴란드에서는 2일간 100달러도 못 쓴 셈이다. 주석컵 2개에 680,000로젯, 숙박비 700,000로젯, 휘발유 500,000로젯, 크라코프 안내책자 사진첩 7,500로젯, 다 빈치의 <흰 담비를 안은 여인>의 초상화 엽서 2장 1,000로젯, 빵, 쌀, 광산 소금 등을 샀을 뿐이지만 중앙광장 시장의 선물 가게에는 좋은 호박 제품이 많았다. 좀 쓸만한 것은 거의 2, 3백만로젯씩 했다.

2) 1994. 4. 1. ▲아우슈비츠 유태인 수용소▼

크라코프에 가기 전에 나는 유태인 강제 수용소가 있었던 오스위침(Oswiecim)에 들렀다. 길리위세에서 하룻밤을 자고 오스위침을 찾아갔다. 독일어로 아우슈비츠(Auschwitz) 수용소로 잘 알려진 곳이다.

아우슈비츠(Ausschwitz) 유태인 강제 수용소는 크라코프 서쪽 63km

지점에 있다. 1940-5년까지 450만 유태인을 학살한 현장이다. 죽음의 벽, 독가스실, 시체 소각로와 28동의 붉은 벽돌 건물은 현재 박물관으로 보존되어 있다.

세계적으로 널리 알려진 곳이지만 샛길에는 안내표지가 되어 있지 않았다. 우리는 폴란드 시골 마을을 보려고 내내 국도를 벗어나 시골길로 다니었다. 그러니 노정표지가 제대로 되어 있을 리가 없었다. 우리는 폴란드 말을 한마디도 알지 못했기 때문에 오직 손가락으로 왼쪽 오른쪽을 가리켜 겨우 길을 찾아다니었다. 저들은 그런대로 친절히 길을 가리켜 주었지만 우리가 워낙 알아듣지를 못해 같은 길을 여러 번 돌아서야 겨우 제길을 찾아들고는 했다.

유태인 강제 수용소에 들러 그들이 당한 참상을 보았을 때는 정말 소름이 끼치었다. 아이들의 신발, 안경테, 칫솔, 옷, 모자, 밥그릇하며 저들이 쓰던 용품들을 방안 가득히 쌓아 놓은 것을 볼 때 더욱 머리카락덤이 방이나, 그들이 거처하던 돼지우리 같은 방을 볼 때 당시 얼마나 그들이 고통을 겪었을까를 가히 짐작하고도 남음이 있었다. 이들은 살기 위해 열심히 일하다 결국 이렇게 비참하게 죽어갔다. "일하는 자만이 살 수 있다"는 정문의 쇠아치의 글자는 아직도 선명했다. 하지만 이는 죽이기 위한 하나의 구호였다. 일하고 살아남은 사람은 한 사람도 없었다.

그들에게 입혔던 줄쳐진 노동복은 그들을 죄인으로 만들었다. 유태인들의 총살 현장이나 시체 소각장이나 독개스실은 오히려 그들의 고통을 끊어주는 천당이었는지도 모른다. 이들의 참상을 그대로 보존하고 더욱 그 많은 유품들을 모두 모아 실재감 있게 수집 보관한 이들의 노력에도 또한 감복하지 않을 수 없었다. 그 유품이 한 두개가 아니라 몇 트럭이 넘을 것같은 분량이었다. 그것을 썩지 않게 화학처리를 했는 지는 몰라도 전시실마다 당시의 학살 현장을 느낄 수 있게 전시되어 있었다. 붉은 벽돌집들인 이 수용소의 현장은 내가 체코의 테레진에서 본 유태인의 살인 현장보다 모든 것이 생생했고, 규모가 컸다. 450만명을 이곳에서 학살했다니 그럴 만도하다. 오늘도 까마귀 떼는 까악까악 울어대었다. 당시의 기차 화물칸은 오늘도 누굴 기다리는 지 녹슨 철로 위에 놓여 있고, 철조망 너머 미루나무 잎은 새순이 돋아 푸름을 더해 가고 있었다. 오늘 따라 맑은 하늘에 봄기운은 더한데 수용소의 붉은 벽돌집은 음산하기만 했다.

나는 이 현장을 보면서 남의 일 같지 않았다. 일제하에서의 한국인의 처참한 죽음은 이보다 더했지만 역사의 현장으로 보존된 곳은 한 곳도 없다. 역사는 우리에게 교훈을 줄 뿐이라지만 그 교훈을 우리는 너무나 등한시하는 것같다. 이는 관대해서가 아니라 몰라서이다. 역사는 교과서에서만 배우는 것이 아니다. 그 현장의 느낌이 무엇보다도 소중한 것이다. 우리들은 그같은 유적을 오히려 부끄럽다고 지워 버리려 한다. 지운다고 지워지는 것이 따로 있다. 가리면 가릴 수록 더 커지는 것이 상처다. 우리가 말로만 일인의 만행을 규탄할 것이 아니라 산 증거를 가지고 저들의 만행을 고발해야 한다. 저들을 증오만 할 것이 아니라 역사적 사실에서 더 많은 교훈을 배워야 할 것만 같다.

3) 1994. 4. 2. ▲야기에오 대학에서▼

차도에서 보던 도시나 농촌과는 달리 크라코프는 폴란드 남단이어서 그런지 어느 곳보다도 따듯했고, 남국풍이 젖어 있었다. 그리고 옛도시답게 아담했다. 이 도시에도 교회가 많았다. 크라코프는 한마디로 아름다운 고도였다. 나는 오후 3시쯤 여기에 도착해 중앙거리에 있는 교회 주차장에 차를 세워 놓고 방을 구하러 거리로 나섰다. 여러 호텔을 찾아가 보았으나 적당한 곳이 없었다. 중앙 거리에서 성벽 쪽으로 가는 길가 호텔에 마침 우리가 구하는 값싸고 좋은 방이 있었다. 5층이라 오르내리기가 좀 불편했으나 중앙통이라 관광하기도 좋고, 방도 넓고 깨끗했다. 밥도 해 먹을 수가 있었고, 욕실과 주방이 별도로 되어 있어 편리했다. 더욱 위층이라 창밖으로 거리를 내려다볼 수 있어 좋았다. 나는 그때 소니 디스크맨을 가지고 다녔기 때문에 차안에서도 계속 고전음악을 들을 수가 있었다. 차안에서뿐만 아니라 여관에서도 짐을 풀면 나는 곧 음악을 들었다. 그러면 상대적으로 퍽 쉽게 피곤함이 가시었다.

나는 아침에 일어나 여기서 하룻밤을 더 묵어야겠다고 생각했다. 그러나 이 방은 이미 다른 사람에게 예약되어 있었다. 그래서 일정을 바꿔 짐을 다시 꾸려 빗길로 나섰다. 비는 계속 내렸다. 어젯밤에 차를 교회 주차장에 놔두어 밤새껏 걱정이 되었는데 아침에 와보니 별일이 없었다. 다행이었다. 짐을 차 뒤트렁크에 넣어 놓고 우리는 비를 맞아가며 시내 관광 명소를 찾아 나섰다. 비는 그저 옷이 젖을 정도였다.

크라코프 관광은 중앙시장 광장으로부터 시작된다. 유럽에서 가장 크고 아름다운 이 광장에는 르네상스 양식의 건물과 박물관 및 구시청사탑이 있다.

바벨성(Zamek Wawelski)은 그르츠카(Ul. Grodzka) 거리 비스톨라와 강 언덕 위에 있는 폴란드에서 가장 아름다운 고딕, 르네상스식 건물의 성으로 현재는 국립 박물관으로 쓰이고 있다. 박물관에는 주로 왕실에서 수장했던 보물들이 전시되고 있다. 특히 지그문트 아우그스트왕이 수집한 16세기의 태피스트리, 대관식 때 쓰던 검, 터키제 자수천막, 동양화 등이 유명하다. 바로크식 대사원, 고딕 양식의 회랑으로 연결된 70여개의 방은 회화와 수장품 전시관으로 쓰이고 있다.

야기에오 대학(Uniwersytet Jagiellonski)는 1364년 창립된 유서 깊은 대학으로 코페르니쿠스의 모교이다. 이 대학 내에 있는 크라코프 아카데미 건물은 유럽에 남아 있는 3개의 중세대학 구조물 중에 하나다.

나는 비를 맞으며 야기에오 대학을 찾아갔다. 정문을 들어서니 한 뚱뚱한 아주머니가 벽보지를 정리하고 있다가 나를 보고 놀라는 표정을 지었다. 대학 구내는 조용했다. 나는 이층으로 올라가 복도를 거닐며 코페르니쿠스를 생각했다. 건물은 오래되었지만 깨끗하게 잘 보존되어 있었다. 이런 대학에서 한번 공부를 해보고 싶었다. 겉은 붉은 벽돌이었으나 내부는 대리석이었는데 계단은 닳아 움푹움푹 패여 있었다. 토요일이라 그런지 학교 안에는 아무도 없었다. 나는 교정에 세워져 있는 코페르니쿠스 동상 앞에서 기념사진을 찍었다.

비둘기 떼들이 비에 젖어 발목이 빨게 가지고 광장을 돌다 내려앉는다. 성 마리아 교회는 중앙광장 동쪽에 세워진 고딕 양식의 아름다운 교회다. 마침 부활절이라 많은 교인들이 성당 안을 메웠다.

나는 비를 맞으면서도 계속 돌아다니었다. 1300년에 세워졌다는 북문 플로리아니스카문(Brama Florianska)을 돌아 그 유명한 말발굽 모양의 성벽 바르바칸을 거쳐 명화 다 빈치의 <흰 담비를 안은 귀부인>이 소장되어 있는 차르토리스키 박물관(Muzeum Czartoryski)을 찾아갔다. <흰 담비를 안은 귀부인>의 초상화를 한번 꼭 보고 싶었다. 그러나 그 그림은 스웨덴 스톡홀름에 전시차 가져가 현재는 없다는 것이다. 낙망이 컸으나 다행히 렘브란트의 <천지개벽>을 볼 수 있어 조금 위안이 되었다. 이들은 미술관 소장품을 아직 도록으로 만들어

놓지 않았다. 명화 몇 점이 실린 작은 안내 책자와 엽서가 있을 뿐이었다. 나는 <흰 담비를 안은 귀부인>의 그림 엽서를 2장 샀다. 오월에 스웨덴의 전시회를 마치고 되돌려오면 다시 한번 더 와 보고 싶었다.

벨리치카(Wieliczka) 암염광은 지하 100m 채굴 현장을 볼 수 있는 염광이다. 소금 조각품도 여러 가지 있다. 중앙광장 선물 가게에서 겨우 주석컵 2개를 사 가지고 늦을세라 부지런히 염광으로 갔으나 이미 문이 굳게 닫쳐 있었다. 그러나 전시장은 열려 있어 다행히 소금 장식품과 지하 염광의 규모를 사진을 통해 볼 수 있었다. 지하 염광은 아직도 소금이 나온다. 소금 가루 1통을 사 가지고 빗길에 체코 국경을 향해 크라코프를 떠났다.

그날은 내내 비가 내려 관광도 제대로 할 수 없었다. 저녁이 되니 제법 비는 소리쳐 내리었다. 아쉬운 대로 크라코프의 관광을 뒤로 미룰 수밖에 없었다. 빗길에 차는 드물었지만 처음 가는 길이라 두려웠다. 체코 국경에 이를 때는 이미 6시가 넘었다. 비만 안 오면 아직 환한 때지만 우중이라 어둡기 시작했다. 얼마쯤 국경을 벗어나 가다가 마침 새로 개업한 길가의 모텔이 있기에 들어갔다.

크라코프는 한마디로 프라하만큼 아름다운 옛 도시다. 하지만 나는 크라코프를 프라하만큼 많이 보지 못했다. 비 속에서 장님 코끼리 만지기만큼도 못하게 보았기 때문이다. 그러나 크라코프를 잊을 수는 없다.

4) 1994. 4. 3. ▲프라하로 돌아오는 길에서▼

모텔은 생각대로 개업한지가 얼마 안 되어 깨끗했을 뿐만 아니라 친절했다. 방도 새로 꾸며 밝고 아늑했으며 집기들도 모두 새 것이었다. 특히 향나무로 옷장과 침대를 만들어 향기로웠다. 밥도 해 먹을 수 있게 되어 있다. 오랜만에 컬러 텔레비전을 보았다. 아침에 숙박 안내서를 보니 체코인은 3인 1실 1박에 490꼬른이었고, 폴란드, 슬로바키아인은 590꼬른이었으며, 외국인은 980꼬른이었다. 나는 체코 거류증을 가지고 있었기 때문에 체코인 취급을 받을 수 있었다. 그런데 어제 입실할 때 모르고 나는 980꼬른을 냈다. 돈을 거슬러 받아야겠다고 생각했다. 그러나 나는 이들은 무엇이고 한번 받으면 내놓지 않는다는 것을 알고 있기 때문에 걱정이 되었다. 그러나 다행히 여종업원은 군말 없이 490꼬른을 내 주었다. 이 돈으로 그날 하루종일 돌아오면서 점심 저녁을 사먹고도 120꼬른이 남았다. 프라하로 돌아오는 길도 꼬박 하루가 걸렸다. 옛 도시 올리므스와 까르로베를 거쳐오느냐고 결국 산길 국도를 따라 왔더니 꼬박 8시간이 걸렸다.

폴란드에 비해 체코는 길가의 집들이며 도시들이 차분히 잘 정리되어 있었다. 그만큼 안정감이 있었다. 하지만 이에 비해 폴란드는 어딘가 모르게 황량한 느낌이 들었다. 정리가 안 되어 있어 어수선했을 뿐만 아니라 집이나 도시들이 폐허처럼 느껴지는 곳이 많았다. 유리창이 깨져 비닐로 막아 바람에 펄럭이는 곳, 벽의 흙이 떨어져 보기 흉하게 된 곳이 거의였다. 독일이나 체코의 길가 집들은 모두 흰벽에 붉은 기와집이었다. 창가에는 붉은 꽃이 피어 있는 화분이 놓여 있었다. 하지만 폴란드는 그런 풍경이 매우 드물었다. 땅은 넓은데다 인구는 많고 강대국에 시달리다보니 자유국가의 일원이 된지 몇 해가 되었지만 경제적으로 안정되지 못한 탓인 듯했다. 하지만 국경에서의 입출입은 아주 간편해 선진국 못지 않았다. 그만큼 행정적으로 이들은 체코를 앞지르고 있었다. 이에 비해 체코는 출입국이 매우 까다로웠을 뿐만 아니라 굼떠 까닭없이 잡아놓고 보통 1시간씩 끌기가 일쑤였다. 이에 반해 폴란드 검문소에서는 젊고 예쁜 여자 사무원이 상냥히 웃어주며 여권을 보자고도 하지 않았다. 이렇게 되니 가는 사람의 기분이 얼마나 좋은가. 이들은 이렇게 서로 달랐다. 폴란드인은 체코인에 비해 일반적으로 거칠었다.

나는 3박 4일간의 폴란드 여행을 무사히 마치고 돌아왔지만 아쉬운 점이 많았다. 나는 <흰 담비를 안은 귀부인>의 그림 엽서를 부활절 축하용으로 썼다. 1장은 이종실 목사에게 주었고, 다른 1장은 내가 병원 신세를 진 또마쉬의 어머니에게 드렸다. 나는 고마운 이들에게 무엇인가 주고 싶었다. 이것은 이즈음 나의 버릇과도 같은 것이었다.

여행은 고달프긴 했어도 언제나 새로움을 얻을 수 있었다. 나의 유일한 생활 체험은 오직 여행뿐이었다. 이번 폴란드 여행은 매우 당혹하긴 했어도 듣던 대로의 모든 것을 내 눈으로 확인할 수 있었던 좋은 기회이었다.

7. 파리.

1) 1994. 6. 2. ▶프라하에서 파리까지◀

나는 벼르고 벼르던 4박 5일의 파리 여행을 떠났다. 5월 31일로 모든 학교 일을 마치고 홀가분한 기분으로 파리에 갈 수 있었다. 하지만 그전날 밤 일어난 주차장의 화재 사고로 나의 차 앞부분이 불에 탔기 때문에 전혀 예상치 못한 일이 생겼다. 하지만 이미 예약을 했기 때문에 돌발 화재 사고로 어수선한 가운데 나는 파리 여행을 떠났다. 체독(체코국영여행사)의 관광 버스는 낡고 자리도 불편했다. 우리 나라 시외 버스와 별로 다르지 않았다. 이런 차를 타고 밤 여행을 한다는 것은 무리한 짓이었다. 나는 겁부터 났다. 그러나 멋도 모르는 아내는 마냥 싱글벙글 좋아 할 뿐이다. 45명 좌석이 거의 꽉 찼다. 우리는 나란히 3좌석을 차지하고 앉았다. 내 옆자리는 좌석 배정이 안 돼 좀 편했다. 만약 여기까지 저들이 앉았다면 나는 더 피곤했을 것이다. 서유럽의 관광 버스는 호화로웠다. 이층에 자리도 비행기 좌석처럼 넓고 편했으며 화장실도 기차처럼 차안에 있었다. 그런 버스는 밤잠을 차안에서 자며 다녀도 될 성싶었다.

안내원은 나이 70이 가까운 체대가 크고 건장한 할아버지였다. 그는 목소리가 굵고 억양이 좋았다. 우리처럼 예쁜 아가씨가 앞좌석에 앉아 손님들을 웃기며 상냥히 구는 안내원이 아니었다. 낡은 군복색의 바지와 낡은 웃옷 차림을 한 이 할아버지는 늘 술에 취해 얼굴이 벌겠다. 누가 무엇을 물으면 그는 큰 소리로 퉁명스럽게 대답했다. 그러나 그는 실용적인 정보를 계속 손님들에게 전해 주었다. 그뿐만 아니라 국경을 통과할 때는 국경을 지키는 경찰과 속삭여 쉽게 버스를 통과케 하였다. 말하자면 유능한 무뚝무뚝함이었다. 내 생각에는 무능한 상냥보다 나아 보였다.

관광객들은 거의 부부 동반이었다. 부부 동반이 아닌 사람 중에는 중년녀가 2명, 젊은 여자가 2명 있었다. 이들은 자기네끼리만 소곤소곤 이야기할 뿐 다른 사람들과는 별로 말하지 않았다. 안내원은 계속 일정과 파리에 대해 안내방송을 했다. 나는 한마디의 말도 알아들을 수가 없었지만 그의 말이 듣기 싫지 않았다. 이들은 체코 전 지역에서 온 이들로 서로 처음 만나는 이들이었다. 각자 먹을 것을 해 왔다. 차안에서 먹고 자고 아침에 일어나면 주차장에 차를 세우고 용변을 보거나 세수를 하거나 했다. 이번 여행이 내게는 퍽 인상적이었지만 차안에서의 밤잠이 몹시 괴로웠다. 승용차로 내 마음대로 다닐 때는 숙소를 정하고 관광지를 찾아다니는 일이 고생스러웠지만 편히 잠은 잘 수 있었다. 또 아침이면 새로운 기분으로 다시 여행을 떠날 수도 있었다. 내 일생에 밤 버스로 여행하기는 이번이 처음이다. 이렇게 시작된 파리 여행은 더욱 값진 것이 아닐 수 없다.

2) 1994. 6. 3. ▲몽마르트르 언덕에서▼

우리가 탄 버스는 밤새도록 달려 독일과 프랑스 국경을 넘어 아침 8시에 파리에 도착했다. 우리는 파리 식당에서 아침 식사를 하고 그 날 온종일 버스로 파리 시내 관광을 했다. 파리 시내로 들어가는 길은 출근 시간이라서 그런지 차가 많이 밀렸다. 여자 자가운전자가 눈에 유난히 많이 띄었다. 체코와는 달리 여자들의 몸이 작고 귀여웠다. 차들도 모두 작고 여자 운전자 혼자 타고 있는 차가 많았다. 버스에서 내려다보니 그들의 모습이 잘 보였다. 어떤 차에는 개를 편안히 옆자리에 눕혀 놓고 운전을 했다. 이날 우리는 콩코드 광장을 중심으로 파리의 중요한 관광 명소를 차에 앉아 다 보았다. 로마에서보다는 편했다. 안내원 할아버지는 계속 관광지에 대해 열심히 설명해 주었다.

나는 우선 지하철 승차권을 샀다. 시티 은행에서 1달러에 5.45프랑씩 545프랑을 환전했다. 지하철 승차권으로 버스도 탈 수 있었지만 한번 사용하면 다시 새 승차권을 써야 했다. 버스 탄 표로 계속해 지하철을 탈 수는 없었다. 체코에서는 승차권 1장으로 버스와 지하철, 전차를 계속 탈 수 있었다. 파리의 승차권은 1장에 6.50프랑이었다. 그러나 10장을 사면 39프랑이었다. 환전 수수료가 비싸데서 겁을 먹었었는데 환전 수수료는 없어지고 그 대신 적용 환율이 환전소마다 조금씩 달랐다.

시내 관광을 마친 우리는 숙소로 왔다. 숙소는 작고 아담한 호텔이었다. 이 호텔은 지하철역에서 내려 강을 건너가야 했다. 나는 맨 아래 층 3인용실에 들었다. 이 호텔에는 3인용은 유일하게 이것 하나밖에 없었다. 이들은 식당을 다른 곳에 정해 놓았기 때문에 우리는 짐을 풀어놓고 아침을 먹은 식당을 찾아 나서야 했다. 이때부터 파리 지하철 여행이 시작되었다. 지하철역까지 가자면 걸어서 강을 건너가야 했다. 1km는 조이될 거리에 바람이 불어 추웠다. 묻고 물어 겨우 1번 지하철을 타고 다시 13번으로 갈아 타 더듬더듬 식당을 찾아갔다. 뷔페식이었지만 우리에게는 가짓수를 제한했다. 나는 포도주를 마시고 싶었으나 별도로 돈을 내야 한다기에 그만두었다.

나는 빨리 먹고 나와 근처에 있는 사르트르, 모파상, 보들레르가 묻혀 있는 몽파르나스(Montparnass) 묘지를 찾아갔으나 이미 문이 닫혀 있었다. 우리는 지하철을 다시 2번씩 갈아타고 예술인의 거리로 널리 알려진 몽마르트르(Montmartre) 언덕으로 갔다. 듣던 대로 몽마르트르 언덕에는 많은 관광객들이 몰려 있었다. 특히 젊은이들은 떼를 지어 거닐었다. 작은 술집들이 많았는데 모두 초만원이었다. 기념품상은 가지가지 상품으로 꽉차 있었다. 한 젊은 여자 초상화가는 내 수염이 좋다며 그리자고 덤비었다. 사쿠레쾨르 성당, 생피에르(St. Piarre) 성당은 관광객으로 붐비었다. 나는 몽마르트르 언덕에서 밤의 파리를 한눈에 내려다 볼 수 있었다. 파리의 밤은 화려했다기 보다는 하얗게 보였다. 체코와 독일의 집들은 모두 붉은 기와였으나 파리의 집들은 검은 기와였다. 한데 어찌되었는지 여름밤의 파리는 먼동이 트는 것같은 기분의 하얀빛이었다. 아마도 대리석 벽이 빛나서였는지는 모르겠지만 밤 11시가 넘어서 내려다보이는 파리는 내 눈에 하얗게 보였다.

나는 파리 관광에 마음이 들떠 피곤한 줄도 모르고 몽마르뜨 언덕을 오르내렸다. 언덕을 내려오려니 사람들이 붐비지 않는 한 허름한 술집이 있기에 들어갔다. 사실 나는 아까 저녁 먹을 때부터 술 생각이 났던 것을 참았다. 이것을 안 아내는 왜 술을 한잔 안 드느냐고 뒤에서 성화를 댔으나 나는 못들은 척하고 걸었었다. 그러나 이 허름한 술집까지 그냥 지나칠 수는 없었다. 들어가 보니 노인들 몇이서 술이 취해 떠들고 있는 가운데 좀 젊은 여자 하나이 술이 취했던지 우리를 반기며 어디서 왔냐고 물었다. 코리아라니까 우리 집에 한국인은 처음이라며 내게 술을 권했다. 나는 맥주 한잔을 받아 마시었으나 맹물이었다. 체코 맥주보다 프랑스 맥주는 아주 맛이 없었다. 맥주 한잔에 9프랑이라니 1,500원꼴이었다. 나는 옆의 한 할아버지가 마시는 독한 술을 맛보기로 조금 달랬더니 거의 한잔이나 따라 주었다. 이것은 45도라는 것이다. 그 노인은 이 술을 마시면 취한다고 했다. 나는 겁이 좀 났다. 조금 있으니 과연 술기운이 돌았다. 우리는 지하철을 타고 숙소로 돌아왔다. 밤 12시가 되었다.

파리는 지하철만 타면 어디고 갈 수 있었다. 그러나 지하철 노선이 13개나 되어 복잡했다. 하지만 지하철 노선도를 살펴보면 사실 큰 노선은 4개 노선밖에 안 되었다. 그것이 가지를 쳐 13개가 되었다. 정거장과의 거리는 아주 짧았다. 지하철은 모두 복선으로 되어 있었으며, 철로 폭이 넓고 고무 바퀴가 또 달려 있어 안정감이 있었다. 지하철 터널은 낡고, 매우 지저분했다. 하지만 살아 있는 것같았다. 보이기 위한 것이 아니라 쓰기 위한 것같았다. 뉴욕의 흑인들은 풀이 죽어 있어 보였지만 파리의 흑인들은 남녀노소를 불구하고 모두 생기가 있어 보였다. 이들은 지하철에서 활짝 웃는 얼굴로 떠들었다. 아이들도 백인들 앞에서 조금도 괘념치 않고 그들을 밀치고 자리를 차지했다. 두 흑인 여자가 내 앞에 서서 아주 활달하게 큰 소리로 웃으면서 대화를 했다. 이들은 중년녀들이었는데 옷은 모두 그들 특유의 복장으로 천을 몸에 둘둘 감은 듯한 그런 옷을 입고 있었다. 이들의 얼굴은 편안해 보였고, 음성은 명랑했다. 나는 이것이 매우 신기해 보였다. 좋게도 생각되었다.

그만큼 파리장들은 사람들을 편하게 해주었다. 파리인들은 작아 보였지만 매우 친절했다. 자기 일에 바빠도 길을 물으면 비를 맞아가면서도 열심히 길을 가르쳐 주었다. 이날도 나는 여러 사람에게 길을 물었다. 하지만 한 사람도 귀찮아하는 이는 없었다. 오늘 우리는 파리 시내를 관광 버스로 돌았고, 나는 파리의 밤을 가장 멋지게 느낄 수 있는 몽마르뜨에 가서 술을 마시고 돌아왔다. 피곤하지만 보람된 하루였다.

3) 1994. 6. 4. ▲소르본 대학에서▼

아침에 일어나 보니 비가 내린다. 아침 식사는 호텔에서 주었다. 이들의 여행 방식은 매우 자유로웠다. 말하자면 자유 시간제였다. 각자 자유롭게 관광을 하고 정해진 시간에 정해진 장소에 모이는 방식이었다. 안내원의 지시에 따라 함께 떼지어 모여 다니며 하는 초등학생소풍식 관광이 아니었다. 하기 때문에 스스로 관광 계획을 세워하지 않으면 안 되었다.

비가 온다고 방에 죽치고 앉아 있을 수만은 없었다. 나는 9시가 넘어 빗속으로 몸을 내밀었다. 나는 방수모를 쓰고 여름 중절모를 또 썼다. 남보기에는 매우 우스워 보였을 것이다. 더욱 아내는 여름옷만 입고 와 비를 맞으며 떨었다. 그러나 다행히 양산을 가져와 머리는 비에 젖지 않았다. 작은 우산을 형태와 둘이서 쓰고 다녔다. 우리는 여러 번 지하철을 갈아타다 보니 요령도 어느 정도 생겨 표를 아껴 가며 하루 종일 파리의 이곳저곳을 돌아다니며 노틀담, 판테온, 소르본 대학, 루브르 박물관, 오페라 하우스를 중점적으로 보았다. 비가 내리고 바람이 불어 묘지나 공원에는 갈 기분이 아니었다.

나는 판테온에서 프랑스가 자랑하는 인물들의 무덤을 보았다. 볼테르, 루소, 빅토르 위고, 에밀 졸라, 잔 다르크의 무덤도 있어 내가 늘 듣던 인물의 넋을 느낄 수 있었다. 이중에서 루소의 무덤은 특이하게 되어 있었다. 마치 우리네가 쓰던 상여 모양의 둠으로 되어 있었는데 색깔도 붉은 빛이어서 친근감을 느끼게 했다. 그러나 전체 분위기는 역시 무덤이어서 그런지 음산했다. 나는 판테온의 계단을 올라 옥상으로 갔다. 비가 내려 사방이 어두웠지만 가지고 간 망원경으로 파리 시내를 조망할 수 있었다. 어젯밤에 올라갔던 몽마르트르 언덕과 사원이 제일 먼저 눈에 띄었다. 과연 파리 시내에서 제일 높은 언덕이 몽마르트르였다. 흰 벽의 사원은 비에 씻겨 그런지 더욱 희게 보였다. 에펠탑 역시 비속에 여름의 정취를 느끼게 했다. 파리는 역시 사람으로 태어나 한번 가 볼만한 곳이었다. 인간이 만든 문화의 총결집체같은 파리는 늘 살아 움직이고 있는 것같았다.

우리는 로마에서처럼 겁을 먹을 필요도 없었다. 파리장들은 사람들의 마음을 편하게 해주었다. 물론 대도시라 많은 가지가지의 인종이 들끓었지만 내 보기에 저들은 이들을 다 포용하고 있는 듯했다. 특히 흑인들의 생기어린 삶의 모습에서 나는 이를 느낄 수 있었다. 이제 그들도 인종차별은 죄악이란 것을 알고 있었다. 그뿐만 아니라 식민지 착취의 속죄로 저들(흑인)을 관대하게 대해 주는 것은 혹시 아닌지 모르겠다.

노트르담 사원은 관광객으로 만원을 이루었다. 촛불을 켜는 사람들, 여러 개의 촛대에 타오르는 촛불을 찍는 사람들, 코너에 차려 놓은 고해성사대에서 고해하는 사람들, 천장과 벽화와 유리창의 무늬를 살펴보는 사람들 가지가지의 사람들이 성당 안을 가득 메웠다. 특히 일본 관광객들이 내 눈에 많이 띄었다. 그들은 왜소한 몸이었지만 활기차게 돌아다녔다. 관광 명소마다 이어폰으로 들을 수 있는 일본어 녹음 테이프가 마련돼 있었다. 그만큼 일본인들이 파리를 많이 왔던 모양이었다. 그뿐만 아니라 그들을 상대로 한 상품 안내서가 요소요소에 비치되어 있었다.

나는 일인들에 대해 아무런 감정적인 열등의식은 없었지만 그들이 이렇게 대우받는데 대해 약간의 부러움 같은 것을 느끼었다. 그러나 생각해 보면 그들이라도 동양인으로서 서양인들에게 대우를 받는다는 것은 그들과 생김새가 똑같은 우리에게도 간접적으로나마 도움을 받는다는 생각이 들었다. 서양인들은 외형으로는 일본인과 한국인을 구별하지 못했다. 우리가 독일, 프랑스, 영국인을 구별할 수 없었듯이 저들 중에 한국인과 일본인을 구별할 수 있는 이가 있다면 그는 한국이나 일본에서 오래 산 사람일 것이다. 일본은 이제 세계 속의 일본으로 확실히 부상했다. 우리는 결코 이를 부정할 수 없다.

나는 판테온을 나와 소르본 대학으로 갔다. 소르본은 파리대학과 한곳에 있었지만 건물은 여러 곳으로 나뉘어 있었다. 그날 내가 찾아간 곳은 정문에 '소르본'이라 씌어 있었고, 파리 아카데미와 함께 붙어 있는 건물이었다. 현관에 들어서자 우묵파인 대리석 바닥이 느껴졌다. 한 가운데는 네모진 돌포장 뜰이 있었고, 그맞은편에 큰 시계가 벽에 걸려 있었다. 학생들은 토요일이어서 그런지 많이 눈에 띄지 않았다. 하지만 나이 어려뵈는 여학생들이 더러 복도 걸상에 앉아 노트를 보고 있었다. 아마도 시험을 치르는 것같았다. 나는 한 여학생을 붙잡고 사진을 함께 찍었다. 그는 작은 키에 코가 오뚝했으며, 상냥하게 웃어 주었다.

나는 가지고 간 음식을 복도 걸상에 앉아 먹었다. 학생들도 더러 구석 벤치에 앉아 점심을 먹는 이가 있었다. 우리가 앉아 있던 곳은 마침 교수 연구실 복도였던지 늙은 교수가 그의 방문을 열고 나오다 우리를 보고 미소지으며 지나갔다. 이들은 얼굴이 마주치면 웃어 주었다. 나는 그것이 퍽 좋아 보였다. 그것은 마음의 여유였다. 조금전 우리는 빈 강의실에 들어가 나는 칠판 앞에 서서 강의하는 모습으로 사진을 찍었고, 형태는 학생 기분으로 책상에 앉아 사진을 찍었다. 책상과 교단은 닳고 달아 반들거렸으며, 나무 책상이라 삐걱거렸었다. 학생들은 한 줄에 2명씩 앉게 되어 있었다. 이 교실은 매우 큰방이었는데 아마 내 생각으로는 드물게 보이는 큰 교실이었다. 계단식의 이 교실은 특별 강연 때에 쓰이는 듯했다. 교탁에는 마이크까지 놓여 있었다. 앞 벽에는 벽화가 그려 있었고, 창문은 아치형이었다. 이런데서 한 1년이라도 있어 봤으면 했다.

비가 계속 내려 어디를 갈 수도 없었다. 루브르 박물관에 가서 시간을 보내기로 했다. 또 길을 비속에서 물어 버스를 타고 박물관을 찾아갔다. 2시가 다 되었을 때 줄을 서서 겨우 입장할 수 있었다. 사람들도 비가 오니까 이리로 몰렸는지 북새통을 이루었다. 과연 대 루브르 박물관이었다. 그 많은 사람들이 계속 들어왔지만 장내는 그리 붐비지 않았다. 전시품을 다 보자면 한이 없을 것같아 우선 내가 관심 있는 근대 화실을 찾았다. 처음에는 잘못 들어가 고대 에집트, 희랍 유물관을 헤매었다. 이들 작품은 베를린 박물관과 로마에서도 익히 많이 보아온 터라 신기하긴 했어도 같은 유형의 것이었다. 나는 근대 미술 작품을 사실은 많이 보고 싶었다. 사람들은 다 빈치의 모나리자상 앞에 모여들었다. 다른 많은 작품을 제쳐놓고 왜 사람들은 그리로 모여들까. 미소가 좋아서일까. 아니면 미소를 보고 싶어서일까. 미소는 역시 좋은 것인가 보다.

나는 3시간 여를 루브르에서 보내고 5시가 좀 못되어 나왔다. 그리고는 6시부터 시작되는 저녁을 먹으러 갔다. 새로 정해진 식당을 찾아가야 한다. 루브르 박물관에서 그리 먼 곳은 아니었지만 전혀 알지를 못하니 비속에 헤맬 수밖에 없었다. 하지만 형태는 어느 정도 지도에 익숙해졌기 때문에 몇 번 물어 식당을 찾아냈다. 우리는 다시 강을 건너 세느강가를 걸었다. 어딘지는 모르지만 라틴가를 지도에서 찾아 이리저리 헤매어 겨우 정해진 식당을 발견했다. 이 식당은 루브르 박물관에서 강을 건너 대형 고급 골동품점이 즐비한 세느강가를 따라 내려오다 보면 골목안에 있었다.

나는 일행보다 조금 먼저 식당에 도착했다. 현관에는 앵무새가 있어 사람이 들어올 때마다 울었다. 골목은 좁고 잡화상점들이 많았다. 고급 모자 전문점에 들어가 베레모를 찾으니 9월에 오면 좋은 것을 드릴 수 있다며 자기집 명함을 내게 주었다. 다른 한곳은 만년필 전문점이었는데 고급 만년필 값이 매우 비쌌다. 어느 것은 5,000-10,000 프랑이나 했다. 보통 100만원씩 했다. 이들의 안목과 부의 가치를 나는 한눈에 헤아릴 수 있었다. 말하자면 나는 파리에서 물건 사는 것을 포기했다. 다시 식당엘 찾아 들어가니 지하로 그들은 우리를 안내했다. 별로 먹을 것도 없는 저녁이었다. 하지만 포도주 한잔에 50프랑, 티 한잔에 25프랑, 식수 한잔에 9프랑씩 별도로 값을 내야 했다.

저녁을 마치고 거리에 나오니 비는 어느 정도 그치었다. 그러나 나뭇가지가 휘도록 바람이 불었다. 거리를 조금 거닐다 오페라 하우스 쪽으로 지하철을 타고 갔다. 이미 오페라는 시작이 되었다. 시계를 보니 10시가 넘었다. 다시 지하철을 2번 갈아타고 숙소 근처 지하철역에 내려 올라와 보니 숙소 쪽으로 가는 버스는 이미 끊어져 있었다. 하루종일 걸었는데 또 강을 걸어 건너가야 한다. 마침 비는 그쳐 다행이었지만 바람은 여전히 심하게 불었다. 오늘도 밤 12시가 다 되어서 자리에 들었다. 꿈 속같은 파리 여행을 비속에서 하다니 너무했다 싶었다. 오늘 하루만 날이 좋았다면 얼마나 좋았을까 싶었지만 부질없는 생각이었다.

4) 1994. 6. 5. ▲베르사유궁에서▼

아침에 일어나니 날씨가 화창했다. 그러나 어제 내린 비탓인지 날씨는 쌀쌀하고, 바람은 여전히 불었다. 호텔에서 아침 식사를 마친 우리는 짐을 챙겨 다시 버스에 올랐다. 오늘은 파리를 떠나는 날이다. 일행은 베르사유(Versailles)궁으로 갔다. 버스로 한 30분 가는 거리였다. 듣던 바대로 베르사유궁은 컸다. 9시부터 개관을 했다. 많은 관광객들이 줄을 서서 들어갔다. 입장 코스는 A, B, C, D, E, F까지 있었으나 메인 코스는 A코스였다. 입장료는 A와 D(유물관)를 보는데 1인당 49프랑이었다. 정원 입장료는 별도로 20프랑을 내야 했다. 이 궁전을 제대로 보자면 15,000원 정도가 들어야 했다.

나는 우선 A코스를 26프랑씩 내고 들어갔다. 여기는 벽화와 약간의 유물들이 볼거리였으나 방이 많아 이것만 제대로 보려면 2시간 이상이 걸렸다. 나는 유물관에 49프랑을 내고 입장했다.

많은 관람객들이 법석대는데 이 박물관 안에는 작은 화장실 하나 밖에 없는데다가 2.5프랑씩 받았다. 나는 화장실에 갈 염도 못 내었다. 밖으로 나와 매점에서 빵 2개를 사 먹었다. 넓은 정원에 들어가는 것도 포기했다. 밖에서도 다 볼 수 있었을 뿐만 아니라 날씨가 쌀쌀하고 바람이 불어 여름옷 차림으로는 추웠다. 더욱 아내는 내내 떨면서 웅성이고 있었다. 그런 가운데 일본인들은 여기저기서 활개를 치고 떠들어댔다. 나는 그들과 마주치는 것이 싫었다. 왠지 유럽에 와서는 동양계인과 마주치는 것이 싫었다. 이것은 묘한 심사였다.

우리는 오후 2시에 다시 파리 시내 콩코드 광장으로 돌아왔다. 6시까지 자유시간이 주어졌다. 나는 지하철을 2번 갈아타고 4번 종점으로 갔다. 거기는 거대한 주말시장이 섰다. 남대문 시장만한 이 주말 서민시장은 노점들로 이루어졌는데 골목을 따라 한 2km 정도 늘어서 있었다. 물론 사람들로 발 들여 놓을 틈도 없었다. 나는 골동품 골목으로 들어갔다. 그림과 유품들이 좋아 보였다. 그림 값도 상당했다. 보통 5,000-10,000프랑이었다. 그것도 무명 화가의 것이 그랬다. 나는 모자 전문점에서 어제부터 찾던 베레모를 하나 샀다. 베레모는 안이 화려했고, 순모로 된 고급이었다. 이것이 나의 유일한 파리 기념물이었다.

나는 개선문 광장으로 와서 샹제리제 거리를 거닐 때 이 베레모를 내내 쓰고 다녔다. 여름이라 베레모를 쓴 사람은 나밖에 없었다. 하지만 날씨가 늦가을같이 싸늘하고 바람이 불어 별로 어색해 보이지는 않았다. 더욱 나는 수염까지 기른 노인이었기에 잘 어울렸다. 샹제리제 넓은 거리는 관광객으로 꽉차 마치 종로 거리처럼 붐비었다. 두줄로 늘어선 무성한 가로수는 부는 바람에 가지가 휠 정도였다. 이 거리는 빤히 보였지만 2km는 되었다. 우리는 다시 콩코드 광장에 모여 버스를 타고 저녁을 먹으러 중국 식당으로 갔다. 오늘 저녁은 여행사에서 특별히 내는 만찬 같았다. 물론 포도주와 음료수는 각자 부담이었지만 음식은 그래도 제일 풍성했다. 중국 음식은 2가지였다. 잡탕밥 비슷한 것과 튀김 한 접시였다. 그러나 우리는 배불리 먹을 수 있었다.

이날 저녁 식탁에서 나는 한 체코 여인과 인사를 나누었다. 그는 60이 돼 보였다. 영어도 잘 했고, 붙임성이 있었다. 얼굴도 곱상했을 뿐만 아니라 포도주도 잘 마셨다. 그의 이름은 그로쓰마노바 베라(Grossmanova Vera)였다. 이를 안 후부터는 여행에 활기를 느끼게 되었다. 그제야 일행들은 내가 무엇 하는 사람인지도 알게 되었고, 가이드 할아버지도 내게 관심을 갖게 되었다. 나는 이 할머니를 통해 저들과 의사를 소통할 수 있었다. 어느 때보다도 즐겁게 식사를 마친 우리 일행은 저녁의 파리를 다시 관광하기 위해 버스를 탔다.

노을 빛 속의 에펠탑과 그 주변은 또 다른 모습을 보여주었다. 나는 약간 주기도 있고 해서 베라 할머니와 가이드 할아버지를 껴안고 에펠탑을 배경으로 사진을 찍었다. 우리가 탄 버스는 다시 파리 시내를 한 바퀴 돌아 밤 9시가 넘어서야 프라하를 향해 떠났다. 사실 이틀간의 파리 관광은 아쉬움이 많았다. 하루는 비가 와서 온통 쑥밭이 되었고, 오가며 버스안에서 잠을 자기도 했지만 그런 대로 값싼 4박 5일간의 파리 여행을 무사히 마치고 다시 왔던 길을 되짚어 밤 새워 가는 것이다. 이 세상에 태어나 파리를 한번 보고 죽는 것이 소원이라는 사람도 있듯이 파리는 우리에게 인간의 긍지를 심어주었다. 인간이기에 할 수 있는 문화 창조의 기쁨을 보여주었다. 이는 물론 파리인들의 위대성이자 인간의 위대성이다.

돌아오는 버스 안은 조용했다. 어둠을 뚫고 차는 계속 달렸다. 갈 때와는 달리 국경에서도 별로 검문을 하지 않았다. 잠이 들었다 깨었다 하면서도 어설피 꿈은 꾸어졌다. 언제나 꿈이란 좋은 것만은 아니지만 깨면 생각나지 않는 그 꿈이 나는 싫지 않았다. 꿈을 갖는다는 것은 어려운 때일수록 좋은 것이다.

5) 1994. 6. 6. ▲프라하로 돌아오는 길에서▼

날자는 또 바뀌어 6월 6일 아침이 되었다. 창밖에 신선한 들과 푸른 나무들이 잠결에도 보였다. 얼마쯤 오니 동녘에 붉은 빛이 돌며 황금빛이 퍼졌다. 기차 안이나 비행기 안에서 밤을 보낸 것과는 달리 버스 안에서의 날짜 바뀜은 더 신기했다. 차는 독일 국경 도시에서 2시간 동안 머물렀다. 세수도 하고 쇼핑도 하라는 것이다. 독일과 프랑스는 화장실 시설이 서로 같지 않았다. 독일은 모든 것이 자동화되어 있었고, 변기들도 컸으나, 프랑스는 작고 예쁘나 자동화가 되어 있지 않았다. 변기의 생김새도 달랐다. 생활의 편리함은 독일이 나은 것같았으나 모양과 조밀함은 프랑스가 더 한 것같았다. 실제로 나보고 두 나라 중 어느 나라에 살고 싶으냐고 묻는다면 나는 서슴지 않고 프랑스를 택할 것이다. 프랑스는 정신적으로 퍽 자유스러워 보였다. 아침 햇살을 차창으로 받으며 나는 이렇게 두 나라를 동시에 통과하면서 이런 생각도 해 보았다. 물론 이는 나의 단순한 편견일 수 있다.

차에서 밤을 새고 내린 나는 오금을 펼 수 없을 정도로 다리가 휘청했다. 발도 통통 부어 구두가 들어가지 않았다. 이것은 확실히 즐거운 고생이었다. 그래서 숲속으로 뻗은 포장길을 숨바꼭질하듯 달렸다. 상쾌한 아침 공기가 폐로 스며들었다. 푸른 나무숲과 잔디같지 않은 푸른 풀밭은 잘 깎이어 있었고, 곳곳에 나무 벤치가 있어 매우 평화스러워 보였다.

여기는 대형 슈퍼마켓이 두 곳이나 있었다. 그러나 모두 생활 필수품 위주의 슈퍼마켓이었기 때문에 나는 별로 살 것이 없었다. 사실 나는 마르크도 한푼 없었다. 따라서 쇼핑에는 별로 관심이 없었다. 그러나 장내를 한 바퀴 돌며 물건들을 살펴보았다. 꼭 살 물건이 있으면 달러를 환전해서라도 살려 했지만 살만한 것을 찾지 못했다.

우리는 휴식을 마치고 차에 올라 논스톱으로 프라하를 향해 달리었다. 하도 차안이 적적하기에 나는 가지고 간 베스트 오페라 아리아 테이프를 베라 할머니에게 주며 한번 틀어봐 달라고 했다. 이것은 내가 여러분에게 주는 선물이라고 했다. 난데없이 차안에 카르멘, 나트라비아타, 아이다, 토스카가 울려 퍼졌다. 잠자던 이들도 깨어났다. 이들은 이만큼 음악과 친숙했다. 나는 이것으로 이들과 함께 보낸 4박 5일간의 빚을 갚았다. 벨라 할머니는 내 곁으로 와서 엷게 웃으며 작은 목소리로 다들 좋아한다고 말했다.

가이드 할아버지가 그렇게 애쓰고, 운전사가 밤을 새 운전을 했음에도 이들은 아무런 대가가 없었다. 다만 쓰다 남은 파리의 지하철 승차권을 베라 할머니가 거둬 서너장 가이드 할아버지에게 주었을 뿐이다. 그 역시 그것으로 만족했다. 내 생각에 50(1,500원)꼬른씩이라도 거둬주었으면 했지만 그들은 아무런 말이 없었다. 그리고는 내려서 고맙다는 인사를 할 뿐이었다. 나는 맥주 1병이라도 사주고 싶었으나 시간이 없었다. 그들은 우리를 프라하에 내려놓고는 어디론가 바쁘게 떠나갔다. 시계를 보니 오후 4시, 내가 살고 있는 기숙사는 여기서 그리 멀지 않았다.

내 집이라고 기숙사 방을 찾아드니 그래도 몸과 마음이 편하다. 하지만 우리는 그야말로 녹초가 되어 쓸어졌다. 이번 여행은 그만큼 우리를 피곤하게 했다.

나에게 파리 관광은 지울 수 없는 한 순간들이었다. 싸늘한 여름비속에서 꿈같이 보낸 이틀이었지만 소르본 대학 강의실에도 들어가 보았고, 루브르 박물관과 판테온에도 들렀으며, 몽마르트르 언덕에도 올라가 보았다. 그리고 짧은 한 순간이기는 했어도 베르사유궁과 여름 하늘 빗긴 저녁 노을 속의 에펠탑의 그림자와 백색으로 빛나는 파리의 밤하늘도 보았다. 새로 산 베레모를 쓰고 당당히 개선문에서 콩코드 광장까지 샹제리제 거리를 군중 속에서 걸어도 보았다. 파리의 지하철역을 겁없이 누비고 다니면서 흑인들의 활기 찬 웃음소리를 들어도 보았다. 파리 사람들은 어느 누구에게도 자유와 평화를 주었다. 이들은 인간을 인간답게 대할 줄 알았다. 그만큼 파리장들은 모든 이들을 편안하게 해주었다. 소르본 대학 교정에서 만난 한 여학생이 내게 보여준 미소처럼.

XI. 프라하 시편

나도가 호수에서

나도가(Radoga) 호수
밤과 낮
바람도 그친
아침 호수는
달밤처럼 고요하다
바람섬 그림자도
지고
다시
별이 뜬다.

아침 그늘

아침 그늘이 좋아
아침이면 창문 열고 마을 숲을 본다.
아침 그늘은
까치 울음과 함께 늘 내 곁에 온다.
아침 그늘은 늘 길게 진다.
아침 그늘은
언제나 햇살과 함께 산다.
프라하 호돕의 끈라티세 마을 숲의
작은 새는
아침 그늘을 먹고 자란다.
초겨울에는 안개로 덮여
아침 그늘은 사라진다.
아침 그늘은
갓 세수하고 나온 우리 아기 얼굴이다.

블따바 강

블따바(Vltava) 강은 조용히 흐른다.
백조의 평화로운 모습 닮아
오리들마저 가만히 떠 있는 블따바 강은
유럽에서 제일 오래된 돌다리
삼백년이나 걸려 만든
까를루브 모스뜨 밑을 잔잔히 흐른다.
십이 사도의 석상은
오늘도 옛 그대로인데
지즈꼬브 호수 같이 맑고 푸른 물이
노송 그늘 바위 아래를 지나
슬라피에 이르면
거친 파도로 솟구치다가
프라하 심장을 가로지르면서
바츨라프의 함성을 싣고
후스의 종소리를 들으며 서서히 흘러
멜닉 언덕 밑의 숲으로 사라진다.
블따바는 스메따나와 드보르작으로 그 아름다움을 더하고
흐라드차니 궁성은 강을 건너가야 있는데
새들은 강 가운데 숲을 찾는다.

바츨라프 광장

바츨라프(Vaclavske) 광장에 비가 내리면 나는 중세인이 된다.
13세기의 유럽으로 되돌아간 공간을 필마가 달리고
슬픈 착각은 타임머쉬 속에서 하루를 보낸다.
아아 비 내리는 바츨라프 광장이여
아침이면 비가 우중충한 사잇길을 꿈속같이 헤매게 하고
저녁이면 가스등이 유리알처럼 정신을 맑게 한다.
천장 높은 까렐대학 현관은
아침이나 저녁이나 젊음으로 가득차
황제의 넋이 비처럼 흐른다.
프라하의 심장
바츨라프 광장에 오늘도 비가 내린다.

얀 후스 광장에서

후스 광장은
종이 울리고 12 사도의 인사가 끝나도
빛이 꺼지지 않는다.
천년을 닦인 돌길의 광장은 새벽이면 다시 물기를 머금어
대장장이 발바닥 밑의 풀 씨를 적신다.
이제는 지울 수 없는 영광을 안은
후스 광장은
나그네의 넋을 놓아주지 않고
오늘도 말없이 저녁을 맞는데
비둘기 떼는 집을 찾아 하늘을 돈다.
후스 동상에 어둠이 지면 까렐대학 정문이 다시 열리고
별들의 합창이 종소리와 함께 내 어깨에 진다.
물기 어린 돌 포장길은
오늘따라 더욱 윤나 둥글어 보이고
어디엔가 누가 있을 것만 같아
고개가 절로 숙여지는데
이브꽃 그늘에도 비가 내리 누나
천년의 돌길은 말이 없어라
내게 주어진 것은 이 시간뿐
이제 꿈도 내것이 아닌 지금
나는 무엇을 가질 수 있단 말인가

봄

프라하 꾼라띠세의
개나리가 샛노랗게 피더니
민들레꽃은 대롱 지어 병렬을 하며
흰 가루를 날리고
미루나무 새잎은 돋아
씀바귀 그늘 지어준다
아카시아꽃 다시 피어 향기 날리니
마음은 절로 고향 길을 더듬는데
노란 꽃다지 꽃은 나비 불러 함께 놀고
아파트 언덕에서 새순 뜯던 잿빛 토끼는
겁도 없이 내 앞에 나와 앉는다.
이제 이마를 얼리던 프라하의 겨울은 가고
손은 절로 흙으로만 가는데
오늘도 봄비는 촉촉이 내려
비둘기의 발목을 붉힌다

퇴원 길

프라하에 온 지 아홉 달만에 병실에 눕다.
첫 병원 생활 구일만에
일생의 고질 귓병과 굿바이 했네
세시간의 의식불명 속에서 깨어나
지는 낙엽 보라보다 가슴 적셨다오
초겨울의 찬바람이 이마를 스칠 때
까렐 대학병원 정문을 나서
무스떽 지하철 계단을 올라
중앙우체국 앞에 서서
동쪽 하늘 바라보니
등뒤에서
아내는 작은 어깨로
찬바람을 막는다.

프라하의 첫눈

프라하에 눈이 내린다.
프라하에 첫눈이 내리는
일요일 아침
순백의 눈이
내 어릴 때 시골집 저녁 연기처럼 땅을 긴다.
가는 바람이 눈을 연기로 만드는
이 아침
나는
동방의 기도 소리 듣는다.
조용한
건너 마을 숲에 첫눈이 곱게 내리니
참새들은 숲에 몰려 와
나뭇가지의 눈을 떨어뜨리고
바람은 다시 눈을 공중으로 날린다.
아아 눈 놀이가 시작된 아침
까마귀는 까악까악 울며 북으로 날고
비둘기들은 어디로 갔는지 뵈지 않는데
바람과 눈이 숨바꼭질로 하루를 보낸다.

민들레꽃

작은 새가
민들레꽃 그늘에 앉아
민들레꽃에 앉은 호랑나비를 보았다.

민들레꽃은 백양나무 숲에서
푸른 하늘을 그리며
이른 봄 곱게 피었다.

민들레꽃이
흰 가마 타고 시집가는 날 아침
작은 새는
백양나무 그늘 아래서
시집가는
민들레꽃 보며
슬피 울었다.

흰 악마처럼

봄들에 핀 흰 꽃들이
봄눈에 섞여
더 희더니
눈 지자 꽃도 지네

사월 중순에도 겨울눈처럼
벌판에 눈이 내리는 프라하
가지마다의 흰 꽃들이
들판의 잔 노란 꽃들이
언덕의 붉은 살구꽃들이
봄눈을 맞아 순간 더 희고 노랗고 붉더니
흰나비처럼 그만 땅에 지네

봄눈은 흰 악마였던 가보다
흰 악마의 검은 마음을 꽃들이야 알 가보냐
흰나비처럼 떨어져 누운 봄꽃들은
천사가 되어 다시 봄을 그릴 뿐 말이 없어라.

프라하의 오월

개나리는 피었다 지고
들에는 풀만 무성한데
자라는 풀과 나무는
푸르름만 더하고
풀과 나무는 하나같이 꽃을 피우네
하얀 꽃 빨간 꽃 노란 꽃 파란 꽃
크고 작은 꽃들이 들을 메우는
프라하의 오월에
낮게 흰 비둘기 한 마리 날아간다
백양나무 그늘이 좋아
오늘도
봄비가 이슬처럼 내리지만
성밑 공원 벤치에 나와 앉아
어두운
동쪽 하늘을 바라본다.

아내는 서울 가자 조르고

늙은 아내는 서울로 돌아가자고
때 없이 조르고 성화같이 보채고
아이처럼 떼를 쓰지만
봄에 가마 여름에 가마 미뤄만 오다
정작 봄이 되고 여름이 되면
가을에 가자 겨울에 가자 미뤄만 대었더니
늙은 아내는 기가 막혔던지
혼자라도 서울로 돌아가겠다 협박까지 하지만
서울가면 뭐하느냐 핵전쟁이 날지도 모르는데
전쟁맞이 가느냐 죽으러 가느냐
늙은 아내는 몇 푼 안되는
저금통장이 걱정 돼서라도 가야한다지만
그게 다 뭐냐 전쟁이 나면 쑥밭이다
칠억짜리 강남 아파트도 벽돌 덤이 된다
천이 백만 서울 사람들은 재가된다
아무리 겁을 줘도
막무가내로 늙은 아내는 서울로 돌아가 잔다

숨겨진 계절

인쇄일 초판 1쇄 1998년 12월 8일
2쇄 2018년 11월 05일
발행일 초판 1쇄 1998년 12월 10일
2쇄 2018년 11월 06일

지은이 김 종 균
발행인 정 진 이
발행처 새미
등록일 2005.03.15. 제17-423호

서울시 강동구 성내동 447-11 현영빌딩 2층
Tel : 442-4623~4 Fax : 442-4625
www. kookhak.co.kr
E- mail : kookhak2001@hanmail.net
ISBN 978-89-5628-658-7 *03810
가 격 15,000원

* 새미는 국학자료원의 자매회사입니다.